高等学校金融科技专业主要课程教材

互联网金融

（第二版）

主编 李建军　副主编 郭豫媚

高等教育出版社·北京

内容简介

本教材全面系统地介绍了互联网金融的基础性理论、业务模式与管理实践等内容。总计包含 13 章，按照互联网金融理论基础、实务运作、管理规制的逻辑次序排列。理论基础部分主要探讨互联网金融基本原理、虚拟货币与数字货币技术原理；实务运作部分介绍现代支付与网络支付体系、互联网银行与小额贷款、互联网投融资管理、互联网保险、互联网消费金融和互联网供应链金融等业务内容；管理规制部分包括大数据与信用管理、互联网金融风险与管理、互联网金融监管、互联网金融的基础设施等基础内容。

本教材适合本科金融学、互联网金融、金融科技与金融工程等专业的教学使用，也可作为金融机构、互联网金融企业等实训的参考教材。

图书在版编目（CIP）数据

互联网金融 / 李建军主编 ； 郭豫媚副主编. -- 2版. -- 北京 ： 高等教育出版社，2022.10（2025.4 重印）
ISBN 978-7-04-059087-6

Ⅰ. ①互… Ⅱ. ①李… ②郭… Ⅲ. ①互联网络-应用-金融-高等学校-教材 Ⅳ. ①F830.49

中国版本图书馆CIP数据核字(2022)第129975号

Hulianwang Jinrong

策划编辑 赵 鹏 责任编辑 赵 鹏 荆雯旭 封面设计 张 楠 版式设计 李彩丽
责任绘图 马天驰 责任校对 吕红颖 责任印制 高 峰

出版发行	高等教育出版社	网　　址	http://www.hep.edu.cn
社　　址	北京市西城区德外大街 4 号		http://www.hep.com.cn
邮政编码	100120	网上订购	http://www.hepmall.com.cn
印　　刷	北京汇林印务有限公司		http://www.hepmall.com
开　　本	787 mm× 1092 mm　1/16		http://www.hepmall.cn
印　　张	19.5	版　　次	2018 年 8月第 1 版
字　　数	440 千字		2022 年 10月第 2 版
购书热线	010-58581118	印　　次	2025 年 4 月第 8 次印刷
咨询电话	400-810-0598	定　　价	49.00 元

物 料 号　59087-00

第二版前言

互联网金融自从2012年作为标准名词被提出以来，一度引起理论界、实践部门和金融监管部门的高度关注，其发展经历周期性起伏。2015年开始，互联网金融人才需求成为教育界关注的问题，之后，国家教育主管部门也陆续批设了数十所学校开办互联网金融本科专业。中央财经大学金融学院也受北京市教育委员会委托开设了金融学（互联网金融方向）专业，招收双培本科生，合作学校包括首都经济贸易大学、北京工商大学和北京物资学院等首都高校。为此，课程建设和教材建设变得非常重要。培养专业人才，就需要有本专业统帅性的课程，因而中央财经大学金融学课程团队分出一部分教师投入互联网金融课程的建设中。课程教学需要有相应的教材支撑，教材建设成为课程建设的重要抓手。本教材建设肇始于2016年，经历了“三部曲”：首先是设计了课程教学大纲，依据教学大纲组织教学素材，力求形成完整的课程内容体系；其次是依据大纲和教学素材编写讲义并在教学中应用，在应用中不断完善；最后是在讲义使用3轮后，依据教学实践的经验积累和学生反馈，编写教材。2018年我们邀请了厦门大学、上海财经大学、中南财经政法大学、江西财经大学、河南财经政法大学等学校金融学科的教师以及业界专家参与编写了第一版《互联网金融》教材。

金融学科的理论与知识体系一般是源自实践，随着实践的变化而不断完善，同时逐步形成课程内容体系，互联网金融也不例外。从实践看，互联网金融早在20世纪90年代初期互联网应用到金融领域的时候就出现了，标志性的事情就是网络银行服务、证券交易网络化、非银行网络金融的出现。1995年10月成立的美国安全第一网络银行（Security First Network Bank，SFNB）是世界上第一家纯网络银行。尽管由于当时的网络技术较落后，加上人们的金融消费行为习惯还多基于传统模式，安全第一网络银行并不成功，但是，它的出现是互联网金融发展进程中具有开创性的事件。

互联网金融实践先于理论。2012年中国学者谢平先生首次提出互联网金融的概念，并进行了系统论证和阐释，发表了相应的论文和著作，理论出现又推动了实践的发展。之后，互联网金融实践发展进入快车道。理论与实践的差异还体现在，实践所指的互联网金融被狭义化了。为了与现实业态对应，实践中，互联网金融被限定在第三方支付（或移动支付）、网络借贷、网络众筹、网络理财、网络征信等领域。这些业态快速“野蛮”发展，不断成为实践“风口”，客观上也促使银行、证券、保险等传统金融机构通过运用互联网技术来创新金融服务的实践，这便是广义的互联网金融。传统金融机构的互联网金融服务如雨后春笋般发展起来。如中国建设银行搭建自己的电商平台嵌入金融服务；中国工商银行推出了“融易”系列网上金融及移动APP服务；不少中小银行与金融科技公司合作，创新互联网金融服务。

狭义的互联网金融最初打着金融创新、普惠金融的旗号获得了社会大众的认同，监管部门本着支持创新和包容的态度给予了较为宽松的政策环境。但是，非正规金融背后的道德风险问题很快就暴露出来。如，P2P 网贷平台从发展初期就出现一些“欺诈”“跑路”案例，2015 年后，集资诈骗、自融圈钱等问题接二连三出现，给广大投资者造成了很大损失，甚至引起了局部地区的不稳定。为此，2015 年 7 月，中国人民银行等十部门联合印发了《关于促进互联网金融健康发展的指导意见》，以期能够遏制互联网金融风险苗头。2016 年 4 月，国务院办公厅印发了《互联网金融风险专项整治工作实施方案》，其目的是鼓励和保护真正有价值的互联网金融创新，整治违法违规行为，切实防范风险，建立监管长效机制，促进互联网金融规范有序发展。之后的 4 年时间里，有关部门集中整治 P2P 网贷平台，实施“关停转”政策，经营不好的关闭，能够经营下去的转成小额贷款公司。到 2020 年年底，P2P 网贷平台被清零。另一种狭义互联网金融是股权众筹。股权众筹虽然没有像 P2P 网贷平台那样乱象横生，但随着狭义互联网金融的降温，其业务也大幅度萎缩。可以说，狭义互联网金融在过去的 10 多年时间里经历了过山车式的发展，最后归于平静。但与此同时，银行、证券、保险等传统金融机构的互联网金融创新迅速发展。如，2014—2017 年新成立的 17 家民营银行中有 8 家互联网银行，包括前海微众银行、浙江网商银行、四川新网银行、福建华通银行、武汉众邦银行、北京中关村银行、江苏苏宁银行、吉林亿联银行。大部分商业银行成立了互联网金融部或金融科技部，各家银行也在手机 APP 里推出了快贷、易贷等产品，发售互联网理财、信托产品和互联网保险产品。银行 APP 还为客户提供黄金、外汇、债券和基金等的交易账户与通道。应该说，基于互联网的现代金融服务已经非常普及，互联网在金融领域的应用拓展了金融机构的业务发展空间，也改变了金融发展形态和广大老百姓的金融消费习惯，金融效率得到较大提升。

由于互联网金融依旧是国内高校中重要的金融类本科专业，课程建设与教材建设应该与时俱进，在课程教材框架基本稳定的基础上，教学内容应随着实践的变化进行适当调整和充实。为此，我们对本教材第一版进行了修订。本次修订基本保持了第一版的框架，对宏观部门内容进行了适当压缩，拓展了互联网消费金融和供应链金融的内容，增加了互联网银行、互联网保险等章节。本书是教育部首批新文科研究与改革项目“新文科 • 中国金融类专业课程教材体系与资源平台建设——以党的创新理论为引领”（项目编号：2021070018）的成果。本次修订由中央财经大学金融学院、厦门大学金融系、上海财经大学金融学院、中南财经政法大学金融学院、江西财经大学金融学院、河南财经政法大学金融学院等单位的教师负责。教材整体框架由中央财经大学李建军教授设计，各章编写和修订分工如下：第一章由李建军教授编写、修订；第二章由王忏副教授编写、修订；第三章由汪洋教授编写、修订；第四章由郭豫媚副教授编写、修订；第五章由李建军教授编写；第六章由王忏副教授编写、修订；第七章由张宁教授编写；第八章和第九章由于研教授编写，李建军教授修订；第十章由赵紫剑教授编写、修订；第十一章由郭晔教授编写，方意教授修订；第十二章由吕勇斌教授编写，方意教授修订；第十三章由欧阳日辉教授编写、修订。本版相对第一版部分章节调整如下：张学勇教授编写的财富管理一章改动大，本版只保留一节内容；方意教授编写的互联网借贷一章，本版做了调减。在编写、修订过程中，研究生冯可欣、陈沁、张子强对数据资料等进行了更新、补充；张子强参与了第五章的初稿写作，对全书进行了文字校对，并提出了建设性意见。高等教育出版社有关编辑为本教材修订和出版付出了辛勤劳动，在此一并致谢！

当然，教材中一定还存在错误与问题，恳请读者批评指正。

李建军

2022 年 1 月于北京

第一版前言

互联网金融作为一个独立的概念范畴是在2012年出现的，但作为一种金融实践早在20世纪90年代中期就随着互联网的大规模商业应用开始了。当时，以银行、证券为代表的金融机构开始利用互联网技术提供相应的金融服务。而正规金融机构以外的互联网金融活动，是随着电子商务等网络经济的快速发展而出现的。20世纪90年代末，为解决电子商务活动中的信任问题，第三方支付产生。2005年，纯互联网借贷平台出现，在其后不到5年时间里，又诞生了具有股权性质的网络众筹。2013年被称为中国的“互联网金融元年”，传统金融机构、互联网科技公司、电商平台和民间借贷性质的企业组织纷纷利用互联网、大数据、移动通信等技术创新金融服务模式，移动支付、小额理财、网贷、网络众筹等迅猛发展，形成了一股互联网金融的实践热潮，互联网金融成为理论研究的热点。2016年以来，互联网金融热度逐步减退，与之一脉相承的金融科技（Fintech）成为替代词汇和实践热点。不过，互联网金融包容的形态也是金融科技的重要内容，依旧在不断发展中。

互联网金融概念是一个由中国学者提出，具有中国特色的概念。国外学者使用的类似概念有网络另类金融（Online Alternative Finance）、数字金融（Digital Finance）、金融科技（Fintech）等。其中，另类金融相当于中国的狭义互联网金融（包括第三方支付、P2P网贷、网络众筹等）；数字金融则是广义的互联网金融，包含传统金融机构（银行、证券与保险等）利用互联网等科技手段开展的网络金融服务，以及其他非金融企业开展的另类互联网金融服务。2012年以来，关于互联网金融的研究成果如雨后春笋般出现，推动互联网金融形成一个相对独立的学科知识体系，成为金融学科的一个重要子领域。理论源自实践，实践需要学科理论的支撑。2015年，北京市教委在中央财经大学设立了“金融学（互联网金融方向）”本科人才培养项目；2016年，多所大学申报“互联网金融”本科专业，2016年和2017年教育部共批准25所高校设立本科“互联网金融”专业。

互联网加金融，或者说金融业利用互联网技术开展业务，对于金融效率提升而言是积极的和正向的；对于扩大金融服务群体，降低金融服务成本，改善金融消费者体验的作用是明显的。如今，移动支付、网络借贷和网络投资理财等服务渗透到百姓的日常生活当中，改进了客户的金融管理体验。当然，互联网金融发展也带来一些风险，如何提升金融消费者的金融知识素养，控制和防范风险，是互联网金融课程建设的重要目标。2015年，中央财经大学开设金融学（互联网金融方向）本科项目，在培养方案里就设计了《互联网金融概论》这门课程，课程建设的重要内容是教材建设，好的教材有利于教学组织和学生学习。为了提升教材质量，我们于2017年6月10—11日组织了“全国互联网金融人才培养与课程建设研讨会”，百余位国内大学金融、互联网金融、信息管理等专业的专家学者参会。在举办研讨会的基础上，我们组织了跨学校、跨企业、跨院系的专家团队编写教材。专家团队由中央财经大学李建军教授牵头，厦门大学郭晔教授、上海财经大学于研教授、中南财经政法大学吕勇斌副教授、江西财经大学汪洋教授、河南财经政法大学赵紫剑教授，以及中央财经大学张学勇教授、欧阳日辉研究员、蔡如海副教授、方意副教授、王忏讲师和郭豫媚讲师等共同参与，于2017年6月启动教材编写，9月完成初稿，11月完成第一次修订。2017年12月10日中央财经大学举办了教材编写研讨会，吸收了相关院校专家和高等教育出版社编审的意见，于2018年1月完成第二次修订。之后，教材编写组再次论证，于2018年4月完成第三次修订。经过多次研究和调整修改，教材结构和内容趋于完善。

本教材包括13章内容，按照互联网金融理论基础、实务运作、管理规制的逻辑次序排列。理论基础部分主要探讨互联网金融基本原理、虚拟货币与数字货币技术原理；实务运作部分介绍网络支付、互联网借贷、网络众筹、互联网金融业务创新和互联网财富管理等业务内容；管理规制部分包括大数据金融创新与发展、互联网金融风险与管理、互联网金融监管、互联网金融与宏观管理、互联网金融的基础设施等基础内容。本教材由李建军担任主编，郭晔、方意、吕勇斌、郭豫媚担任副主编，各章内容编写的分工如下：第一章、第七章第一节由李建军教授编写，第二章由王忏讲师编写，第三章由汪洋教授编写、方意副教授补充，第四章由郭豫媚讲师编写，第五章由方意副教授编写，第六章由侯少开编写，第七章第二节和第三节由于研教授编写，第八章由张学勇教授编写，第九章由赵紫剑教授和欧阳日辉研究员编写，第十章由郭晔教授编写，第十一章由吕勇斌副教授编写，第十二章由蔡如海副教授编写，第十三章由欧阳日辉研究员编写。教材编写过程中，王作功教授、黄震教授、苏治教授、章宁教授、左毓秀副教授等提出了建设性的意见与建议。由于教材编写时间短，经验积累还不足，书中难免存在错误与遗漏，期待各单位的同行在使用过程中多提宝贵意见（反馈意见发至：ljjlsh@126.com），共同提高教材质量。

李建军

2018年6月9日于北京

目 录

第一章 导论

本章导读

互联网金融是实践发展形成的学科范畴，自2012年出现专业化名词术语，很快就囊括了围绕第三方支付的金融服务创新、移动支付、互联网银行、互联网保险、互联网信贷、互联网众筹、互联网理财、互联网征信、互联网金融监管等多种金融范畴或概念，也包括了互联网、云计算、移动通信、大数据、区块链等信息技术基础，还有法律、规制等管理基础。互联网金融依托互联网技术，提升了金融业务的效率，改进了百姓的金融消费体验，也逐步改变了人们的支付习惯和金融投资、理财管理模式等，对小微经济主体提供了更贴近生产流通的金融服务支持。那么，互联网金融的内涵、功能及本质与传统金融有何不同？互联网金融一度快速发展的推动因素有哪些？本章将回答这些基本理论问题。

本章学习目标

本章首先介绍了金融的相关范畴，包括金融、互联网和互联网金融，之后对互联网金融的功能本质进行归纳总结，分析互联网金融快速发展的推动力和互联网金融的发展趋势。通过本章学习，把握互联网金融的内涵、功能和本质，理解互联网金融实践创新探索发展的推动因素和趋势，掌握金融与技术融合创新的基本规律，提升对互联网金融周期性出现问题的现象进行分析的能力。

第一节 金融、互联网与互联网金融

在“金融学”等相关专业课程中，对金融的内涵、功能和本质解释得比较多，本节对相关基础知识进行总结提炼，为后续理解互联网金融的内涵、功能与本质等奠定理论基础。

一、对金融的内涵、功能与本质的再认识

（一）金融的内涵

金融与我们息息相关，每天的生活都离不开金融服务，如支付、借贷、投资、理财、保险等。那么如何界定金融呢？国内外学者分别从不同角度对金融的概念给出了界定，仁者见仁，智者见智。通常情况下，金融被理解为货币资金的融通，即盈余者和短缺者之间货币资金余缺的调节。《中国金融百科全书》对于金融的定义是“货币流通和信用活动以及与之相关的经济活动的总称”。这一定义突破了将金融单纯与货币流通和信用活动联系的狭义范畴，将与货币流通相关的全部经济活动纳入金融框架之中。但是从货币流通和信用创造方面定义金融，具有一定的局限性，主要体现在融通主体缩小、金融功能观受限以及淡化市场作用三个方面。另一狭义的认识是从资本市场角度界定金融。在《新帕尔格雷夫经济学大辞典》中，金融基本的中心点被界定为“资本市场的运营、资本资产的供给和定价”，并且认为金融的基本内涵包括“有效率的市场”“风险与收益”“替代和套利”“期权定价”“公司金融”五个方面，金融的核心在于资本市场的定价与活动。这一界定将金融独立于货币与信用之外，显然不符合金融的全部内涵。

综合上述两类对金融的界定，国内有教科书给出一个相对完整的定义：“凡是既涉及货币又涉及信用的所有经济关系和交易行为的集合”[①]都属于金融的范畴。我们认为，金融是围绕资源跨期配置所形成的信用关系和由此进行的资产交易、定价、风险管理等经济活动的总称。这里的资源包括货币、资本、商品和服务。由于资源进行了跨期配置，必然产生信用关系；而跨期内部的不确定性形成了风险，因此相关交易要围绕风险因素进行合理定价以促成交易。无论是债权、股权，还是收益权、选择权，存续期内的风险管理都是金融活动的重要内容。

（二）金融的功能

金融功能即金融的功效、效用、效能或作用，其本质上是金融与经济相互关系的主轴、核心与关键，具有客观性、稳定性、层次性以及稀缺性等特征。金融功能的发展与金融的发展以及经济的变革具有相关性、协同性和异质性，是质性金融发展的直接结果和观测器[②]。金融功能比金融要素和金融中介更加稳定。纵观金融演进的历史进程，可以发现，从票号到典当行，再到银行、保险以及互联网金融平台，金融机构的形态和组织形式不断更迭；从储蓄、贷款到金融衍生资产，再到基金以及各类互联网理财产品，金融产品种类也随着金融市场发达程度而发生深度衍变；然而，金融资金融通、风险管理、价格发现以及信息提供的功能从始至终未发生改变。

金融体系的基本功能是研究不确定性下经济资源的时间和空间配置状态。金融体系的功能主要包括资源配置功能、资金媒介功能、资产避险功能、产业结构调整功能、

① 黄达. 金融学：精编版. 北京：中国人民大学出版社，2009.

② 白钦先，谭庆华. 论金融功能演进与金融发展. 金融研究，2006（7）：41-52.

引导消费功能等。好的社会离不开好的金融制度的设计，实体经济的发展需要金融创新，过度金融化、逐利性的金融体系最终将导致金融泡沫和金融危机的发生。因此，金融应当也必须服务于社会。

（三）金融的本质

金融实际上是一种信用活动，这种活动的本质是金融工具的交易。金融工具需要制度和技术的支持，两者构成了金融运行的基础。金融可以理解为涉及货币、信用的所有经济关系和交易行为的集合。从实际经济活动来看，金融包括金融机构的活动、金融工具的使用以及宏观金融的调控。从经济层面上看，以货币、信用为媒介，银行、保险和证券等各类金融机构的活动构成了金融体系的基础。从表现形式上看，货币的借贷、兑换、买卖、票据的流动以及贵金属的交换等构成了经济主体的金融活动。金融作为社会资金配置调控的核心，对于宏微观经济的稳健运行发挥着重要的作用。

二、互联网

（一）互联网的诞生

互联网（Internet）是一系列网络以一组通用的协议相连，形成逻辑上的单一巨大国际网络。互联网开始于美国的阿帕网（Advanced Research Project Agency Network，ARPANET），最初是用于军事目的的系统连接，后该系统将加利福尼亚大学洛杉矶分校（UCLA）、斯坦福国际研究院（SRI）、加利福尼亚大学圣塔芭芭拉分校（UCSB）和犹他大学（UTAH）的四台主要的计算机连接起来，于 1969 年 12 月开始正式联机。进入 20 世纪 80 年代后，互联网技术不断进步，逐步走向社会化应用。1994 年以后，互联网开始大规模普及应用，并在 2000 年左右出现一波全球性互联网经济热潮。2010 年以来，通信技术、云计算、人工智能技术快速发展，为智慧互联网的发展提供了技术支持，互联网的应用前景更加广阔。

（二）互联网的功能

互联网是一个现代化的通信载体，借助网络技术可以突破原有的地理不可及性、交易成本过高以及社交信任问题，实现通信服务与资源共享。互联网技术的发展加快了各种传感设备的普及，很多线下的消费、阅读和购物等经济活动逐渐转移到互联网上，社会信息数字化趋势逐渐增强。搜索引擎除了提供基础的网页搜索等功能外，还内嵌了许多智能化的大数据分析工具和信息技术（IT）解决方案，促使基于互联网技术的金融活动逐渐增加。此外，互联网技术的发展提高了人类的计算能力，随着通信技术、互联网、移动通信技术的融合，互联网的智能性、灵活性、便捷性以及安全性将有所提升，对制造业生产、居民消费生活以及金融行业产生深远的影响。

（三）互联网的本质

互联网的进步体现了人类思维向外在显化发展的基本模式和方向。人类追求的是连接，进而沟通信息，共享资源。“互联网 +”实现了“数据的流动”，互联网通过数据将世界连接起来，有效克服了地理限制，给人类的生产生活带来了巨大的变革。互联网的第一本质是“通信与共享”。即通过即时通信、信息快速触达，实现资源的共享；

这其中既包括信息资源的无偿共享，也包括消费品、耐用品的有偿共享。随着共享单车、共享汽车以及共享房屋等共享理念的推进，基于“共享”理念的互联网技术对媒体、交通运输、金融以及医疗等多个行业带来机遇和挑战。互联网的第二本质是“连接与互动”。即企业和用户之间、用户和用户之间通过互联网联系得更加紧密，突破了原有地理限制和社会网络局限导致的交流障碍；而互动程度的加强将提高生产资料和金融资源的搜寻匹配效率，增进社会福利。互联网的第三本质是“思维与虚拟”。互联网上的各种活动是人类思维的外在展示，在一定程度上具有虚拟性；基于互联网的交易有别于传统面对面交易，因此在交易风险、交易模式等方面也与传统经济活动存在一定的差异。

三、互联网金融

（一）互联网金融的定义

随着全球网络经济的崛起，互联网金融也在如火如荼地发展，除银行、证券、基金、保险等传统金融机构外，电子商务公司、IT 企业以及移动运营商等各类机构也逐渐参与到互联网金融相关的创新活动中，演化出有别于传统金融机构的新商业模式。互联网金融模糊了金融和非金融行业之间的界限，基于大数据、云计算以及区块链技术的互联网金融生态体系也将给现有金融机构运行模式带来一定的冲击。互联网金融是一个有别于过去“网络金融”的新型概念，自 2012 年出现并随着实践的快速发展而引起人们的关注。从现实来看，互联网金融是金融行业与互联网相结合的新兴领域。

互联网金融是一个谱系概念，涵盖因为互联网技术和互联网精神的影响，从传统银行、证券、保险、交易所等金融中介和市场，到瓦尔拉斯一般均衡对应的无金融中介或市场的所有金融交易和组织形式的总称。[①] 但从本质上看，互联网金融实际上是一个基础设施而非金融中介，无论是支付平台、信息平台，还是众筹平台，本质上都是基础设施，等同于过去的支付技术或者交易所设施。金融活动基于这些平台进行，平台效率取决于技术水平，金融活动无非还是支付清算、资金融通、风险管理与资产定价等内容。2015 年 7 月 18 日，中国人民银行等十部委联合发布《关于促进互联网金融健康发展的指导意见》，给出了官方定义：“互联网金融是传统金融机构与互联网企业（以下统称从业机构）利用互联网技术和信息通信技术实现资金融通、支付、投资和信息中介服务的新型金融业务模式。”文件还指出，互联网与金融深度融合是大势所趋，将对金融产品、业务、组织和服务等方面产生更加深刻的影响。互联网金融对促进小微企业发展和扩大就业发挥了现有金融机构难以替代的积极作用，为大众创业、万众创新打开了大门。促进互联网金融健康发展，有利于提升金融服务质量和效率，深化金融改革，促进金融创新发展，扩大金融业对内对外开放，构建多层次金融体系。

因此，互联网金融可以表述为：它是基于互联网技术平台基础的金融活动、金融形式等的总和，是技术平台与金融活动的融合形态；既包括狭义互联网金融形式，如

① 谢平，邹传伟，刘海二 . 互联网金融的基础理论 . 金融研究，2015（8）：1–12.

第三方网络支付、平台网络借贷、理财与众筹，也包括银行、证券、保险等传统金融业利用互联网提供的服务与业务创新。

（二）互联网金融的特征

互联网金融的特征主要体现在以下几点。第一，金融服务成本低。互联网金融依托网络技术，提供支付、投资、融资等金融服务的成本较低，边际成本递减。在项目搜寻和匹配上存在一定的规模经济，推动边际成本递减和边际收益递增。第二，金融网络效应显著。网络效应可以表述为：一种产品对用户的价值随着采用相同的产品或可兼容产品的用户增加而增大。互联网金融具有明显的网络效应，基于网络产生的收益和效应会随着网络用户的增加而呈指数式增长。如，互联网金融市场上，一旦投资者搜寻到有价值的项目，可以与其他投资者一起分享，提升项目总体价值。第三，投融资双方搜寻匹配效率高。互联网金融能够减少交易双方的信息不对称，提高信贷市场搜寻匹配效率。传统金融机构因信息不对称而导致的信贷配给问题将会得到有效缓解，资金配置效率以及资产定价效率将有所提高。

（三）互联网金融的属性

互联网金融的属性主要包括技术属性和金融属性两个方面。

技术属性主要表现在移动支付、第三方支付、大数据、社交网络、搜索引擎、云计算等技术的应用，用技术赋能金融。互联网技术改变了现有基于营业网点和交易所模式的金融交易和机构组织形式。

互联网的金融属性是指通过互联网金融平台提高借贷双方的搜寻匹配效率，更好地发挥资源配置、信息提供、价格发现以及风险规避的功能。其一，互联网金融以第三方支付和移动支付为基础，降低了传统金融机构基于营业网点的交易成本，提高了金融服务的便捷性。其二，借助大数据和云计算技术的互联网金融模式，能够更加广泛地应用于信息处理，有效提高风险定价和风险管理效率。其三，互联网金融能够扩展金融边界，使供求双方不必再拘泥于通过金融市场和金融中介的融资模式，而是通过互联网平台，更加快速、便捷地实现资金的有效配置。

（四）互联网金融的本质

互联网金融的本质是金融，它是依托互联网信息技术形成的一种金融模式，发挥的依旧是金融的支付结算、动员储蓄、转化投资、财富管理等基本功能，与传统的金融模式有一定的区别。在这种模式下，支付便捷，市场信息不对称程度非常低；资金供需双方直接交易，银行、券商和交易所等金融中介都不起作用；直接融资可以达到和间接融资一样的资源配置效率，并在促进经济增长的同时，大幅度减少交易成本。

从功能角度分析，互联网金融是依托现代信息科技进行的金融活动，具有融资、支付和交易中介等功能。互联网金融在功能上凭借信息技术及组织模式的优势，与传统金融模式相比，其效率更高，交易成本与风险成本更低。

从发展的角度分析，传统金融植根于经济的发展，由商务活动过程中产生的资金汇兑、支付结算、融资与投资管理等需求推动。经济交易对金融服务最主要的要求是便捷准确，效率高且成本低。近代银行的萌芽、交易所的出现、中央银行制度的建立等金融形态与模式的发展与演进，都符合这样的规律。互联网金融同样以支付为先导，它率先出现在电子商务活动领域，以第三方支付的形式，较好地解决了传统银行与电商、消费者之间支付信用的难题。1998 年在美国出现的 Paypal、2004 年在中国诞生的阿里巴巴支付宝（Alipay）就是随着电子商务的发展而出现的第三方支付服务，它依托互联网技术，有效解决了电子商务的支付瓶颈问题，大大拓展了电子商务的发展空间。

互联网金融的金融本质并未发生改变。其一，金融功能未发生改变。互联网金融仍是在不确定环境中进行资源的时间和空间配置，以满足实体经济需求，提供支付清算、资金融通、信息提供以及风险管理等金融服务。其二，股权、债权、保险、信托等金融契约的内涵没有发生实质性改变。金融契约的本质是约定各交易方在未来不确定环境下获得或付出一定数量现金流的权利和义务，互联网金融的法律主体以及契约履行并不会因为物理形式到电子形式的转变而发生变化。其三，金融风险、外部性等不会因为交易形式的改变而降低或者消除。互联网金融依然存在市场风险、信用风险、流动性风险、法律风险以及操作风险。互联网金融虽然能够降低交易成本，但是不能够消除风险。

（五）互联网金融对金融发展的影响

首先，互联网金融改变了传统金融的销售模式。互联网金融的出现重新定义了金融机构和客户之间的关系，任何客户都可以通过互联网随时加入网络中，成为互联网金融的一员，改变了原来柜台交易办理业务的结构。传统金融的销售渠道主要依靠实体的网点和销售人员。随着电子商务、网上银行等商业形式的出现，传统金融的实体销售格局逐渐被网络销售渠道取代。互联网金融的销售模式更加方便、快捷，降低了销售成本，更能满足人们的需求。

其次，互联网金融创造了新的交易支付系统。传统金融主要支付方式有现金、票据、信用卡等，而互联网金融将互联网、移动通信网络和金融机制有机结合起来，创造了互联网支付、手机移动支付等新的支付方式，人们得以方便快捷地进行交易支付。互联网金融也创造了新的资金供求模式和融资模式，弱化了中介机构的作用，资金需求方和供给方直接进行融资交易，投资者可以方便快捷地通过互联网金融来理财，使得传统金融的资金供求模式发生了较大的变化。

同时，互联网金融有助于缓解中小微企业融资难的问题。互联网金融通过云计算和大数据等技术的支持，使得融资双方的信息都能在互联网中反映，从而改善了整个融资交易过程中存在的信息不对称的问题，有效地降低了道德风险和交易成本。但是互联网金融的出现也增加了传统金融的风险。虽然客户通过互联网金融工具和产品降低了自身的风险，但从整个金融系统来看，风险只是被转移而并未被减少，所以可能给金融市场带来潜在的风险。

第二节 互联网金融的范围

互联网金融从产生开始便对传统金融产生了巨大的冲击和影响，深刻地改变了金融行业的模式和理念。一方面，互联网企业通过技术创新、进军金融行业，迅速抢占了金融机构的市场份额；另一方面，传统金融机构也迅速“触网”，通过手机银行、网上银行、网上证券等服务，与互联网机构进行竞争。经过多年的发展，互联网金融已经渗透到了传统金融的各个领域，形成了较为完整的互联网金融体系。从广义角度看，互联网金融的范围包括传统金融机构利用互联网技术提供的服务、非金融企业从事的互联网服务，以及基于互联网技术的衍生金融相关服务。

一、传统金融机构的互联网金融服务

传统金融机构，如商业银行、证券公司、信托投资公司、保险公司等是较早利用互联网技术开展金融服务的主体，其早期的应用主要是网上银行服务、网上证券交易等。随着互联网技术的发展，互联网银行、互联网证券、互联网保险等出现，成为互联网金融的主要形式。

（一）互联网银行

互联网银行是指通过一种或多种移动互联网技术，借助大数据、云计算等方式，为客户提供存款、取款、转账、支付、结算、理财等传统银行业务的商业银行。互联网银行主要有两种模式，一种是传统商业银行利用互联网技术开展的手机银行、网上银行等固定或移动互联网银行模式，提供与实体银行一致的金融服务；另一种是监管部门批准的、拥有商业银行牌照的纯互联网银行，它没有零售型物理网点，通过互联网平台开展金融服务。此类银行一般只主要靠后台处理中心集中处理业务，有一个具体的办公场所，但没有分支机构、营业柜台。

银行主导的互联网银行主要以手机银行和网上银行为主，其核心都是用户通过移动终端获取银行的金融服务。互联网银行的优势包括：一是使用方便，没有时空限制，属于 7×24 小时服务，对客户的吸引力大；二是经营成本较低，成本主要体现在技术投入方面，物理网点、营业人员等成本很低；三是服务创新快，互联网银行基于大数据技术，能够更好地识别客户，提供多种类、定制化的金融服务。当然，互联网银行也有先天的不足。例如，由于是网上交易，用户的信息和资金被盗的风险较高，客观存在网络安全问题；一些偏远地区受电力供应短缺、网络不可及等技术条件限制，大部分居民文化水平不高，互联网技术被排斥，互联网银行的使用很难被有效推广。

（二）互联网证券

互联网证券又称网络证券或网上证券，是指证券公司通过互联网平台为客户提供信息推送、投资顾问、产品发行、证券交易等一系列全方位证券服务的新业务模式。互联网证券服务的提供者包括传统的证券公司和专业的互联网证券信息平台。证券公司除了提供网上开户、网上交易、网上理财等基本业务外，还提供投资咨询、信息送达、数据分析、投资者教育等服务。投资者可通过网上证券交易或手机证券交易轻松地进行投资和资产管理，如参与新股申购、基金申赎、理财产品购买等。互联网证券平台还可以据客户的资产配置和浏览习惯进行差异化的信息推送，也可以在大数据的支撑下帮助用户更好地配置资产。互联网证券对物理网点的依赖性更低，客户可以通过登录网站或移动终端的方式直接获取各种金融服务，因此其发展速度和普及率比互联网银行更高。

互联网证券的普及也对整个证券行业产生了非常深远的影响，具体表现如下：第一，互联网证券的普及提高了用户获得证券服务的便利程度，因此会有更多的投资者参与证券市场，从而促进证券市场的长远发展；第二，互联网证券使信息的传播过程更有效率，也促使整个证券市场更加接近完全有效市场；第三，互联网证券的普及使得证券公司跳出了初级服务的同质竞争，证券公司之间的竞争更加专业化，主要体现在差异化产品的设计和专业化的投资顾问方面。

（三）互联网保险

互联网保险是指借助互联网技术和互联网平台进行保险营销的新型服务方式，其服务覆盖到保险的信息查询、合同设计、投保、交费、理赔、给付等各个方面。互联网保险服务的提供者包括传统保险公司、拥有保险牌照的纯互联网保险公司，以及保险产品销售信息平台。

与传统的线下保险服务相比较，互联网保险拥有明显的优势：第一，互联网保险为用户提供了自助选择保险产品的平台，比起传统的保险营销方式，用户对互联网保险的抵触程度较低；第二，互联网保险的服务更加高效、便捷，用户投保、交费、理赔等各项服务均可通过网络或移动终端完成，大大提高了保险行业的服务效率，改进了客户的体验；第三，保险公司可通过互联网保险的普及大大降低运营成本，提高盈利能力。当然，互联网保险也存在一定的缺陷。例如，保障制度尚不健全，电子化赔付证据的辨别仍是很大的问题；新型互联网保险产品创新监管难度较大，互联网保险公司的偿付能力应受到监管重视。

二、基于互联网平台开展的金融服务

基于互联网平台开展的金融服务主要有第三方支付、网络借贷、互联网众筹、互联网消费金融、互联网供应链金融、互联网理财、互联网金融信息服务等，下面分别介绍。

（一）第三方支付

最早的第三方支付企业是1998年成立的贝宝（PayPal），是美国电商企业易贝（eBay）的全资子公司。它主要在通过电子邮件标识身份的用户之间转移资金，集国际流行的信用卡、借记卡、电子支票等支付方式于一身，帮助买卖双方解决各种交易过程中的支付难题。

中国第三方支付企业的出现并不晚于美国，但是没有抓住前期的发展机遇，因此发展滞后于美国。早在1999年成立的北京首信和上海环讯两家企业是中国最早的第三方支付企业，而由于电子商务在中国的缓慢发展，其影响力一直不大。直到2004年12月阿里巴巴推出支付宝，在淘宝购物平台的强大影响下，支付宝业务取得了突飞猛进的发展，其交易规模仅用4年时间便以超过2亿用户的绝对优势胜过美国的PayPal，成为全球最大的第三方支付平台。

继支付宝之后，国内相继出现了一系列类似的支付平台，如微信支付、网银在线等。此外，以拉卡拉为代表的线下便民金融服务提供商的出现，以及银联电子支付推出的银联商务等多项金融服务的衍生品，都反映出第三方支付平台迅猛的发展态势，国内第三方支付企业进入了稳定的“黄金”增长期。这一时期第三方支付企业集中发展且影响力逐渐增大，不规范的问题时有发生。因此，从2005年开始，国务院及相关部门持续发布了一系列规范电子商务市场和网上支付环境建设的政策措施。2010年6月，中国人民银行发布《非金融机构支付服务管理办法》，明确规定非金融机构应当取得支付业务许可证，成为支付机构，并依法接受中国人民银行的监督管理。2011年5月，财付通、支付宝、快钱等27家第三方支付公司拿到了支付牌照。同年8月29日和12月31日，中国人民银行发放第二批13家、第三批23家企业的第三方支付牌照。

2013年起，互联网金融取得了快速发展，围绕第三方支付平台的服务创新发展迅速。由于存在过度创新等安全隐患，2014年3月，虚拟信用卡和二维码支付被中国人民银行支付结算司紧急叫停。之后，相应的支付制度规则不断完善。中国人民银行2015年出台《网络支付业务管理办法》，2016年4月颁布《非银行支付机构分类评级管理办法》，2016年8月相继出台《二维码支付业务规范（征求意见稿）》《银行卡受理终端业务准入规则》，第三方支付市场逐步规范。在2013年到2020年的7年里，国内第三方支付市场的交易规模平稳上升，从17.75万亿元增长到250万亿元人民币。

（二）网络借贷

1. 个体网络借贷

个体网络借贷（peer-to-peer lending）是民间小规模借贷与互联网联姻的产物，是资金持有者通过网络信贷平台将资金贷给其他资金需求者的一种民间借贷方式。个体网络借贷的雏形最早可追溯至2005年3月，全球第一家网贷平台Zopa在英国伦敦上线运营。此外，美国最大的网贷公司Lending Club于2007年成立，并于2014年12月12日在纽交所挂牌上市，同时发展起来的网贷公司还有美国的Prosper等。目前该方式在美国和英国已成为除传统储蓄和投资外的另一种选择。

2007年开始，国内首家个体网络借贷平台拍拍贷在上海成立，此后类似平台陆续出现，在鼎盛时期达到5 000家。2016—2018年行业进入整顿阶段，个体网络借贷平台不断爆雷并在2018年进入风险集中爆发期，“跑路”等负面舆情事件较多，出借人负面情绪严重。后期随监管规范，全行业平台数量、交易额等呈现明显回落趋势。截至2020年年底，全国个体网络借贷平台清零。

个体网络借贷行业快速兴起又迅速衰亡，反映出监管机制不完善和平台道德风险问题。在经营过程中，部分平台做出刚性兑付承诺，优质平台迫于竞争压力也不得不做出同样承诺；由于缺乏有效监管，部分劣质平台自融圈钱，最终导致行业偏离本质，只能以强监管加速行业出清收尾。

2. 互联网小额贷款

互联网小额贷款由小额贷款公司作为贷款人，利用互联网向小微企业或个人提供短期的、小额信用贷款，使贷款申请、贷中审核、贷款发放网络化。互联网小额贷款公司要遵守现有小额贷款公司的监管规定，不能吸收公众存款。与线下传统小额贷款公司不同，互联网小额贷款可依托互联网平台（实际上是面向全国）开展业务，并综合利用网络平台积累的客户经营、消费、交易以及生活等行为大数据信息或即时场景信息分析客户信用风险和进行预授信，并在线上完成贷款的申请、审核、发放和回收等流程。

（三）互联网众筹

众筹的概念最早源于众包，是一种包含强烈金融元素的特殊众包形式，其目的是帮助成立初期的企业应对融资困境。2010 年，学术领域出现众筹概念，认为众筹是结合众包（例如，在大众中寻求融资），在一个开放的互联网平台上，以货币捐赠或换取未来的产品、服务或股权的形式来为特定项目或企业提供金融支持的融资手段。

2001 年，全球第一家互联网众筹平台 ArtistShare 开始运营，它被誉为“众筹金融的先行者”。ArtistShare 平台以吸引音乐粉丝为发行唱片募捐为起点，逐渐发展成为涵盖音乐、电影、摄影等艺术创意的网络众筹平台。从这以后，众筹平台如雨后春笋般不断涌现，如 SlicethePie（2007 年）、IndieGoGo（2008 年）、Spot.Us（2008 年）、PledgeMusic（2009 年）和 Kickstarter（2009 年）。美国拥有全球最大的众筹市场，平台众多，也更加成熟和多样化。全球知名的十家众筹平台中，有 7 家来自美国，包括全球最大的 Kickstarter。

2011 年 7 月中国首家众筹网站“点名时间”成立，随后几年众筹网站的数量和融资规模快速增长。2011 年到 2013 年上半年，众筹平台发展速度较为平缓；2013 年后半年，众筹平台的数量进入高速增长时期。据统计，截至 2018 年 5 月底，我国处于运营状态的众筹平台共有 253 家，2019 年 9 月底时该数据为 87 家，2021 年 1 月底为 66 家。互联网众筹行业发展处于萎缩状态。

（四）互联网消费金融

消费金融是指为满足个人或家庭对最终商品和服务的消费需求而提供的金融服务。互联网消费金融是指银行、消费金融公司或互联网企业等市场主体出资成立的非存款性借贷公司，以互联网技术和信息与通信技术为工具，以满足个人或家庭对除房屋和汽车之外的其他商品和服务的消费需求为目的，向个人或家庭出借资金并允许其分期偿还的信用活动。互联网消费金融的本质还是消费金融，它将互联网、大数据等技术嵌入传统消费金融活动的各环节，自推出以来受到了消费者的广泛欢迎。

我国消费金融起步较晚。目前有银行搭建的线上消费金融平台、互联网消费金融公司、基于电子商务平台的互联网消费金融等类型。2014 年，京东白条和天猫分期的推出标志着大型电商平台介入消费金融领域，互联网企业成为消费金融服务的新兴力量。2015 年 6 月国务院常务会议决定，放开消费金融市场准入，将原在 16 个城市开展的消费金融公司试点扩大至全国，审批权下放到省级部门，鼓励符合条件的民间资本、国内外银行业机构和互联网企业发起设立消费金融公司，进一步刺激了线上消费金融的发展热情，一股新的消费金融热潮兴起。海尔消费金融、兴业消费金融、分期乐、趣分期等消费金融公司纷纷成立。2013 年互联网消费金融实现了交易规模从年初 18.6 亿元到年末 60 亿元的飞跃，2014 年交易规模突破百亿元，2015 年交易规模突破千亿元，2018 年超万亿元，达 1.94 万亿元，2020 年达到 4 万亿元，占全部消费金融规模的 1/3。我国互联网消费金融市场发展迅速，具有较大的发展潜力与上升空间。

（五）互联网供应链金融

互联网供应链金融狭义上是指商业银行等传统金融机构开展在线供应链金融业务，将传统的供应链金融从线下转移到线上，即利用互联网技术，为供应链企业提供间接融资，并通过云计算、大数据等技术控制风险的金融业务。广义上的互联网供应链金融是指兼具资金提供者、供应链掌控者、电商平台经营者身份的电商、商业银行、核心企业或其他第三方，在对供应链交易中长期积累的大量信用数据以及借此建立的诚信体系进行分析的基础上，运用自偿性贸易融资方式，向从事交易的中小企业提供封闭的授信支持及其他资金管理、支付结算等综合金融服务的一种全新的金融模式。

互联网供应链金融的产生主要基于两个方面的原因。一方面，供应链金融通过控制商品和服务交易中产生的商流、物流、资金流和信息流为整条产业链提供系统性的融资支持，这个过程需要传递、处理和分析大量的信息，操作复杂程度较高。互联网技术的出现，为供应链金融的发展提供了更多的空间。另一方面，传统的供应链金融难以惠及供应链上的所有企业，尤其对上下游中小企业的支持力度有限，不符合普惠金融的理念。而互联网和供应链金融的结合，是线上与线下的结合，将闲置资金与融资需求进行匹配，对金融以及其他行业的发展产生了巨大的推动作用。供应链金融也是近些年来各大平台争夺的战略制高点。电商平台开展供应链金融有其先天优势，平台大数据积累丰富，进行数据挖掘分析具有良好的技术基础，可以对平台中小微企业，以及相关上下游产业链企业的经营状况、账期等关键信息准确识别，依据供应链各环节的物流与资金流特点，设计相应的信用产品，实现精准金融服务。

（六）互联网理财

互联网理财，是指投资者通过在互联网渠道获取理财产品和理财服务，从而获得相应收益的一种理财方式。本质上讲，互联网理财就是线下传统理财的一种延伸，将各类产品或者理财服务通过互联网这一便捷的渠道推向大众，具有收益率大幅提升、进入门槛大大降低、操作上便捷灵活等优势。以阿里巴巴、苏宁、京东为代表的中国主要电子商务企业和以腾讯、百度等为代表的互联网公司均已推出互联网理财产品。

就国外互联网理财的发展来看，嘉信理财（Charles Schwab）以及贝宝（PayPal）开发的互联网货币基金是美国互联网理财模式的典型代表。而国内理财产品的线下向线上迁移发生在 2007 年前后，当时部分产品已经开始借助互联网渠道进行销售。2013 年 6 月，余额宝的诞生正式宣告了中国互联网理财时代的到来。2019 年，金融业进一步扩大对外开放，在财富管理业方面表现尤为突出，国务院金融稳定发展委员会推出的 11 条对外开放措施中就有 2 条直接与财富管理业务相关。

2020 年以来，新冠疫情进一步强化了理财服务的线上化趋势。疫情期间，由于金融机构线下网点被迫关闭，难以直接接触用户，传统理财业务在产品销售、售后管理等方面都受到一定程度的影响。同时，互联网理财业务的无接触性、便利性等优势不断凸显，线上理财销售、线上征信、线上理赔等业务发展迅速。

理财是居民平滑消费的必要手段，能够有效推动我国经济金融转型发展。互联网理财作为一种新的理财模式，更能有效推动普惠金融发展，进而提振消费、扩大内需、助推高质量发展。特别是在当前世界经济持续低迷，全球市场急剧萎缩，我国明确提出要“加快构建以国内大循环为主体、国内国际双循环相互促进的新格局”的大背景下，充分发挥居民理财在改善居民金融资产配置、提振消费、扩大内需等方面的作用，具有重大的现实意义。

2017 年以来，随着互联网金融监管不断强化，以欺诈为目的或技术水平不达标的机构逐步被市场清退，一些技术水平较高的互联网理财平台获得了更多的发展机会，其发展模式由快速扩张逐渐向产品提质升级转型，与传统金融机构的合作也更加频繁。互联网理财业务在用户端和机构端都显示出了自身不可比拟的优势，尤其在小额高频理财业务中，以蚂蚁集团为代表的互联网金融平台，吸引了众多传统金融机构、新型互联网公司开展互联网理财业务，并进行多样化的合作创新。具体来看有三类：一是投资理财与社交场景创新结合。例如美国的 Motif 将投资选股与社交场景融合，用户可以把自己的 Motif 分享给好友或者选定的圈子，大家共同对投资组合进行讨论和优化。二是机构间的数据开放和服务开放。例如蚂蚁财富开放机构入驻，实现理财产品信息、用户信息的整合，借助生态场景带来的流量优势为金融机构的理财产品引流，代销公募基金、理财型保险、贵金属等产品。美国的 Personal Capital 能够链接外部券商账户，通过整合账户和数据帮助客户实现一站式的财务管理和理财投资。三是机构之间在风险管理上的合作，互联网理财平台与关联机构之间通过共享数据、开展信用评估等方式开展合作，管控风险。

（七）互联网金融信息服务

互联网金融信息服务是指专业机构通过互联网和移动通信向用户提供股票、基金、债券等有价证券相关信息的服务。服务内容包括提供金融资讯、金融数据、信息交流、培训教育、分析工具、理财工具、交易工具等。其行业可细分为下列三类：金融信息终端类服务、信息增值服务、网络财经信息服务。

位于互联网金融信息服务业产业链上游的是各类金融信息的提供商，包括各交易所的专属信息发布机构和其他专业研究、咨询机构，例如上海证券交易所、深圳证券交易所、中国金融期货交易所等。这些基础信息的提供商将自有的数据、资讯、报告提供给下游的信息使用机构。位于产业链中游的是各类互联网金融信息服务的提供商，他们通过对基础信息进行加工整合，开发互联网金融信息产品，从而向下游客户销售产品并提供金融信息。互联网金融信息服务的提供商是该行业的核心力量，起到了加工信息和传递信息的作用。位于产业链下游的是金融信息产品和服务的最终用户，包括机构和个人投资者，是该行业的最终消费者。投资者借助互联网金融信息服务提供商加工整合过的金融信息，方便快捷地做出投资决策。

从细分领域来看，金融信息终端类产品和服务是中国金融信息服务业中产品销售规模比重较大、技术含量较高的业务类型。

三、互联网相关技术在金融领域的创新应用

在金融基础设施建设与相关金融服务领域，互联网技术应用具有广阔的前景。围绕信用体系建设开展的互联网征信，基于大数据的金融产品与服务创新，以及区块链

技术应用在金融管理与提升金融服务效率等领域，都取得了较快发展。

（一）互联网征信

征信活动是信用经济中不可缺少的重要一环。在信用活动中，受信人的信用状况是信用活动中最大的风险关注点，如果授信人能够获得受信人过往准确的信用记录，便可对其信用活动做出全面分析，给出相应的信用等级判断，从而对其信用风险做出合理的评估。获取受信人过往信用记录的活动即为征信。在互联网金融出现以前，居民的信用记录因为过于分散，很难进行采集和整理，成本也非常高。近些年来伴随互联网技术的兴起和网上交易的活跃，一些大型电商平台积累了用户大量的交易信息和信用信息，这些数据经过整合之后即可成为较好的信用记录，对于信用活动具有较好的预测功能。

互联网征信活动会涉及用户的隐私问题，其界限较难把控。因此，互联网征信的主要活动仍然由政府主导。目前中国最权威的征信系统是中国人民银行征信中心，经过近 20 年的建设，已经成为世界规模最大、收录人数最多、收集信息全面、覆盖范围广泛的信用信息基础数据库。此外，中国互联网金融协会牵头芝麻信用、腾讯征信等机构联合发起设立的征信机构——百行征信于 2018 年获批，是国内第一家获得个人征信业务的市场化公司。征信数据将会涉及每个人生活的方方面面。

互联网征信对于信用活动的促进作用非常显著，可以大大减少信用活动过程中的信息不对称问题，促进信用资源的合理配置，约束人们的失信行为。但同时，由于互联网征信活动仍不成熟，侵犯用户隐私的行为仍屡见不鲜。2021 年 9 月，中国人民银行发布《征信业务管理办法》，从信用信息采集的要求，信用信息整理、保存和加工的方式，信用信息提供、使用注意事项，信用信息安全保护和相应的监管措施、法律责任等方面，规范针对个人和企业、事业单位等组织开展征信业务及其相关活动。未来互联网征信的健康发展仍然需要相关制度的建设来引领。

（二）大数据金融

大数据是包含结构数据、半结构数据与非结构数据在内的数据体系，具有多维度、全息化、多属性的特点。可以说，大数据是对社会活动立体化、连续性的客观记录。基于大数据的金融创新具有更贴近真实、精准服务的属性。金融活动本身就具有大数据的属性，借助互联网技术和大数据挖掘分析技术，可以解决金融活动中信息不对称的问题，提升金融资源配置效率，准确识别风险，完善金融调控机制。

大数据金融的应用主要有两个维度：服务创新与风险控制。服务创新主要是金融机构借助用户的大数据记录，全面评估用户的资产负债、信用状况、资金流状况、收入与消费状况、行为习惯、偏好兴趣等，借助相应的大数据模型，对用户进行净值分类、风险偏好分类，进而设计相应的个性化金融产品，开展精准营销和定制服务。大数据金融应用的另一方面是风险控制，包括前期征信管理、中期授信和后期管理。在互联网征信部分已经提到，大数据生成多要借助互联网。数据获取分析需要借助金融模型和计算技术，通过大数据构建模型，对用户的资产配置进行整体风险管理。

大数据金融对传统金融的运作模式产生了深远影响：第一，大数据技术让金融行业真正进入了“工业时代”，金融数据和信息的处理能力大幅提高，用户可从众多非结构化的数据中得到大量的信息帮助投资决策，提高金融体系的效率；第二，在大数据金融的帮助下，金融机构可以更好地向用户提供个性化、定制化的金融服务，使金融资源的配置更有针对性；第三，借助大数据金融的技术，金融信息的传播更加快捷，整个金融市场也会因此变得有效。借助大数据金融，整个金融行业将加速向标准化的方向发展。

（三）区块链金融

区块链技术是一种去中心化的数据存储和传输的方法。区块链金融是区块链技术与金融的结合，主要用于解决金融交易过程中的安全问题。区块链金融是金融领域的重大技术突破，在区块链金融的构想下，未来的金融交易将进入“无纸化”时代，用户的资产信息和交易信息将会被完整地记录，所有交易在统一的数据库系统中进行，金融服务真正普及到所有人，让所有人公平、便捷地享受到金融服务。

区块链技术是私人加密数字货币的基层应用技术，也是区块链最初的一个应用领域。区块链技术的出现，为解决货币的数字化发行、流通和持有问题提供了一个新的角度和可能，数字货币也成为区块链金融的先行者。其中，法定数字货币就是数字货币的一个重要应用。法定数字货币是指由一国（地区）央行或货币当局发行的代表具体金额的加密数字串，可用于真实商品、服务的消费和交易。相对于传统货币，发行法定数字货币不仅在成本和效率方面有着得天独厚的优势，而且安全性有保证，也更便于央行的监管和调控。

（四）人工智能金融

人工智能是一个受到广泛关注的科学问题，也是一个战略前沿技术。研究人工智能具有重要意义，任何实质性进步都将促进人类社会和现代文明的全面进步。人工智能在金融行业的应用时间虽然不长，但是影响很大。世界上大型的 IT 公司和大型金融机构都在进行人工智能金融的研究。谷歌、脸书、IBM、微软、阿里巴巴、腾讯、百度、科大讯飞等公司已经提出了大量的技术方案并付诸实践。花旗银行、高盛、中国建设银行、中国银行、中国农业银行、平安保险等大型金融机构也都投入巨资研究以人工智能为核心的金融科技（FinTech）。

（五）5G 时代下的互联网金融

5G 是第五代移动通信技术的简称，是新一代蜂窝移动通信技术。相较于 4G，5G 的技术优越性表现在信息传输高速度、低时延、高容量和高安全性等几个方面。随着 5G 应用的推广，其将与金融业深度融合，泛在网、万物互联、低延时等功能将全面应用于金融业。这将彻底改变并创造新的金融监管理念、金融发展模式、金融产品、金融场景、金融服务及金融发展方向，使得金融业的服务能力得到最大限度的提升。

第三节 互联网金融实践发展与推动因素

一、互联网金融实践发展

（一）金融机构互联网金融服务

1. 银行业的互联网金融实践

商业银行是互联网的早期探索者，也是当前金融机构互联网应用的重要参与者。从历史角度看，银行业互联网实践的发展大致可以划分为两个阶段：第一个阶段是20世纪70年代到90年代中期。这一阶段以电子银行业务为主，商业银行开始用信息技术代替手工操作，实现银行后台业务和前台兑换业务处理的自动化。20世纪90年代后，以连接业务为代表的银行进入全面电子化建设阶段，中国的银行业在全国范围内建起了一批基于计算机网络的应用系统，实现了处理全过程的电子化。第二阶段是20世纪90年代中期到现在的网络银行时代。1995年10月美国第一安全网络银行开业，这是全球第一家不依赖物理网点的纯网络银行，是银行组织形态的创新。与此同时，传统银行的网上银行业务得到快速发展。1997年，中国银行率先在中国推出了网上银行业务；1998年3月18日，中国银行的客户通过银行网络完成了中国首笔网上银行支付业务，标志着商业银行正式进入了网上银行时代。同一时期，国内各商业银行纷纷建立了与互联网应用匹配的结算体系。2000年后，互联网技术实现了新的突破，为支付结算、网络借贷、信用分析、数据传输与存储提供了强有力的技术支持。2002年中国银联获准成立，逐步建立了全国性的基于互联网的跨行结算网络。银联通过协议等方式，将结算网扩展到140多个国家和地区，实现了国内商业银行所发银行卡的跨行、跨境、跨地区使用。商业银行在网上银行技术方面加大了投入，采用云技术体系，构建了各具特色的网上银行、移动互联网银行、手机银行等，为广大用户提供了便捷的银行服务。2014年9月29日，5家民营银行获准设立，其中，腾讯旗下的微众银行（2014年12月12日正式开业）、阿里巴巴旗下的浙江网商银行（2015年6月25日正式开业）是我国首批纯互联网银行。

截至2019年年末，微众银行的个人有效客户突破2亿人，覆盖了近600座城市。微众银行还为23万户普惠型小微企业提供了信贷服务，其中有61%的小微企业是首次获得银行授信。2016年6月，四川新网银行获批设立，成为中国第三家互联网银行，于2016年12月28日正式开业。传统银行也纷纷布局金融科技子公司，通过提升科技水平支持自身业务发展，具体见表1-1。

2. 证券业的互联网投资服务

证券公司作为证券业的主体，也是证券信息化的主体。在信息化进程中，证券公司与证券交易所共同推进了证券业务网络化建设。1990年，上海证券交易所通过计算

表 1–1　部分传统银行金融科技子公司

银行	金融科技子公司	注册时间	股权占比	注册资本
兴业银行	兴业数金	2015–11–10	兴业资产持股 72.86%	5 亿元
平安银行	金融壹账通	2015–12–29	平安金科持股 44.3%	12 亿元
招商银行	招银云创	2016–2–23	招商银行持股 100%	5 000 万元
光大银行	光大科技	2016–12–20	光大银行持股 100%	4 亿元
建设银行	建信金科	2018–4–12	建设银行持股 100%	16 亿元
民生银行	民生科技	2018–4–26	民生银行持股 100%	2 亿元
华夏银行	龙盈智达	2018–5–23	华夏银行持股 100%	2 100 万元
工商银行	工银科技	2019–3–25	工银国际持股 100%	6 亿元
北京银行	北银科技	2019–5–18	北银置业持股 100%	5 000 万元
中国银行	中银科技	2019–6–11	中国银行持股 100%	6 亿元
农业银行	农银金科	2020–7–28	农业银行持股 100%	6 亿元

资料来源：根据公开资料整理。

机进行了第一笔交易；1992 年，深圳证券交易所复合系统正式启用。依托互联网技术进行证券交易开始于 20 世纪 90 年代中期。1996 年 2 月，美国的 E*Trade Financial 证券公司正式推出了网上证券交易平台，拉开了世界“互联网证券时代”的大幕。中国的“互联网证券时代”始于 1997 年 3 月，中国华融信托投资公司第一个推出了网上交易系统“视聆通多媒体公众信息网网上交易系统”。2015 年，证券客户网上开户的比例已达到 92%，网上交易人数占比也达到了 84.43%，大部分的证券投资活动已经转移到网上进行。2014 年国金证券与腾讯联合推出互联网证券服务产品佣金宝，以 7×24 小时网上开户、万分之二点五佣金比率炒股、闲置资金理财等创新服务大力拓展互联网证券业务。之后，各大证券公司纷纷开展类似业务，为用户提供更加便捷的资产管理服务。目前，国内所有的证券公司都建立了网上交易系统，通过计算机、手机、平板电脑等终端，实现了证券的网络化交易；在管理、决策和风险控制方面，借助互联网实现了信息化办公，包括稽核系统、风险评估系统、财务系统和统计分析系统等。

3. 保险业的互联网保险应用

1995 年 2 月，世界上最早的第三方网络保险平台 InsWeb 在美国创立，保险行业自此迈入“互联网时代”。中国的互联网保险始于 1997 年，第一个第三方保险网站中国保险信息网诞生；同年 11 月，该网站为新华人寿促成了第一份电子商务保单。2000 年 3 月，电子商务保险网站“网险网”诞生，首次实现了网上投保功能。2000 年 5 月，中国人民保险公司广州分公司与中国建设银行广东省分行合作推出网上保险业务。2000 年 8 月和 9 月，平安保险的“PA18 新概念”和泰康保险的“泰康在线”电子商务平台分别建立，实现了在线保险销售。2001 年 3 月，太平洋保险公司北京分公司开通了“网神”，推出了 30 多个险种，开始了真正意义上的保险网销，当月保费达 99 万元。2005 年 4 月，《中华人民共和国电子签名法》颁布，推动互联网保险快速发展。2013

年 9 月 29 日，基于保障和促进整个互联网生态发展的初衷，蚂蚁金服、腾讯、中国平安等国内知名企业发起设立众安在线财产保险股份有限公司，这是国内第一家纯互联网保险公司。

到 2020 年，中国已有 146 家保险机构开展了互联网保险业务，其中财产险公司 74 家，人身险公司 72 家，全年实现保费 2 980 亿元，同比增长 10%，占行业总保费的 6%。互联网保险经过近 20 年的发展，已经成为保险行业中一股不容忽视的力量。

（二）互联网技术公司与传统金融机构的竞争和合作

1. 互联网技术公司的金融业务发展

随着互联网行业的兴起，全球涌现出一大批具有代表性的大型互联网技术公司，中国的百度、阿里巴巴、腾讯等公司在其中占据了重要地位。互联网技术公司数量众多，在服务范围、主营业务上与传统金融机构存在明显差异。不同互联网技术公司的主营业务差别较大，但均以互联网技术为基石，包括电子商务、社交网络、搜索引擎、软件及硬件服务等。部分互联网技术公司的金融业务见表 1–2。

表 1–2　部分互联网技术公司的金融业务

主要为发展中国家提供服务的互联网技术公司					
公司名称	阿里巴巴	百度	腾讯	Mercad Libre	Vodafone
支付业务	支付宝	百度钱包	财付通	Mercado Pago	M–Pesa
信贷业务	网商银行	百信银行	微众银行	Mercado Crédito	M–Pesa
资管业务	余额宝		理财通	Mercado Fondo	Pilots ongoing
主要为发达国家提供服务的互联网技术公司					
公司名称	Apple	Amazon	Facebook	Google	Microsoft
支付业务	Apple Pay	Amazon Pay	Messenger Pay	Google Pay	Microsoft Pay
信贷业务		Amazon Lending	Pilot	Google Tez	
资管业务					
保险业务		Amazon Protect			

资料来源：金融稳定委员会（FSB）。

我国的互联网技术公司自 2004 年起开展金融业务，经过十几年的蓬勃发展，到 2019 年已经日趋成熟。我国代表性互联网技术公司的金融业务发展历程可以划分为三个阶段。

2004—2010 年是我国互联网技术公司开展金融业务的萌芽期。2004 年，阿里巴巴旗下的支付宝成立。2005 年，腾讯推出财付通业务。阿里巴巴与腾讯在萌芽期分别成立了线上支付平台，为后续开展其他金融业务打下了良好基础。2011—2015 年是我国互联网技术公司开展金融业务的发展期，其在线上支付平台的基础上开展其他金融服务，逐步取得了多种业务的经营资格。如支付宝于 2011 年到 2012 年分别获得支付牌照、基金牌照，2013 年阿里巴巴推出余额宝，2014 年腾讯推出理财通等。阿里巴巴与腾讯还分别成立了互联网银行，面向个人和小微企业提供贷款服务。2016—2019 年是我国互联网技术公司开展金融业务的成熟期，金融业务版图不断扩充，同时向国际市场与农村市场拓展。2016年4月，阿里巴巴旗下的蚂蚁金服[①]宣布未来会将国际业务、农村金融、绿色金融作为三大战略重点。2017年，蚂蚁金服与联合国环境规划署宣布启动全球首个绿色金融联盟。截至2019年8月底，支付宝蚂蚁森林的用户已达到5亿。腾讯于2018年推出保险业务微保，于2019年推出与余额宝功能较为相似的零钱通业务。2017年，中信银行与百度公司联合发起设立百信银行。百度还分别于2017年、2018年获得保险经纪牌照与基金业务经营权。

互联网技术公司开展金融业务主要有以下优势。首先，互联网技术公司的数据分析能力在金融领域应用广泛，包括风险管理、精准营销等。例如，网商银行依托阿里巴巴平台数据创造了针对小微企业的风控模型；泰山保险与腾讯公司合作，在特定客户群体的朋友圈发布广告，引导客户关注泰山保险公众号。其次，互联网技术公司的网络外部性有助于吸引用户加入平台。网络外部性指产品价值随着使用该产品消费者数量的增加而不断增加，是互联网平台的重要特征。此外，互联网技术公司还能以线上运营的方式提供多样化的金融服务。例如，蚂蚁集团的大部分金融服务都以支付宝为入口，既包括余额宝等个人理财业务，还包括花呗、借呗等信贷业务与蚂蚁保险等互联网保险业务。

2. 大型互联网技术公司与传统金融机构的竞合关系

互联网技术公司与传统金融机构呈现竞争与合作并存的关系：互联网技术公司通过开展金融业务与传统金融机构直接竞争，并通过多种渠道与传统金融机构展开合作，包括提供技术服务、达成合作伙伴关系、共享流量入口等。

互联网技术公司与传统金融机构的竞合关系主要体现在前者的金融业务中。在支付业务方面，发达国家互联网技术公司的支付业务与传统支付方式联系密切，更能契合用户的付款习惯。而在发展中国家，互联网技术公司开展的支付业务相对独立，移动支付占据了大量市场份额。因此，互联网技术公司与传统金融机构在支付业务方面存在激烈的竞争关系。在信贷业务方面，互联网技术公司与传统金融机构的关系偏向于合作，一定程度上与传统金融机构形成竞争，如花呗与信用卡业务等。由于互联网技术公司的信贷业务主要集中于个人用户与小微企业，与传统金融机构的信贷业务重合程度较低，因此信贷业务上互联网技术公司与传统金融机构的竞争强度有限，合作成为主流。例如，面对自身资金不足的缺陷，微众银行等互联网银行纷纷选择与商业银行合作，以联合贷款的形式开展信贷业务，为微粒贷、微业贷等贷款产品提供资金支持。互联网技术公司与部分传统金融机构合作推出的创新型金融产品融合了双方优势，迅速抢占了市场份额，客观上也给其他金融机构带来了竞争压力。

二、互联网金融实践发展的推动因素

互联网金融的发展离不开互联网技术的进步，这是前提条件。有了技术基础，应

① 蚂蚁金服全称为蚂蚁金融服务集团，2020年6月改名蚂蚁科技集团，简称蚂蚁集团。

用的需要就成为推动基于互联网的金融服务创新的动力。互联网是人类思维的外在化，要提升互联网金融的服务效率，需要改进算法，并依托数据处理技术的发展。互联网金融的创新与传统金融创新一样，规避或绕开监管是其发展的重要动力。所以，技术、应用与监管，成为推动互联网金融发展的主要因素。

（一）技术因素

1. 互联网技术

互联网技术的发展大致可以划分为三个阶段：

第一阶段为实验科研阶段（1969—1994 年）。为了与苏联争霸，在核打击下保证军事通信的畅通，美国国防部于 1969 年建立了由 4 台计算机构成的、分布式控制的分组交换网——阿帕网。1983 年，为了满足更大规模网络互连的需求，阿帕网采用了新型数据封包和选路协议（TCP/IP），并被正式命名为“互联网”（Internet）。1986 年，美国国家科学基金会出资在全美建立了全国性的互联网络（NSFnet），随后发展为互联网的主干网络。这一时期的互联网建设由政府出资，主要面向科学研究，开放给科研人员免费试用，网络规模和用户规模小、数据传输速率低。这一时期互联网的应用技术相对单一，主要是文件传输和电子邮件，操作较为繁复。

第二阶段为社会化应用启动阶段（1994—2001 年）。1994 年，美国允许商业资本介入互联网建设与运营，互联网从实验室进入了面向社会的商用时期，开始向各行业渗透。万维网（WWW）技术的发明大大降低了信息交流和资源共享的技术门槛，为互联网迅速普及提供了技术基础。这一阶段，互联网的发展主要体现为网络的扩张、用户的增加、大批网站的涌现，以及 VoIP 和综合新闻网站等应用的出现和繁荣。同时，病毒和垃圾邮件等的泛滥导致用户间出现信任危机。由于商用初期的互联网没能找到合理有效的盈利模式，市场又存在过度的投机行为，最终在世纪之交，全球性“网络泡沫”破灭。

第三阶段为社会化应用发展阶段（2001 年至今）。进入 21 世纪，宽带、无线移动通信等技术的发展，为互联网应用类型和应用领域的拓展创造了有利条件。在网络规模和用户数量持续增加的同时，互联网逐渐应用到金融、商贸、公共服务、社会管理、新闻出版、广播影视等经济社会生活的各个领域。IP 技术以其强大的包容性和渗透力，促进了互联网与电信网、广电网等的融合。以博客、播客为代表的具有自组织、个性化特征的 Web2.0 技术，使普通用户可以轻松成为互联网内容的提供者，促进了网络内容的日益繁荣。

伴随着互联网技术的发展，金融服务互联网化进程加快，金融机构通过互联网平台建设，拓展了服务范围，提升了效率。互联网技术发展到第三个阶段后出现了网贷、众筹、数字货币等金融应用创新。

2. 云技术

云技术是指在广域网或局域网内将硬件、软件、网络等系列资源统一起来，实现数据的计算、储存、处理和共享的一种托管技术。

云计算描述了一种基于互联网的相关 IT 服务的增加、使用和交付模式，通常涉及通过互联网来提供动态易扩展且虚拟化的资源。用户通过浏览器、桌面应用程序或是移动应用程序来访问云服务。云存储是在云计算概念上延伸和发展出来的一个新概念，是指通过集群应用、网格技术或分布式文件系统等功能，将网络中大量各种不同类型的存储设备通过应用软件集合起来协同工作，共同对外提供数据存储和业务访问功能的系统。

互联网金融的复杂性需要强大的计算基础支持，云计算提供了这样的基础条件，互联网金融得以快速发展。

3. 算法与数据处理技术

算法是一系列解决问题的清晰指令，代表着用系统的方法描述解决问题的策略机制。随着数据库技术的迅速发展以及数据库管理系统的广泛应用，人们积累的数据越来越多。数据背后隐藏着许多重要的信息，人们希望能够对其进行更高层次的分析，因此数据挖掘成为关键。数据挖掘使数据库技术进入了一个更高级的阶段，它不仅能对过去的数据进行查询和遍历，并且能够找出过去数据之间的潜在联系，从而促进信息的传递。算法的改进可以提升数据挖掘的效果。与之并行的是数据处理器技术，计算引擎已经由 CPU 向 GPU 发展，其处理对象由结构数据向半结构和非结构数据转移。

（二）应用需求

1. 经济活动支付需求

人类有了经济活动就同时有了支付需求，货币是最主要的支付手段。从历史发展的角度看，货币从来都是伴随着技术进步、经济活动发展而演化的，从早期的实物货币、商品货币到后来的信用货币，都是适应人类商业社会发展的自然选择。随着经济活动的多样性和即时性的增加，经济主体对支付的需求越来越多样，如何快速而安全地付款成为经济交易之需。

进入互联网时代，基于电子信息化技术的支付，大幅度提高了用户支付的便捷性，增强了支付的安全性，提升了用户体验，实现了多方的共赢。现金支付正在逐步让位于更加便捷的第三方支付、刷卡支付、移动支付。与刷卡支付相比，移动支付具有应用场景优势，客户体验更好，在民生消费、公共缴费、小型经济活动等支付领域应用广泛，如商场与超市购物、乘坐公共交通、旅游出现、医疗缴费、签证预约、缴纳违章罚款等。移动支付能够全方位提供场景化服务，其生态圈正逐步形成。

2. 网络直接融资

中小微企业、个体经济单位、农户、个人等通过正规金融机构融资往往有难度，存在利率比较高、审批时间相对长等问题。互联网平台在消除借贷双方信息不对称、降低融资匹配搜寻成本等方面具有优势。对社会来说，这种模式提高了资金利用率，有利于经济发展。互联网平台通过更高效的机制对项目进行审核，能更快地与企业家进行沟通，降低投资过程中的信息不对称性，使得投资决策过程更加合理。

3. 财富管理

互联网金融产品的推广和应用不仅丰富了金融市场的产品，降低了融资成本，还改善了财富管理的效用，增加了财富管理工具的收益。通过互联网金融产品，财富管理的成本收益更加直观、清晰，理财工具逐渐增多，满足了不同的投资需求。同时，财富管理公司得到了更加丰富的用户需求，深入了解了闲散资金的理财目标，从而有助于金融产品创新，提高财富管理的效率和效用。

（三）监管因素

1. 监管不足

互联网金融的开放性、交叉性降低了各种非金融企业或机构进入金融业的门槛，特别是在金融监管体系属于机构监管的模式下，对互联网金融服务提供机构属性的认定比较困难，导致监管缺位。互联网金融产品与服务涉及银行、证券、保险、信托、基金等多个领域，具有金融综合经营的特点。这种跨市场、跨行业、跨区域经营的互联网金融，规避了分业监管制度规则，监管不足客观上成为互联网金融快速发展的间接因素。

2. 监管套利

“监管套利”是指金融机构利用不同监管机构制定的不同监管规则，甚至是相互冲突的监管规则或标准，选择在监管相对宽松的市场展开经营活动，以此降低监管成本、获取超额收益的行为。即不同监管机构的监管标准不一、强度不同，催生了市场主体一系列钻空子、打擦边球的套利行为。有些互联网金融机构开设类似银行的业务，却没有像银行一样受到实名开户、信息披露、风险准备金计提等监管约束，本质上就是监管套利。

3. 规避监管创新

金融创新的一个动力就是规避监管，互联网金融创新也不例外。在“个人—平台—机构—个人”模式下，平台将金融机构或准金融机构的信贷资产通过互联网的方式以极低的门槛对外销售，带有信贷资产证券化的特征。创新是一把双刃剑，创新必须以合规经营和风险控制为前提，围绕实体经济发展的需要来进行，不能打着创新的旗号规避内部管控与外部审慎监管。金融创新的合规发展应遵从服务实体经济、防控金融风险的目标，否则，最后必将导致“脱实向虚”，引发风险。互联网金融企业应推进以客户为中心的产品和服务创新，更好地满足日益增长的企业投融资和居民财富管理的需求。

本章小结

金融是围绕资源跨期配置所形成的信用关系和由此进行的资产交易、定价、风险管理等经济活动的总称。这里的资源包括货币、资本、商品和服务。互联网是一个现代的通信载体，借助网络技术可以突破原有的地理不可及性、交易成本过高以及社交信任问题，实现通信服务与资源共享。互联网金融是基于互联网技术平台基础的金融活动、金融形式等的总和，是技术平台与金融活动的融合形态。互联网金融仍具有支付清算、资金融通、信息提供以及风险管理等金融的基本功能。

互联网金融范围包括：传统金融机构提供的互联网金融服务，如互联网银行、互联网证券和互联网保险等；互联网平台衍生出来的金融服务，如互联网借贷、互联网众筹、互联网消费金融、互联网供应链金融等；前沿信息技术与金融结合发展出来的金融形式，如互联网征信、大数据金融、区块链金融与智能金融等。互联网金融的发展遵循从支付到借贷、理财到证券化等衍生业务创新的路径，技术、应用需求和监管是推动互联网金融发展的主要因素。

本章重要概念

金融 互联网 互联网金融 互联网银行 互联网证券 互联网保险 互联网征信 大数据金融 区块链金融 监管套利

即测即评

本章思考题

1. 金融的内涵、本质与功能是什么?
2. 互联网技术是如何发展演进的?
3. 如何理解互联网金融的本质?
4. 互联网金融的业务范围包括哪些领域?
5. 归纳分析推动互联网金融发展的因素。
6. 分析互联网金融实践发展出现问题的原因。

第二章
互联网金融理论

本章导读

传统金融理论强调金融功能的实现机制，而互联网金融是基于互联网技术的金融服务创新，其本身就是金融功能通过技术途径的一种实现机制。互联网金融的发展与互联网技术进步有何内在联系？互联网技术融入金融服务之后，网络效应等在互联网金融领域是否有效？互联网金融在解决长尾市场问题方面有何优势？本章将从理论角度阐明互联网金融的功效。

本章学习目标

本章梳理总结互联网金融相关理论及其应用。通过本章学习，要求掌握：金融发展与技术进步的关系；信息技术，特别是网络技术的发展规律；互联网金融降低金融交易成本，提升资金供需双方的搜寻匹配效率，降低逆向选择和道德风险概率的原理；互联网金融打开长尾市场、发挥正反馈效应的原理。全面理解互联网的功能与作用，从理论角度掌握互联网金融发挥作用的机制。

第一节　互联网金融发展的推动力

一、金融发展与技术进步

在人类历史的发展进程中，金融发展和技术进步相互促进。一方面，技术进步离不开金融的支持；另一方面，金融发展也离不开技术进步对其运作方式与机制的改进。

（一）金融发展推动技术进步

金融发展会推动技术进步。早在1912年，熊彼特在《经济发展理论》一书中就提出："信贷使经济体系进入了新的渠道，使资本主义生产手段以特殊方法服务于新的生产目的"，"没有信贷，就没有现代工业体系的创立"。根据熊彼特的观点，经济发展的关键推动力是创新，而良好的信贷体系能通过把资金配置给那些最具有新产品开发和生产能力的企业，从而促进科技创新①。希克斯在研究经济史时发现金融在英国工业革命过程中发挥了关键作用，金融体系通过股票、债券等金融工具将流动的资金转化为非流动的资本，推动了工业革命的进程②。麦金农在提出金融深化理论时也指出，在信贷充足的地方，放款和借款的高利率，会产生一种经济发展所需要的动力，它会促发新的储蓄，改变低效率投资，从而推动技术改造③。格林伍德（Greenwood）和杰万诺维奇（Jovanovic）证明金融中介在筛选具有良好发展前景的技术创新项目时具有信息成本优势，这一优势提高了金融资本的投资效率，进而推动了技术创新④。

高新技术的发展是一个国家国际竞争力的核心决定因素。高新技术具有如下特点：高风险性、高收益性、正外部性和市场超前性。由于高新技术产业发展的重要性及其自身的特点，各个国家都在积极探索能推动本国技术发展的金融安排⑤。

美国的技术创新在世界上居于领先地位。在美国企业技术创新的过程中，风险投资发挥了重要作用。风险投资是指主要向科技型的高成长性创业企业提供股权资本，为其提供经验管理和咨询服务，并在被投资企业发展成熟后，通过股权转让获取中长期资本增值收益的投资行为。风险投资很好地满足了科技创新和成果转化过程中资金按"风险、收益、流动性"相匹配的原则，有效地促进了科技创新。此外，美国的多层次资本市场满足了科技创新的融资需求。美国多层次资本市场包括主板市场、创业板市场和场外交易市场。主板市场针对的上市主体是已经进入稳定发展阶段、盈利状况良好的大型成熟企业。创业板市场，如纳斯达克，针对的上市主体是具有高成长性的中小企业及高科技企业。场外交易市场（OTC）针对的上市主体是处于初创阶段和幼稚阶段的企业。

在我国金融推动科技创新与科技成果转化的实践过程中，出现了科技金融。科技金融是促进科技开发、成果转化和高新技术产业发展的一系列金融工具、金融制度、金融政策与金融服务的系统性、创新性安排，是由向科学与技术创新活动提供金融资源的政府、企业、市场、社会中介机构等各种主体及其在科技创新融资过程中的行业活动共同构成的一个体系⑥。

在推动科技金融发展的实践过程中，我国采取了一系列措施，主要包括：培育和发展服务科技创新的金融组织体系；创新科技信贷产品和服务模式；拓宽适合科技创新发展规律的多元融资渠道；构建符合科技创新特点的保险产品和服务；建立健全促

---

① SCHUMPETER J A. The theory of economic development. Cambridge：Harvard University Pres，1912.

② HICKS J. A theory of economic history. Oxford：Glarendon Press，1969.

③ 麦金农 . 经济发展中的货币和资本 . 陈昕，卢骢，译 . 上海：上海三联书店，1997.

④ GREENWOOD J，JOVANOVIC B. Financial development，growth and the distribution of income. Journal of Political Economy，1990，98（5）：1076-1107.

⑤ 根据熊彼特的创新理论，技术创新包括基础研究、应用研究、技术开发与扩散三个阶段。

⑥ 赵昌文，陈春发，唐英凯 . 科技金融 . 北京：科学出版社，2009.

进科技创新的信用增进机制；深化科技和金融结合试点；创新政策协调和组织实施机制[①]。

（二）技术发展推动金融发展

技术发展也会推动金融发展。从工业革命的历史来看，在第一次工业革命中，煤炭动力、蒸汽动力技术及其应用带来了印刷业和运输业的革命。同时，第一次工业革命也推动了证券交易和证券市场的发展。在第二次工业革命中，电信技术与燃油内燃机的结合实现了电气化；同时，第二次工业革命也带来了金融国际化与金融效率的提升。20 世纪五六十年代，计算机技术改善了银行业会计系统，提高了其作业效率，实现了金融行业的后台电子化。20 世纪 70 年代，银行业利用数据通信和电子计算技术推出了联机柜员系统，实现了电子资金转账，从而推动银行业进入前台电子化时代。20 世纪 80 年代，银行业利用新兴的信息传输技术、信息安全技术和人机交互系统，推出了自助银行业务处理系统，这标志着银行业进入了电子化服务时代。20 世纪 90 年代以来，互联网技术的发展引发了信息技术革命，催生了电子商务，改变了人们的社会生活习惯，互联网和金融的融合改变了金融业的业态[②]。

此外，互联网金融的发展也推动了传统金融机构互联网化，即传统金融机构利用互联网代替金融中介和市场网点、人工服务来提供金融产品和服务。由于其产品结构和盈利模式仍然没有发生根本性变化，在是否将其纳入互联网金融范畴这一问题上，目前国内研究者意见不一[③]。

二、互联网技术发展驱动理论

从历史经验上看，一项技术带动整个社会变革通常遵循如下模式，即“新技术 + 原有产业 = 新产业”。只有接受并实践该模式的企业家才会站在新时代的浪潮之巅[④]。当前，信息技术和网络技术的快速发展已经彻底改变了金融业。为了更好地理解互联网金融，有必要了解信息技术和网络技术的发展变化规律[⑤]。

（一）摩尔定律

1965 年，英特尔公司的创始人戈登・摩尔（Gordon Moore）提出，至少在未来 10 年，集成电路的集成度会每两年翻一番。根据摩尔定律，当价格不变时，集成电路上可容纳的元器件的数目，约每隔 18~24 个月增加一倍，性能也将提升一倍。换言之，每一美元所能买到的计算机性能，将每隔 18~24 个月翻一倍以上。

---

①《中国人民银行、科技部、银监会、证监会、保监会、知识产权局关于大力推进体制机制创新，扎实做好科技金融服务的意见》（银发〔2014〕9 号）。

② 互联网金融不同于商业银行的间接融资，也不同于资本市场的直接融资，是第三种金融融资模式。见谢平，邹传伟 . 互联网金融模式研究 . 金融研究，2012（12）：11–22。

③ 谢平等学者将其纳入互联网金融范畴，但吴晓求则将其定义为金融互联网而不是互联网金融。

④ 吴军 . 智能时代 . 北京：中信出版集团，2020.

⑤ 关于摩尔定律、安迪 – 比尔定律及反摩尔定律的详细介绍，见吴军 . 浪潮之巅 . 北京：人民邮电出版社，2019。

摩尔定律在信息技术行业一再得到验证（图 2-1）。1946 年，世界上第一台电子计算机 ENIAC 在一秒钟内能完成 5 000 次定点加减法运算。到 2007 年，安装英特尔酷睿芯片的个人计算机一秒钟内能完成 500 亿次浮点运算，是 ENIAC 的 1 000 万倍。2007 年世界上运算速度最快的计算机 IBM 蓝色基因（Blue Gene/L）一秒钟内能完成 367 万亿次浮点运算，是 ENIAC 的 734 亿倍，相当于每 20 个月翻一番，这和摩尔定律的预测大致相同。2010 年 11 月世界上运算速度最快的计算机中国的天河 1A 一秒钟内能完成 2 570 万亿次计算，是 IBM 蓝色基因的 7 倍。2012 年 6 月世界上运算速度最快的计算机 IBM 红杉（Sequoia）一秒钟内能完成 1.6 亿亿次运算。和中国的天河 1A 相比，19 个月内，IBM 红杉将运算速度提高了 6 倍多。欧洲时间 2020 年 6 月 22 日，在网上举行的国际超级计算机大会（International Supercomputing Conference）发布了超级计算机的世界最新排名，日本理化学研究所与富士通推出的富岳（Fugaku）获得了世界第一名，它一秒钟内能完成 41.55 亿亿次运算。和 2012 年 6 月世界上运算速度最快的计算机 IBM 红杉相比，8 年间运算速度提高了约 25 倍。如果按照 24 个月翻一倍计算，这和摩尔定律的预测大致相同。

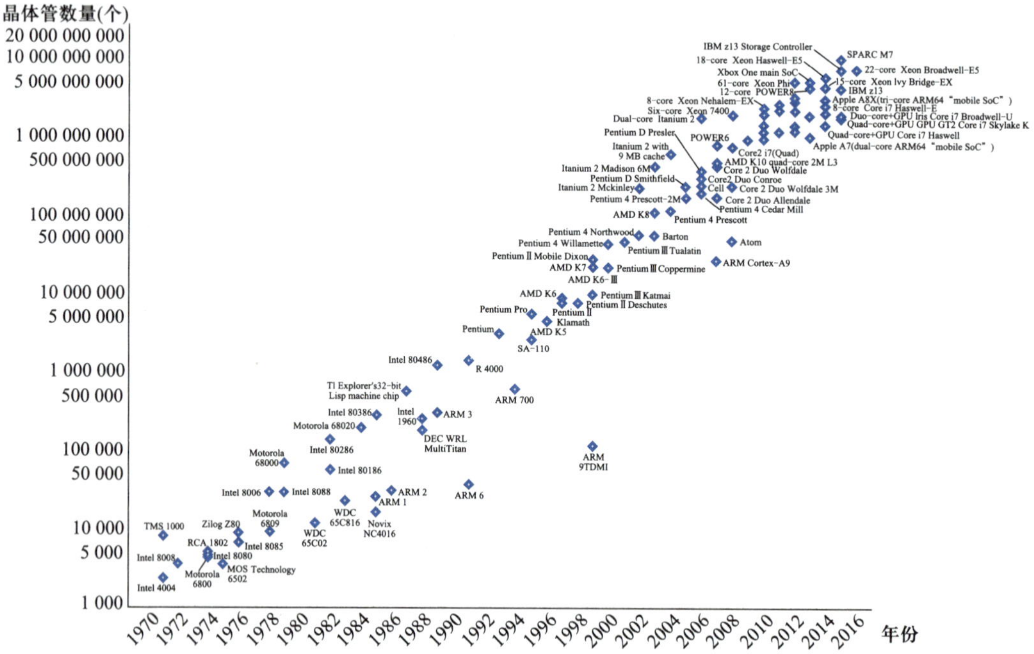

图 2-1 1970—2016 年晶体管数量变化符合摩尔定律

资料来源：维基百科。

此外，在计算机存储容量和网络传输速度等方面，摩尔定律也得到了验证。

（二）安迪-比尔定律

安迪-比尔定律的原话是："安迪给你的，比尔会拿走。"（What Andy gives，Bill takes away.）这里的安迪是指英特尔公司前 CEO 安迪·格鲁夫（Andy Grove），比尔是指微软公司创始人比尔·盖茨（Bill Gates）。

安迪－比尔定律的含义是：在计算机领域，软件功能的增加和改进会不断抵消硬件性能的提升。

如果按照摩尔定律发展下去，许多与计算机相关的产品价格会持续下降。这对消费者来说是福音，但对整个信息技术产业链而言却是灾难性的。整个信息产业能持续增长的关键在于操作系统和软件为了追求更高的安全性和更多的功能，其占用的硬件资源越来越多，但是操作系统和软件的运行速度并没有更快。因此，尽管现在的计算机处理器等硬件计算速度比十年前快了 100 倍，但是软件的运行速度与十年前不相上下。

信息技术产业链遵循图 2-2 所示的安迪－比尔定律发展规律。具体而言，以微软为代表的软件开发商提升软件性能，进而使得利用原有硬件的用户的软件运行速度越来越慢。这将迫使使用原有硬件的用户更新机器，进而让计算机生产厂家受益。这些计算机生产厂家再向英特尔等半导体生产厂商增加新芯片订单，同时向希捷（Seagate）等外设厂商增加新外设订单。这些新增加的订单使得半导体及外设生产厂商赚取大量利润。这些利润的其中一部分被投入研发，进而按照摩尔定律开发新的产品提升硬件性能；微软等公司则再开发出更高版本的操作系统或者软件来进一步抵消这些硬件性能的提升。如此循环往复，推动着整个信息技术产业不断向前发展。

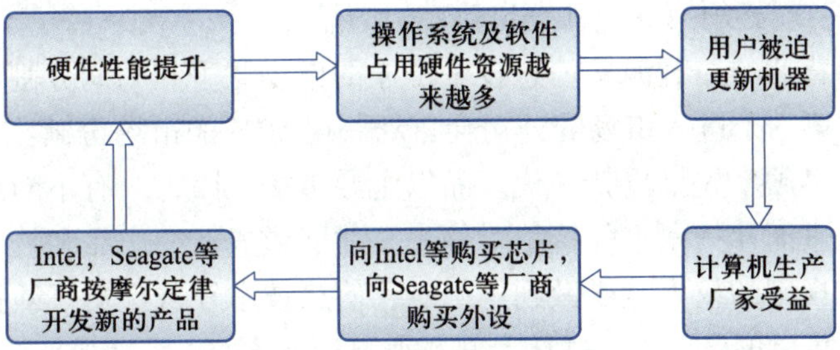

图 2-2　安迪－比尔定律

（三）反摩尔定律

谷歌（Google）公司前 CEO 埃里克·施密特（Eric Schmidt）在一次采访中提出了反摩尔定律：一个信息技术公司如果今天和 18 个月前卖掉同样多的同样产品，它的营业额就要降到一半。反摩尔定律意味着信息产业界所有的硬件设备生产商必须奋勇向前，赶上摩尔定律规定的更新速度，否则就会被淘汰。从积极角度看，反摩尔定律促进了科技领域质的进步，为新兴公司的生存和发展提供了可能。

为了赶上摩尔定律预测的发展速度，靠技术的量变并不可行；当技术量变的潜力耗尽之时，必须要有革命性的技术创新出现才行。因此，信息技术产业界的公司必须在研发上投入大量的资金，未雨绸缪。当市场上产品热销之时，就要完成下一代产品的开发。

此外，技术的革命性创新也给了新兴公司超越行业内龙头企业的机会。通常而言，在技术进步的量变过程中，行业内龙头企业具有巨大的优势，新兴公司无法与之争锋。

然而，在技术进步的质变过程中，新兴公司和行业内龙头企业处在同一起跑线上。由于没有历史包袱、灵活机动，新兴公司甚至会后来居上，进而超越行业内龙头企业。为此，行业内龙头企业除了要在研发上投入大量资金以保持优势外，还必须时刻关注行业内新技术的发展。例如，为了避免新兴公司的革命性技术创新颠覆行业格局，行业内龙头企业还会出高价收购一些具有革命性新技术的新兴公司。

（四）梅特卡夫定律

罗伯特·梅特卡夫是计算机网络先驱、3Com 公司的创始人，以其名字命名的梅特卡夫定律（Metcalfe's Law）是关于网络价值和网络技术发展的定律①。梅特卡夫定律指出：一个网络的价值等于该网络内节点数的平方。即网络价值与联网用户数的平方成正比。

梅特卡夫定律意味着规模是网络价值的基础，网络的用户越多，网络的整体价值越大。此外，网络价值与用户数量呈非线性关系。即随着新用户的加入，对原用户而言，从网络上所获得的价值会更大。梅特卡夫定律背后的原理是网络的外部性，即网络用户之间存在正的外部性。

（五）达维多定律

威廉·达维多（William Davidow）是英特尔公司前副总裁。1992 年达维多提出了达维多定律：任何企业在本产业中必须不断更新自己的产品。一家企业如果要在市场上占据主导地位，就必须第一个开发出新一代产品。

达维多定律背后的原理源于信息技术产业的市场竞争和利润分割。通常而言，在信息技术产业，第一个进入市场的公司会自动获得 50% 的市场份额。公司为了避免做市场的后来者，必须率先推出新一代产品以主导市场。因为只有不断推陈出新，以新产品淘汰老产品进而在技术上保持绝对领先，才能形成新的产品和技术标准，从而掌握制定市场游戏规则的权力。要做到这一点，信息技术领域公司必须投入大量研发经费，不断地否定并超越自己，通过技术创新来维持市场的主导地位。

（六）贝佐斯定律

贝佐斯定律是指在云计算的发展过程中，单位计算能力的价格大约每隔 3 年会降低 50%。根据贝佐斯定律，大多数企业都应该抛弃其数据中心，并且将他们的应用移动到共有云以节省资金。

三、信息技术的发展变化规律与互联网金融

云计算、大数据、物联网、移动互联网等互联网技术是决定互联网金融发展的核心要素。根据摩尔定律和安迪-比尔定律，信息技术产业的硬件性能和软件性能会不断提升，这意味着：就发挥金融功能而言，即使相比传统金融，互联网金融的优势也会不断提升。根据梅特卡夫定律，虽然在互联网金融领域有许多企业在竞争，但由于跨

---

① 该定律是乔治·吉尔德（George·Gilder）于 1993 年提出的，但是为了表彰梅特卡夫在以太网上的贡献，以其名字命名。

过了网络临界点，互联网金融行业的龙头企业在未来仍会占据主导地位。

然而，这并不意味着互联网金融行业格局会固化下来。根据反摩尔定律，互联网金融行业的龙头企业只是在消耗技术的量变过程中有优势，而在革命性的技术创新方面，互联网金融行业的新兴公司和龙头企业则站在同一起跑线上。根据达维多定律，无论互联网金融行业的龙头企业还是新兴企业，都必须投入大量研发经费，不断地通过技术创新开发新产品来占领行业主导地位。此外，互联网金融发展需要大数据做支撑，根据贝佐斯定律，互联网金融企业的未来在云上，因而互联网金融企业并不需要投入大量的经费建立自己的数据中心。

第二节　金融约束因素与互联网技术改进

一、交易成本约束视角下的互联网金融

（一）交易成本的概念和内涵

交易成本是制度经济学中的一个基本概念，由科斯（Coase）于 1937 年在《企业的性质》一文中首次提出。科斯于 1960 年在《社会成本问题》一文中对交易成本进行了解释。他认为交易成本包括事前搜寻交易对象的成本、事中讨价还价与签订合约的成本以及事后监督合约执行的成本。此后，威廉姆森（Williamson）对科斯的交易成本概念做了进一步的拓展，把交易由市场扩展到企业内部，把科斯定义的组织成本或行政成本也纳入交易成本的范畴。可见，无论是科斯还是威廉姆森眼中的交易成本都是指具体交易过程中所产生的成本。

巴泽尔（Barzel）、阿尔钦（Alchian）及德姆塞茨（Demsetz）则从产权的角度对交易成本进行了界定。其中，巴泽尔认为交易成本是产权确立的成本，而阿尔钦和德姆塞茨则认为交易成本是产权交换的成本。上述经济学家对产权的论述均建立在已经确立基本经济制度的基础之上。阿罗（Arrow）则从制度的角度界定了交易成本，认为交易成本包括两部分：一是制度的创立成本、维持成本及实施成本；二是某种制度的机会成本，即当制度偏离最优制度时引起的损失。

不管从具体交易、产权角度，还是从制度的角度，交易成本均具有如下性质：交易成本损耗了社会财富和稀缺资源；交易成本会影响交易的达成；交易成本无法消除但可降低。

（二）传统金融与交易成本约束

从货币的起源和发展来看，交易成本约束扮演着重要的角色。在原始社会早期，货币并不存在。随着生产力的提高，社会分工和商品交换开始出现，以物易物逐渐普及。随着交换数量、品种及范围的进一步扩大，以物易物的交易成本快速上升，这导致交易效率大幅下降，进而阻碍了社会生产力的发展，经济的发展要求作为一般等价

物的货币出现。

最初的货币形态为实物货币，后来又演变为金属货币，再发展为信用货币。货币形态的每一次演变都伴随着交易成本的下降和交易效率的提高。随着计算机网络技术、数据通信和数据处理技术的发展，电子货币逐渐在经济生活中流通起来。电子货币的出现，不但大大降低了货币的制造成本，而且由于使用电子货币进行支付和结算不受时空、服务对象的限制，交易成本也大幅降低。

在金融机构出现以前，金融交易的完成需要付出较高的交易成本。以直接融资为例，为实现借贷双方借贷金额和期限的匹配，借贷双方需要付出大量的时间、人力及物力，交易成本较高。当借贷市场的资金需求大于资金供给时，借款人的融资成本上升，如果所借款项带来的收入低于交易成本，借款人就会终止借贷。较高的交易成本为高利贷的生存提供了土壤，而高利贷市场上较高的利率抑制了借款需求，因此大部分借款者被排除在金融市场之外。

当银行等金融机构出现以后，交易成本从以下方面得到降低：首先，金融机构为数量众多的资金供给者和需求者提供了交易的场所，能够更好地实现资金数量结构、信用结构和期限结构的转换。其次，金融机构雇用大量技术和专业性人才，更好地实现了专业分工，从而降低了交易成本和资金的价格，使借款人的资金需求更容易得到满足。最后，金融机构通过聚集大量的资金和交易者，形成规模经济①，从而降低了信息处理、合约签订以及监督合约执行的成本。

（三）互联网金融与交易成本约束

与传统金融相比，互联网金融在技术和交易成本上更有优势：

（1）互联网金融可以部分替代传统金融中介的营业网点和人工服务功能，从而减少大量的人工成本和设备成本，降低交易成本。例如，在基于互联网技术的借贷模式中，借贷双方可以点对点地在线上完成交易，避免银行等金融中介所需的高昂运营成本。由于大部分借贷交易都在线上完成，借贷平台对人工服务的需求大大减少。

（2）由于跨越地理和时间限制，互联网金融可以节省大量的时间成本。以银行小微贷款为例，传统银行的办理从申请到审批周期最短为几周，即使是小微贷款业务专业化程度较高的银行，至少也需要 5 天。但网上小微贷由于不受地理和时间限制，最快几分钟即可完成放贷。

（3）互联网金融机构可以利用互联网技术优化运营，降低交易成本。比如，第三方支付可以集成多家银行账户，从而提高支付清算的效率。

（4）互联网金融机构可以利用大数据和云计算技术更好地控制风险。凭借每日交易产生的天量数据进行风险控制，互联网电商平台提供的小贷可以将不良贷款率控制在 1% 以内，而传统银行的不良贷款率要明显高于此数，多在 2% 以上。良好的风险管理，降低了互联网小贷的单笔贷款成本。传统银行的平均单笔贷款成本为 2 000 元左右，而互联网小贷的平均单笔贷款成本仅为 1 元左右。

---

① 规模经济（economics of scale）是产业经济学中的一个重要概念。规模经济分为供方规模经济和需方规模经济，分别是指同一供方内部成本随规模扩大而下降，需方所获价值随规模扩大而上升。

（5）互联网金融企业能以较低的成本获取信息，从而降低每笔交易的交易成本。互联网小贷会根据会员在电商平台上的网络活跃度、交易量及网上信用评价等信息对客户进行信用评估，传统银行则会依据内部的个人信用评分及信贷员对客户一对一的评估结果对客户进行信用评估。因此，无论在信用评估方式还是评级信息的获取途径上，互联网小贷都比传统银行有优势。

（6）在证券交易领域，互联网化的程度比较高。绝大部分证券公司都压缩了网点，转向网上开户等服务，并纷纷下调佣金率。基金、保险等金融机构也通过互联网销售来降低买卖双方的交易成本。

银行业在信贷配置方面存在一定的偏好。具体而言，银行业倾向于为大企业、大客户提供大额信贷服务；由于缺少必要的抵押资产，大量的中小企业和广大的低收入人群很难得到足够的信贷支持。在传统的银行业，信贷的单位交易成本和资金量成反比，大企业和大客户的单位交易成本较低，他们给银行带来的收益率更高。从银行角度看，这样的信贷配置选择行为是理性的。应该说，较高的交易成本抑制了中小企业和低收入者的金融需求。

新兴互联网金融企业的发展促进了普惠金融的逐步实现。一方面，互联网金融企业以较低的交易成本向广大中小企业和普通家庭户提供金融产品和服务，促进了普惠金融的发展；另一方面，金融市场引入了新的竞争者和新的机制，从而促使传统金融企业主动采取互联网技术降低金融服务的成本，金融服务得以向中小企业和低收入人群延伸。

值得注意的是，虽然互联网金融降低了金融活动的事前交易成本，但是如果缺乏互联网金融消费者保护机制，可能导致金融活动的事后交易成本（监督、违约、救济的成本）上升。因此，加强互联网金融消费者事后监管也非常重要。

二、搜寻成本约束视角下的互联网金融

在完全竞争市场中，价格会自动地调整供给和需求，一般均衡的结果是帕累托（Pareto）有效的。现实中，由于市场的参与者存在不完全信息，一般均衡的结果不再是帕累托有效。为了对不完全信息下个体付出搜寻成本进行选择的行为进行分析，经济学家提出了搜寻理论。搜寻理论认为，人们对信息的搜寻是有成本的；搜寻，就是决策者把样本空间中的选择对象转变成选择空间中的选择对象的活动；搜寻成本则是搜寻活动本身所要花费的费用，这种费用有时是指搜寻活动所需要的开销，有时是指等待下一次机会所付出的代价。经济学家广泛应用搜寻理论，试图回答为什么同一种商品在不同的市场上存在不同的价格，为什么劳动力市场同时存在工人失业和企业雇佣不到工人的现象，为什么会存在货币等经济问题。

（一）传统金融与搜寻成本约束

货币的出现不但降低了交易双方在交易中所面临的交易成本，也避免了双方在搜寻过程中所耗费的大量人力、物力和时间成本。Kiyotaki 和 Wright 证明当个体交易商品面临搜寻摩擦时，经济的均衡结果不是帕累托有效的。此时，一般等价物即货币会

内生地出现，而且会改进福利。

在不存在金融中介的条件下，资金的供给方和需求方需要为每一笔交易都支付一笔搜寻成本。金融中介出现之后，可以通过雇用专业的人才在不同的投资项目之间进行广泛的搜寻，从而降低搜寻成本。此外，金融中介还可以通过将搜寻成本分散于众多的资金供给者，从而进一步降低每笔交易的搜寻成本[①]。

尽管银行等金融中介降低了借贷双方的搜寻成本，但银行的理性歧视导致银行倾向于为大企业、大客户提供服务，大量的中小企业和低收入家户很难获得与其自身需求相匹配的银行融资服务。因此，整体而言，小微企业只能通过银行之外的渠道获得融资。但银行之外的市场存在区域分割性、组织形式多样性、融资模式多样性及利率定价透明度低等特点，这导致借贷双方之间的交易存在较多的摩擦，迫使小微企业花费较多的搜寻成本才能找到合适的融资形式。较低的搜寻匹配程度及较高的搜寻成本推升了融资成本，增加了小微企业的负担[②]。

此外，银行等金融中介提供的金融服务并不能使资金的供需双方在收益性、风险性、流动性等方面实现完美匹配，资金的供需双方仍有动力直接达成交易，但双方面临的搜寻匹配成本仍然较高。为此，证券市场产生了。

证券一级市场和二级市场的设立可以降低直接交易的搜寻匹配成本。然而，随着证券发行机构数量的增加，以及对其所发行证券收益性及风险性分析难度的增加，普通投资者搜寻合意证券的成本也快速增加。因此，成立专业的投资机构或者共同基金，可以进一步降低普通投资者的搜寻匹配成本。同理，成立专业的投资银行可以降低证券发行的搜寻匹配成本。

（二）互联网金融与搜寻成本约束

互联网是一个虚拟空间，这一空间具有两个特征：一是浩瀚的信息流集合；二是无限广阔的平台。互联网上的无边界平台把人和企业联系在一起，企业得以及时有效地通过平台发布信息，而消费者可以及时有效地给予反馈，这一互动机制大大降低了社会的搜寻匹配成本。

在互联网金融市场中，资金的供给者通过购买互联网理财产品转向货币市场基金，而资金的需求者可不通过银行而是基于互联网平台获得资金。就此而言，互联网金融会导致金融脱媒。利用大数据支持下的信息过滤技术、推荐技术，互联网金融机构为客户提供了刻画需求和推荐喜好等新的信息搜寻功能，为客户定制供给信息，降低客户的搜寻成本。刻画需求是指互联网金融平台允许客户自行设计金融产品，从而按客户要求及时反馈信息。推荐喜好是指互联网金融平台利用大数据主动分析每位客户的金融消费习惯，从而有针对性地向客户推荐金融产品[③]。这改进了搜寻方式，降低了搜寻成本。因此，即使客户有特殊的需求，互联网金融平台也能快速地推出符合其要求

---

① CHAN Y.On the positive role of financial intermediation in allocation of venture capital in a market with imperfect information. The Journal of Finance，1983，38：1543-1568.

② 李建军，王德．搜寻成本、网络效应与普惠金融的渠道价值：互联网借贷平台与商业银行的小微融资选择比较．国际金融研究，2015（12）：56-64.

③ 周光友．互联网金融．北京：北京大学出版社，2017.

的金融产品。

在信贷领域，针对客户小额融资、创业融资的特点，互联网平台公司利用大数据分析结果，提供有针对性的金融服务，甚至可以对客户提供跟踪放款服务，从而有效降低客户在融资中所花费的搜寻匹配成本。

在证券领域的严格监管之下，各家证券公司的业务趋同。随着大数据、云计算的广泛应用，互联网金融机构可以根据投资者的投资习惯分析其风险偏好，从而掌握其投资需求。同时，互联网金融机构还可以通过构建信息图谱，更科学地揭示投资产品及服务的特征，满足长尾投资者的投资需求。这在促进证券市场上投资产品及服务差异化的同时，降低了证券市场上的搜寻匹配成本。

在保险市场上，互联网保险改变了产品设计和营销渠道，导致了行业竞争格局的改变。与传统保险相比，互联网保险机构可以根据上网保险人群的特点，利用大数据和云计算推断出潜在客户的风险偏好，从而设计出符合其需求的险种。此外，客户可以越过保险代理公司或代理人，直接线上面对互联网保险机构推出的保险产品。无论对保险公司还是对客户，互联网金融均降低了其搜寻匹配成本。互联网金融对基金业的搜寻匹配成本影响，与对保险业的影响类似。

在互联网金融时代，一些有盈利潜力或资质比较好的企业不需要通过股票市场或债券市场融资，而是直接在众筹融资平台或自己的网站上融资。企业可以根据自己的融资需要，动态为投资者提供股票、债券和混合型等投资产品，投资者也可以依据自身的风险收益偏好动态调整其投资组合。为确保投资产品的流动性，投资者之间还可以转让和交易投资产品。众筹融资平台在融资者和投资者之间直接建立联系，有效地降低了两者之间的搜寻匹配成本。

值得注意的是，在互联网时代，信息的收集成本也在提高。为收集信息，搜寻者必须付出一定的成本，才能拥有符合一定标准的软硬件设施。此外，收集信息还需要付出时间成本，尤其随着信息爆炸的发生，虚假信息和无用信息大量充斥网络，增加了人们识别、判定和利用信息的难度，提高了时间成本。因此，互联网金融在降低资金供需双方搜寻匹配成本的同时还可能增加某些方面的成本。

三、信息成本约束视角下的互联网金融

信息非对称是指市场交易或者签订合约的一方比另一方拥有更多的信息。当市场交易存在非对称信息时，均衡的结果不再是帕累托有效的。经济学家通常在委托人–代理人框架内研究信息非对称问题。委托人（principal）是指在交易中拥有某种垄断权力（提出交易合约）的一方；代理人（agent）是指在交易中拥有私人信息，根据其掌握的信息来选择交易合约的一方。委托代理问题研究的是，给定信息结构的条件下，什么是最优的合约安排。当交易达成之前存在非对称信息时，会出现逆向选择问题。逆向选择是指，当委托人将任务委托或指派给具有私人信息的代理人时，代理人的效用、技术、成本、能力等都是其私人信息，他可以通过谎报这些信息或伪装获得超额补偿，这种具有隐匿信息的委托–代理情形为逆向选择问题。当交易达成之后存在非对

称信息时，会出现道德风险问题。道德风险是指，由于代理人的行为不可观测或观测成本很高，委托人通常无法控制代理人的行动，代理人在执行任务过程中难免做出对自己有利而对委托人不利的行为，这类隐匿行动的委托-代理情形为道德风险问题。

金融市场普遍存在信息非对称问题。借款人作为拥有私人信息的一方比贷款人更清楚投资项目的潜在收益和风险。为了保证本息安全，贷款人会花费成本进行项目评估并动态监督贷款使用。即使法律要求借款人进行信息披露，借款人仍然有动机选择只披露对自己有利的信息。金融市场上信息不对称会导致逆向选择问题的发生：信用风险较高的借款人在借贷时一般会表现积极且给出各种承诺；贷款人则由于缺乏对借款人所提供信息的甄别能力，往往把资金贷给信用风险较高的借款人。金融市场上信息非对称还会导致道德风险问题的发生：借贷发生后，原本信用风险较低的借款人不按照承诺使用资金而从事高风险的投机活动。

（一）传统金融与信息成本约束

1. 银行等金融中介机构的出现在一定程度上缓解了借贷双方信息非对称所带来的成本

首先，银行会要求借款者提供经审计的财务报表等资料以全面了解借款者的经营状况，还会通过专业的信用评级机构来了解借款者的信用。此外，银行的调查人员具有专业化的信息筛选和处理能力，能对贷款的合法性、安全性、盈利性等进行深入的分析，测定贷款风险度，并提交分析报告。银行的审查人员还会对分析报告进行审核，复测贷款风险度，对贷款的发放提出意见。这样，银行严格的贷款审批程序能有效地避免逆向选择问题。

其次，贷款发放以后，为保证贷款者能按期还本付息，银行会组织检查人员定期或者不定期地对借款者的经营状况和财务状况进行调查，并对资金的用途进行动态追踪。这有效地缓解了道德风险问题。如果贷款者不能按期还本付息，银行还可采取一些制裁措施，包括依法处理贷款者的抵押物或质押物，或要求保证人承担还本付息的连带责任。此外，银行也可以采取法律手段追回本息确保信贷资金的安全。

以上措施可以有效地降低借贷过程中信息非对称问题。

2. 证券市场在资金融通、资源配置及价值发现等方面发挥着重要作用

与银行借贷市场不同，证券市场上存在着两种信息非对称：融资者和投资者的信息非对称；投资者之间的信息非对称。投资者之间的信息非对称还分为两种，包括机构投资者和个体投资者之间的信息非对称，以及各机构投资者之间的信息非对称。

融资者和投资者之间的信息非对称产生的原因在于，融资者信息披露不充分以及融资者所披露信息的真实性和实效性不足。不同投资者在信息搜集、甄别及加工能力方面的差别则解释了投资者之间存在信息非对称的原因。证券市场上的信息不对称同样造成了逆向选择与道德风险问题，影响着证券市场功能的发挥，造成了社会的福利损失。完善信息披露制度，提高上市公司的质量，大力发展机构投资者促进证券市场理性投资，可以有效地缓解逆向选择与道德风险问题，降低信息非对称所带来的社会成本。

（二）互联网金融与信息成本约束

由前文可知，信息是金融行业最重要的资源。而互联网金融依托于支付、大数据、云计算、社交网络以及搜索引擎等互联网工具，在信息处理方面相较于传统金融具有独特的优势。互联网的核心精神就是传播信息，基于互联网的金融市场大大地降低了获取信息的成本，进而降低了不同个体之间的信息非对称程度。

互联网金融为市场的参与者提供了一个信息充分且交易公开透明的平台，降低了市场参与者的信息非对称程度，从而降低信息搜寻成本并减少信息错配，改善社会福利。此外，信息非对称程度的降低会使市场竞争更充分，交易更公平，这本身也会使市场交易结果更接近帕累托最优。更重要的是，信息非对称程度的降低可以减少逆向选择与道德风险发生的概率，提高社会福利。

互联网金融凭借信息处理优势，对借贷模式进行了新的探索，有效地降低了借贷过程中信息的非对称程度。

专栏 2-1

互联网保险公司缓解信息非对称问题

信息是保险业持续健康发展的关键变量，信息非对称会导致严重的逆向选择或道德风险问题，阻碍保险业的健康发展。

互联网保险公司可以利用大数据深入分析投保人的风险特点，从而提高保险精算的准确率。比如，互联网人寿保险公司可以用大数据在生命表的基础上，充分考虑投保人的基因、家族遗传、饮食运动习惯及工作等特点来分析投保人的风险；互联网保险公司利用司机的行驶里程和时间形成的大数据来分析投保司机的风险，降低逆向选择发生的概率；互联网保险公司还可以利用互联网技术对保险精算的准确率进行动态调整，如根据投保司机的驾驶行为来为风险定价，从而降低道德风险发生的概率。

第三节　互联网金融市场特征与效应

一、互联网金融长尾市场特征

（一）80/20 法则

1897 年，帕累托在研究 19 世纪英格兰的财富和收入结构时发现：20% 的人口掌握了 80% 的财富，英格兰的财富分配并不公平。80/20 法则，也称关键少数法则，是指在许多情况下，事物 80% 的结果取决于 20% 的关键少数因素。后来，人们发现 80/20 法则在很多领域都存在。在市场营销领域，80/20 法则意味着 20% 的热门产品会为公司带来 80% 的销量，通常还有 100% 的利润。因此，公司应尽力为能产生 80% 销量的 20% 客户提供优质的服务，而在 80/20 法则中被忽视的 80% 产品就是长尾产品。

随着互联网时代的到来，80/20 法则的优势地位逐渐被长尾理论所颠覆。长尾理论首先由克里斯·安德森（Chris Anderson）在《长尾理论——为什么商业的未来是小众市场》一书中提出。作者在美国市场上观察到这样一个统计性规律：在 20% 的热门产品中会有 10% 的产品脱颖而出，而这 10% 的热门产品会分化为 2% 的大热门产品和 8% 的次热门产品。2% 的大热门产品会带来 50% 的销售收入和 1/3 的利润，8% 的次热门产品会带来 25% 的销售收入和 1/3 的利润。而剩下 90% 的长尾产品会带来 25% 的销售收入和 1/3 的利润。从利润上看，经营大热门产品和经营长尾产品一样。长尾理论是指，只要产品的存储和流通渠道足够大，需求不旺盛或销量不佳的产品所共同占据的市场份额可以和那些少数热销产品所占据的市场份额相匹敌甚至更大，即众多小市场汇聚后可以产生与主流相匹敌的市场能量。

80/20 法则背后的经济学原理是规模经济。规模经济是指随着某种产品生产数量规模的扩大，其长期平均成本会下降。追求利润最大化的厂商会大规模生产热门产品而忽视长尾产品。长尾理论背后的经济学原理是范围经济（economics of scope）。范围经济是指在生产不同产品时存在成本节余外部性（cost-saving externalities）①。当存在范围经济时，生产产品的种类越齐全，成本就越低。和导致单一产品规模化大生产的规模经济不一样，范围经济会导致多品种小批量生产。

根据长尾理论，众多长尾产品市场需求的总和足可匹敌热门产品市场，为企业创造与热门产品同样数量的利润。原因在于，虽然每个长尾产品销量小，但长尾产品品种远超热门产品。

（二）传统金融与 80/20 法则

由于交易成本、搜寻匹配成本及信息不对称等因素，中国传统金融领域受 80/20 法则支配。金融资源不断向发达地区、中心城市、大企业及高收入人群集中，而欠发达地区、农村、中小企业及低收入人群所得到的金融服务不足。比如，传统银行的理财产品为客户进入设置了较高的门槛，小额资金很难参与②；再比如，长期以来，银行不愿意把钱贷给广大急需资金的中小企业，而把大量的资金贷给不急切需要资金的大企业③。严重的金融失衡引发了不平等，造成各种经济问题和社会问题，普惠金融对中国这样一个“二元社会”而言尤为重要。

（三）互联网金融与长尾市场

互联网金融利用大数据、云计算、社交网络和搜索引擎等互联网技术有效地降低

---

① 例如，A 产品的生产会降低 B 产品的生产成本。

② 例如，中国工商银行的“工银财富”理财产品规定最低投资金额为 5 万元，令普通投资者望而却步。2013 年底某银行的大额协议存款的利息为 7% 且提前支取不罚息。然而，广大低收入人群则因存款量太小而享受不到该待遇，只能把小额存款存入活期账户而获得 0.35% 的利息。

③ 根据西南财经大学等机构发布的《中国小微企业发展报告 2014》，46% 的小微企业获得了银行贷款，11.6% 的小微企业贷款被拒绝，42.4% 的小微企业并未申请贷款。

了逆向选择和道德风险发生的概率，降低了金融市场的交易成本和搜寻匹配成本，实现了投融资需求的自动匹配。互联网金融企业针对数量庞大的中小企业和低收入人群推出了一系列产品和服务，提升了金融的便捷性、平等性和开放性，有效地推进了普惠金融的发展。数量庞大的中小企业和低收入人群的特色金融需求汇聚起来形成了互联网金融市场的长尾。

互联网金融理财打开了被传统金融机构所忽视的长尾市场。各种互联网金融理财产品基本上 1 元即可申购，这使得低收入人群的小额资金也可以享受到传统金融机构中只有中高端客户才可以享受到的资金收益率。各种互联网金融理财产品的设计均以操作简单、便捷为原则，这使得金融理财知识匮乏、购买金融理财产品存在困难和障碍的居民也可得到自助理财服务。各种互联网金融理财产品推出各类定制化服务，丰富了居民投资理财的选择范围，满足了个性化和碎片化的理财服务需求。

互联网金融理财打开的长尾市场为互联网金融机构创造了巨大的利润。以余额宝为例,2020 年第 4 季度，天弘余额宝货币市场基金实现利润 58.7 亿元①。同时，互联网金融理财造成了鲶鱼效应，给银行业造成了巨大的竞争压力，有助于市场化利率形成机制的完善。

互联网金融机构凭借信息处理优势，能够以较低的成本评估广大中小企业的信用水平和偿债能力，能在一定程度上降低逆向选择和道德风险发生的概率，使小微贷款业务规模化成为可能，为消除对广大中小企业的金融抑制、激活信贷长尾市场做出贡献。

此外，在资金的供给方，网络借贷的资金供给大部分都来自个人投资者；而在网络借贷出现之前，这部分投资资金大都只能通过银行流向大企业。更重要的是，互联网金融缓解了中小企业的融资难题，改善了低收入者的生活水平，促进了普惠金融的发展。

在保险领域，互联网保险机构也通过整合大众多样化需求，推出保费低廉、办理手续便捷的特色险种，从而打开长尾市场。例如，保费 8 元 / 月 / 份的肠胃健康险，保费 3 元 / 年 / 份的手机资金安全险，保费 100 元 / 年 / 份的电商平台医药险，保费 15 元 / 季 / 份的高温中暑意外险，保费 0.01 元 / 月 / 份的公交出行意外险。在传统保险领域，由于成本问题，这些能满足客户个性需求的险种通常被保险公司忽视；网络保险通过有效降低保险经营成本，以客户为中心，激活了被传统保险公司所忽视的长尾市场。

二、互联网金融市场的网络效应

（一）网络效应

网络效应伴随着信息通信技术的发展而产生。人们在电话、传真服务及软件等产品市场上发现：使用这些产品的人数越多，这些产品的价值就越大，从而能吸引更多

① 天弘余额宝货币市场基金发布的 2020 年第四季度报告。

的人购买和使用这些产品。经济学家把某类产品的价值与用户人数之间存在的正反馈关系称为网络效应。

需要说明的是，网络效应不等同于网络外部性。当市场机制不能内部化新的网络参与者对其他参与者的影响时，网络效应存在网络外部性；反之，当网络参与者通过市场机制把该外部性内部化时，网络效应不会产生外部性。网络效应与规模经济也不一样。网络效应依赖于网络参与者的规模，侧重于需求方规模经济，即网络参与者所获得的效用随参与者的规模扩大而上升；规模经济概念侧重于供给方规模经济，即生产厂商的长期平均成本随着生产规模的扩大而下降。

根据网络运作模式不同，网络可分为单边网络和双边网络。单边网络的网络效应产生于同质网络用户之间，如电话网络、传真网络。在双边网络里，网络用户分为两类，在这两类用户之间存在跨边网络效应（cross-group network effect），即网络中一类用户的效用随着网络中另一类用户规模的扩大而增加。例如，持有信用卡的消费者和接受信用卡的商家之间就构成了双边网络。网络效应的实现依赖于一定的规模，如果网络规模达到一定的临界点，网络将会自我扩张；反之，则会走向衰微。

（二）传统金融与网络效应

为了发挥网络效应，传统金融机构大多倾向于营业网点扩张。例如，中国工商银行目前有超过2.1万家境内机构，100多家境外分支机构和1 400多家遍布全球的代理行，在覆盖了中国绝大部分城市的同时也进一步完善全球化服务网络。在互联网金融时代到来之前，中国证券公司的经营战略也是通过增加营业部的数量和地域分布来拓展业务，进而实现业务扩张。近年来，大部分传统金融机构纷纷建立自己的网站，为客户提供方便的金融服务。但这些网站大都是客户与传统金融机构的单向或双向沟通工具，并没有形成客户之间的交流，因此，无法在客户之间形成一个网络，不能发挥互联网的网络效应。

（三）互联网金融与网络效应

互联网通过对信息的整合形成了价值无限的信息流，从而开创了一个无边界的社会。根据梅特卡夫定律，网络的价值等于网络节点数的平方，网络的价值与联网用户数的平方成正比。网络效应存在的重要原因在于信息的特性。不同于一般的物质产品，信息可以被无损耗地消费，而且信息的消费过程往往同时就是信息的生产过程，它所包含的知识或感受在消费者那里催生出更多的知识和感受，消费信息的人越多，信息所包含的资源总量就越大。

互联网经济具有边际成本递减的特征，即使用互联网的用户越多，边际用户承担的成本越低，这使得全体用户承担的平均成本也越来越低。因此，随着用户的增加，网络规模的扩大，用户得到的边际收益也增大。此外，由于信息不具备排他性，信息可在生产中重复使用，所以信息投入规模的扩大会带来收益的增加。

由于互联网存在网络规模临界点，许多互联网企业在成立之初往往通过免费模式来吸引用户以求越过该临界点，进入自我扩张的正反馈状态，实现持续的盈利。网络效应的存在使得网络之间的竞争存在赢者通吃的现象。每一个网络经营者必须不断提高现有产品与服务的质量来维持老客户的忠诚度，同时还要不断推出新产品、新服务来构建一个更大、更完备的网络生态系统，以吸引更多的客户扩大自己的网络，从而削弱竞争对手的网络。

网络效应的存在意味着拥有海量客户的互联网企业开拓新市场、进入新领域拥有优势，但同时它还要不断地开拓新市场、进入新领域，防止竞争对手在另一个领域里形成正反馈效应进而把自己的存量客户吸走。正是在这种双重压力之下，中国的互联网金融不断地发展壮大。

由于网络效应的存在，腾讯在互联网金融领域的发展异常顺利。在植入支付功能之前，微信已经成为中国最受大众欢迎的社交网络，但它只是一个单边网络；在植入支付功能之后，它引入了商户，从而变成了双边网络。由于微信网络的新参与者与原来参与者之间存在跨边网络效应，新参与者很快就被海量的存量客户所吸引，跨过了发挥网络效应所需要的临界点，形成了双向正反馈效应，使得微信支付业务不断壮大。由此可知，通过微信支付，微信整合了社交网络和电商网络，形成了一个自我扩张的双边网络。进一步地，微信通过植入更多的金融服务，如理财、融资等，大大开拓了其互联网金融业务，拓展了经济生态。

三、互联网金融的共享经济发展效应

互联网技术发展带动了共享经济的发展。共享经济是指，拥有闲置资源的机构或个人，将资源使用权有偿让渡给他人，让渡者获取回报，分享者通过分享他人的闲置资源创造价值。典型例子就是爱彼迎（Airbnb）平台。Airbnb 平台在全球范围内使私人房东和顾客直接匹配，大量的闲置住房得到了有效利用。共享平台能够大幅降低个体之间直接交易商品或服务的成本，实现供需双方的快速匹配。与此同时，利用共享平台的支付手段、评价体系，交易双方能快速建立起了解、信任，签订交易合约。此外，共享经济的迅速崛起改变了传统的商业模式：从供应方而言，个体经济借助互联网技术强势回归；从需求方而言，消费模式从以买为主变为以租为主。

共享经济从三个方面提高了经济的总供给能力：提高存量资源的利用率、提高新增产能的利用率、提高自然资源的使用率。通过共享平台，闲置资源的所有者能够暂时把闲置资源提供给真正的需求者使用，提高存量资源的利用率。许多存量资源本身就存在自然折旧，增加使用强度并不会大幅增加其折旧速度。所以，共享存量资源的边际成本非常低，这使得在相对较低的补偿情况下，经济的总供给会快速提高。由于共享经济的存在，较少的资本投入会产生较多的商品和服务，这意味着新增产能的利用率得到了提升。共享经济不但改变了生产、消费、分配及交换模式，还提高了自然资源的利用率，有利于经济可持续发展。

共享经济平台通过解决交易双方的信用缺失问题来降低信息不对称，进而提高资源配置效率。在互联网时代到来之前，闲置资源的供给者和需求者的一次性博弈使他们之间存在互相不诚信的“囚徒困境”。例如，信息不对称所带来的高昂交易成本使得私家车提供出租服务的市场一直难以扩大。而互联网技术使得共享平台上的每一个个体时刻处于无限次重复博弈的交易环境中，个体提高信用成为理性选择。共享经济通过正向激励，提升了信用水平，降低了信息不对称程度，提高了供给需求的匹配效率，从而提高了资源配置效率。

互联网金融与共享经济融合在一起，促进了共享经济的发展。首先，互联网金融为共享经济提供了交易润滑剂，包括支付结算、短期资金融通、信用担保、投资与财富管理等，确保共享经济活动顺利开展。在共享经济平台上，互联网金融提供第三方担保的支付系统，交易双方可以便捷进行资金清算；如果交易支付一方资金头寸不足，可以申请网上信用支持，第三方信用机构也可以提供支付担保。收取资金的一方可以选择投资理财产品，管理好自身的财富，获得更多的收益。应该说，互联网金融促进共享经济发展，共享经济为互联网金融提供了生态环境。互联网金融的整体效应是，激活了社会闲置资源，解决供需双方信息不对称与交易摩擦问题，降低了一方成本，增加了另一方的收益，社会福利明显提升。

本章小结

在人类历史发展过程中，金融发展和技术进步是相互促进的。一方面，技术进步离不开金融的支持；另一方面，金融发展也离不开技术进步对其运作方式与机制的改进和完善。

在信息技术和网络技术发展过程中，摩尔定律、安迪-比尔定律、反摩尔定律、梅特卡夫定律、达维多定律、贝佐斯定律起着重要的作用。从金融约束的角度看，互联网金融降低了金融交易成本、资金供需双方的搜寻匹配成本，以及逆向选择与道德风险发生的概率。从金融市场特征来看，互联网金融凭借信息处理优势，打开了长尾市场，并能发挥网络效应，使得互联网金融企业在达到一定的网络临界点以后，就会进入自我扩张的正反馈状态，实现持续的盈利。

互联网金融与共享经济融合共生，为共享经济提供交易润滑支持，从而使闲置资源得到有效配置，降低一方成本，增加另一方收益，社会整体福利水平提升。

本章重要概念

摩尔定律　安迪－比尔定律　反摩尔定律　梅特卡夫定律　达维多定律　贝佐斯定律　交易成本　规模经济　范围经济　搜寻成本　信息非对称　委托人　代理人　逆向选择　道德风险　80/20 法则　长尾理论　网络效应　共享经济

即测即评

本章思考题

1. 金融发展和技术进步是如何相互促进的?
2. 从信息技术发展规律的角度阐述信息技术产业的快速持续发展。
3. 互联网金融为什么能降低金融交易成本?
4. 互联网金融可以降低金融交易中逆向选择和道德风险发生的概率吗?为什么?
5. 举例说明互联网金融可以打开被传统金融机构所忽略的长尾市场。
6. 为什么共享经济提高了资源配置效率?

第三章
虚拟货币和数字货币

本章导读

2009年以来，各种私人数字货币先后问世，数字货币交易平台随之出现，数字资产交易规模不断扩大。客观上，私人数字货币对各国的主权货币造成了一定的冲击，货币竞争促使各国中央银行开始关注数字货币问题，包括数字货币的发行、监管以及反洗钱等问题。各国央行也在研究并逐步实践法定数字货币。中国人民银行高度重视数字货币的研究，数字人民币已经在一定范围内试点运行。那么什么是虚拟货币？什么是数字货币？数字货币比传统货币更有优势吗？数字人民币的框架是什么？这些问题值得我们思考。

本章学习目标

本章将考察货币形态的变化，讨论虚拟货币和数字货币的概念，介绍数字货币的技术原理和金融属性，以及数字人民币的实践。通过本章的学习，要求基本掌握虚拟货币和数字货币的概念，了解此类货币在现实生活中的运用场景，了解虚拟货币的不同类型及其属性；掌握数字货币与实体货币的差异，对数字货币的本质和前景有一定的了解和认识；理解数字人民币实践的重要意义。

第一节　从实体货币到虚拟货币

从历史发展的沿革来看，货币是伴随着人类交易的出现而出现的。在世界各地，人们用来交易的媒介多种多样。大致来看，从过去看得见、摸得着的实体货币到现在看不见、摸不着的数字货币，货币的物理形式发生了翻天覆地的变化。尤其是2009年比特币问世之后，各种新型的数字货币先后出现。不少国家的中央银行也开始介入央行数字货币的研究。在介绍虚拟货币和数字货币的概念之前，需要先简要介绍货币形式发展的历史。

一、实物货币与信用货币的演进

（一）实物货币的演进

从币材（即货币的材料）的角度来看，实物货币大体经历过以下几个阶段：以盐、牲畜、海贝等各种实物作为交易媒介的实物货币阶段；以黄金、白银等为代表的金属货币（也称商品货币）阶段；以各种纸质货币（paper currency）为代表的信用货币（credit money）阶段；目前出现的各种无实体形态的数字货币（digital currency）阶段。

在人类社会的早期，为了便利交易，人们曾经使用过各种实物作为交易媒介，在中国使用过海贝作为货币，古罗马曾经使用盐作为支付手段等。严格来说，这些物品还不能称为货币。这些物品大都存在不易分割、运输和储存等物理特性上的缺陷以及缺乏足够的物料来源等问题。之后，人类社会逐渐过渡到使用贵金属（如黄金、白银）作为货币材料的阶段。例如，马克思在论述货币的性质时，就是以黄金作为分析对象，并且认为货币是固定地充当一般等价物的特殊商品。马克思生活的年代正好是金本位的鼎盛时期，所以认为货币（即黄金）是一种特殊商品。这一论断非常准确地论述了在当时的历史条件下黄金作为货币的属性。用现代经济学来分析，黄金属于商品货币（commodity currency），是货币的名义价值（nominal value）与实际价值（intrinsic value）相一致的货币。

在金属货币时代，随着经济发展程度不断提高，人们对于货币的需求日益增加。除了传统的金属铸币之外，还出现了保证可兑现黄金（白银）的纸质货币（paper currency）。发行这种纸质货币的机构开始是金匠铺（或者银匠铺），随后政府部门（如政府的财政部）和私人部门的商业银行也先后介入纸币的发行，此时纸币被称为银行券（bank note）。由于商业银行出现滥发乃至无法兑现黄金（白银）的情况，银行券的分散发行逐渐走向了集中发行，政府将发行银行券的职能赋予了被称为中央银行的机构，其发行的纸质货币通常被称为现钞（currency）。从货币的材质上分析，这些纸质货币都是非足值货币，属于名义价值远大于实际价值的货币。从经济性质来看，上述的各类纸币属于信用货币。不论纸币是否可兑现黄金或白银，信用货币的特征是发行者的负债、持有者的资产。

这里要区分实物货币与实体货币（physical currency）这两个概念。实物货币指的是以自然界存在的某种物品（非金属类的盐、贝壳等）作为货币。实体货币，又称为真实货币，与既看不见也摸不着的数字货币相对应。实体货币具体指货币币材是可触摸的有形货币，包含实物货币、纸币、硬币等。可以说，实物货币是实体货币的子集。

（二）信用货币的演进

中央银行制度（central banking）确立之后，中央银行发行的银行券（现钞）成为日常交易中的主要媒介。不论这种现钞能否兑换黄金或者白银，它都是中央银行的负债。此外，各国中央银行发行的现钞是根据政府法令发行的，因此也被称为法令货币（fiat currency）。同时，中央银行现钞通常具有法偿资格，即法律规定可以用于偿还一切公私债务的货币，也就是法偿货币（legal tender）[①]。由于通过中央银行发行现钞属于一国政府主权的象征，因此各国中央银行发行的现钞又被称为主权货币。在现实生活中，债权债务双方采用何种货币进行结算，由双方议定，未必需要使用法偿货币。例如，在现实生活中，债权债务双方可以通过商业银行转账完成大额交易，很少会直接使用现钞完成交易。

按照纸币是否可兑现黄金（白银）来划分，信用货币的演进分为两个阶段：可兑现的信用货币时代和不兑现的信用货币时代。目前，世界各国中央银行统计的货币供应量都来源于不可兑现的信用货币。从货币供给的过程来看，中央银行是货币供给的源头，商业银行是货币供给的主体。从货币供应量的各个组成部分占比来看，中央银行发行的现钞通常不足全部货币供应量的 5%。货币供应量的主要部分是各家商业银行的存款负债，包括可以直接进行转账支付的活期存款和企业定期存款、居民储蓄存款等。简言之，纳入货币供应量统计的各层次货币，都属于信用货币，其发行部门都属于金融机构。

二、虚拟货币与数字货币出现

计算机和互联网技术出现以来，代替信用货币的各种虚拟货币（virtual currency）陆续出现了。尤其在各类电子游戏中，人们在虚拟的世界中使用各种游戏币进行交易。可以说，直到今天，经济学家仍然没有对虚拟货币的定义达成共识。无实体的“货币”种类非常多，各自之间的划分和界限也不甚明晰，并且有多种叫法，如虚拟货币、数字货币、电子货币、电子钱包等。这些概念都指不存在实体的、在某些领域执行货币职能的价值代表物。仅仅从字面意义上来理解，与现实世界中的各种纸质货币（包括塑料货币）以及硬币相比，虚拟货币与实体货币的差异是物理意义上的，也就是看不见、摸不着。如前所述，信用货币强调货币的资产负债属性。信用货币不仅是发行者的负债，而且是持有者的资产，尽管其价值量可能发生显著的变化。不论是私人数字货币，还是央行的法定数字货币，在物理属性上与虚拟货币并没有差异，都“看不见、摸不着”，但是将虚拟货币等同于数字货币也不对。例如，私人数字货币，在经济属性上就只是持有者的资产，不是任何人的负债。从发行者的角度来看，虚拟货币的发行者是非金融机构，私人数字货币不存在发行者，央行数字货币的发行者则是中央银行。

综上所述，虚拟货币的特征包括：第一，在物理意义上是看不见、摸不着的。第二，虚拟货币的发行机构属于非金融机构。第三，与私人数字货币的差异体现在其资产负债的属性方面。虚拟货币是发行者的负债，持有者的资产；私人数字货币只是持

① 法令货币与法偿货币的差异是什么呢？例如，英格兰银行在 2017 年 9 月发行新版 10 英镑的塑料钞票（polymer notes），该钞票上印有文学家简·奥斯汀的肖像，旧版 10 英镑的钞票印有自然学家查尔斯·达尔文的肖像。不论是新版还是旧版 10 英镑的钞票，都是英国政府的法令货币。但是，新版 10 英镑货币发行之后，旧版 10 英镑钞票就不再具有法偿货币的资格，交易的另一方可以拒绝接受旧版 10 英镑的钞票。不过，对于旧版 10 英镑钞票的持有人，英格兰银行负责按面值兑换。

有者的资产。

欧洲中央银行将虚拟货币定义为非货币当局、非信用机构发行的数字化价值代表物，在某些领域执行货币职能[①]。欧洲中央银行的定义相对狭窄，排除了电子货币，也排除了一些中央银行正在设计的央行“数字货币”。因此，欧洲中央银行主要从发行者是否属于金融机构来予以区分。国际清算银行将数字货币（digital currency）定义为具备某些货币属性的数字化价值代表物[②]。

数字货币分为央行发行的数字货币（即法定数字货币）和私人数字货币。央行发行的数字货币，指的是中央银行发行的以代表具体金额的加密数字串为表现形式的法定货币。私人数字货币由开发者发行和控制，不受政府监管，在一个虚拟社区的成员间流通。数字货币更强调价值以数字形式表现；虚拟货币更强调价值以虚拟形式存在，而非实物形式。当它们的发行和交易确认使用到密码学时，则被称为加密货币。

第二节　虚拟货币的分类

如前所述，从物理属性上看，虚拟货币就是看不见、摸不着的货币。但是，如果仅从物理特性来分析，将无法真正认识虚拟货币的本质。为研究这一问题，首先需要明确虚拟货币的属性，其次需要对比虚拟货币与传统货币在属性上存在的差异。对这一问题的深入分析，本质上可以从对虚拟货币的分类展开。

通常，经济学家对货币的分析主要有以下两个角度。第一个角度是从货币的职能视角认识货币。例如，认为货币主要起交换媒介、计价标准、支付手段、资产职能等作用。第二个角度是从货币形态的历史沿革——实物货币、金属货币、纸质货币和虚拟货币的角度来认识货币。从看得见、摸得着的物理属性上看，实体货币包括实物货币、金属货币和纸币货币三类，虚拟货币则是与实体货币相对应的货币。在虚拟货币阶段，虚拟货币该如何分类呢？目前，还不存在对虚拟货币的统一定义，经济学家们对虚拟货币的分类也各不相同。下面我们介绍几种分类方法。

一、按照与实体货币的兑换关系分类

按照虚拟货币与现实中货币之间的兑换关系，虚拟货币可以分为三种类型：

第一种是封闭性虚拟货币，与现实中的货币之间相互隔绝，不存在兑换关系。这一类型的虚拟货币主要在虚拟社区或者游戏中使用。游戏玩家无法购买或销售这类虚拟货币，只能通过游戏闯关或者系统奖励才能获得这些游戏币。例如，各种单机游戏

① 欧洲中央银行 2015 年 2 月发布的题为 Virtual Currency Scheme：A Further Analysis 的报告。

② 国际清算银行 2015 年 11 月发布的题为 Digital Currencies 的报告。

中的“货币”，玩家通过过关或者击杀怪物获得，用于提升自身装备或者参与某些游戏内容。这种性质的虚拟货币的使用范围局限在封闭环境当中，脱离这个环境就不能被称为“货币”。社会公众自然不可能接受这类游戏币作为支付工具，我们无法想象超市在出售矿泉水的时候会接受这种虚拟货币。这类虚拟货币几乎不会对真实世界构成任何影响。理论而言，这种类型的“货币”发行量无限。

第二种是单向兑换的虚拟货币，可以与现实中的货币之间进行单向兑换。即人们可以用现实中的货币兑换（购买）虚拟货币，从而在虚拟货币使用环境中购买自己需要的产品或服务，但虚拟货币不能换回现实中的货币。例如，某些游戏平台的所谓“白金币”，需要用实体货币购买，玩家在游戏平台使用白金币可以购买游戏道具，获得游戏中的装备或特殊效果，没有消费完的白金币不可以换回实体货币。这种类型的虚拟货币本质上是对某种商品或服务的预付款，可以视为对未来需要的产品或服务的购买，其对真实世界的影响与一般产品和服务的出售没有本质差异。理论而言，其发行量也几乎无限。

第三种是双向兑换的虚拟货币，可以与实体货币之间进行双向兑换。也就是说，既可以用实体货币购买虚拟货币，也可以将获得的虚拟货币转化为实体货币。这种类型的货币根据兑换范围又可以分为两种：一种是针对真实世界特定人群的双向兑换，另一种是较大范围的双向兑换。

针对真实世界特定人群的双向兑换虚拟货币主要针对游戏玩家。例如，曾经很流行的网络游戏魔兽世界，其中的游戏货币魔兽金币就可以在玩家之间流通，需要金币的玩家可以向卖家（通常也是游戏玩家）支付实体货币，从而在游戏中获得金币转账。对于卖家来说，就是卖出金币获得实体货币。当然，在有的游戏中，游戏玩家可以用游戏币向游戏公司或者某个专门的机构兑换实体货币。在第二人生（Second Life）这个在线虚拟游戏世界里使用的货币——林登币（Linden Dollar）就是这种类型的货币。游戏玩家通过在游戏中扮演各种人物相互进行交流，使用林登币购买、销售、租赁和交易各种虚拟物品（比如游戏中的艺术品、建筑物、娱乐活动、珠宝和交通工具）。林登币可用美元或者其他货币购买，在林登实验室建立的 lindex 汇兑平台或者独立的汇兑平台皆可操作，兑换价格随行就市。这类虚拟货币可以被视为可转手的产品或服务，其对真实世界的影响与一般产品和服务的出售没有本质区别。理论而言，其发行量基本可以无限。

在较大范围内双向兑换的虚拟货币在真实世界中被更多的普通民众接受。就兑换价格而言，这一类货币大体又可以分为两类。一类是其与实体货币之间的兑换价格波动幅度相当大，能够在一定范围内用于购买真实世界的货物或服务。另一类是两者的兑换比价固定，一般要锚定一种法定货币，保持一个固定比率。在数字货币体系中，已经出现了一定数量的锚定美元的稳定币，其流通规模逐步扩大。

二、按照货币的资产负债属性分类

对虚拟货币的认识不仅可以从兑换关系和兑换比价入手，还可以根据货币的资产负债属性来对虚拟货币进行分类。历史上的黄金、白银，现在中央银行发行的现钞以及最近流行的虚拟货币、数字货币具有什么样的资产负债属性呢？不妨回顾金属货币和纸质货币的资产负债属性，从而进一步认识虚拟货币的资产负债属性。

在金属货币阶段，金属货币（例如，黄金）是持有者的资产，不是任何人的负债。足值的铸币，实际上是给金属货币打上官方的标记，表明该铸币是经过政府认可的机构铸造的，具有政府确定的重量和成色。足值的铸币虽然是政府铸造的，但不是政府的负债。

铸币流向经济系统的方式有两种：第一种方式是政府将金、银按规格铸成铸币，在付出铸币的同时，获得了相应的商品与服务，犹如现代社会的政府购买支出；第二种方式是民众将持有的金块交给铸造厂，付出小额的费用之后获得铸币。将金属块铸成金属铸币，打上政府的记号，这仅仅改变金属的物理形态，并没有增加全社会的货币供给。

简言之，铸币仍然是持有者的资产，不是任何人的负债。到了纸质货币阶段，纸质货币是持有者的资产，是发行者的负债。例如，可以兑换黄金的银行券、中央银行发行的现钞，就是发行者的负债，持有者的资产。同理，商业银行的存款，也具有这个性质。

在虚拟货币阶段，按照货币的资产负债属性，可以分为以下三类：

第一类虚拟货币由游戏公司或者社交平台发行，使用范围仅限于游戏玩家和社交平台的参与者。游戏玩家无法拿着游戏币到超市购物，因此第一类虚拟货币还无法为其他社会公众广泛接受。游戏公司和社交平台实际上是将这类虚拟货币当成商品出售。这类虚拟货币虽然属于持有者的资产，但不属于销售方的负债。

第二类虚拟货币是传统金融机构的电子化负债，实际上是货币形态发生了转变。从属性上来看，这类虚拟货币仍然是发行者的负债，持有者的资产。以支付宝账户余额为代表的虚拟货币，也是持有者的资产，发行者的负债。

第三类虚拟货币是私人数字货币，是在互联网空间按照一定算法设计的通证，其底层技术多为区块链。它是持有者的数字资产，不是任何人的负债。这个属性与金属货币的属性非常类似。

在虚拟货币的发展初期，只有游戏玩家能用游戏币在网上购买游戏装备。伴随着第二类虚拟货币的出现（银行存款的电子化），其交易规模增长非常迅速。网上购物出现之后，第二类虚拟货币的交易规模进入了一个新的增长阶段，催生出互联网经济等一系列新的业态。

私人数字货币问世之后，由于其发行和使用均不受官方机构的监管，所以在毒品交易、人口贩卖等地下经济和违法交易中使用非常频繁。现实生活中，各国政府对以第三类虚拟货币进行支付的各种交易还无法征税，各国金融监管部门还没有正式将第三类虚拟货币的投融资活动纳入监管。

三、按照虚拟货币的发行机构分类

认识虚拟货币还可以从货币发行机构的角度出发。例如，日常生活中使用的现钞通常是中央银行发行的，活期存款、定期存款和储蓄存款就是商业银行发行的货币。按照这一思路，虚拟货币目前大致分为三类：

第一类货币的发行机构涉及游戏平台和网络社交平台。例如，游戏币由游戏公司发行，玩家购买之后用于添置装备等。玩家不仅可以向游戏公司购买游戏币，而且可以向其他玩家出售装备换取现金。玩家买入游戏币的价格由游戏公司决定，游戏币既可以卖给其他游戏玩家，也可以卖回给游戏公司或者其他兑换平台。游戏玩家买入游戏币的价格相对固定，卖出游戏币的价格往往随行就市。网络社交平台脸书（Facebook，2021 年 10 月更名为 Meta，中文译为“元宇宙”）开发了被称为脸书币（Facebook Credits，FBCs）的货币。脸书币只能用于购买虚拟礼物、游戏、游戏装备以及脸书平台上提供的应用程序。每单位脸书币的价值定为 10 美分，按照 10∶1 的固定汇率与美元兑换，且批量购买可以享受折扣。为满足国外用户需求，脸书将脸书币的可兑换货币增加到除美元之外的 14 种货币。简言之，这一类虚拟货币的发行不涉及金融机构。

第二类是与银行账户相关联的记账式货币，如基于各类银行卡（包括信用卡）支付的货币。这类货币有时候被称为电子货币。比如，过去客户的储蓄存款记录在存折当中，后来出现了银行卡（借记卡），客户存取款就可以在 ATM 机上实现自助操作。人民币活期存款账户和人民币现钞的货币单位相同，存款账户里的 1 元人民币等价于 1 元人民币的钞票。银行卡里的资金也属于虚拟货币的一种，这类虚拟货币是由金融机构发行的，是金融机构的负债。

第三类是没有发行机构的虚拟货币，主要是私人数字货币。基于区块链技术的私人数字货币具有去中心化的特征，即没有统一的发行机构。任何人都可以购买或租赁计算机，通过“算力竞争”（也就是俗称的“挖矿”）争夺新产生区块的货币奖励。与前两类虚拟货币不同，第三类虚拟货币没有统一的发行机构。

第三节　私人数字货币

如前所述，私人数字货币是能够与现实世界进行双向兑换的虚拟货币。本节专门介绍私人数字货币，是因为数字货币这一名称，更多强调的是其底层技术和金融属性。通常而言，私人数字货币往往是指以密码学、区块链、分布式记账为特点的去中心化、可转移的数字资产。

据 CoinMarketCap 网站的不完全统计，截至 2021 年 7 月，市场上有影响力的私人数字货币已超过 1 万种，比特币是其中最早、最具代表性的。绝大多数私人数字货币都是以比特币为模板，用相同的原理，只不过被冠以不同的名称。本书仅从金融和货币的角度，对私人数字货币背后的技术进行解读。

一、私人数字货币的底层技术

（一）点对点的电子现金系统

2008 年，一位自称为中本聪[①]（Satoshi Nakamoto）的人发表了题为《比特币——一种点对点的现金系统》的文章，描述了一种完全基于点对点的电子现金系统。该系统在数字签名的基础上，通过引入时间戳服务器和工作量证明机制，发明了区块链技术。区块链技术解决了点对点支付过程中可能出现的双重支付（double-spending）问题[②]，从而使得支付过程不需要第三方中介的参与，实现了去中心化的支付系统构建。

（二）哈希函数

要想理解比特币的生成机制，必须了解最底层的哈希函数（Hash）。哈希函数是密码学中非常重要的一个概念，可以理解为数据“指纹”。比特币采用SHA256哈希算法，这种算法可以将任意长度的数据转化为一个 256 位的二进制序列。

哈希函数具有以下特征：

第一，任何输入内容经过哈希函数的计算，将产生一个几乎唯一的二进制序列。在哈希函数中多次输入相同的内容，输出的二进制序列必然相同。但只要输入内容不同，哪怕只是改动了 1 个字节，输出结果也完全不同。这里的“几乎唯一”是指只存在理论上的可能性，找到两个不同的内容却产生相同的哈希值结果。在实际中，这种可能性小于在全宇宙所有原子中随机抽取，连续抽到同一个原子的概率。

第二，哈希函数是单向的，无法通过输出的二进制序列倒推出输入的信息。数据加密过程本质上就是将一段数据通过某种算法转化另一段数据，只有掌握了解码器，才能将这个过程逆转，也就是“解密”过程。哈希算法是密码学界公认的无法攻破的一种加密方式，而哈希算法设计之初，就没有解码器。

利用哈希函数的唯一和单向特性，无法伪造、篡改且交易匿名的比特币产生了。比特币通过“私钥”证明账户的所有权。私钥是一个 256 位的随机数，私钥通过哈希函数后得到公钥，公钥通过哈希算法后得到账户地址。只有掌握了私钥，才能产生正确的数字签名，从而证明对地址的所有权，发出的交易请求才能被验证为真。但掌握了地址，却无法逆向获得私钥。这就是比特币交易匿名性的保证，因为无法通过地址追踪到对应的私钥。

（三）交易单

比特币系统中的全部交易都通过交易单（transactions）来记录。如图 3-1 所示，交易单包含以下信息：①交易单哈希值，也可以理解为交易 ID；②交易发生时间；③支付方公钥（地址）及数量；④收款方公钥（地址）及数量；⑤支付方数字签名（不可见）。交易单支持一对一、一对多、多对一、多对多等支付。比特币交易收取手续费，以此鼓励交易节点承担记账功能，因此支付方支付的比特币数量应大于收款方

① 中本聪是比特币的创始者，但其真实身份一直不为外界所知。

② 双重支付问题，通俗来说类似于“一女二嫁”。也就是说，当事人的 1 元，不可以花两次。

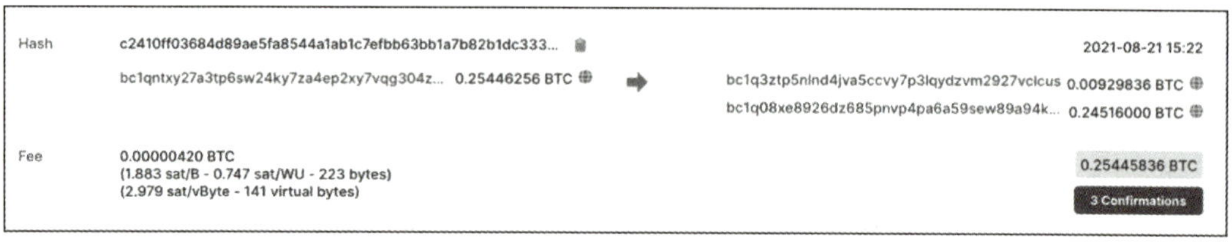

图 3-1　交易单示例

收到的比特币数量，差额即为交易手续费。

交易单产生后，向全网广播，收到交易单的记账节点会对交易单进行确认（confirmation）。确认包括两个方面：一是支付方地址中有足够支付的比特币余额，因为所有的记账节点都保存完整的交易区块链，这是能够实现的；二是数字签名与支付地址匹配，以证明支付者身份。完成确认后，交易单进入记账节点的“交易池”，等待区块链形成。

（四）区块

每一个记账节点将最近一段时间内未进入区块链记录的交易单放入交易池，打包成该节点的“待记录”区块（block），如图 3–2 所示。待记录区块头的支付方是空的，但包含收款方，收款方是该记账节点的地址，相当于“比特币系统”给该记账节点发的“工资”。区块头之后是该记账节点收到的，但未进入区块链被全网记账的其他交易单，按顺序排列。初始设定中，比特币设定一个区块的大小是 36 M，但为了验证效率和防止网络阻塞，在 2010 年 7 月 14 日后调整为 1 M。

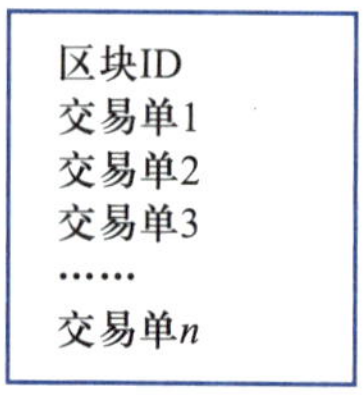

图 3–2　区块示意图

将区块头设定为空，作用和交易手续费一样，也是为了鼓励记账节点承担记账职能。创建新区块就是俗称的“挖矿”；被创建的区块进入区块链，相当于挖矿成功，因为区块头支付给“记账者”的交易记录被全网承认，记账者就会获得一定数量的比特币奖励。“挖矿”产生的比特币是增加比特币总量的唯一方式。

比特币设定区块链每 10 分钟左右增加一个新区块。最初，区块成功进入区块链的记账节点会得到 50 比特币的奖励。但每 4 年之后，创建区块的比特币奖励会减半。所以比特币总量有上限，为 2 100 万个，但达到上限的过程需要约 130 年。当比特币总量达到上限后，交易手续费收入就成为“记账节点”的唯一收入。

（五）区块链

从比特币诞生之日起，全网就形成了唯一的主区块链（blockchain）。主区块链类似于一条项链，而区块就是项链上的珠子，只不过这条项链还在随着时间推进不断加长。计算每个新区块的哈希值时，必须使用上一个区块（父区块）的哈希值信息，这使得整个区块链的顺序是可以验证的。每个记账节点都会保留整条主区块链，这表现了比特币分布式记账的特性，主区块链就是总账本。主区块链在每添加一个区块后，都会向整个比特币交易系统广播，每台参与比特币交易的计算机（记账节点）收到广播后，就会在原有区块链上加上最新的区块，并将本节点交易池中重复的交易单剔除，重新创建新的“待记录”区块。高度分散化的交易信息存储，一方面实现了去中心化，另一方面使得区块链完全遗失的可能性非常小，从而保证了安全性。

（六）工作量证明

每个记账节点同一时刻都有一个“待记录”区块，但主链约 10 分钟才增加一个新区块。显然，主链每次增加新区块时都只会将一个待记录区块增加到主链上。也就是说，每大约 10 分钟，才有一个节点“挖矿”成功，获得新发行的比特币奖励和本区块的手续费奖励。

主链选择下一个新区块的规则被称为“工作量证明”（proof-of-work），以算力为基础，包含一定的随机性。具体“挖矿”过程如下：在待记录区块信息中，增补一个随机数，加上父区块的哈希值，三者共同计算出待记录区块的哈希值。当这个哈希值符合特定特征（如前 4 位为 0）时，计算有效，并全网广播。所有记账节点中最先完成这个过程的，其区块会成为主链上最新的区块。其他记账节点接收并验证新区块，在自身记录的主链上增加新区块，剔除本身交易池重复信息后，开始新一轮的“挖矿”竞赛。

在“挖矿”过程中，可操纵的只有增补的随机数，记账节点需要不断尝试新的随机数，直到产生的哈希值符合特定特征，或别的记账节点率先完成这个过程。计算机的算力越强，就可以进行越多次的尝试，“挖矿”成功的可能性就越高。随着比特币估值的不断上升，大量“矿工”展开了算力的军备竞赛，只为了能比其他人更快找到符合条件的随机数。

为了使新区块的产生速度维持在大约 10 分钟，“挖矿”的难度是不断调整的。根据比特币的协议，每隔 2 016 个区块就要对“挖矿”难度做一次调整，大约间隔 14 天。很显然，作为“挖矿”成功标准的条件越苛刻，“挖矿”的难度就越大。如果我们观察不断产生的新区块，就可以发现，早期区块的哈希值前面“0”的数量远远小于最新区块，而每增加一个 0，单次计算成功的难度就越大。

二、私人数字货币的特征

前面简要介绍了私人数字货币的技术原理，接下来介绍其区别于传统信用货币的金融特征。

（一）去中心化

传统的信用货币体系是中心化、分层次的。传统信用货币的发行方是中央银行，中央银行是货币的源头，控制着基础货币的投放和回收，同时中央银行往往承担着商业银行之间交易清算的职能。因此，中央银行是信用货币体系中的一级中心节点。商业银行对上与中央银行建立货币信贷关系，对下与储户、借款者建立货币信贷关系，成为信用货币体系中的二级中心节点。

私人数字货币发行是完全随机和外生的，任何一台连入比特币交易系统的计算机均有可能产生比特币。因此，比特币的发行具有去中心化特征。此外，记录比特币全部交易的区块链在任何连入比特币交易系统的计算机中均同步保存，这也是一种去中心化特征。这种特征使得比特币交易数据的保存特别安全。

（二）匿名性

私人数字货币账号无须实名认证，仅是一串数字地址，无拥有者的任何信息。比特币交易是完全的点对点交易，交易双方均不知道对手方的准确信息，只知道交易地址。尽管私人数字货币交易记录以分布式记账方式存在于每一个记账节点上，信息完全公开，但是，由于其匿名性和转移的便利性，交易者可以很方便地操作数百个账户进行数字资产的转移。私人数字货币的这种匿名特性为洗钱、贩毒、军火等非法交易提供了渠道。

（三）可追溯性

任何一枚私人数字货币，从其生成到当前所经历的全部状态，都被完整地记录在区块链中。此外，追溯过程不需要认证。

（四）非负债性

私人数字货币的非负债性体现为两个方面。第一，作为一种虚拟货币，私人数字货币是持有人的资产，却不是任何人的负债。这种性质类似于贵金属。此外，使用私人数字货币时，没有任何人需要为其价值负责。第二，私人数字货币交易系统中不存在借贷关系，从而没有负债。原因有以下三点：①交易匿名，交易双方之间存在极为严重的信息不对称现象，从而防止借贷交易的发生。②每个交易账户的资金支出不能大于收入，因此借贷无法发生。③私人数字货币的转移就是双方的清算，该过程不可逆。

上述特征揭示了私人数字货币的金融属性，那就是其可以作为一种资产进行交易，而难以胜任货币的职能。

三、私人数字货币的局限性

尽管私人数字货币为投机者所热捧，但其局限性决定了私人数字货币无法承担起货币的职能。

（一）数量级上的差异

各国金融体系的复杂程度远远超过普通民众的想象，货币的职能在宏观意义上来说，不仅仅是一种交易的媒介，更是一种经济调节工具。稳定、充足的货币供给对于维护国家或地区的经济稳定，抵御负面冲击具有重要意义。私人数字货币无法满足这样的要求。

当今的金融体系完全建立在信用基础上，是一个多级的信用创造体系。中央银行是货币的终极信用来源，商业银行以央行货币发行为基础，通过贷款创造出更多的货币。此外，还有种类繁多的金融工具，比如股票、债券等。但无论金融体系如何发展，金融的交易都离不开货币作为交易的媒介。私人数字货币在支付方面不存在技术困难，但其规模无法满足当今金融体系的交易需求。

此外，分布式记账产生的交易信息量绝不是目前的通信网络能够负担的。如前所述，分布式记账中每一个节点都会有全部交易信息的记录，也就是说每一个节点都要实时记录和分享来自全球（全货币区）的所有种类的交易信息，每秒新增的信息量都是天文数字，对计算机处理和存储能力的要求是当前科技完全无法达到的，除非出现了新的技术可以解决计算处理和存储问题。

（二）中心化与去中心化的矛盾

基于区块链的私人数字货币具有去中心化的特征，然而，所有的国家信用货币都具有中心化的特征。去中心化的数字货币的信用需要靠“共识”达成，社会共识有时候需要规制作为基础，而规制无法完全依靠技术维持。2013 年 12 月 5 日，中国人民银行等五部委发布《关于防范比特币风险的通知》。该通知强调：“比特币具有没有集中发行方、总量有限、使用不受地域限制和匿名性等四个主要特点。虽然比特币被称为‘货币’，但由于其不是由货币当局发行，不具有法偿性与强制性等货币属性，并不是真正意义的货币。”

（三）价值不稳定，难以作为标价货币

私人数字货币在各类交易平台上被炒作，价格大起大落，没有稳定的价值表现。作为货币，要求币值稳定，私人数字货币无法满足货币价值尺度的这一要求。私人数字货币目前还是被交易和投资的对象，几乎不可能取代现实生活中的任何一种主权货币。

专栏 3-1

克鲁格曼对比特币的评论

诺贝尔经济学奖得主克鲁格曼撰文指出，比特币是历史的倒退，比特币挖矿和挖金矿类似，没有太大意义。所谓高科技、算法，都是花哨的外表。货币的本质应该是促进商业流通的手段，而比特币除了一串代码什么都不是。

先来看看三则关于“钱矿”的故事。

第一个是真实“钱矿”，位于巴布亚新几内亚的露天金矿 Porgera，也是全球最大的金矿之一。这片矿区的人权状况极端恶劣，环境污染也很严重。但金价即便在今年遭遇暴跌，也仍然是十年前的三倍，所以人们仍然热衷于淘金。

第二个“钱矿”听起来有点奇怪，是位于冰岛 Reykjanesbaer 的比特币矿。比特币是一种有价值的电子货币，因为……很难说清楚为什么，总之至少现在有人愿意买它，是因为他们相信其他人也愿意买它。它是仿照黄金制造出来的虚拟货币。所以和黄金一样，比特币也可以挖矿：通过非常复杂的数学算法和计算能力强大的计算机。至于为什么位于冰岛，主要是因为那里有来自水电的廉价电力，低温也有助于冷却计算机。即便如此，许多真实的资源也被用来创造这种没有明确用途的虚拟货币。

第三个“钱矿”是假设出来的。1936 年，凯恩斯提出增加政府支出能够促进就业。但和现在一样，这一建议受到了激烈的反对。所以凯恩斯提出了一个异想天开的替代性方案：政府将大量的钱埋进废弃的煤矿，让私人部门投资将这些钱挖出来。真是太有才了！但凯恩斯还没有止步于此，他进一步指出，真实的金矿和他理论中的试验其实是一样的。虽然可以通过印钞机创造出大量廉价的货币，但矿商们仍然不辞辛苦地将金子从地底挖出来。这些金子挖出来之后，又立刻被埋了起来，进入诸如纽约联邦储备银行的金库里。

当凯恩斯看到三代人过去之后事情依然没有任何改变，他一定会感到好笑。通过政府支出刺激就业依然被很多人反对；矿商依然乐此不疲地挖金子然后将它们囤积起来（凯恩斯将黄金视为野蛮人的遗迹）。比特币也加入了这场闹剧。黄金毕竟还有些实际用途，但耗费大量资源得到的“虚拟黄金”除了一串代码什么都不是。

亚当·斯密要是看到这些一定会很失望。

斯密常常被尊为保守派的大神，他也确实最早提出了自由市场。但经常被忽略的是，他也同样强调对银行进行监管，并对纸币推崇备至。在他看来，货币只是促进商业流通的手段，不是国家繁荣的根源。而纸币将国家的财富从黄金和白银的“毫无活力的库存”中解放出来。

所以，我们为什么要为了这些毫无活力的黄金库存破坏巴布亚新几内亚的高原，又为什么要为了一串代码不断地消耗资源呢？

如果你去问矿商，他们会告诉你，纸币是由政府发行，可能会贬值所以不值得信任。但奇怪的是，虽然大家都谈论货币贬值，但贬值却越来越罕见。发达国家的通胀水平非常低。即使从全球来看，高通胀也极少发生。当然，恶性通胀永远都会存在。

比特币的流行或多或少也是由于同样的原因。再加上它的高科技和算法，比特币俨然成为未来的趋势。但是，不要被这些花哨的外表蒙骗了：正在发生的真实情况是，我们正在倒退回那些钱币仍在你钱包里叮当作响的年代。我们正在一路挖矿，挖回17世纪。

资料来源：《纽约时报》，2013-12-27。

第四节　中央银行数字货币

数字货币背后的区块链技术引起了各国中央银行的重视，各国央行纷纷开展货币数字化实践实验，比如，加拿大的Jasper项目、新加坡的Ubin项目、欧洲央行和日本央行的Stella项目、泰国的Inthanon项目等。

一、中央银行数字货币概念

根据前面的分析，数字货币可以分为两类：一类是私人数字货币，另一类是央行数字货币或法定数字货币。之所以如此分类，是因为这两类数字货币的经济属性存在本质差异。前者是持有者的资产，不是任何人的负债，类似金属本位下的黄金或白银，是数字条件下的商品货币；后者是中央银行的负债，持有者的资产，是纸质人民币现钞的数字化形式，属于典型的信用货币。

英格兰银行的定义是，中央银行数字货币，（central bank digital currencies，CBDC）是中央银行货币的电子形式，家庭和企业都可以使用它来进行付款和储值。

中国人民银行于 2014 年启动法定数字货币研究项目，2016 年组建成立中国人民银行数字货币研究所，持续推进数字人民币的研究和应用。2017 年年底，中国人民银行组织商业机构开展数字人民币（e-CNY）研发实验。2019 年年底，数字人民币相继在深圳、苏州、雄安新区、成都及北京冬奥场景启动试点测试，并在 2020 年、2021 年两次扩大试点范围。中国在数字货币赛道已经取得较为显著的先发优势。

二、数字人民币的制度设计

据 2021 年 7 月发布的《中国数字人民币的研发进展白皮书》，数字人民币是中国人民银行发行的数字形式的法定货币，由指定运营机构参与运营，以广义账户体系为基础，支持银行账户松耦合功能，与实物人民币等价，具有价值特征和法偿性，且支持可控匿名。从经济性质来看，法定数字人民币仍然是中国人民银行的负债，持有者的资产。从货币属性来看，数字人民币仍然属于信用货币，只是其以数字化的形态存在。

首先，数字人民币是央行发行的法定货币，具备法偿地位，是人民币纸质现钞的数字形态。其次，数字人民币采用中心化管理、双层运营体系。数字人民币发行权归属中国人民银行，运营体系以中国人民银行为中心，获得授权的商业银行面向社会公众发行数字人民币。再次，数字人民币主要定位于现金类支付凭证（M0），将与人民币纸币长期共存。最后，数字人民币是一种零售型央行数字货币，主要用于满足国内零售支付需求。

此外，前述白皮书还披露了数字人民币的更多细节。数字人民币采用“代币”形式，兼容基于账户（account-based）、基于准账户（quasi-account-based）和基于价值（value-based）等三种方式，采用可变面额设计，以加密币串形式实现价值转移，转移完成即结算完成。数字人民币不计息，不收费。数字人民币遵循“小额匿名，大额依法可溯”原则，在保护交易隐私性的同时，也可以依法打击电信诈骗、网络赌博、洗钱、逃税等违法犯罪行为。

三、数字人民币的优势

从制度设计来看，数字人民币将逐步取代纸质现钞。相比于纸币，法定数字人民币主要有以下几点优势：

一是减少了纸质现钞的运维成本。纸币的制作成本相对于其面值较小，但巨大的发行量仍使得物料、印刷、防伪的总成本不容忽视。据美联储的公开信息，2020 年度印制 1 美元、2 美元纸币的成本是 7.7 美分，5 美元纸币是 15.5 美分，10 美元纸币是 15.9 美分，50 美元为 16.1 美分，100 美元纸币成本最高，为 19.6 美分。美联储 2020 年度印制美元的成本接近 8 亿美元，更不用提纸币运营体系其他的成本，比如运输、仓储、回收、销毁等一系列环节。而数字货币依托于电子信息传输技术和加密算法，没有防伪、印制、运输、仓储等一系列成本，也不会损毁，省去了回收、销毁环节，大大节约了运营成本。不过，建设数字人民币仍然需要相应的技术系统和设备，其投资成本以及运维成本问题仍然不可小觑。

二是变革了支付方式。人类的支付方式总是朝着更加便捷的方向迈进。尽管法定数字货币还未大规模普及，但电子支付的优点将被法定数字货币支付完美继承。在使用法定数字货币进行支付时，免去了清点、找零、辨别真伪的过程，用手机“碰一碰”或是“扫一扫”，瞬间就完成了支付过程。使用法定数字货币过程中产生的资金流水记录，可以沉淀为企业或个人信用信息。当然，法定数字货币的使用有一定的设备门槛，普及性上不如纸质现钞，但随着时间的推移，这个问题最终不会构成限制。

三是方便监测货币运行效率。现有的纸币发行方式，无法提供有效的实时监测手段；而数字货币发行将使货币流动数据的实时采集成为可能，在排除个人隐私信息后，采用大数据手段对相关信息进行分析，可以为货币政策的制定和实施提供参考。与此同时，数字货币也能够在反洗钱、反恐怖融资方面提供有效的监测、识别手段。当然，这种信息监测是一把“双刃剑”，很容易被滥用，具体的监测措施和信息保密规范还需要谨慎考虑。

综上所述，数字人民币的问世，是纸质人民币现钞物理意义上的变化，其资产负债属性和信用货币的属性没有发生变化。

本章小结

计算机及互联网技术问世以来，货币的形态、民众的支付手段都发生了巨大的改变。本章对虚拟货币、电子货币、数字货币等概念进行了区分，并从三个方面对虚拟货币进行了分类。本章还介绍了以比特币为代表的数字货币的底层技术，比特币的技术特征表现为去中心化、不可复制、匿名性等特征，并且存在数量上限。这些特征备受世人的关注，比特币成为民众投资和炒作的对象。

从金本位退出人类历史舞台的经验出发，以比特币为代表的数字货币还不可能取代现行的各国主权货币。本章分析了法定数字货币取代信用货币的可行性。在当前技术水平下，以分布式记账为基础的数字货币不具备现实性，无法满足当今复杂的金融货币体系的实际需求。数字货币的全面推行还有很多无法解决的现实问题，应理性看待数字货币的投资热潮。

目前，各国央行都在进行主权货币数字化的尝试，数字人民币的实践取得了一定的经验，成为全球央行数字货币的典型代表。

本章重要概念

实物货币　实体货币　信用货币　电子货币　虚拟货币　私人数字货币　哈希函数　交易单　区块　区块链　工作量证明　挖矿　中央银行数字货币　数字人民币

即测即评

本章思考题

1. 货币形式演进的历史是怎样的？如何理解货币形式与货币职能的关系？
2. 虚拟货币与数字货币是什么关系？实体货币与实物货币又是什么关系？
3. 虚拟货币如何分类？
4. 数字货币有哪些底层技术？
5. 如何理解私人数字货币的金融特征？
6. 私人数字货币为何难以成为真正意义上的货币？
7. 中央银行数字货币进展如何？数字人民币的目标和定位是什么？

第四章 现代支付与网络支付体系

本章导读

支付是金融的基础设施。在计算机和互联网信息技术向金融领域渗透的过程中，首先在支付领域出现了大规模应用，不仅从效率、成本等多方面改变了传统支付体系，而且对金融业发展和社会运行都产生了不可忽视的影响。伴随着网络支付的兴起，互联网企业涉足了支付业务，第三方支付对现代支付体系产生了重要影响。那么，现在网络支付体系构成如何？第三方支付的应用场景、平台模式有哪些？移动支付为何改变了人们的支付习惯？通过本章学习，可以找到这些问题的答案。

本章学习目标

本章将以经济交易为视角，阐述网络支付的兴起与发展，介绍第三方支付与移动支付的模式与技术，探讨网络支付中的支付场景与支付服务。通过本章内容的学习，可以了解传统支付技术及其局限性，第三方支付和移动支付发展催生的支付场景与支付服务，互联网支付发展的影响；理解经济交易中的支付及其发展阶段；掌握网络支付兴起的背景及其发展状况，第三方支付平台模式与技术，移动支付的业务流程和不同类型。

第一节　支付原理与传统支付体系

一、经济交易与支付原理

支付是付款人对收款人进行的当事人可接受的货币债权转让。货币债权主要呈现为纸币以及在金融机构或中央银行的存款余额。随着信息科技的发展，货币债权在现代社会中也表现为电子货币或数字货币。在社会生活中，支付是最普遍发生的、用以实现债权债务清讫或价值转移的经济行为。

在任何一种经济交易中都需要使用货币进行支付，可见支付与货币是紧密相关的。随着社会分工和商品经济的发展，经济交易由最初的物物交换发展到使用一般等价物进行交换，又演变到利用金属货币和信用货币进行交换。支付本质上是一种货币债权转让，因此货币和支付是相互依存、相互促进发展的：每一次货币形态的更新都会促进支付效率的提高，而每一次支付方式的革新也都会对货币的内涵和外延进行新的定义。货币的发展经历了由实物货币到信用货币再到电子货币、数字货币等几个阶段，在此过程中支付方式也经历了相应的演化阶段。

第一个阶段是实物支付时代。最原始的货币是以一般等价物形式存在，被交易各方共同认可的物品，如牛、羊、斧头、贝壳、黄金、白银等实物。“金银天然不是货币，但货币天然是金银”，由于便携性、稀缺性和不易伪造的特性，黄金和白银作为稀有贵金属在人类社会相当长的时期里固定充当了货币的角色。在这一时期的支付中，买方作为付款人以实物货币进行支付，因此该时期被称为实物支付时代，且这一时期经济交易仍多是一手交钱一手交货。

第二个阶段是信用支付时代。随着社会经济活动普遍开展，经济规模日益扩大，金银货币也暴露出其弱点，比如携带不够方便、矿产数量不足，无法满足和适应经济的迅速发展。在支付需求的推动下，银行券、票据等信用形态货币诞生。随着中央银行制度的产生，货币发行权由中央银行垄断，中央银行发行的银行券成为法定货币。在金本位下，中央银行必需集中足够的黄金，作为支撑银行券发行与流通的信用基础。进入 20 世纪之后，金本位制解体，作为黄金等值代表符号的银行券也完成了它的历史使命，各国的货币流通均转化为不兑现的纸币流通，不兑现的纸币成为纯粹意义上的国家信用货币。纸币相对于实物货币，不仅便于携带，而且发行数量更具弹性，只要有国家信用作为支撑，纸币就能够被交易当事人所接受，在支付中被广泛使用。除此之外，这一时期用于支付的货币还包括以银行信用为基础的支付票据，如支票、商业汇票、商业本票、银行汇票、银行本票等。

第三个阶段是电子支付时代[①]。随着科技的进步，为了进一步解决买卖双方时间空间不一致、信息不对称等问题，电子支付应运而生，大大增加了支付信息流动的速度，也使资金流动和支付行为进一步分离，极大地提高了支付效率。同期，不仅出现了银行卡等货币新型载体，而且还产生了电子货币和虚拟货币。

二、传统支付体系

支付体系是经济金融基础设施最重要的组成部分，直接决定各类经济金融活动的安全和效率，对金融、经济的稳定发展至关重要。支付体系是在既定的法规制度框架

① 所谓电子支付，是指通过金融电子化网络，以电子信息传递形式实现的货币支付和资金流通。

下，由提供支付服务的组织或机构通过支付工具的应用，实现债权债务清偿以及资金转移的一种综合金融安排。

在传统支付清算体系中，客户（包括商户和消费者）、商业银行和中央银行的连接方式如图 4-1 所示：客户与商业银行建立联系，商业银行与中央银行建立联系，中央银行是所有商业银行支付清算的对手方，能够通过轧差进行清算。在这种传统支付清算模式下，客户不能与中央银行直接建立联系，而必须分别与每一家商业银行建立联系，因此支付清算的效率较低。这个支付体系通常由支付服务组织、支付工具、支付系统及以法规与制度为基础的支付监管等共同组成。

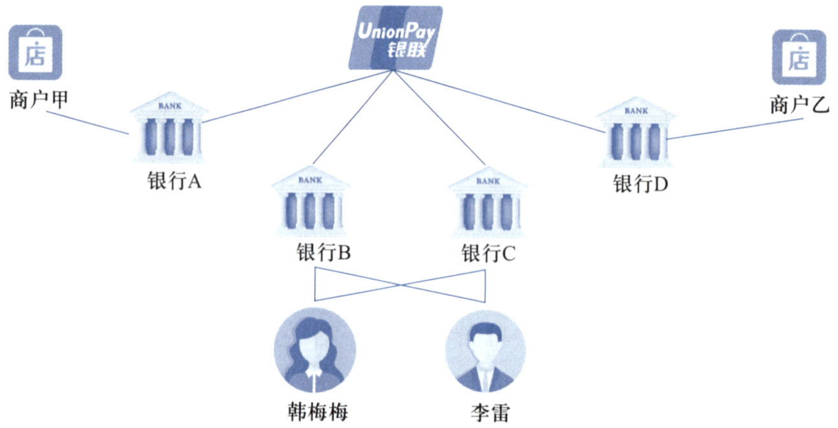

图 4-1　传统支付清算模式

（一）支付服务组织

支付服务组织是参与支付体系运行、服务、管理的专门机构，在支付体系中具有重要的基础作用。在支付体系和支付服务组织中，中央银行居于核心地位。中央银行既是支付体系的组织者、规划者、监管者，也是跨行支付清算服务的提供者。中央银行在支付体系中的核心作用，还有着举足轻重的“信心效应”。作为“发行的银行”“银行的银行”和“政府的银行”，中央银行为支付体系提供了基于法律、国家信誉与财力的信心支持。因此，在实行中央银行制度的国家，法律都赋予了中央银行组织管理支付清算的职责。

以商业银行为主体的金融机构是提供非现金结算和支付服务的骨干力量，具有不可替代的功能地位。商业银行利用吸收存款的基础功能，以专业化的支付服务将分散的债权债务清讫活动聚拢起来，形成了以商业银行为基础的支付结算安排。因此，银行业金融机构的服务最具广泛性和社会性，既为机构客户办理支付结算，又面向广大社会公众提供多种形式的零售支付服务。

提供专业资金清算服务的清算机构是支付体系和支付主体中的另一重要组成部分。清算机构包括票据交换所、资金清算中心、证券登记结算机构等。清算机构各自服务于不同的业务领域，为金融机构提供票据交换与清算服务的票据交换所是最传统的支付清算机构之一。随着现代科技在金融领域的广泛应用，在很多国家和地区，票据交换所已经实现了票据交换的电子化和自动化。多元化金融体系和金融业务的快速发展，也为服务于银行业金融机构资金清算业务的资金清算中心拓展了独立发展的空间。随着金融市场产品的不断创新和交易量的迅猛攀升，为金融市场服务的证券登记结算类机构也应运而生。

另外，发达国家的支付体系中，行业协会一直发挥着重要作用。如纽约清算所协会、英国支付清算服务协会、澳大利亚支付清算协会、日本东京银行家协会等，分别在各国中央银行的授权或支持下，负责支付清算行业的自律性管理，并负责部分支付清算系统的运行。

（二）支付工具

支付工具是支付业务的依据和载体，可分为现金和非现金两种类型。非现金支付工具是通过支付系统传载的、用以实现债务清讫和货币价值转移的载体。随着金融的发展和支付文化的进步，非现金支付工具得到了愈来愈广泛的应用。非现金支付工具主要包括票据、银行卡、转账凭证及其他支付工具。

（三）支付系统

支付系统是支持各种支付工具应用、实现资金清算并完成资金转移的支付、结算和清算系统，是金融体系的重要基础设施。支付系统是一个统称，一个国家的实际支付业务，都是由多个功能和领域不同的具体系统来完成的。

1. 中国人民银行支付系统

中国人民银行支付系统包括大额实时支付系统、小额批量支付系统、全国支票影像交换系统、境内外币支付系统、同城票据清算系统和网上支付跨行清算系统。

（1）大额实时支付系统主要处理同城和异地的金额在规定起点以上的大额贷记及紧急的小额贷记支付业务，以及中国人民银行系统的贷记支付业务。大额支付指令逐笔实时发送，全额清算资金，主要为银行业金融机构和金融市场提供快速、高效、安全、可靠的支付清算服务。

（2）小额批量支付系统支持多种支付工具的应用。该系统主要处理同城和异地银行业金融机构之间纸质凭证截留的借记支付业务和单笔支付金额在规定起点以下的小额贷记支付业务。与大额支付系统不同，小额批量支付系统定时批量发送支付指令，轧差净额清算资金。

（3）全国支票影像交换系统主要通过影像技术、支付密码、数字签名等技术，将纸质支票转换为支票影像和电子信息，实现纸质支票截留，利用信息网络技术将支票影像和电子清算信息传递至出票人开户行进行提示付款，实现支票的全国通用。

（4）境内外币支付系统是我国第一个支持多币种运行的全国性与银行间外币实时全额结算系统，为我国境内的银行业金融机构和外币清算机构提供外币支付服务。

（5）同城票据清算系统包括同城票据交换系统和同城电子清算系统，是对同城范围的票据和结算凭证进行集中交换、清分、轧差的跨行支付清算系统，主要为地方金融经济发展提供支付清算服务。

（6）网上支付跨行清算系统主要支持网上支付等新兴电子支付业务的跨行和同行

资金汇划处理。该系统采取实时传输及回应机制，可处理跨行支付、跨行账户信息查询以及在线签约等业务。

2. 其他支付系统

中国支付清算系统除了中国人民银行支付系统外，还包括银行业金融机构行内支付系统、银行卡跨行支付系统、城市商业银行汇票处理系统和支付清算系统、农信银支付清算系统以及人民币跨境支付系统。

（1）银行业金融机构行内支付系统是银行业金融机构行内资金往来与清算的基础渠道，是提供支付服务、拓展金融市场业务的重要设施。

（2）银行卡跨行支付系统由中国银联建设和运营，对银行卡跨行交易进行信息转接和清算数据处理，与中国人民银行的大额支付系统实现连接，保证银行卡跨行、跨地区和跨境的使用。

（3）城市商业银行资金清算中心运营的城市商业银行汇票处理系统和支付清算系统，主要办理城市商业银行等中小金融机构的银行汇票资金清算等异地资金清算业务。清算中心与城市商业银行的行内支付系统相连接，能够实现城市商业银行之间、城市商业银行与其他金融机构之间、城市商业银行与第三方支付机构之间的实时支付指令传递和资金清算。

（4）农信银资金清算中心负责运营的农信银支付清算系统主要服务于全国农村信用社、农村商业银行、农村合作银行及其他地方性金融机构，办理成员机构实时电子汇兑、银行汇票业务的异地资金清算以及个人存款账户通存通兑业务的资金清算。

（5）人民币跨境支付系统是人民币国际化的基础设施，是人民币跨境支付安排的“大动脉”，是“走出去”战略实施的重要工程。其主要功能是为参与者的跨境支付业务提供资金清算结算服务，便利跨境人民币业务处理，促进跨境贸易和跨境投融资等业务的开展。

三、传统支付技术

传统支付技术主要指信用支付时代的银行转账支付，该技术目前仍是国际上最主要的资金支付结算方式，其主要类型可归纳为五类。

（一）银行卡支付结算

银行卡支付结算是指以银行卡（借记卡或信用卡）为载体进行的支付结算。用户首先需要到银行申办借记卡，在卡里存钱或提供一定的信用证明办理信用卡，以用于支付结算。当用户利用银行卡通过银行专线网络进行商务支付时，资金便通过银行中介从银行卡对应的资金账号划拨到对方的银行资金账号上，完成付款。这种方式应用比较普及，常见于个人的商务资金结算中。

（二）资金汇兑

资金汇兑是指汇款客户委托银行将其款项支付给收款人的结算方式，故也被称为银行汇款，通常为企业间的汇款。资金汇兑一般分为信汇和电汇两种，信汇是以邮寄方式将汇款凭证转给外地收款人指定的汇入行，而电汇则是以电信方式将汇款凭证转发给收款人指定的汇入行。以这种资金汇兑方式进行业务处理时，支付者的开户行在向接受者的开户行转账前，需确认其账号下有无可供支付的款额。这种支付方式便于汇款客户向异地的收款人主动付款，适用范围十分广泛。

（三）支票支付结算

支票支付结算是指纸质支票的支付结算，本质上就是银行提供的一种特殊纸质的基于特殊格式与使用规则的支付结算工具。其基本应用过程为，支付者从资金开户行领取支票，支付者给接受者开出支票；接收者将支票存入自己的开户银行，银行给接收者上账且把支票交给支付者的开户银行要求清算；支付者的开户银行验证支票没有问题后给支付者下账，若有问题，则把支票退回接收者的开户银行。支票使用便利，可用于处理较大金额的支付，其缺点在于涉及面广，加大了各银行和交易部门的开支，而且存在不能兑现的风险。

（四）自动清算所支付

自动清算所支付是指由成员存款机构达成的成员机构间以电子借记或贷记方式进行支付的一种安排。自动清算所系统的运作类似于支票支付，区别在于其支付结算指令均为电子形式。这种支付方式常用于同城银行之间的支付结算。

（五）电子资金转账

电子资金转账是指银行在电子计算机系统中让资金以电子信息形式在账户间转移。邮政汇兑与自动清算所支付对于中小额的支付比较理想，但对于企业间或银行间的大额支付结算的安全性则不够高，还需要增加其他辅助过程，以对支付结算过程进行仔细检查。支票支付结算的效率、成本也不太理想。结合计算机、通信网络与专业软件的应用，金融电子化逐步实施，电子资金转账被研发并且其应用被逐步完善。以电子信息代替传统的纸质介质，大大提高了支付结算的效率，降低了各参与方的运作成本，因此电子资金转账应用十分广泛。

第二节　现代支付变革与创新

一、电子商务中的支付问题

传统支付结算方式是伴随商品经济的发展而逐步出现的，特别是随着近几十年来计算机技术、通信技术、信息处理技术的进步，基于专线网络的金融电子化工具逐步在银行业得到应用。银行卡支付、电汇等支付结算方式的出现，一定程度上提高了银行业务处理的自动化程度与效率。

进入 21 世纪，信息网络时代来临，电子商务逐渐成为企业信息化与网络经济的核心。电子商务是指买卖双方基于浏览器或服务器应用等方式，在互联网开放的网络环境下，不谋面地进行各种商贸活动。电子商务打造了一种融合消费者网上购物、商户之间网上交易、在线电子支付以及各种商务活动、交易活动、金融活动和相关综合服务活动的新型商业运营模式。而支付方面存在的以下两类问题成为制约电子商务发展的重要因素。

第一，在电子商务时代，工业经济时代里的传统支付结算方式在效率、安全和成本等多方面都表现出诸多局限性。

效率方面：(1) 传统支付方式运作速度与处理效率比较低。大多数传统支付与结算方式涉及人员、部门等众多因素，牵扯许多中间环节，并且基于手工处理，造成支付结算效率的低下。(2) 传统的支付结算方式为用户提供全天候、跨区域的支付结算服务并不容易，甚至很难做到。随着社会的进步和商品经济的发展，用户对随时随地支付结算、个性化信息服务的需求日益强烈，比如随时查阅支付结算信息、资金余额信息等。(3) 传统的支付结算方式并不是一种即时的结算，企业资金的回笼有一定的滞后期，降低了资本周转效率。

安全方面：(1) 大多数传统支付结算方式存在一定的安全性问题，伪币、空头支票等现象造成支付结算的不确定性和商务风险增加，特别是跨区域远距离的支付结算。一些传统支付结算方式，如现金、支票，有时还会带来人身安全的威胁，比如纸质现金与支票等均是病菌的热点携带者。(2) 传统支付结算方式的滞后增加了企业的运作资金规模，而过多应用现金对国家控制金融风险不利，且给偷税漏税、违法交易提供了方便。

成本方面：(1) 绝大多数传统支付结算方式应用起来并不方便，各类支付介质五花八门，发行者众多，使用的辅助工具、处理流程与应用规则和规范也均不相同，这些都给用户的使用造成了困难。即使是银行卡、电汇等电子支付结算方式，由于基于不同银行各自的金融专业网络，使用上有时还涉及只有专业人士才会用的专业应用软件。这不仅增加了用户的使用成本，而且阻碍了这类支付方式的普及。(2) 传统支付结算方式由于涉及较多的业务部门、人员、设备与较为复杂的业务处理流程，运作成本较高。特别像邮政汇兑、支票等方式，不但需要设置专业柜台和人员处理，也占用了较多资源。

第二，电子商务中的异步交易问题降低了买卖双方通过电子商务平台进行交易的积极性。电子商务活动的核心是交易，即资金和商品的交换。交换是交付标的与支付货币两大对立流程的统一，一般的交易活动应遵循的原则是等价交换和同步交换。同步交换，就是交货与付款互为条件，也是等价交换的重要保证。在实际操作中，对于现货商品的面对面交易，同步交换容易实现；但在电子商务活动中，由于交易商品或服务的流转和验收需要过程，物流与资金流异步、分离的矛盾不可避免，同步交换往往难以实现。如果采取异步交换，即先付款后收货，或者先收货后付款，其中一方容易违背道德和协议，破坏等价交换原则，故先履行交易的一方往往会受制于人，陷入被动、弱势的境地，承担风险。结果导致电子商务交易因双方互不认识而陷入了卖家不愿先发货、买家不愿先付款的困境。因此，异步交换必须附加信用保障或法律支持才能顺利完成，而这并不能满足电子商务活动便捷性高、交易成本低的需求。

二、网络支付的兴起

传统支付结算方式很大程度上不能满足随时随地、低成本、易用自助、个性化与大量的即时在线支付等需求，网络支付的出现较好地满足和弥补了传统支付结算方式的不足。狭义的网络支付是指以电子商务为商业基础，以商业银行为主体，使用安全的主要基于互联网的运作平台，通过网络进行的、为交易的客户间提供货币支付或资金流转等的现代化支付结算手段。

网络支付具有以下四方面的特点，这些特点较好地满足了电子商务对效率、安全和成本的要求。

第一，网络支付采用数字化的方式完成款项支付。传统支付结算方式通过纸质现金的流转、纸质票据的转让和银行的汇兑等物理实体的流转来完成款项支付，需要在较为封闭的系统中运行，大多需要面对面处理。而网络支付的工作基于一个开放的互联网平台，具有兼容性强的特点，用户联网与应用十分简便，能够较好地满足随时随地的即时在线支付需求。

第二，网络支付具有方便、快捷、高效、经济的优势。用户只需要拥有一台能够连接互联网的计算机，便可足不出户，在很短的时间内完成整个支付与结算过程。支付费用仅相当于传统支付的几十分之一，甚至几百分之一。传统支付方式下，由于票据传递迟缓和手工处理的手段落后，常常会产生大量在途资金，无法做到银行间当天结算，因而交易双方的资金周转速度很慢。而网络支付系统可以直接将钱打到收费者的银行账号上，相较于通过邮寄或第三方转款大大缩短了付款时间，提高了资金的周转率和周转速度，既方便了客户，又提高了商家的资金运作效率，也方便了银行的处理。

第三，网络支付具有轻便性和低成本性。与电子货币相比，一些传统的货币如纸质货币和硬币越发显示出其奢侈性。在美国，每年搬运有形货币的费用高达60亿美元，英国则需要2亿英镑，世界银行体系之间的货币结算和搬运费用占到其全部管理费的5%。而采用网络支付方式，电子信息系统的建立和维护开销都很小，且互联网的应用费用很低。咨询公司Booz的调查显示，在美国，一桩通过互联网完成的网络支付结算成本仅为1美分，而通过POS专线支付或营业员柜台操作完成结算的成本分别高达27美分与1.07美元。

第四，网络支付与结算具有较高的安全性与一致性。支付的安全性保护买卖双方不会被非法支付和抵赖，一致性保护买卖双方不被冒名顶替。网络支付系统和现实的交易情况基本一致，而网络支付协议充分借用了尖端加密与认证技术，其设计细致、安全、可靠。

三、网络支付的分类

随着电子商务的发展与技术进步，网络支付工具也推陈出新，在更多的领域投入应用。发展中的以互联网为主要运作平台的网络支付方式也有多种分类标准。

（一）按开展电子商务的实体性质分类

电子商务的主流分类方式就是按照开展电子商务的实体性质分类的，即分为 B2B、B2C、C2C、B2G、G2G 等类型的电子商务。目前，用户在进行电子商务交易时通常会按照开展的电子商务类型，选择使用不同的网络支付与结算方式。个人消费者有自己习惯的支付方式，而企业与政府单位也有适合的网络支付方式。考虑到不同类型的电子商务实体的实力、资金流通量大小、一般支付结算习惯等因素，可以按开展电子商务的实体性质把网络支付方式分为 B2C 型网络支付方式和 B2B 型网络支付方式。

1. B2C 型网络支付方式

这是企业与个人、政府部门与个人、个人与个人进行网络交易时采用的网络支付方式，比如电子货币中介绍的信用卡网络支付、IC 卡网络支付、电子现金支付、电子钱包支付及个人网络银行支付等。这些支付方式适用于金额不是很大的网络交易支付结算，应用起来较为方便灵活，实施较为简单，风险也不大。

2. B2B 型网络支付方式

这是企业与企业、企业与政府部门进行网络交易时采用的网络支付方式。比如电子支票网络支付、电子汇兑系统、国际电子支付系统 SWIFT 与 CHIPS、中国国家现代化支付系统（CNAPS）、金融 EDI 以及企业网络银行服务等。这种支付方式的特点就是适用于较大金额的网络交易支付结算。

（二）按网络支付金额的规模分类

根据电子商务中进行网络支付金额的规模大小来划分，可将网络支付方式分为微支付、小额零售支付、中大额资金转账系统。需要注意的是，三类支付方式的支付金额门槛是相对的，需随经济发展和物价水平的变化而相应调整。下面的支付金额是按照近几年人们的收入和物价水平确定的。

1. 微支付

微支付是指那些款额特别小的电子商务交易。按美国标准发生的支付金额一般在 10 美元以下，中国相应为 10 元人民币以下，如浏览一个收费网页、在线收听一首歌曲、上网发送一条手机短信息等。由于互联网的快速普及，这类小额的资金支付经常发生。因此，企业与银行业建立一个良好的微支付体系，将极大有利于数目众多的小额网络服务的开展，特别是在普通大众中进行电子商务业务的推广。

2. 小额零售支付

小额零售支付系统也可称为消费者级网络支付，是指满足个体消费者和商业或政府部门在经济交往中的一般性支付需要的网络支付服务系统。这种网络支付方式，按美国标准发生的支付金额一般在 10~3 000 美元之间，中国相应为 10~5 000 元人民币。金额不大不小的一般性网络支付业务在日常事务中是最多的，一般占全社会总支付业务数量的 80%~90%。所以，这类支付系统必须具有极大的处理能力，才能支持经济社会中发生的大量支付交易。

3. 中大额资金转账系统

中大额资金转账系统又可称为商业级网络支付，是指满足一般企业和政府等商业部门之间的电子商务业务支付需要的网络支付服务系统。这种网络支付方式，按美国标准发生的支付金额一般在 3 000 美元以上，中国相应为 5 000 元人民币以上。尽管中大额资金转账系统发生次数远远不如一般的消费者级支付，但其支付结算的金额规模占整个社会支付金额总和的 80% 以上，是一个国家网络支付系统的主动脉。

第三节　第三方支付与移动支付

以商业银行为主体的网络支付适应了电子商务发展的需要，从效率、安全和成本等多个方面弥补了传统支付体系的不足。但是，以商业银行为主体的网络支付并不能很好地解决电子商务中的异步交易和信任问题。由此，第三方支付诞生了。第三方支付与狭义上网络支付的差别主要在于支付主体，狭义的网络支付通常以商业银行为主体，而第三方支付则以非银行机构为主体。而事实上，第三方支付也是基于互联网平台，为通过网络进行交易的客户提供货币支付或资金流转等服务的现代化支付结算手段。因此，随着第三方支付的出现，网络支付的范畴已变得更为宽泛。此外，随着支付载体的变化，以商业银行为主体的网络支付和第三方支付从计算机端转移到移动端，移动支付也成为一种使用广泛的支付方式。因此，我们将以商业银行为主体的网络支付称为狭义网络支付，将包括第三方支付、移动支付在内的所有基于网络进行货币支付和资金流转的支付结算手段称为广义的网络支付。

近年来，我国非银行业支付机构的业务发展速度已超过商业银行等银行业支付机构。从业务笔数来看（见图 4–2），自 2016 年以来，非银行支付机构网络支付业务笔数的增速始终高于银行业金融机构电子支付业务笔数的增速。2016—2020 年间，非银行业支付机构网络支付业务笔数年均增速达到 62%，而同期银行业金融机构电子支付业务笔数年均增速仅为 18%。而从业务笔数的绝对数来看，2016 年非银行支付机构发生网络支付业务笔数规模已超过银行业金融机构。2020 年，银行业金融机构发生电子支付业务 2 352 亿笔，非银行支付机构发生网络支付业务 8 273 亿笔。

从业务金额来看（见图 4–3），尽管非银行支付机构发生网络支付业务金额远低于银行业金融机构，但其发展速度明显较快。2014—2019 年期间，非银行支付机构网络支付业务金额增速始终高于银行业金融机构，前者年均增速达 66.6%，而后者仅为 16.8%。2020 年，银行业金融机构电子支付业务金额达到 2 712 万亿元，非银行支付机构网络支付业务金额达 295 万亿元。

一、第三方支付

（一）第三方支付的概念

为了确保电子商务活动中的等价交换，解决买卖双方互相不信任的问题，需要遵循同步交换的原则，这就要求支付方式应与交货方式相匹配。过程化分步支付的方式

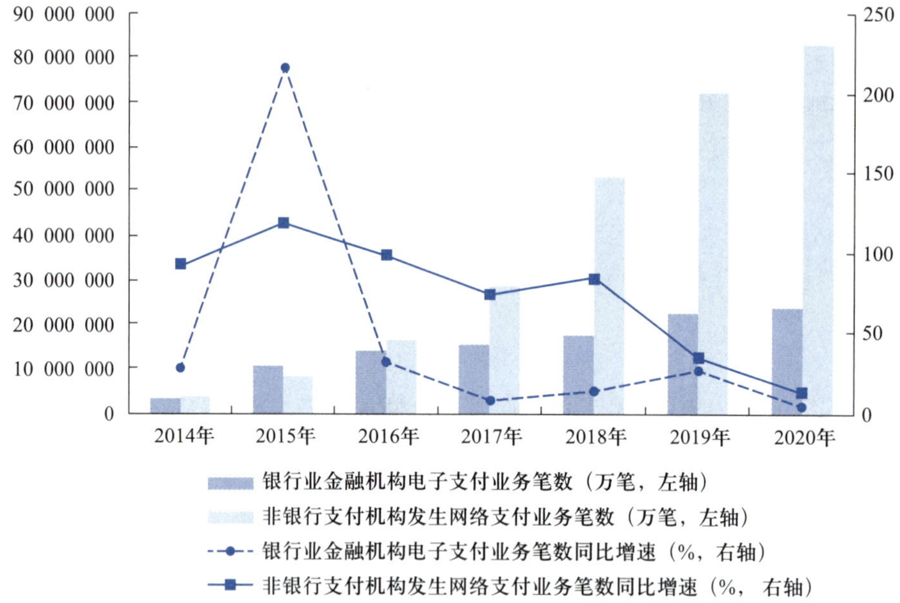

注：电子支付包括网上支付、移动支付和电话支付。下图同。

图 4-2　银行业金融机构电子支付和非银行支付机构网络支付业务笔数对比

资料来源：中国人民银行。

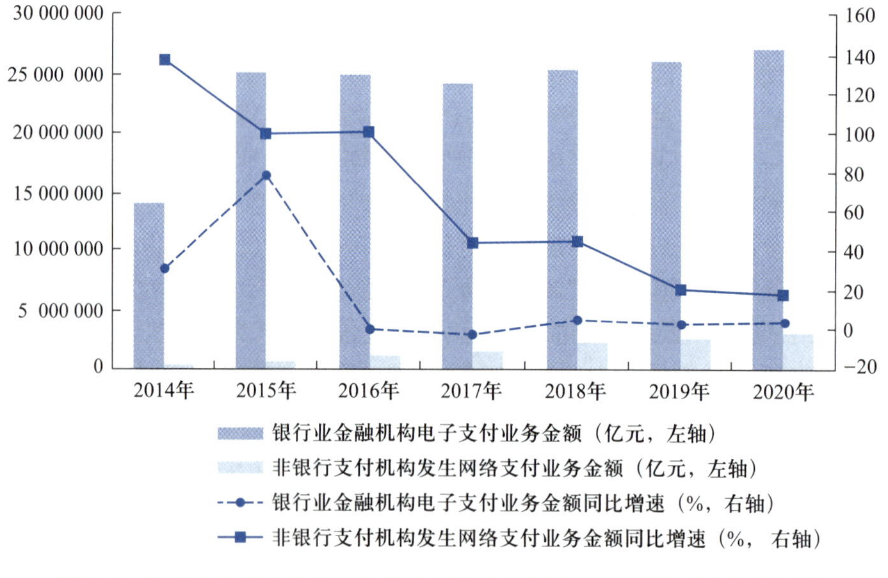

图 4-3　银行业金融机构电子支付和非银行支付机构网络支付业务金额对比

资料来源：中国人民银行。

能有效解决上述问题。过程化分步支付方式是指款项从启动支付到所有权转移至对方的过程不是一步完成的，而是在中间增加中介托管的环节，由原来的直接付转改进到间接转移，将业务由一步完成变为分步操作，从而形成一个可监控的、按步骤有条件进行的支付。这样就可以使资金流适配商品物流进程达到同步的效果，使支付结算方式更适应电子商务的需求。于是，第三方支付应运而生。

各国先后对第三方支付进行了定义。美国 1999 年《金融服务现代化法案》将第三方支付机构界定为非银行金融机构，将第三方支付视为货币转移业务，本质上是传统货币服务的延伸。欧盟 1998 年《电子货币指令》规定第三方支付的媒介只能是商业银行货币或电子货币，将类似 PayPal 的第三方支付机构视为电子货币发行机构；2005 年支付服务指令规定第三方支付机构为“由付款人同意，借由任何电信、数码或者通信设备，将交易款项交付电信、数码或网络运营商，并作为收款人和付款人的中间交易人”。中国人民银行 2010 年在《非金融机构支付服务管理办法》中指出，非金融机构支付服务是指非金融机构作为收、付款人的支付中介所提供的网络支付、预付卡、银行卡收单以及中国人民银行确定的其他支付服务。这实际上是广义的第三方支付。目前，第三方支付已不仅仅局限于最初的互联网支付，而是成为线上线下全面覆盖，应用场景更为丰富的综合支付工具。

综合各国对第三方支付的定义，第三方支付是指由独立于商户与银行的、具备一定实力和信誉保障的第三方独立机构通过与产品所在国家以及各大银行签约而提供的交易支付服务[①]。第三方是买卖双方在缺乏信用保障或法律支持的情况下的资金支付“中间平台”：买方将货款付给买卖双方之外的第三方，第三方提供安全交易服务。其运作实质是在收付款人之间设立中间过渡账户，使汇转款项实现可控性停顿，只有双方意见达成一致才能决定资金去向。第三方担当中介保管及监督的职能，并不承担任何风险，因此严格来讲这属于一种支付托管行为，即通过支付托管实现支付保证，如图 4-4 所示。

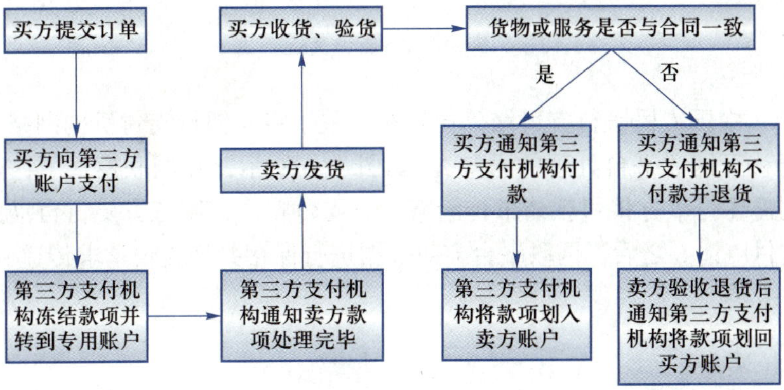

图 4-4　第三方支付交易流程

第三方支付诞生以后，客户与第三方支付公司建立联系，第三方支付公司代替客户与商业银行建立联系。这时第三方支付公司成为客户与商业银行支付清算的对手方，

① 第三方支付与互联网支付在概念上存在交叉。狭义的互联网支付，也称为网络支付，通常仅指通过第三方网络支付平台实现的支付；而广义的互联网支付则指一切依托互联网技术的货币资金的转移与支付，包括电子银行支付和第三方支付等。

第三方支付公司通过在不同银行开立的中间账户对大量交易资金完成轧差，少量的跨行支付则通过中央银行的支付清算系统来完成。第三方支付通过二次结算的方式，实现了大量小额交易在第三方支付公司轧差后清算，在一定程度上承担了类似中央银行的支付清算功能，同时还能起到信用担保的作用。在移动支付产生以前，客户与第三方支付平台主要通过计算机建立联系；移动支付诞生以后，客户与第三方支付公司的联系逐渐向手机端转移。如图 4-5 所示，假定消费者韩梅梅在商户甲进行了消费。在传统支付模式下，韩梅梅需使用其在银行 B 申请的银行卡在 POS 机上刷卡，通过银联系统向商户甲在银行 A 的账户进行资金转移。如果商户甲与韩梅梅都在第三方支付公司开设账户，那么韩梅梅可直接将其在第三方支付公司开设的账户中的资金转至商户甲在第三方支付公司开设的账户中，该过程可绕过银联等传统支付服务组织。上述支付模式被称为第三方支付直连模式。

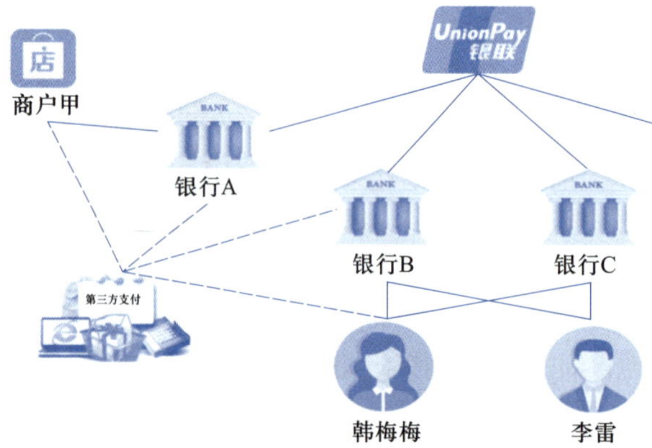

图 4-5　第三方支付直连模式

2017 年，中国人民银行支付结算司发布《关于将非银行支付机构网络支付业务由直连模式迁移至网联平台处理的通知》。如图 4-6 所示，在网联模式下，若涉及银行卡支付，则需要付款方将付款请求传给第三方支付账户，第三方支付自动向网联平台发出协议支付申请。之后，网联平台会对数据进行保存并把支付请求传递到商业银行，

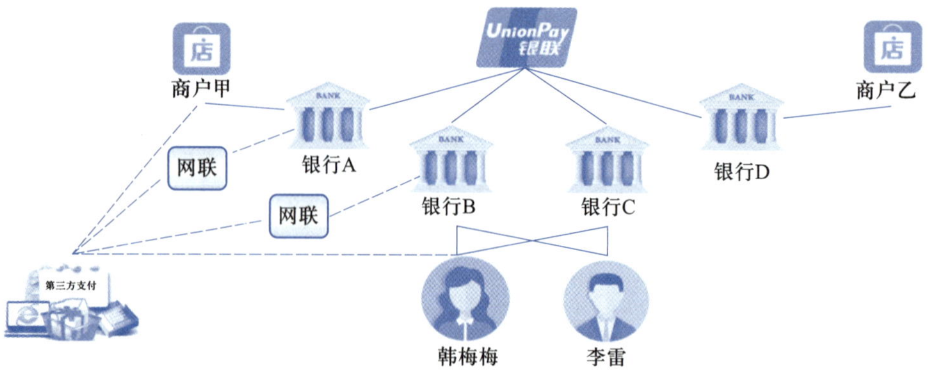

图 4-6　第三方支付网联模式

商业银行在收到付款人扣款信息后进行资金的查询以及扣款处理。

（二）第三方支付平台的类型

第三方支付平台主要包括银行网关代理支付和账户支付两类。

1. 银行网关代理支付类

银行网关代理支付类的第三方支付平台通过与各大银行签订代理网关的合同，将银行提供的支付网关接口与本企业的支付系统无缝连接，建立了集合众多银行支付网关的支付系统平台，从而为用户提供跨银行的支付服务。银行支付网关是连接银行网络与互联网的一组服务器，主要作用是完成两者之间的通信、协议转换以及进行数据加密、解密，以保护银行内部的安全。因此，银行网关代理支付服务与直接通过银行网关支付的区别在于前者的支付服务提供者是第三方支付企业，而后者则是银行本身。

2. 账户支付类

账户支付类的第三方支付是基于用户账户进行支付的方式，如支付宝余额支付、微信零钱支付等。账户支付的特点是不需要频繁地输入银行卡的密码和账号，因此比较便捷，但是抵抗假冒网站和账户欺诈的能力相对较低，存在一定的安全隐患。使用账户支付包括两个过程：一是充值过程，二是实际支付过程。充值过程与实际支付过程是相对独立的，完成充值的用户不一定立即进行支付，而进行支付也不需要每次都充值。账户支付的优点在于可以避免银行卡号在互联网中传输的危险，账户在银行卡账号和互联网之间形成了一个隔离层。但是，支付服务器有时会发送邮件或短信等账户信息给用户，这些信息的存在导致了账户欺诈的产生，一些不法分子冒充支付服务商发送信息给用户，骗取用户的账号、银行卡等敏感信息。

二、移动支付

移动支付又称移动电话支付，是指通过移动通信设备，利用无线通信技术来转移货币价值以清偿债权债务关系。移动支付可分为移动电话近场支付和移动电话远程支付两种类型。

（一）移动电话近场支付

移动电话近场支付是指移动终端上内嵌的智能卡通过非接触方式和支付受理终端进行通信，实现货币支付与资金转移的行为。如图 4-7 所示，客户使用近场支付，首先需要在商户消费，然后商户使用非接触方式的支付受理机具，生成订单发送给支付服务方，客户使用内嵌有智能卡的移动终端通过非接触方式和支付受理终端进行通信，输入密码，完成付款。最终支付成功后服务方将通知客户和商户，商户收到通知后打印支付凭证，付款完成。

根据是否需要连接网络，移动电话近场支付可以分为脱机近场支付和联机近场支付。

（1）脱机近场支付。脱机近场支付在支付过程中不需要连接网络进行传输。移动电话脱机近场支付主要包括电子现金和圈存两种。①电子现金，又称数字现金，是由

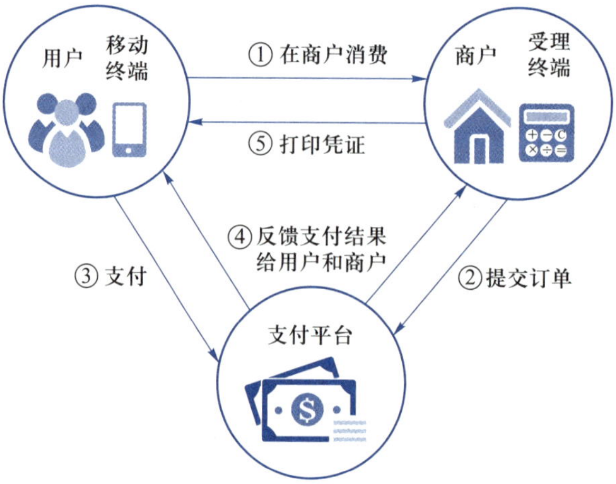

图 4-7　移动电话近场支付流程图

银行发行、以电子数据形式流通、用于购买商品和服务的符合银联标准的电子货币。电子现金的存储形式非常多样，既可以存储于移动运营商 NFC 规格手机的 SIM 卡、SD 卡或安全芯片中，也可以存储在金融 IC 卡中。②圈存是增加卡中电子现金余额的过程。例如，手机圈存是利用手机终端 NFC 功能，实现与金融 IC 卡近场通信，通过银联空中圈存平台完成电子现金圈存。“闪付”（Quick Pass）就属于脱机近场支付，其学名为符合中国人民银行 PBOC2.0 标准的非接触式金融 IC 卡，集合了信用卡和电子现金账户，可以在带有银联“闪付”功能的 POS 设备上直接进行小额支付。

（2）联机近场支付，又称在线近场支付。在支付过程中，支付信息通过网络传输到银行或第三方支付机构后台进行处理。联机近场支付主要包括条码和二维码支付。条码和二维码是一种信息载体。以二维码为例，当订单形成后就会形成一个包含账户信息与金额信息的二维码订单，消费者用手机扫描二维码进行支付。二维码支付存在“正扫”与“反扫”。“正扫”是由商户提供二维码，消费者用手机扫描付款，即“正扫”的二维码是收款码。相对地，“反扫”产生的是付款码，提供消费者付款信息，由商家用扫描枪扫码付款。二维码“正扫”对网络信号要求较高，需要稳定的网络信号，属于联机近场支付；而二维码“反扫”并不要求手机接入无线通信网络进行传输，因此不属于联机近场支付。此外，声波联机近场支付（例如支付宝的“声波付”）、基于位置服务（LBS）的联机近场支付（例如手机摇一摇）也属于联机近场支付。

（二）移动电话远程支付

移动电话远程支付是指移动终端以短信、WAP、客户端软件以及客户端软件加智能卡等方式，通过无线通信网络发出支付指令，实现货币支付与资金转移的行为。如图 4-8 所示，客户使用远程支付需首先通过移动终端访问商户网站，选购商品、数量等信息形成订单；接着商户网站将订单发给支付服务方的支付服务系统，客户在支付服务方输入账号、密码等支付信息，完成付款；然后支付服务方将支

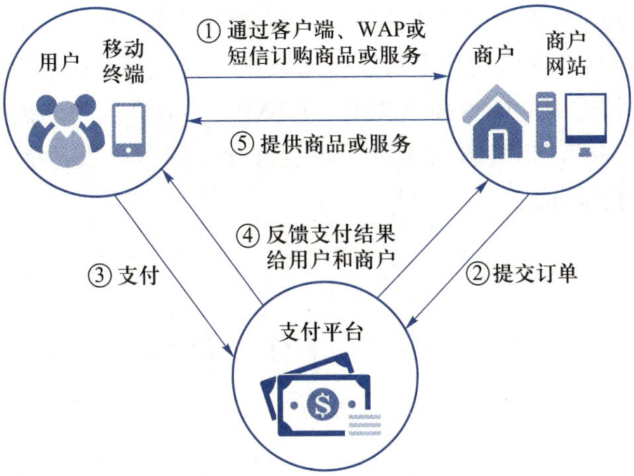

图 4-8 移动电话远程支付流程图

付的结果通知反馈给客户和商户；最终商户收到支付结果通知后为客户提供商品或服务。

移动电话远程支付技术主要包括以下四种：

（1）SMS（Short Messaging Service）技术，即短消息服务，是一种消息存储和转发服务技术。

（2）IVR 技术，通过无线通信网络连接 IVR 服务中心进行相应操作。例如，用户从商家收到支付信息，通过选择发送指定的字母或数字等代码到指定的号码上，向商家进行支付业务，商家发送确认短信完成支付过程。对于订阅内容来说，这种支付方式非常便捷，用户根据他们收到的短信进行支付，同样也可以通过回复收到的短信退订内容。

（3）WAP（Wireless Application Protocol）技术，即无线应用协议，这是一项全球性的网络通信协议。WAP 定义可通用的平台，把互联网上 HTML 语言的信息转换成能够显示在移动电话上的 WML（Wireless Markup Language）信息。基于 WAP 技术的计费是直接运营商计费[①]的一种，也是最早的移动下载和订阅的支付解决方案之一。如果用户使用了 WAP 浏览器或相关应用，进行一次直接点击购买，WAP 会检测到储存在手机 SIM 卡中的 MSISDN（Mobile Subscriber Integrated Services Digital Network Number，移动台综合业务数字网号码），这个数据包含了移动订阅者的网络制式、所在国家和号码，WAP 可以将信号发给移动服务提供商，再由移动服务提供商向用户收费。

（4）USSD（Unstructured Supplementary Service Data）技术，即非结构化补充数据

① 直接运营商计费（direct carrier billing）相较于短信支付，是一种更加简单的支付方式，用户不需要注册登录，也不需要发送短信，尤其适用于移动网络、应用和游戏。直接运营商计费不仅支持移动端用户的支付，也支持 PC 端用户的支付，有时又可以称其为移动交易计费或移动事务处理。通常运营商需要取得中央银行的许可才能提供这项服务。

业务。USSD 是一种基于移动通信网络的、实时在线的交互会话数据业务。它基于用户识别模块，利用 GSM 网络的信令通道传送数据，是在短消息系统技术基础上推出的新业务，在业务开拓方面的能力强于 SMS。GSM 的 USSD 技术的出现和成熟，解决了 WAP 方式交易成本高和 SMS 方式无法实现业务交互流程、表达能力差的问题，提供了面向连接的透明传输通道。

第四节　支付场景和服务的发展及其影响

根据中国人民银行制定的《非金融机构支付服务管理办法》的规定，第三方支付机构需要持有中国人民银行颁发的第三方支付牌照才能从事相应的第三方支付业务。自 2011 年央行发放首批支付牌照以来，支付行业开始进入规范化发展。截至 2020 年 9 月，我国共发放非金融机构支付业务许可证 9 批，现存仍未到期或仍未被注销的牌照公司共有 242 家。由此可见，支付领域的竞争日趋激烈。

支付机构的发展，基础是支付系统的安全与效率。支付体系具有明显的网络效应，用户数量增多时，支付体系的效率和成本都将得到进一步优化，因此决定支付机构发展高度的是其用户基础。那么，支付机构如何才能加大存量用户黏性并吸引新增用户，从而扩大用户基础？一是通过扩大支付场景，扩大支付的广度；二是通过增加支付服务，加大支付的深度。（见图 4-9）因此，丰富支付场景和增加支付服务已成为非银行支付机构争夺最为激烈的两个领域。本节将介绍支付场景和支付服务的发展，以及由此对金融行业和社会运行效率产生的影响。

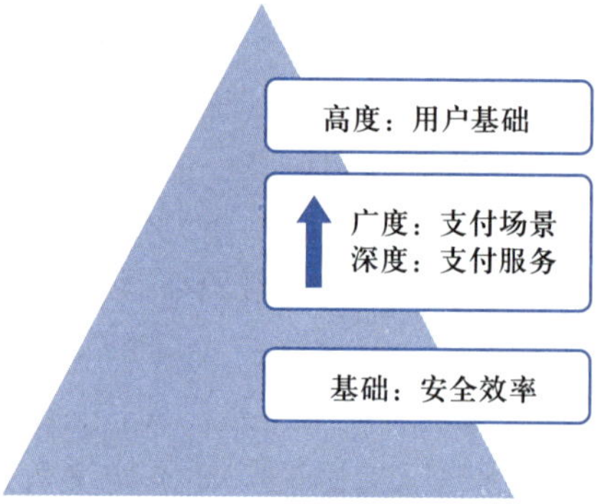

图 4-9　支付业务发展的三个层次

一、支付场景的发展

任何支付场景都由收款方和付款方组成。因此，争夺支付场景实则为争夺付款方和收款方。对收款方的争夺表现为通过各种手段使收款方支持该平台，并将该支付平台提供的支付工具放在最优先的位置上。对于付款方的争夺，核心在于通过打折、提高付款方支付体验等方式培养其支付习惯，使付款方在支付时，不自觉地使用该平台的支付工具。成功的第三方支付平台，必须背靠节点型企业，其核心在于是否覆盖足够多的支付场景或提供专属且重要的支付场景。所谓的节点型企业是指在实体经济中掌握支付场景或渠道优势的企业。换言之，节点型企业必须离支付场景很近，例如 eBay、淘宝网、腾讯、Apple、家乐福、肯德基等。节点型企业所提供的支付场景是第三方支付平台的核心资源。

目前第三方支付和移动支付覆盖的场景主要分为四类：一是个人类交易，如话费充值、转账、发红包、生活缴费、信用卡还款、城市公交卡充值等。二是线下消费类交易，如线下餐饮支付、线下商超零售、团购、日常出行订单、景点门票、旅游、境外购物、个人健康护理、票务等。三是线上消费类交易，如网购支付、线上休闲娱乐预定、线上航旅产品预定、游戏充值等。四是金融类交易，包括投资理财、基金申购、保险购买、小额网贷等。

在中国第三方支付市场中，支付宝和财付通占据了绝对的市场优势，这离不开他们所占据的特有支付场景。艾瑞咨询数据显示，2016 年第四季度支付宝的市场份额达到了 55%，财付通市场份额为 37%，其他众多支付企业的市场份额之和约为 8%。根据前瞻产业研究院发布的报告，截至 2020 年第二季度，支付宝和财付通在第三方移动支付的市场份额仍然高达 55.39% 和 38.47%。支付宝和财付通的占优场景有很大区别，其差异正是与支付宝和财付通所背靠的节点不同有紧密联系。

二、支付服务的发展

除了对支付场景的争夺，第三方支付平台还通过推出多样的支付服务，增加用户黏性。目前，第三方支付平台提供的衍生服务主要包括以下五类。

（一）贷款理财等金融服务

丰富的线下线上场景，提供了能够完整刻画用户特征的多维度海量用户数据，包括用户的基本特征、个人信用、风险偏好、出行路线、品牌偏好、综合账单、消费行为等。基于历史支付信息形成的大数据，应用人工智能、数据挖掘、海量数据处理等技术，第三方支付平台推出了信用贷款、信用卡还款、消费分期、理财基金投资等金融业务，为用户提供以数据驱动的科技金融服务新体验。以微信钱包为例，用户可以使用信用卡还款服务设定在每月固定时间对信用卡进行自动还款；用户可以通过“微粒贷借钱”获得信用贷款，最快 1 分钟就能迅速到账，并可在微信上实时查询借还记录。另外，微信用户还可以通过理财通购买货币基金、定期产品、保险产品、企业贷产品和券商产品等金融产品，并通过工资理财绑定工资卡，每月自动将工资卡中的资金转入理财产品获取收益。

（二）营销推广业务

随着第三方支付在支付业务中的渗透率上升，用户使用第三方支付的频率大大增加。用户使用第三方支付的目的就是购买商品或服务，因此第三方支付平台通过推送营销广告可影响客户的消费选择。同时，第三方支付的海量用户数据可用于分析消费者的关注品牌、活跃商区和购物时间等，也使支付平台精准营销成为可能，并以此构建附加支付功能、会员功能和社交功能的推广体系。以支付宝推出的“口碑”为例，商家首先通过引入移动支付降低管理成本，进而发布电子会员卡发展会员，通过用户分析实现精准营销。此外，还能够通过互联网发布优惠权益，推送新品，与用户建立互动，定向开展新用户到点促销、忠诚用户奖励活动，使得线下店铺在线上获得了更多展示机会，并促进用户持续消费。对用户而言，不仅可以在该平台就餐饮、娱乐、商超等消费买单支付，而且能够查看到商户的信息，对商家进行评价，查看其他消费者的评价等。另外，用户的支付宝首页会推送好友的消费和评价记录，通过群体效应对商户进行推广。

（三）征信

现代市场经济是建立在法治基础上的信用经济，社会信用体系是市场经济体制中的重要制度安排。我国传统的征信系统是中国人民银行牵头建设的全国统一的征信系统。中国人民银行的征信系统全面收集企业和个人的信息，以银行信贷信息为核心，还包括社保、公积金、环保、税收、民事裁决与执行等公共信息。与中国人民银行不同的是，支付平台的核心数据是以用户消费和支付为基础的，这能够补充和完善现有的征信系统。另外，基于海量用户数据，移动支付还可以为农村提供征信服务，从而为农村金融发展开拓可行的模式和必要的支撑，使“三农”得以更直接地受益于互联网红利，成为普惠金融体系中重要的一环。移动支付可以为农村征信系统提供多维度的支付数据，为农村信贷提供有力数据支撑，降低信贷门槛，使更多的农民可以享受到低息贷款，缓解了农村民间借贷利率高的问题。

（四）公益事业

移动支付平台通过对接多个公益组织，为用户提供丰富可选的公益捐款渠道。微信钱包中的腾讯公益缔造了“人人可公益、民众齐参与”的公益 2.0 模型，包括疾病救助、扶贫救灾、教育助学、环保、动物保护等公益项目。截至 2021 年 3 月，腾讯公益历史善款总额已接近 120 亿元，历史爱心总人数超过 4 亿人次。除了公益捐款外，支付平台本身也推广捐赠理念。例如，支付宝推出的“蚂蚁森林”模块通过种树、“收集绿色能量”等用户间互动行为传播公益理念，不仅促进了用户互动，加强了平台社交功能，而且对于企业和公益事业产生了推广效应。微信钱包也推出了运动捐步项目，用户可将每日运动步数捐赠，对接的爱心企业根据用户捐赠步数捐赠款项。

（五）社交

第三方支付平台推出的较典型且成功的社交业务是微信红包。2014 年春节期间，微信推出微信红包功能。在微信群中抢红包、收红包和发红包成为春节假期的一项新型社交活动。微信官方数据显示，2017 年春节期间（1 月 27 日至 2 月 1 日）收发红包数达 460 亿个，除夕当日就达 142 亿个，微信红包已成为一种重要的社交手段。在微信红包的基础上，微信又与商家合作推出了线上购礼及赠礼平台，通过该平台用户可以购买商户的商品或卡券，同时添加留言、照片和视频一同馈赠好友。

专栏 4-1

微信红包的诞生与财付通的爆发

财付通是腾讯集团旗下的第三方支付平台，一直致力于为互联网用户和企业提供安全、便捷、专业的在线支付服务，微信支付正是腾讯依托于财付通平台推出的一款支付产品。经过多年的发展，财付通服务的个人用户已超过 2 亿，服务的企业客户也超过 40 万，覆盖的行业包括游戏、航旅、电商、保险、电信、物流、钢铁、基金等。结合这些行业特性，财付通提供了快捷支付、财付通余额支付、分期支付、委托代扣、epos支付、微支付等多种支付产品。

事实上，财付通平台早在2005年4月就已上线运行，但是财付通的市场份额始终不高，如今财付通能成为中国第三方支付的双巨头之一，离不开微信支付和微信红包的推出及其所具有的独特社交属性。2013年8月财付通联合微信，发布微信支付，提供了多种支付方式，强势布局移动端支付。在2013年第三季度末，财付通在第三方移动支付的份额仅有3.9%，而支付宝的市场份额达到了72.6%。在支付宝占据大部分市场份额的状况下，微信平台推出了微信红包。基于社交网络产生由点带面的扩散效果，微信红包促使大量微信用户将银行卡与账户绑定，通过红包的赠送将银行卡资金导入微信钱包，进而培养了用户使用微信进行支付的习惯。而且，社交属性不同于商业属性，在后天更加难以被复制，这已成为微信支付的巨大优势，也是支付宝的短板之一。2015年第一季度，财付通在移动支付市场的份额上升至13.5%，其中微信支付贡献了财付通市场份额的85%。至2020年第二季度末，财付通的市场交易份额已达到38.47%，与支付宝（55.39%）的差距不断减小。

三、支付发展的影响

（一）促进金融行业服务变革

互联网支付客观上推动了金融行业的电子化，强化了金融业务重视客户体验的服务理念，促使金融业的服务水平整体上升。第三方支付出现的最直接原因是为解决个人和企业跨行、跨地转账流程烦琐和到账时间长的问题。虽然银行已推出了网银，但因为其在支付结算领域的垄断地位及同业竞争问题，银行没有动力联合起来推出多银行账户即时结算的平台。第三方支付的成功在于敏锐地发现了市场的需求，并将需求和新技术、新模式相结合，以电子支付形式满足用户的支付需求，深刻改变了用户办理金融业务的习惯。当支付可以通过“账号＋鼠标”的方式安全、便捷地完成时，去实体店网点排队等候办理金融业务就会成为次优选择。

随着第三方支付的规模和影响力不断发展壮大以及电子支付普及率上升，传统金融机构猛然觉醒，开始加速向电子化变革，意图后发制人。国内商业银行开始依靠先进的计算机网络技术，积极开展金融创新，推出了包括网上银行、电话银行、手机银行、自助终端、ATM、POS机等多渠道的电子银行综合业务系统。由第三方支付引发的金融业变革正在加速，传统银行业正在向“互联网银行”迈进。这种金融电子化的核心和最终目的是围绕互联网时代客户的金融服务需求，以先进的信息技术优化金融业务流程，创新金融产品，为客户带来高效、满意的服务。

（二）提高社会的运行效率

互联网支付从促进专业化分工、大数据积累和应用以及居民生活质量的改善等方面提高了整体社会的运行效率。

在专业化分工方面，互联网支付服务促进了银行、商家和第三方支付企业实现专业分工，使产业参与各方各司其职，专注于自己的主业。这种支付领域中的专业化分工使社会经济、金融支付服务的运作更加高效，扩大了商业银行电子银行业务和零售业务的渠道和范围。

在大数据积累和应用方面，互联网支付形成的消费信息能够帮助企业精准营销，提高商业体系运行效率。传统支付体系难以收集和累积消费者消费偏好和习惯的数据，而基于信息化系统的第三方支付平台能够较好地记录数据，并利用这些数据推断消费者的需求，有助于商家进行精准营销。

在居民生活质量的改善方面，互联网支付具有功能多样和覆盖广泛的特点，可以满足消费者起居生活、娱乐消遣、学习等多种支付需求。消费者可以利用第三方支付完成信用卡还款、手机充值、网上账户充值、水电煤气等生活费用缴纳、转账汇款、网购支付等多种形式的支付。第三方支付的应用还可以降低道路拥堵，提高居民出行的便利性。例如，全国各地高速公路陆续推出了“无感支付”，只要将车牌与第三方支付（如微信或支付宝）绑定，下高速时 ETC 检测设备会自动识别车牌并从第三方支付账户中扣费，全程不需要现金、不需要找零、不需要掏出手机，有效缓解了高速公路出口拥堵的现象。

本章小结

支付是付款人对收款人进行的当事人可接受的货币债权转让。传统的支付技术主要包括信用卡支付结算、资金汇兑、支票支付结算、自动清算所支付和电子资金转账。随着经济全球化和信息互联网的发展，电子商务活动开始兴起，然而支付问题成为电子商务发展的瓶颈，传统支付技术不足以解决电子商务交易中买卖双方不信任的问题，由此网络支付、第三方支付、移动支付应运而生。

网络支付是指以电子商务为商业基础，以商业银行为主体，使用安全的主要基于互联网的运作平台，通过网络进行的、为交易的客户间提供货币支付或资金流转等的现代化支付结算手段。广义的网络支付还包括第三方支付和移动支付。第三方支付是指由独立于商户与银行的、具备一定实力和信誉保障的第三方独立机构通过与产品所在国家以及各大银行签约而提供的交易支付服务。移动支付又称为移动电话支付，是指通过移动通信设备，利用无线通信技术来转移货币价值以清偿债权债务关系。

支付机构发展的基础是支付系统的安全与效率，而决定支付机构发展高度的则是其用户基础。目前，支付机构主要通过两种途径增加用户基础。一是通过拓展支付场景，扩大支付的广度。二是通过增加支付服务，加大支付的深度。因此，丰富支付场景和增加支付服务已成为非银行支付机构争夺最激烈的两个领域。互联网支付的发展不仅促进了金融行业的服务变革，也从专业化分工、大数据积累和应用、居民生活质量的改善等方面提高了社会的运行效率。

本章重要概念

支付　网络支付　支付体系　支付服务组织　支付工具　支付系统　信用卡支付结算　资金汇兑　支票支付结算　自动清算所支付　电子资金转账　电子商务　第三方支付　移动支付　近场支付　远程支付

即测即评

本章思考题

1. 随着货币形态的演变，支付方式经历了哪些阶段？
2. 为实现债权债务清偿以及资金转移，支付体系需要包含哪些内容？
3. 网络支付在支付效率、安全和成本方面具有哪些优势？
4. 第三方支付的产生与电子商务有何联系？
5. 移动支付中的近场支付与远程支付有何联系与区别？
6. 作为中国第三方支付的两大巨头，支付宝与财付通在业务模式上有什么不同？
7. 如何评价互联网支付对传统金融业的影响？
8. 为什么说互联网支付提升了支付体系和社会整体运行效率？

第五章 互联网银行与小额贷款

本章导读

20世纪90年代初，互联网普及应用，商业银行通过建设自己的网站来加深与客户之间的联系，网银业务带来了很大的便利。1995年纯互联网银行在美国出现，但由于技术局限而失败；2014年中国首批互联网银行获批。与传统银行网银服务不同，纯互联网银行在解决小微、长尾客户金融服务方面具有自己的优势。互联网小贷业务发展迅速，除了互联网银行外，互联网小额贷款公司也是重要的服务主体。那么，互联网银行的模式有哪些？互联网银行的优势与风险体现在哪些方面？商业银行的互联网金融服务与纯互联网银行的金融业务有何不同？互联网小贷公司如何运营？如何建立规范管理与监管约束机制？本章将回答这些问题。

本章学习目标

本章将介绍互联网银行的发展、类型、业务模式，商业银行的网银业务，纯互联网银行的经营管理，互联网小额贷款的优势、作用，互联网小额贷款公司的业务运作与经营管理等内容。通过本章内容的学习，可以了解互联网银行的发展进程，认识传统银行的网银业务与互联网银行的运行，掌握互联网银行的主要业务和提供服务的模式，了解互联网小额贷款业务的运营管理等。

第一节　互联网银行概述

互联网技术成熟后，银行开始利用互联网技术进行业务优化。最初主要是依托互联网平台进行无纸化办公、数据保存、产品宣传和信息管理等。随着互联网技术不断取得突破性变革，银行的思维方式和运营模式都发生了巨大变化，网上银行、掌上银行、智慧银行、纯互联网银行等不断创新，给客户带来了全新的体验，也促进了银行的高质量发展。

商业银行与互联网的融合是银行的信息化过程，大致可分为三个阶段。第一阶段是 20 世纪 80 年代商业银行电子化时期，商业银行主要建立电子数据处理系统、信息管理系统、决策支持系统以及电子支付系统等，利用计算机技术进行无纸化、非现金交易，取代以往的现金或者票据支付，实现银行开户、信贷、支付等基本功能的电子化。第二阶段是 20 世纪 90 年代，商业银行建设网络银行或网上银行服务系统。通过应用互联网平台，银行降低了经营成本，提高了金融业务的效率。第三阶段是 21 世纪初至今，商业银行基于大数据、云计算、区块链等前沿科技，推出全新的服务，实现银行产品发售、支付流程、营销流程、业务流程的再造；同时，纯互联网银行迅速发展。

一、互联网银行的内涵及其特点

互联网银行（Internet bank or E-bank）是指借助现代数字通信、互联网、移动通信及物联网技术，在线为客户提供存款、贷款、支付等金融服务的银行机构。互联网银行最大的两个特点就是数字化和智慧化，主要表现为依托大数据技术构建新的技术架构，以及对数据进行深入挖掘分析（见图 5-1）。互联网银行从外部收集数据，建立数据仓库，清洗数据，对数据进行深度挖掘，依据不同的算法迭代得到结论，再通过执行系统作用于客户，为客户提供精准化的金融服务。

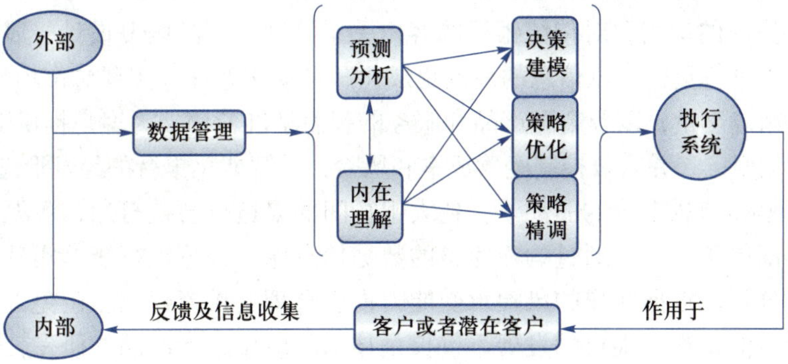

图 5-1　互联网银行数据挖掘分析理念图

除了提供金融服务，互联网银行在营销方面也需要精准化。为了满足客户多样化的个性需求，互联网银行需要对客户进行精准定位，精准计算客户的偏好度、兴趣度、资金水平、购买力和购买可能性，采取特定的营销方式，向其提供价格合理、风险适宜的金融产品或服务。互联网银行的精准营销理念见图 5-2。客户在购买金融产品时会经历认识产品、对产品产生兴趣和付费购买三个阶段。银行可以根据客户的搜索关键词、浏览偏好、收入支出流水等数据，利用人工智能进行学习从而判断出客户的金融服务需求。

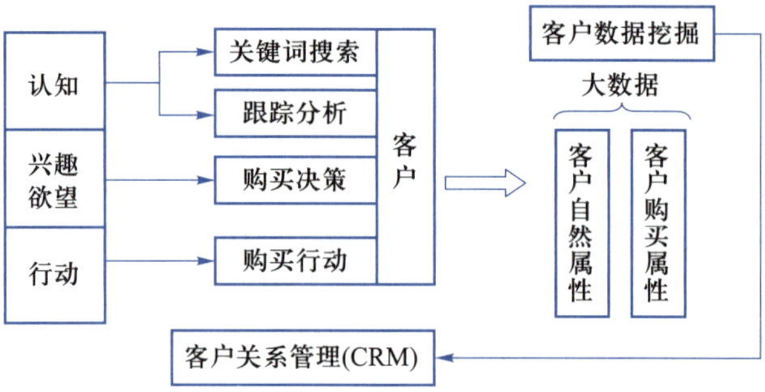

图 5-2 互联网银行营销理念

二、互联网银行的类型

互联网银行能够更好地服务于被传统银行排斥的长尾客户。小微客户因为资产规模小、信用记录不全、借贷资金规模小，对于银行而言业务成本比较高，从而难以获得银行的青睐。互联网银行利用大数据处理分析技术，可以全面高效评估小微客户的信用状况，依据其业务循环、资金周转账期来确定放贷时间和规模，有效解决了中小微企业的融资问题。互联网银行主要可以分为两大类型，一类是传统银行互联网化形成的智慧银行，另一类是纯互联网银行。

（一）传统银行的智慧银行

传统银行的互联网化仍然是以传统银行的业务作为基础，拓展互联网平台作为辅助途径而形成的智慧银行。智慧银行是基于互联网、大数据、云计算、人工智能、区块链等信息技术的运用，对传统银行的客户关系管理、产品服务设计、风险定价、投资决策等流程进行重构，以信息的高度集成化、自动化处理，实现对市场的智慧感知、智慧体察和精确度量，以及金融产品和服务的智慧精准营销，为客户提供随时、随地、随心的智能化服务，并有效控制经营成本和风险，是智能化银行的经营形态。

在大数据和信息系统的驱动下，各大银行间的渠道也会被打通，各渠道之间的客户体验也逐渐趋于一致。通过构建完整的数据信息库，智慧银行能够实现客户数据的智能化加工分析，根据客户的风险承受能力提供合理的投资建议，避免人工干预，有效控制风险。但是智慧银行的发展不仅仅是技术的应用或者产品的研发，而是一项包括信息平台建设、业务流程优化、渠道资源整合、人才队伍培训等内在复杂过程的系统工程。

商业银行的互联网业务形态随着技术进步而不断变化，从电话银行、网上银行业务、手机银行业务到微信银行业务等。网上银行的业务品种主要包括基本业务、投资交易、电子商务、个人理财、企业银行及其他金融服务。商业银行提供的基本网上银行服务包括存贷款、在线查询账户余额、交易记录、下载数据、转账和网上支付等。由于金融服务市场发达，可以投资的金融产品种类众多，网上银行还提供包括股票、期权、共同基金投资等多种金融产品交易服务。此外，网上银行还可开设网上商城，为客户提供消费品购买平台。个人理财助理是网上银行重点发展的一个服务品种。各大银行将传统银行业务中的理财助理转移到网上进行，通过网络为客户提供理财的各种解决方案，提供咨询建议，或者提供金融服务的技术援助等。企业银行服务是网上银行服务中最重要的部分之一，其服务品种比个人客户的服务品种更多，也更为复杂，对相关技术的要求也更高。能够为企业提供网上银行服务是商业银行实力的象征之一，一般中小网上银行或纯互联网银行只能部分提供，甚至完全无法提供这方面的服务。除了银行服务外，商业银行的网上银行通过自身或与其他金融服务网站联合的方式，为客户提供多种金融服务产品，如保险、抵押和按揭等，以扩大网上银行的服务范围。

专栏 5-1

中国建设银行打造智慧金融科技业务体系

2018 年，中国建设银行发布金融科技战略规划，推进金融科技创新体制改革，运用金融科技加强安全生产管理，引领业务创新发展。推进金融科技战略实施，构建技术与数据双轮驱动的金融科技基础能力，打造智慧金融与智慧生态内外发力的金融科技业务体系。加强人工智能、大数据、区块链等新技术平台建设及业务场景应用，搭建一体化协同研发平台，打造企业级研发生态，推进金融科技研发模式转型。基于建行云搭建开放银行服务平台，通过标准、高效的方式，把建设银行的金融服务、数据服务嵌入第三方，将银行业务扩展到社会生活场景的方方面面。

（1）通过智慧金融建设，促进业务创新。以内部金融数据为基础，补充工商、税务等外部数据，建立多维客户画像，实现精准的客户识别、营销、授信、定价及风险管理，多维度分析客户产品需求，提供差异化、智能化与自助式的产品服务。

（2）通过智慧生态建设，为社会赋能。以住房租赁服务平台为核心，打造智慧社区服务平台、安心养老服务平台、公益教育服务平台，通过平台连平台的方式，赋能社会大众，提供金融与非金融服务融合的便捷场景。以智慧政务服务平台为核心，建设宗教事务服务平台、党群工作服务平台、退役军人服务平台等，赋能政府，构建公共服务生态体系。建设企业共享服务平台、企业采购服务平台，赋能企业，构建资源对接、互补、协作的企业服务共享生态圈。拓展生态获客新模式，通过住房租赁、安心养老、智慧政务等平台吸引更多客户。

（3）建设人工智能平台，应用于客户营销、数字网点、智慧银行和渠道建设等场景。建设区块链服务平台，应用于贸易融资、住房租赁、药品监管、精准扶贫、农产品溯源等场景。建设大数据云服务平台，提升数据获取、整合、挖掘及成果共享的整体能力。全面应用生物特征识别技术，用于账户开立、取款、客户识别等。

在金融科技战略的推进下，技术与业务深度融合，推动集团以创新的金融产品服务、开放的金融共享平台、普惠的金融发展模式全面提升金融供给质量，实现稳健经营和创新发展。

资料来源：根据网络资料整理。

（二）纯互联网银行

传统银行互联网化是以原有银行业务为基础，扩展网络业务作为辅助发展的模式，而纯互联网银行直接建立独立的网络银行，完全依赖于互联网，又被称作“虚拟银行”。美国安全第一网络银行 SFNB（Security First Network Bank）是全球第一家纯互联网银行，深圳前海微众银行（简称微众银行）是我国第一家纯互联网银行。我国主要的纯互联网银行（见表 5-1）主要是民营银行。按照平台类型的不同，纯互联网银行线上运营模式可分为两种：基于社交平台的线上运营模式和基于电商平台的线上运营模式。

表 5-1　中国的纯互联网银行

银行	开业时间	主要大股东	主要信贷产品类别
深圳前海微众银行	2014 年 12 月 16 日	腾讯（30%）	个人消费类为主
浙江网商银行	2015 年 6 月 25 日	蚂蚁金服（30%）	小微及三农类为主
四川新网银行	2016 年 12 月 28 日	新希望（30%）、小米（29.5%）	个人消费类为主
江苏苏宁银行	2017 年 6 月 15 日	苏宁云商（30%）	个人消费类为主
百信银行	2017 年 11 月 18 日	百度（30%）、中信银行（70%）	个人消费类为主
武汉众邦银行	2017 年 4 月 24 日	卓尔控股、当代集团、壹网通科技等	个人小微为主
吉林亿联银行	2016 年 12 月 27 日	中发（实业）集团有限公司、美团、吉林省华阳集团有限公司	个人小微为主
北京中关村银行	2017 年 6 月 7 日	用友网络、碧水源、光线传媒、东方园林等	个人小微为主

资料来源：根据公开资料整理。

在基于社交平台的线上运营模式中，社交平台是主要的发展渠道，目标客户群体主要是个人消费者。网络技术的快速发展带动了社交平台功能的完善，使得社交平台不再仅仅局限于沟通交流，还可以推送新闻、直播视频、提供公共服务等。微众银行是具有代表性的基于社交平台运营的纯互联网银行。

随着互联网经济环境不断优化，电子商务保持快速发展。电商平台也通过互联网银行向消费者和电商提供金融服务，侧重于服务电商客户，促进小微企业发展，推进了金融普惠。浙江网商银行是具有代表性的基于电商平台运营的纯互联网银行。

纯互联网银行通过云计算、大数据等方式在线为客户提供存款、贷款、支付、结算、电子票证、电子信用、账户管理、投资理财、金融信息等金融服务，其中信用贷为纯互联网银行的核心业务。纯互联网银行贷款投放的客户群体主要是小微企业、个人消费者和农村用户。微众银行推出的信贷产品有“微粒贷”“微业贷”和“微车贷”。“微粒贷”是一款针对个人消费者的小额信贷产品，申请流程简单，到账快速，并且周转灵活。“微业贷”是专门为中小微企业提供的线上流动资金贷款服务。企业从申请至提款全部在线完成，额度高、利率低，放款快、门槛低，无需抵质押。“微车贷”致力于为购车、用车、养车的消费者和车商提供方便、快捷、高效的金融解决方案。浙江网商银行主要帮助小微企业、乡镇农户，推出了各类贷款及理财产品，主要包括“网商贷”“旺农贷”和“余利宝”。其中“网商贷”是一款服务于小微企业、创业者的信用贷款产品，获贷快速，可随借随还，最长可贷24个月。“旺农贷”是服务于乡镇农村地区用户的纯信用互联网贷款产品，免抵押无担保，申请手续简便。“余利宝”是专门面向商家打造的现金管理工具，可以实现支付宝余额免费提现，具有资金进出高效便捷的特点。

三、互联网银行的优势与风险

（一）互联网银行的优势

1. 成本低

传统银行50%~60%的成本用于网点、分支机构的维护，以及贷前、贷后的运营管理，经营成本高昂。而互联网银行的获客、风控和风险管理都可以在线上完成，节省了网点建设、租金支出和人工开销。

2. 效率高

在传统银行的柜台业务模式下，客户需要取号排队等待，甚至需要多次往返银行，不仅耗时费力还可能面临各种服务不周导致的纠纷。而互联网银行不需要依托实体网点和分支机构，客户在互联网上办理业务不需要受到时间和空间的限制，可以自主完成交易。凭借互联网银行的程序化交易和自动化处理，可以简化复杂的程序手续，免去奔波网点的辛劳，更能提高办事效率，优化客户服务体验。

3. 服务公平

传统银行服务区分VIP和普通客户，为VIP客户提供更加优惠便利的服务。纯网络银行服务不再区分VIP和普通客户，使得金融资源配置的公平性得以保证。无论是开户还是分析大数据，都按照程序自动完成，对所有客户一视同仁，使得金融资源得到均衡分配。

4. 基于大数据授信

传统银行的贷款业务管理，需要复杂的贷前审批流程以及高成本的贷后维护，客户和银行本身为了解决信息不对称风险，都会产生巨大的效率损失。互联网银行具有大数据和流量优势，降低了信息不对称；由软件程序自动分析数据，评定用户信用等级，授予贷款金额，免去了上门信用调查、实体担保等过程。

（二）互联网银行的风险

1. 技术风险

互联网银行的技术风险主要来自三个方面：交易安全风险、隐私保护风险、服务质量风险。在数据存储和传输的过程中，数据可能会丢失，被恶意窃取或篡改等，从而给交易安全带来风险；客户信息在网络上传输使用，存在个人隐私泄漏的风险；网络服务优化了客户使用体验，简化了客户的操作步骤，但是，也存在业务办理中智能系统无法有效服务、人工服务不足的风险。

2. 声誉风险

互联网银行对于拥有良好的社会声誉有较高的要求。一旦互联网银行由于经营不善、风险控制不足、系统故障、金融交易遭到侵害等原因造成客户损失，就极其容易遭到舆论的攻击，在社会公众心中产生负面印象，造成银行信誉损失，客户大量流失甚至干扰正常业务进行。

3. 信用风险

由于网络虚拟性的特点，互联网银行交易双方只通过互联网进行联系，加上网络贷款多是无抵押的信用贷款，一旦借款人提供虚假信息骗取银行贷款，银行又缺乏追索渠道，会增大银行面临的信用风险和信息不对称带来的道德风险，导致银行资产质量下降，不良贷款率攀升。

4. 操作风险

互联网银行可能面临钓鱼网站、木马病毒、网银欺诈等网络安全威胁，而现在手机移动端采用的多是密码或者短信认证方式，一旦客户的网络信息安全意识薄弱，就容易被虚假诈骗网站蒙蔽，被犯罪分子利用，安全隐患较大。

5. 合规风险

互联网银行是当今银行业蓬勃发展的一支新秀，而监管机构对于互联网银行运营的监管尚未出台配套的指导意见和监管条例，使得互联网银行容易发展于合规经营的缝隙与边缘，对于互联网银行的合规监管更需要审慎执行。

专栏 5-2

我国首家纯互联网银行——微众银行

2014 年 12 月 28 日，中国一直备受关注的纯互联网银行——深圳前海微众银行股份有限公司（简称微众银行）的官网上线。公开资料显示，微众银行注册资本达 30 亿元人民币，腾讯、百业源、立业为主发起人。其中，腾讯认购该行总股本 30% 的股份，为最大股东。微众银行定位为服务个人消费者和小微企业客户的民营银行，充分发挥股东优势，打造“个存小贷”特色业务品牌，为个人消费者和小微企业客户提供优质金融服务。2020 年，微众银行发布财报称全年实现营业收入 198.81 亿元，同比增长 33.77%；实现净利润 49.57 亿元，同比增长 25.35%。2020 年年末，微众银行资产总额达 3 464.30 亿元，同比增长 18.95%；总负债达 3 254.02 亿元，同比增长 19.16%。

资料来源：依据深圳前海微众银行网站等相关信息整理。

互联网银行对原有线下实体银行是一种挑战。因为互联网银行没有网点也没有柜台，更不需要财产的担保，其主要技术是通过大数据与互联网评级来发放信用贷款，所以互联网银行最大的创新就是通过网络连接金融业务，来对互联网平台上的资源进行金融整合。这种业务模式降低了银行的开办成本，提高了金融服务的效率。互联网银行在经营实践中坚持以科技创新促进金融变革，以连接市场推动行业发展，在金融科技的前沿领域做出了积极探索并不断增强核心竞争力，为践行普惠金融奠定了坚实的技术基础。

第二节 商业银行的网上银行服务

商业银行运用互联网等信息科技建设网上银行，为客户提供全天候、无假日的服务，延展了原有柜台网点服务，提升了银行服务的可获得性。网上银行服务成为商业银行竞争的重要领域，各家银行在技术、业务创新方面不断投入，改善客户体验，提升客户忠诚度，拓展业务空间。例如，中国工商银行连续升级 e-ICBC，并组建了七大创新实验室，全面布局金融科技前沿创新；中国建设银行积极探寻和构建第二发展曲线，着力从 B 端（Business，企业）、C 端（Customer，个人）和 G 端（Government，政府）三个维度开启转型和重构；中国银行依托与腾讯的合作，将金融服务“云化”；招商银行提出“转型成为一家金融科技公司”的战略。商业银行基于互联网的电子银行服务，拓展金融科技空间，成为大势所趋。本节重点介绍商业银行网上服务的形式、内容等。

一、商业银行的网络支付、转账与汇兑业务

（一）网络支付

商业银行的网络支付业务是以商业银行电子化网络为基础，以商用电子化工具和各类交易卡为媒介，以现代计算机技术和通信技术为手段，通过计算机网络系统，以电子信息传递的形式来实现资金的流通和支付。网络支付分为个人网络支付（B2C 支付）和企业网络支付（B2B 支付）。银行网络支付具有方便、快捷、高效、经济的优势，同时具有较高的安全性，为银行与个人客户、企业客户三方的资金交易提供了高效率的通道支持。

（二）网上转账汇款

商业银行网上转账汇款是指通过网上银行渠道进行的转账汇款，网银又可以分为计算机端网银和手机网银。网上转账汇款作为转账的新方式，有许多优势：一是可以 24 小时进行，不受银行营业时间的限制；二是方便快捷，容易操作；三是网银转账汇款功能丰富，包括同行系统、跨行转账等。

（三）网上银行结售汇与跨境汇款

网上银行个人结售汇业务是境内个人通过网上银行（包含手机银行）渠道办理本人年度总额以内的经常项目非经营性结售汇。网上银行个人购汇业务是客户使用人民币活期账户资金实时买入外币，并将买入的外币资金存入借记卡内对应的外币活期账户的兑换业务。网上银行个人结汇业务是客户将外币活期账户资金实时卖出，并将所得人民币资金存入借记卡内对应的人民币活期账户的兑换业务。

网上银行跨境汇款是个人网上银行客户在规定的限额之内，向在境外地区银行开户的收款人进行外汇汇款的业务。跨境汇款的客户需要支付电信费、手续费等费用，

汇款操作流程比柜台业务简单。

二、商业银行网络普惠金融业务

（一）商业银行网络普惠金融业务的种类

1. 小微网络贷款

小微网络贷款的业务模式是“互联网＋信贷”创新模式，通过应用大数据技术进行数据整合，利用现有的零售系统，实现线上操作、系统自动审批的产品体系。其特点包括能够整合系统数据，精确客户筛选；全流程线上办理，便于客户操作；实时监测风险，提高管理时效；业务办理灵活，能有效降低融资成本。

2. 三农网络贷款

三农网络贷款，如某银行的“农户快贷”产品，是依据垦区农场提供的大数据进行授信，采取受托支付等方式控制或降低风险，仅针对从事农业生产的垦区农户的一种普惠金融类个人贷款业务。其主要优势在于以下两点：一是年利率低于同业农户贷款利率，减轻了农户财务负担；二是业务办理模式为完全线上申请，一方面极大简化了传统农户贷款业务的流程与手续，另一方面依托大数据的审批放款缩短了贷款申请至放款的时间跨度，全过程最快只需要 3 分钟，且随借随还，循环支用。

3. 网络助学贷款

商业银行的网络助学贷款，如某银行“学 e 贷”是面向境内在校大学生提供的互联网小额循环信用贷款，通过获取学生在校及就读等信息进行综合授信，申请、还款、结清和查询等贷款流程全线上进行。还款方式包括等额本息法、等额本金法、到期一次还本付息法、按期付息任意还本法等。贷款期限在一年以上的，必须采取按月等额本息还款法或按月等额本金还款法。“学 e 贷”的办理流程包括客户申请、签订合同、发放贷款、按期还款和贷款结清。

4. 其他网络贷款业务

其他网络贷款业务包括网络联贷联保、网络供应商融资、网络速贷通等。网络联贷联保是指 3 家（含）以上借款人，通过网络自愿共同组成一个联合体，联合体成员之间协商确定授信额度，向银行联合申请贷款，由商业银行确定联合体授信总额度及各成员额度，每个借款人均对其他所有借款人因向银行申请借款而产生的全部债务承担连带责任。网络供应商融资是供应商在正常经营过程中，以其持有的经银行和大买家确认的、尚未履行交货义务、相应款项尚未收付的购货订单为依据，向银行申请融资的信贷业务。网络速贷通是对借款人不进行信用评级和一般额度授信，依据客户提供的足额有效的抵（质）押担保，并结合客户第一还款来源及网络信用而办理的信贷业务，其对网络信用好的电子商务客户会给予一定比例的追加贷款额度。

（二）商业银行互联网贷款的监管

传统商业银行在消费金融市场上具有难以撼动的优势地位，其拥有优良的风控能力，较低的资金成本以及庞大的客户群体。2020 年 7 月 17 日，银保监会正式发布《商业银行互联网贷款管理暂行办法》，让摸索中前进的商业银行互联网贷款业务有了监管标准。这种新型数字金融模式在疫情期间快速发展，不少地区的基层农村商业银行在2020年上半年发放的互联网贷款规模已远超2019年全年。

传统商业银行加速布局网络金融生态场景已取得一定的成效。近年来不少商业银行也在积极加强网上商城等场景生态的布局，纷纷成立网络金融部门，尤其是信用卡中心，电销和网销的比重不断增加。银行的个人贷款和信用卡分期业务增长明显，信用卡收入已经占到了总收入的较大比重。以中国工商银行的“融e贷”、中国建设银行的“快e贷”等为代表的银行产品在场景构建上取得了不错的成效。

三、商业银行网银投资理财业务

（一）存款与理财

商业银行网上存款业务分为网上通知存款、网上协定存款和网上定期存款等。网上通知存款是指存款人通过企业网上银行存入款项时不约定存期，支取时需提前通知银行，约定支取存款日期和金额方能支取的定期存款。该存款可以在保证资金流动性的前提下提高存款收益水平。网上协定存款是企业客户在企业网上银行通过指定结算账户开立协定存款账户，当指定结算账户中的存款超过或低于指定存款额度时，由商业银行自动在指定结算账户和协定存款账户间划转资金，并按不同利率计付利息的一种人民币存款业务。客户可以通过企业网上银行办理协定存款开立、账户信息查询、协定存款销户、须知信息查询、明细收益查询等业务。网上定期存款是指客户可通过网上银行办理定期存款的开立、支取和查询的业务。网上定期存款操作流程如图5-3所示。

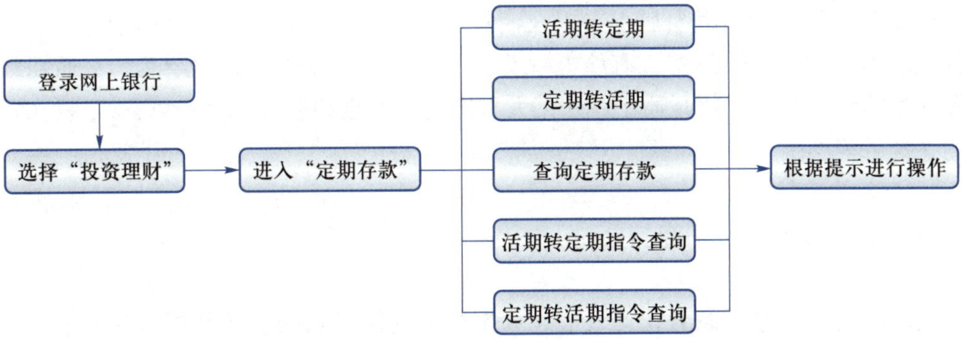

图5-3　网上定期存款操作流程示意图

资料来源：根据公开资料整理。

商业银行网上投资理财业务，是商业银行通过信息网络提供的金融服务之一。商业银行网上投资理财服务包括提供理财产品、有价证券、保险产品等的交易。其中，理财产品基本上是本行理财子公司的产品。商业银行也为企业网上银行客户提供其专业子公司发行的理财产品，企业网上银行客户可以开展信息查询、开户、认购、终止等理财账务管理业务。

（二）贵金属交易

网上贵金属交易即“账户贵金属”交易，是商业银行推出的一项理财服务，客户可通过网上银行、电话银行发起交易指令，进行账户贵金属的即时委托交易，并可进行账务管理、查询等相关操作。投资品种包括人民币账户铂金、美元账户铂金、人民币账户黄金、美元账户黄金、人民币账户白银、美元账户白银。产品适用于持有人民币或美元，同时对贵金属投资有兴趣的个人客户。

代理实物贵金属业务是通过网上银行向企业客户提供的实物贵金属委托买卖业务。客户可通过代理实物贵金属业务实现贵金属账户管理、实物贵金属买卖、提货申请、贵金属递延等业务功能。实物贵金属递延是指为客户提供实物贵金属（黄金、白银）现货延期交易品种的申报买卖等功能的业务。

（三）外汇交易

商业银行外汇交易业务一般为即期外汇买卖，指客户在商业银行规定的交易时间内，通过银行外汇买卖交易系统，进行不同币种（不含人民币）之间的即期外汇交易。

该产品是最基础的外汇兑换工具，结构简单易于理解。通过该产品，客户可在风险自担的前提下实现外汇币种的转换，通过外汇买卖获取汇差收益；也可将一种利率较低的外汇转换成另外一种利率较高的外汇，获取利差收益。

四、商业银行网上居民生活服务

商业银行提供的网上居民生活服务业务主要是缴费服务。如某银行“悦生活”，立足于服务民生的全景化生活服务缴费平台，将各类服务应用与生活场景紧密结合，为客户提供多样化的生活缴费服务，以及商户支付、还款、收款等特色场景应用。该平台提供水费、电费、燃气费、有线电视费、手机话费、宽带费、学杂费、交通罚款等丰富的生活缴费服务；还开通了北京某大型医院网上预约服务，客户可在线进行查询、签约、挂号等操作。

五、商业银行的电子商务

互联网时代的电子商务快速发展，为银行业提供了新的服务领域和服务方式；商业银行也通过搭建电子商务平台，依靠银行天然的业务优势和资金优势创新支付结算服务、融资服务，创新供应链协同的金融服务，实现了营销模式的创新，从线上挖掘出更多的潜在客户。在开展电子商务业务过程中，商业银行在资金监管方面有着先天的优势：一方面客户对银行的信用最为认可；另一方面交易过程中资金流和信息流分离，交易资金均在封闭的银行系统中运行，能够有效提高交易的安全性。另外，电子商务平台交易产生的沉淀资金对于银行负债业务的拉动作用明显，也是银行低成本资金的重要来源，对于银行保持净息差的稳定具有至关重要的作用。商业银行围绕电子商务提供的金融服务包括支付结算、融资和供应链金融等业务。

（一）支付结算层面

支付结算方面，商业银行利用自有用户量庞大、资源优、安全性高、用户信任度高的优势，积极推进电子商务金融在支付领域的产品创新和服务创新，通过加强与第三方公司的业务与技术合作，强化了支付的安全性与快捷性。商业银行构建的电子商务支付体系，能提供多种形式的支付结算服务。

在支付方式上，商业银行拓展了数字证书、网银支付、积分兑付、手机银行移动支付等各类通过移动终端进行的支付收单业务。此外，商业银行电子商务平台清算管理系统能有效管理企业资金流和信息流，为客户提供信用评级、电子对账和贸易链、资金链的三方清算服务，以及实现信用服务下的资金管理与客户关系管理等功能。

（二）电子商务融资方面

商业银行通过自身的电子商务平台，能掌握中小企业在平台上的产品交易行为信息，并在其资金流、商流、物流可控的情况下，对这些企业提供融资支持服务。这种新型的电子商务平台在商业银行中小企业融资中，相较于原有的融资模式，能够将众多分散的企业融资需求规模化、信息透明化，同时能将平台内的企业客户规范化、过滤化，从而更高效地获得优质客户。

（三）立足电商平台，拓展线上供应链金融

商业银行基于自身搭建的电子商务平台，打造线上供应链金融系统，逐步形成了整合供应链金融业务各个环节的一站式服务平台。该平台是以供应链需求为导向，以金融功能为基础，以供应链金融为主线，贯穿起包括直接融资、间接融资、企业理财、信息咨询、物流查询等系列服务的综合平台。线上供应链金融很好地解决了商业银行服务中小微企业时的许多问题，推动了普惠金融业务的发展。

专栏 5-3

中国建设银行善融商务平台

中国建设银行于2012年8月上线的“善融商务”平台，提供B2B和B2C客户操作模式，商城业务涵盖商品批发、商品零售、房屋交易等领域；在金融服务方面，为客户提供从支付结算、托管、担保到融资服务的全方位金融服务。善融商务平台以资金流、结算、信贷、支付为核心，实现了对传统电子商务模式的创新。

第三节　纯互联网银行的业务

相较于开展网上银行服务的传统商业银行，新型纯互联网银行是现代互联网银行的标准形式。纯互联网银行没有柜面和网点，提供依托互联网技术的在线服务。世界第一家纯互联网银行诞生在1995年，但是2012年之后纯互联网银行才开始快速发展。

本节重点介绍纯互联网银行的主要业务和运营模式。

纯互联网银行是没有物理网点，借助云计算、大数据等技术在线为客户提供存款、贷款、支付、结算、汇转、账户管理、货币互换、小额借贷、投资理财、金融信息等全方位无缝、快捷、安全和高效服务的互联网金融机构。互联网银行一般以小微企业和个人为客户，以借贷为主要运营模式，专注以数字化、技术化手段深耕普惠金融市场，持续提升服务质效。

一、转账业务

以某互联网银行 A 为例，从他行转账到该互联网银行，可以通过其他商业银行柜台进行委托。客户转账时在申请表格的卡号和开户行位置填写该互联网银行的卡号和 A 银行名称，并填写转账金额、用途等信息，就可以委托银行网点完成转账业务。客户也可以通过支持转账到 A 银行的其他银行网上银行（客户自己有网银账户）进行转账。从 A 银行转出，选择的转出方式不同，到账的时效也不同。

互联网银行资金转出限额有以下两种类型：

（1）活期 + 实时转出。单日实时转出金额只能在最高限额内，如遇节假日，活期 + 实时转出限额可能会有所调整，具体以转出页面提示为准。该服务非法定义务，实时转出有条件，依约可暂停。转出金额当天不计算收益。

（2）活期 + 非实时转出。客户转账金额超出每日实时转出限额时，转出采用非实时到账形式，一般有系统审核时间，需要进行数字安全认证等流程，以保证资金安全。非实时转出无限额。

二、财富管理业务

纯互联网银行一般会开发具有本行特色的理财产品，为客户提供财富管理业务。同时，纯互联网银行也代销合作金融机构发售的理财产品，方便灵活地满足客户的投资理财需求。纯互联网银行在审核合作金融机构代销的理财产品时，主要利用大数据风控模式对各类代销产品进行筛选、评级，并合理确定代销理财产品的额度。互联网银行代销的理财产品，收益率会随着期限不同而有所差异。

三、贷款业务

（一）贷款类型

纯互联网银行贷款以小额贷款为主，多定位在消费领域，如一般消费临时周转、汽车消费、家庭装修等，属于消费金融的范畴；也有创业小额贷款产品。这些贷款产品在线上提供，采用标准化的贷款产品模式。

1. 消费小额贷款

消费者可以依据资金的不同使用需求，申请相应的信贷产品。纯互联网银行往往会与大型银行建立合作关系，由合作方共同出资，按比例联合发放贷款。例如，微众银行的“微粒贷”是一款可以循环使用的小额现金贷产品，只有通过“白名单”邀请的用户才能申请，额度介于 500 元 ~30 万元之间，不需要任何担保，最快可以 1 分钟到账。微众银行和中国银行建立合作关系，按 2 : 8 比例共同向借款人提供款项。“微粒贷”业务通过 QQ 平台、微信服务端口和微众银行 APP 的独立应用端口推出，用户可以通过任意一个端口完成申请。借款客户的信用度提升后，贷款额度也会随之增加，反之则会减少。

纯互联网银行还与一些供应商联合，开展特定领域的贷款业务。例如，微众银行与二手车经销商、装修平台等合作，推出相应的小微贷款，为消费者提供便利的贷款产品。微众银行联手优信二手车推出了二手车“付一半”贷款产品，购车者登录银行客户端提供相关有效证件即可完成在线贷款申请，1 小时内出结果，非常方便。用户支付一笔很低的首付后，就可以享受“无月供”的还款服务，无需任何额外费用；而且只要绑定银行卡，并设定固定还款日期，剩余的款项便将自动从银行卡上扣除，避免出现因遗忘还款而影响征信的问题。

家庭装修小微贷款可以为客户提供“先装修，后还款”的金融支持方案，即装修期间不用偿还本金，每月只还一定的利息，直到竣工后才开始偿还本金，减轻了客户资金压力，优化了装修计划。

2. 小微企业流动资金贷款

小微企业贷是纯互联网银行为广大中小微企业提供的线上流动资金贷款业务。小微企业从申请至提款全部在线完成，无需抵质押，额度立等可见，资金分钟到账，按日计息，随用随借。小微企业贷款为中小微企业提供了高效便捷的融资服务，企业有机会享年化利率低（按单利计息）的贷款优惠。

国内主要的纯互联网银行的贷款业务见表 5–2。

表 5–2　主要互联网银行贷款业务

深圳前海微众银行	浙江网商银行	四川新网银行	江苏苏宁银行	北京中关村银行
微业贷产品，是微众银行为广大中小微企业提供的全线上申请流动资金贷款服务。一般纳税人企业、小规模纳税人企业或者个体工商户均可申请。微业贷支持随用随借，客户可以通过微信公众号还款。	网商贷产品，纯信用，0 抵押，0 担保；30 秒在线申请，最快 3 分钟到账；可随时还款，最长可贷 24 个月。	好人贷产品，纯在线，信用贷，微信操作，三步申请，最快 1 分钟放款；按日计息，随借随还，1 万元日息最低低至 2.2 元，最长可分期 60 期，任意还款无手续费；授信额度最高达 20 万元。根据审核结果，额度、利率、期限不同，年利率最低低至 7.92%（按照单利计算）。	升级贷产品，是面向个人消费者设计开发的个人综合消费贷款产品，为客户提供多场景、全渠道、全方位的融资贷款服务，全线上办理，最高可贷 30 万元，助力客户消费升级。年化利率 7.18% 起（按单利计息）。	惠薪贷产品，是该行面向工薪人群开发的个人信用消费贷款产品，申请人通过该行电子渠道提交贷款申请，经风控系统审批，完成签约后放款到个人结算账户。

资料来源：根据公开资料整理。

（二）审贷与风险控制

纯互联网银行一般采用信用贷款模式，无需抵押质押。为了扩大信贷服务范围，互联网银行主要利用大数据风控技术评估借款人的信用状况，依据信用评级决定是否发放贷款、发放多少贷款。审贷过程由系统自动完成，时间很短。为打破资金来源不足的制约，部分纯互联网银行采用创新的放贷方式，联合其他银行发放贷款，共享收益、共担风险；同时，纯互联网银行还利用金融科技和社交场景连接个人和小微企业，间接为合作银行提供客户筛选、风险控制、清算对账等支持服务。

纯互联网银行金融科技深度融合贷款业务，以人工智能、大数据、云计算、区块链等先进技术作为服务基础，参与信贷全过程风险管理。相比传统银行依赖央行征信进行风险控制的模式，纯互联网银行基于其海量数据资源，构建信用分析模型，评估客户信用状况，能更有效地控制信贷风险。此外，金融科技的运用不仅能够有效提高经营效率，还能帮助了解用户需求、构建客户画像、管理现有客户并参与全过程风险管理。

（三）偿还贷款

在还款模式的设计上，纯互联网银行通常采用分期付款模式。以某互联网银行的消费贷产品为例，一笔贷款客户可以灵活选择 5/10/20 期按月分期等本还款。这种还款模式一方面能够通过客户分月支付的情况动态监控客户还款能力，更新客户信用状况；另一方面也避免了一次到期还本付息模式给客户造成较大的资金压力，提高客户还款积极性，从而保证贷款的收回。如果客户逾期未能还款，银行就会根据逾期本金每日额外收取贷款利息 50% 的罚息直至逾期还清。

四、纯互联网银行的管理

（一）经营模式与特色

纯互联网银行有自己的经营模式，形成了自己的特色，主要可以归结为三方面：

第一是轻资产模式，经营成本低。纯互联网银行的业务全部在线上完成，不设立物理网点，没有营业柜台，雇佣人员少，不提供实体银行卡，属于轻资产型金融机构，租金、工资等日常运营成本较低。纯互联网银行客户在办理线下存取款业务时，可以在与互联网银行合作的其他金融机构办理。纯互联网银行的盈利来源不同于传统银行的存贷利差，主要是开展平台业务，手续费收入占总收入的绝大部分。

第二是创新风控模式，依托互联网技术。纯互联网银行的放贷程序不同于传统商业银行，其利用互联网的云计算和大数据平台优势，获取客户的全方位信息，根据客户综合信息对其进行信用评分，给予客户信用额度。纯互联网银行金融服务的过程是全线上的，可以高效地办理业务，节约了客户排队等候的时间成本，提升了客户的体验。

第三是服务小微的普惠模式，可以提供个性化服务。纯互联网银行的业务模式是个存个贷，是比较典型的普惠金融服务模式。传统银行更注重高净值客户群的开发拓展，而纯互联网银行专门为小微企业及众多零散客户提供个性化的服务，解决长尾客户的金融服务问题。

（二）重视并依托互联网等前沿技术开展金融服务

纯互联网银行通过构建人工智能、区块链、云计算、大数据、物联网等前沿技术平台，不断提升金融科技服务能力，为个人客户、小微企业、电商平台与其他金融机构提供高质量的服务。

在人工智能方面，纯互联网银行引入人脸识别、活体检测、在线视频补充核身等技术手段，在线认证客户身份，做到贷前风险的初步识别控制，同时通过打造人工智能客服，降低了人工服务成本。在区块链技术领域，纯互联网银行发起成立的金融区块链合作联盟，促进了国内开源区块链生态圈的形成。在云计算技术方面，纯互联网银行搭建了具备自主知识产权的云管理平台，基于云计算的系统架构可降低技术成本，使纯互联网银行单个账户的技术成本仅为小型银行的 5% 左右。另一方面，纯互联网银行能够灵活利用金融资源，保持弹性的扩容策略。纯互联网银行可以帮助中小银行向其客户提供理财产品、移动支付服务和机器人客服等。在大数据技术方面，纯互联网银行利用大数据精准营销，建立数字化渠道，拓展业务场景；同时建立用户画像，还原客户真实的资产负债情况；还能在贷中基于大数据建立风控平台，智能盯控借款人风险情况。

（三）风险控制与监管

1. 风险控制

纯互联网银行由于没有物理网点，所有业务均在线上操作完成，因此可以利用大数据和风险模型进行风险管理，建立自身三大支柱：数据、模型和系统。

第一，数据是互联网银行风险管理的原材料，纯互联网银行将传统数据、互联网数据与外部市场数据有效结合，有助于全面评估风险。

第二，互联网数据来源丰富，但也同时呈现出碎片化、非结构化以及不对称的特点。传统的逻辑回归模型难以有效分析数据，因此互联网银行使用更为先进的机器学习模型，采用更为复杂的神经网络来处理稀疏和高维数据，相比传统模型具有区分能力更好、准确性更高的优点。

第三，互联网银行采用“去 IOE”的系统架构，并从三个方面实现。一是采用低端廉价开放式的 X86 服务器替代 IBM 小型机；二是使用云端的 TDSQL 分布式数据库；三是实施两地多中心 IDC 架构，提升同城可用性和容灾能力。

目前主要的互联网银行在风险控制方面，已经形成了一套较为成熟的风险管理体系。贷前主要基于客户的交易数据与信用信息，通过大数据分析量化识别客户的信用风险、经营风险，并且根据单一客户的财务状况与评定贷款的需要，确定风险等级度量评级与特定的贷款额度。贷后针对贷款回收，建立多维盯控指标，通过风险预警检测云控，识别信用风险，加强贷后控制，支撑信贷业务的有效开展。

2. 监管

我国纯互联网银行的发展比较迅速，但是我国针对纯互联网银行的立法并不完善，法治监管也相对滞后。现行监管体系主要对银行的物理网点指标、财务报表稽核及业务凭证等进行监管，而纯互联网银行采取线上的业务模式，其机构网点的虚拟化、处理过程的抽象化及财务信息的无纸化等特征给有关机构对其的监管带来不便。

第四节 互联网小额贷款

小额贷款是由小额贷款公司（简称小贷公司）提供的，面向中小微企业、个体经济组织等的小规模贷款，属于民间借贷的范畴。小额贷款弥补了银行信贷的不足，对于促进小微经济的发展具有一定的现实意义。本节重点介绍互联网小额贷款公司及其业务的运作管理。

一、互联网小额贷款公司的概念与类型

（一）小额贷款公司

20 世纪 90 年代以来，我国逐步探索专营小额信贷业务的机构模式。2005 年，《中共中央国务院关于进一步加强农村工作提高农业综合生产能力若干政策的意见》（中发〔2005〕1 号）发布，为地方小额信贷组织发展指明政策方向。当年，中国人民银行批准山西、四川、陕西、贵州、内蒙古 5 省区开展商业性小额信贷专营机构试点，共成立 7 家“只贷不存”的小额贷款公司，正式以小额贷款公司的形式开展商业性小贷业务模式探索。

2008 年，银监会与中国人民银行联合发布《关于小额贷款公司试点的指导意见》（银监发〔2008〕23 号，简称《指导意见》），正式明确小额贷款公司的身份定位，规定小额贷款公司经营小额贷款业务，不吸收公众存款，同时还明确小额贷款公司的审批权限属于省级政府主管部门。

《指导意见》虽然在内容上规定较为简略，但首次以部门规章的形式确立了小额贷款公司的身份，让小额贷款公司的发展真正有规可依，由此拉开小额贷款公司快速发展的序幕。2009—2020 年，我国小额贷款公司数量由 1 334 家增长至 7 118 家，贷款余额由 774 亿元增长至 8 888 亿元。

（二）互联网小额贷款公司

按照监管要求，传统小额贷款公司只能在注册地开展业务，贷款来源主要是自有资金。2010 年以来，在互联网金融快速发展的背景下，不少小额贷款公司谋求业务的创新发展，融入互联网金融服务中；也有不少互联网企业拓展业务，涉足小额贷款，将小贷业务与互联网结合。在这样的背景下，网络小贷公司应运而生。2010 年 3 月，浙江阿里巴巴小额贷款股份有限公司（简称阿里小贷）在浙江杭州成立，成为全国首家专门面向网商放贷的网络小额贷款公司。此后，阿里小贷的快速发展和经验积累，吸引传统小贷公司纷纷转型发展线上业务，新设网络小贷公司也得到迅速发展。截至 2017 年 11 月底，全国各地管理部门已核准 249 家网络小贷牌照，其中广东和重庆数量最多，分别达 53 张和 43 张。249 家网络小贷公司中，按照成立时间划分，2014 年之

前设立的共有 56 家，已公示但公司尚未成立的有 17 家，2014 年设立 18 家，2015 年设立 27 家，2016 年设立 58 家，2017 年设立 73 家。网络小贷公司的股东多为综合实力较强的上市公司以及具有互联网技术和资金实力的大型互联网企业。

（三）互联网小额贷款公司的类型

1. 非金融企业设立的互联网小贷公司

在获得牌照的互联网小贷公司中，七成为非传统金融背景。各领域的企业发起设立网络小贷公司来保证其所在产业链所需资金流的正常流动，将金融服务变成企业自身的一部分。例如，精达股份通过设立网络小贷公司，为下游客户提供经营类的信用贷款服务，帮助其解决经营过程中的资金周转问题，加强其与下游客户的合作与联系。在设立网络小贷公司前，精达股份与下游客户之间只是产业链上的上下游合作伙伴；而在网络小贷解决下游客户的资金周转问题之后，精达股份与下游企业联系得更紧密了，形成了新的“命运共同体”来巩固和扩大其市场占有率，构造更深的竞争护城河。诺普信是专业从事农业植保技术研发、产品生产经营及农业技术服务的企业，基于在农资供应链中的特殊位置，诺普信也在积极申请设立网络小贷公司。小额贷款公司将以诺普信在中国农村市场丰富的渠道及用户资源为基础，以农资供应链为切入口，为终端用户农业生产种植的农资采购需求提供小额贷款服务，从而一方面解决优质用户的部分生产资金需求，提高用户的黏性和忠诚度，另一方面部分改善农资经销商的应收账款占压问题。通过小额贷款金融服务，能够重构产业链价值，为公司产业链的生态建设带来积极的产业效应。

2. 电商平台设立的互联网小贷公司

电商平台设立的互联网小贷公司以解决中小微企业融资和资金周转等难题为宗旨，通过线上模式，为目标客户提供快捷简单、类型多样的金融信贷服务。

以国内某主要电商平台的互联网小贷公司为例，其目标客户群体以中小微企业和个人为主，主要包括其会员企业以及电商平台的商铺卖家；推出的贷款产品也是围绕其目标客户的特点和需求精心设计的，主要有 B2C 和 B2B 两大模式的产品类型。

由于我国存在数量庞大的小微企业，而小微企业在融资方面具有单次额度小、需求频率高的特征，某互联网小贷公司基于对小微企业融资特性的分析，充分发挥自身长处，结合第三方支付平台、电商平台等，创建并完善了以互联网和大数据为核心的新型微贷技术。该技术的关键是利用互联网数据模型和相关的在线视频资信审查措施，辅以交叉检验技术验证贷款客户的信息可信度，并将在电商平台收集到的客户信息数据反映到信用评价体系中，通过这种方式对在传统融资渠道中处于劣势地位的小微企业进行较为科学的信用评估，进而向他们批量发放“期限短、金额小、随借随还”的各类贷款。

3. 网络科技公司设立的互联网小额贷款公司

部分网络科技公司利用其技术优势，较早涉足互联网小贷领域，发起设立了自己的互联网小贷公司。根据 2020 年 11 月 2 日银保监会和中国人民银行联合发布的《网络小额贷款业务管理暂行办法（征求意见稿）》要求，经营网络小额贷款业务的小额贷款公司的注册资本不低于人民币 10 亿元，且为一次性实缴货币资本。跨省级行政区域经营网络小额贷款业务的小额贷款公司的注册资本不低于人民币 50 亿元，且为一次性实缴货币资本。之后，多家互联网企业（如腾讯、新浪和字节跳动等）纷纷向旗下小贷公司增资，以期在相关规定正式发布后资本金能够符合新的监管要求，有利于互联网小贷公司的转型以及健康、有序发展。

二、互联网小额贷款公司的业务

（一）互联网小额贷款公司的主要业务

互联网小额贷款公司的主营业务是网络小贷。网络小额贷款的利息收入是其主要的收入来源。互联网小额贷款公司的服务对象多为电商平台客户、个体工商户和小微企业等，一般缺乏抵（质）押品。互联网小额贷款公司利用平台技术优势，发放信用贷款和保证贷款居多。此外，部分互联网小额贷款公司也会从事委托贷款、联合贷款和小微企业私募债等传统小额贷款公司业务。贷款以个人消费贷款与经营类贷款为主。目前部分互联网小额贷款公司也在尝试其他中间业务来扩大盈利来源，例如小额贷款资产证券化等。表 5–3 列示了某互联网小额贷款公司的主要贷款产品。

表 5–3　某互联网小额贷款公司的贷款产品

产品类型	B2B		B2C		
	电商类贷款	信用贷款	平台信用贷款	订单贷款	专项贷款
抵（质）押要求	无抵押，免担保	无抵押，免担保	无抵押，免担保	订单抵押	无抵押，免担保
贷款额度	最高 100 万元	最高 100 万元	最高 100 万元	最高 100 万元	最高 100 万元
贷款期限	12 或 6 个月	最长 12 个月	最长 6 个月	30 天	最长 45 天
贷款利率	最低 5.4%/ 年，按月等额本金还款	0.05%/ 天，最低可以 0.038%/ 天	最低 0.06%/ 天，等额摊还或按月付息，到期还本	0.05%/ 天	0.05%/ 天
申请条件	（1）申请人为企业法人或实际经营人；（2）工商注册时间满一年的会员。	（1）申请人为企业法人或实际经营人；（2）工商注册时间满一年的会员；（3）企业注册地属于指定地区。	（1）电商平台卖家；（2）网络店铺经营时间满 6 个月；（3）诚实守信，店铺信用记录良好。	（1）电商平台卖家；（2）网络店铺经营时间满 2 个月；（3）诚实守信，店铺信用记录良好。	（1）平台网络店铺注册时间满 6 个月；（2）贷款专用，有特定保证金账户。

数据来源：根据公开资料整理，隐去了公司与平台名称等信息。

（二）互联网小额贷款公司的经营特点

1. 突破身份限制

小额贷款公司并未被纳入金融机构体系，因此不享有金融机构权限，导致小贷公司在融资渠道和经营杠杆上面临压力。网络小额贷款公司的出现，一定程度上缓解了这种压力。网络借贷业务被纳入银保监会监管范围，各地颁布的监管政策逐步拓宽了融资渠道；一些网络小贷公司取得了发行资产支持证券（ABS）的权限，经营杠杆可放大，还能够通过联合贷款、助贷业务进一步丰富业务结构。网络小贷公司具备了部分金融机构权限，突破了传统小贷公司的身份限制。

2. 突破模式限制

传统小贷公司主打线下业务，获客难度大、成本高、流程长，风险管控效果差，客户体验也较差；网络小贷公司业务模式则将小贷业务完全转移到线上，从产品设计、获客渠道到大数据搜集、授信审批再到风险防控、贷后管理，整个信贷流程都可以实现线上化，金融科技成为核心竞争力。

3. 突破杠杆限制

《关于小额贷款公司试点的指导意见》规定小额贷款公司从银行业金融机构获得融入资金的余额，不得超过资本净额的50%，对小贷公司杠杆水平相当谨慎。网络小贷公司诞生以后，地方政府允许其开展资产证券化等业务，本质上拓展了小贷公司融资渠道。自此以后，网络小贷公司资产证券化规模急剧扩张，突破了原有的杠杆限制，风险显著增加。

4. 突破地域限制

按照《网络小额贷款业务管理暂行办法（征求意见稿）》，小额贷款公司经营网络小额贷款业务应当主要在注册地所属省级行政区域内开展；未经国务院银行业监督管理机构批准，小额贷款公司不得跨省级行政区域开展网络小额贷款业务。因为小贷公司服务本地时，地方政府对地方经济、客户群体和小贷公司经营情况能够详细掌握；一旦小贷公司业务面向全国，地方政府对具体业务的管控难度就会加大，同时小贷公司也将不再主要服务本地经济。

（三）互联网小额贷款公司经营规范

1. 明确的客户定位

互联网小贷公司有明确的目标客户定位。非金融企业成立的互联网小贷公司以上下游关联企业为服务对象；电商平台开办的互联网小额贷款公司的客户定位为平台上的商家；网络科技公司开办的互联网小贷公司以其平台流量客户为服务对象，以用户借贷需求为目标，提供专属性借贷服务。

2. 便捷的贷款流程

互联网小贷公司利用金融科技实现“申请—审核—放贷”的网络流程一体化。客户在网络上提出贷款申请后，互联网小额贷款公司内部就会通过对交易数据、网络行为的分析，量化企业信用风险，确定贷款额度。所有的流程都通过互联网实现，相比于线下小额贷款公司，大大降低了经营成本。

3. 贷款额度小，覆盖范围广

互联网小额贷款单笔金额不大，以解决小微企业急需的资金规模为贷款额度，也可以循环使用，一般比线下小额贷款公司的贷款额度低。但是客户群的积累、贷款成本的低廉以及流程的便捷，使得互联网小额贷款很容易形成规模效应。

4. 独特的风险控制机制

互联网小贷公司对借款企业、个人的平台交易数据掌握充分，对借款人的营业收入或者部分营业收入等现金流有清晰的了解，解决了信息不对称问题，更容易控制风险。而对违约失信者网络曝光的机制设计，也有助于风控目标的实现。

5. 产品设计标准化

互联网小额贷款产品设计简单，如电商平台贷款中的订单贷款和信用贷款。互联网小贷公司通过量化小微企业的信用状况，发放标准化的贷款产品，让平台卖家在易于理解的同时，方便根据自身的情况进行贷款品种的选择。

6. 创新型还款方式

互联网第三方支付平台的出现将电商与买卖双方紧密地联系在一起，而所有卖家的交易行为都以第三方支付平台为媒介，这使得电商平台下的互联网小额贷款公司可以便捷地对贷款流向进行监控。通过结合随借随还与整借零还、提前还款和自动还款，可以实现贷款资金的快速回流，缓解流动性压力。

三、互联网小额贷款公司的风险管理

（一）互联网小额贷款公司的信用风险

互联网小额贷款公司主要面临信用风险。互联网小额贷款公司克服了传统小贷公司的很多缺陷，具备很多时代化的特点和属性，它们通过互联网开拓业务，实现了全国范围内的业务经营，但与此同时也加剧了互联网小额贷款公司面临的信用风险。

由于网络化的业务模式和较大的经营范围，互联网小额贷款公司面临较高的信用违约风险。互联网小额贷款的发放群体主要是中小企业，他们大多信用意识不强，对自身的信誉不够重视，从事的行业竞争激烈，风险防范能力较弱。目前有关互联网小额信贷公司的法律还不够完善，社会征信体系尚未统一建立；如果客户存在违约现象，现行法律尚不能有效保障互联网小额贷款公司的追偿权利。

（二）互联网小额贷款公司的内部控制

互联网小额贷款公司通过在互联网小贷信用风险管理领域的探索实践，凭借电商平台背景以及互联网技术等优势，逐步地形成了以大数据为基础，以互联网为依托的小额贷款智能风控手段。互联网小额贷款公司属于为小微企业提供小额信贷的金融服务机构，它的业务流程与商业银行和传统的小贷公司类似，也是包括三个环节，分别是贷前环节、贷中环节和贷后环节；与之对应，互联网小额贷款公司可以建立三层次的信用风险管理机制，在不同的业务环节，采取不同的措施来控制信用风险。

互联网小额贷款公司将互联网技术、大数据分析技术和智能风控技术应用在小额贷款业务的整个流程之中，在很大程度上降低了借贷双方信息不对称的程度。这些公司通过在贷前环节严格筛选客户，在贷中环节实时监控异常情况和风险隐患，以及在贷后依靠有力的惩治措施来提高违约成本，将放贷之前的逆向选择问题和放贷之后的道德风险都降到了较低水平，从整体上保证了客户信用风险在可控范围之内。

（三）互联网小额贷款公司的外部监管

自 2015 年以来，我国互联网小贷业务快速发展，服务了广大群众；但与此同时，伴随着高利放贷、信息侵权、暴力催收、非法经营等不良事件的发生，网络小贷暴露出诸多问题和风险，各地不统一的监管尺度也导致了监管套利的出现，因此国家层面对互联网小贷公司的监管逐渐展开。

2017 年 11 月 21 日，互联网金融风险专项整治工作领导小组办公室下发特急文件《关于立即暂停批设网络小额贷款公司的通知》（整治办函〔2017〕138 号），要求各级小贷公司监管部门即日起一律不得新批设网络（互联网）小额贷款公司，禁止新增批小贷公司跨省（市、区）开展小额贷款业务。

2017 年 12 月 1 日，《关于规范整顿“现金贷”业务的通知》（整治办函〔2017〕141 号）发布，要求暂停新批设网络（互联网）小额贷款公司，暂停新增批小额贷款公司跨省（区、市）开展小额贷款业务，同时要求严格规范网络小额贷款业务管理和资金来源审慎管理，要求将以 ABS 等形式融入的资金计入表内。自此以后，各地网络小贷公司的数量和规模逐步缩减，以蚂蚁集团为首的大型网络小贷公司大幅压缩资产支持证券的规模。

2017 年 12 月 8 日，《小额贷款公司网络小额贷款业务风险专项整治实施方案》（网贷整治办函〔2017〕56 号）发布，对网络小贷业务进行专项整治，重点对网络小额贷款审批权限、经营资质、股权管理、表内融资、资产证券化等融资、综合实际利率、贷款管理和催收行为、贷款范围、业务合作、信息安全和非法经营等十一个方面进行排查整治，并以摸底排查结果为基础，进行分类处置。

2020 年 11 月 2 日，银保监会会同中国人民银行等部门起草了《网络小额贷款业务管理暂行办法（征求意见稿）》，对网络小贷业务做出了较为细致的规定，网络小额贷款业务监管趋严。

本章小结

互联网银行是指借助现代数字通信、互联网、移动通信及物联网技术，通过云计算、大数据等方式在线为客户提供存款、贷款、支付、结算、汇转、电子票证、电子信用、账户管理、货币互换、投资理财、金融信息等服务的全方位无缝、快捷、安全和高效的互联网银行服务机构。互联网银行两个最大的特点就是数字化和智慧化。互联网银行主要可以分为两大类，一类是传统银行互联网化形成的智慧银行，另一类是纯互联网银行。互联网银行具有成本低、效率高、服务公平以及基于大数据授信的优势；互联网银行存在技术风险、声誉风险、信用风险、操作风险和合规风险。

商业银行有网络支付、转账、结售汇与跨境汇款等网上银行服务；网络普惠金融业务包括小微网络贷款、三农网络贷款、网络助学贷款和其他网络贷款业务；商业银行网银投资理财业务包括存款与理财、贵金属交易和外汇交易业务。纯互联网银行主要有转账业务、财富管理业务和贷款业务。纯互联网银行的管理有以下特色：采用轻资产模式，经营成本低；利用互联网技术创新风控模式，服务小微的普惠模式；重视并依托互联网等前沿技术开展金融服务；数据、模型和系统是风控的三大支柱。

互联网小额贷款公司主要包括非金融企业设立的互联网小贷公司、电商平台设立的互联网小贷公司和互联网科技公司设立的互联网小额贷款公司。互联网小额贷款公司突破了身份限制、模式限制、杠杆限制和地域限制。信用风险是互联网小额贷款公司的主要风险。

本章重要概念

互联网银行　智慧银行　纯互联网银行　网银结售汇　网银跨境汇款　小微网络贷款　三农网络贷款　网络助学贷款　互联网小贷　小额贷款公司

即测即评

本章思考题

1. 互联网银行有哪些类别？其特点是什么？
2. 互联网银行的业务有什么优势？面临的风险有哪些？
3. 商业银行为何要开展电子商务业务？
4. 纯互联网银行的经营管理有何特色？
5. 互联网小贷公司的开办主体有哪些类型？其设立互联网小贷公司的目标是什么？
6. 互联网小贷公司的经营管理有哪些特点？
7. 互联网小额贷款的信用风险如何管理？

第六章
互联网投融资管理

本章导读

互联网金融的发展改变了金融业态，催生了互联网证券、网络股权众筹以及互联网财富管理。什么是互联网证券？互联网证券业务涵盖哪些领域？有哪些应用场景？什么是众筹？众筹包括哪些类型？其业务流程是什么？网络股权众筹平台运营模式有哪些？什么是互联网财富管理？互联网财富管理的特点是什么？互联网财富管理有哪些模式？互联网财富管理平台如何运作？什么是互联网金融超市？本章旨在回答这些问题。

本章学习目标

通过本章学习，要求掌握互联网证券的概念，了解互联网证券业务的涵盖领域及应用场景；掌握众筹的概念、众筹的类型及其一般业务流程；掌握网络股权众筹平台运营模式，理解网络股权众筹平台投融资管理；掌握互联网财富管理的概念、特点、模式和运作；了解互联网金融超市。

第一节　互联网证券

一、互联网证券概述

（一）证券与证券市场

1. 证券概述

证券是用以表明各类财产所有权或债权的凭证或证书的统称。证券上记载有一定的财产或权益内容，持有证券即可依据券面所载内容取得相应的权益。有价证券是证券的一种，是表示一定财产权可自由让渡的证券，即表明证券持有人可以根据券面所载财产内容行使权利。[①]

有价证券可以分为货物证券、货币证券、资本证券和其他证券。货物证券是有权领取货物的凭证，其权利的标的物是特定的货物，如提单、仓单等。货币证券是对货币有请求权的凭证，其权利的标的物是一定的货币额，如支票、本票、汇票等。资本证券的标的物也是货币额，但与货币证券不同的是，它侧重于对一定本金所带来的收益的请求权，如股票、债券等。其他证券则包括土地所有权证等。

有价证券有广义和狭义之分。广义的有价证券包括前述的货物证券、货币证券、资本证券和其他证券。狭义的有价证券一般是指货币证券和资本证券，更多的时候专指股票、债券等资本证券，此时往往直接称之为证券。股票是由股份有限公司发行的用以证明投资者身份和权益的凭证。债券是公司、企业、国家和地方政府及政府有关部门为筹措资金向社会公众发行的、保证按规定时间向债券持有人支付利息和偿还本金的凭证。

2. 证券市场概述

证券市场分为发行市场和流通市场。发行市场是发行人将新发行的证券出售给投资者的市场。由于证券是在发行市场首次进入市场的，因而证券发行市场也称一级市场。证券流通市场是指买卖已发行证券的市场，也称二级市场。

证券发行市场的参与主体包括证券发行人、证券投资者和证券中介机构。证券发行人是指符合发行条件并且正在从事证券发行或者准备进行证券发行的政府组织、金融机构或者企业。证券投资者是指以取得利息、股息或者资本收益为目的而买入证券的个人或者机构。证券中介机构主要是指作为证券发行人和投资人交易媒介的证券承销商，包括投资银行、证券公司等机构。[②]

除了买卖证券的投资者外，证券公司（简称券商）也是证券流通市场重要的参与者。证券公司是以证券的发行流通等为经营业务并从中获得利润的从业者。在证券流通市场，证券公司主要办理证券经纪业务和自营业务。办理证券经纪业务的证券公司称为证券经纪公司，是指接受证券买卖者的委托，在证券交易所充当交易中介而收取佣金的证券公司。办理证券自营业务的证券公司称为证券自营公司，是指自行买卖证券，独立承担风险，从中赚取价差收益的证券商。介于证券经纪公司和证券自营公司之间的是自营经纪人，既办理证券的自营业务又办理证券经纪业务，但以证券经纪业务为主。

证券发行市场通常无固定场所，是一个无形的市场。证券流通市场主要分为证券交易所市场交易和场外市场交易。证券交易所是依据国家有关法律、经政府证券主管机关批准设立的证券集中竞价交易的有形场所。场外交易是指证券商在证券交易所以外，与客户直接进行证券买卖的行为。原始的场外交易市场也称为柜台交易市场（over-the-counter market）。这个市场并非特指一个有形的市场，而是指在证券交易所之外证券商与客户直接通过讨价还价促成交易的市场。

---

① 曹凤岐，刘力，姚长辉. 证券投资学. 北京：北京大学出版社，2019.

② 李健. 金融学. 3 版. 北京：高等教育出版社，2018.

（二）互联网证券的含义

互联网证券是指证券公司和互联网融合发展，利用互联网技术实现证券的发行、定价、销售、交易等活动，包括经纪、理财产品代销、证券发行承销、自营投资、融资交易等证券业务的互联网化。

证券行业与互联网相互结合，减少了信息不对称，降低了交易成本，扩大了服务边界，提高了资源配置效率。互联网金融的发展使得证券公司依赖物理网点的传统发展模式受到挑战，佣金率大幅下降，经纪业务由发展通道向理财业务和信用中介终端转变。证券行业需要延伸业务链条实现转型，增加风险定价、资产证券化等方面的盈利。

美国互联网证券交易始于 20 世纪 90 年代。1995 年，嘉信公司成为第一家开展证券电子商务的经纪商。1996 年，E*Trade 开设网站直接提供线上证券交易服务，成为一家纯互联网证券经纪商。1999 年，传统证券经纪商美林证券开始为投资者提供网络证券交易服务。中国互联网证券交易也始于同一时期。1997 年，中国华融信托投资公司推出视聆通多媒体公众信息网网上交易系统，这标志着中国证券网上交易的开始。

2014 年 4 月，中信证券股份有限公司、国泰君安证券股份有限公司、长城证券有限责任公司、平安证券有限责任公司、华创证券有限责任公司、中国银河证券股份有限公司经证监会同意，获得开展互联网证券业务的试点资格。此后，又有多家券商获得了开展互联网证券业务的资格。2014 年，证券公司的互联网转型方向主要是降低交易佣金，利用互联网以较低边际成本吸纳客户。2015 年，各家证券公司积极推出升级产品，全面转型移动互联网业务，布局移动端 APP 和微信公众号，竞争客户下载量和活跃度。自 2016 年以来，证券公司发力于移动互联网，以综合账户体系为基础，打造一站式综合金融服务平台，为客户提供账户诊断、账户分析、账户管理等多重服务，实现智能选股、股价预警、智能选基等服务，在分析用户行为数据的基础上为客户提供金融产品配置建议，构建全新的互联网生态环境并探索差异化创新，充分满足客户的差异化需求。

目前，我国互联网证券业务主要集中在在线开户、新股申购、在线交易、融资、理财产品在线销售、私募股权融资等方面；其中证券开户及经纪业务是应用最广泛的互联网证券业务形态。互联网开户的营销模式是通过互联网平台进行引流（如国金证券和腾讯合作的“佣金宝”），利用微信、微博等自媒体进行转发推广，对接金融社交平台（如雪球、新浪理财师、牛股王），抢占互联网流量入口。在互联网证券发展过程中，还出现了纯互联网证券公司，即完全在互联网上提供在线交易服务的证券公司，如老虎证券、富途证券等。

以 BAT（百度、阿里巴巴和腾讯）为代表的互联网公司利用流量优势对证券公司的开户、理财产品销售进行导流，也开始利用大数据优势进行智能投顾服务和布局，试图通过丰富的业务种类和升级的产品体验，实现互联网证券生态化和场景化。也有互联网企业从资讯领域切入市场，通过收购获取券商牌照，利用流量等优势，发展一站式服务平台，如东方财富等。

证券公司和互联网企业也开展合作，利用搜索引擎引流，抢占互联网流量入口，其模式有：从垂直细分领域切入，包括金融界、同花顺、Wind资讯在内的金融门户网站及金融技术提供商向证券公司开放端口；与金融社交平台合作，如以雪球为代表的投资类社区、新浪理财师、牛股王等通过专家展示投资策略、分析跟单交易来迅速积攒人气；与互联网公司展开股权合作；等等。①

二、互联网证券业务②

（一）券商互联网证券业务

券商互联网证券业务主要包括证券经纪业务、融资、新股申购、理财产品销售、生态链营造、互联网金融直投、众筹及私募股权融资等。

1. 证券经纪业务

证券开户、代理证券买卖等经纪业务是应用最为广泛的互联网证券业务形态。互联网证券在线开户营销模式可分为以下四类：

（1）通过互联网平台进行引流。一些大型券商会选择和互联网金融企业开展合作，利用互联网金融企业的流量优势积累客户。比较典型的例子是佣金宝。佣金宝是国金证券与腾讯战略合作之后，推出的“1+1+1”互联网证券服务产品。投资者可以通过计算机或手机7×24小时办理开户。投资者开户成功后可以享受“万分之二点五”的沪深A股、基金交易佣金率（含股票交易规费）。

（2）通过HTML5（HyperText Markup Language 5）制作导流开户页面，利用微信、微博等自媒体进行转发推广，再对相应的推广进行记录奖励，实现分布式直销。

（3）通过微信等内容平台，利用粉丝经济实现用户积累。

（4）开发经纪人管理软件，通过对经纪人的大额甚至全额返佣，实现客户数量的最大化。比较典型的例子是九州证券推出的经纪宝。经纪宝不对经纪人设置任何绩效考核指标，而是强调客户对经纪人服务质量的满意度评价以及对证券经纪人展业合规性的管理。如果经纪人服务质量的满意度评价与展业合规性考核达标，则会给予经纪人业绩线以上100%提成。此外，九州证券还借助移动互联网、在线办公、大数据等技术手段，向经纪人提供有效的业务支持，帮助其提升专业能力，最终为用户提供便捷、专业的服务。

而在整体的经纪、融资业务环节，各家券商通过不断美化用户界面，完善底层开发程序、账户连通体系等环节，进一步优化产品体验。

2. 融资与新股申购

融资业务包括融资融券交易业务和小额股权质押融资服务。由于融资融券业务已相对稳定，各家券商竞相为持股客户提供“小额股票在线质押融资业务”来解决流动性不足的问题。为吸引客户，各家券商纷纷提升授信体验和资金到账效率。

---

① 中国证券业协会. 创新与发展：中国证券业2017年论文集. 北京：中国财政经济出版社，2018.

② 参考《2016互联网证券生态发展报告》。

2016年，新股申购新规取消了新股申购预先缴款制度，改为确定配售数量后再进行缴款。这意味着，股民打新股不用先卖“老股”来筹集“打新”资金，而是按照市值配售去申报，中签后再缴款。虽然股民打新股时需要动用的资金数量大幅减少，但新股申购新规并没有降低股民“打新”的信息成本。为此，部分券商在客户端、微信平台推出了“一站式打新股”等服务，提高了用户体验，降低了申购新股的交易成本。

3. 理财产品销售

多数证券公司在计算机、移动互联网终端或第三方互联网平台开设了理财产品销售、代销业务，产品种类包含银行理财、券商集合理财①、公募基金、私募资管产品、收益凭证等。

券商利用互联网的流量优势和体验优势，不但能在理财产品销售过程中节省交易费用，还能加快募集销售速度。在开展互联网证券业务以前，中小银行、城商行、农商行无法跨区经营销售理财产品，这一问题随着大型券商平台将其纳入代销产品中而得以解决。此外，一些券商理财产品也通过其他金融机构或有产品代销资质的互联网平台进行销售。

4. 互联网证券生态营造

绝大多数大型券商并不把互联网证券仅仅视为传统证券业务的互联网化，而是通过APP、微信平台等渠道开展财富管理等综合服务，全力打造互联网端口的立体化服务。此外，许多券商为了积极营造互联网证券生态，扩大用户规模，还设立了互联网金融部、网络金融部等一级或二级部门，专门进行互联网证券业务的研究与推广。

通过在移动终端的APP中把财经资讯、投资信息、投资顾问建议、研究报告、股票行情等资讯类内容与证券交易、理财产品、融资交易、资产配置等业务进行整合，券商可以实现业务种类丰富化、联动化和产品体验升级，从而建立和营造互联网证券生态。券商开展互联网证券业务，一方面会实现对传统证券业务的完善和提升，另一方面可以利用互联网端积累的流量来助力产品、业务的开发和转型。券商通过微信公众平台端的建设，可以实现原创内容在微信群和朋友圈迅速推广，有利于导流。此外，由于微信平台用户黏性较好，功能简便，可以实现用户对证券业务体验的升级。部分互联网证券平台为了扩大使用场景，还在券商体系内部构建了电商平台，通过对账户体系的改造和桥接，客户可以通过证券账户资金直接购买相关商品。

5. 互联网金融平台的自营与直投

在开展互联网证券业务过程中，有些券商还会通过下设或股权直投参与互联网金融平台的设立。具体有三种模式：第一，参与互联网金融企业的融资，并与其建立合作关系，利用互联网金融企业的流量优势为券商导流。第二，在自身体系内搭建平台，并将券商投行等卖方业务中获取的企业资源和该类平台进行融资对接，或在互联网金

① 券商集合理财也称集合资产管理业务，是指由证券公司发行的、集合客户的资产，由专业的投资者（券商）进行管理的一种理财产品。它是证券公司针对高端客户开发的理财服务创新产品，证券公司是这种理财产品的发起人和管理人。

融平台上进行债权转让、资产收益权转让。第三，直接服务于未能被标准化的证券结构化融资业务，例如有券商设立的互联网金融平台就开辟了新三板股权质押融资服务，这为现阶段券商仍然难于大规模提供新三板股权质押融资的难题找到了新的解决思路。

6. 众筹及私募股权融资

由于众筹公开募集渠道仅限于股票 IPO（首次公开发行），目前券商主要开展的是互联网私募股权融资业务。一方面，主流券商控股、参股的区域股权交易市场，相当于为私募股权融资业务提供了一个合法场所；将该类区域市场“线上化”，即可完成私募股权融资互联网平台的基本构架。另一方面，在证券业协会旗下的报价系统中，“中证众创平台”也提供了私募股权融资业务，包括券商在内的部分机构也扮演了中介角色。

（二）基金公司互联网业务

基金公司开展互联网业务主要体现在利用互联网渠道销售基金产品上。主要模式包括：第一，大型基金公司下设销售子公司，并接入第三方销售领域，开发理财客户端，以此实现基金产品的直销。第二，通过连通账户体系和桥接销售入口，以定期投资等形式丰富定制化的基金销售体验。第三，与大型互联网公司进行代销合作，通过微信、财经资讯网站等平台进行产品代销或架设货币基金产品，满足投资者的现金管理需求。第四，在重大新闻事件和财经热点中制作 HTML5 页面、含二维码的营销图片，在微信朋友圈、微博中进行传播导流。第五，经营微信公众平台，通过内容经营集聚粉丝，引导读者成为潜在客户，为基金销售贡献规模。

（三）互联网金融平台证券类业务

在互联网证券业务不断发展的过程中，一些缺乏传统证券、基金管理牌照的机构，通过获取证券投资咨询、基金第三方销售等低门槛牌照，与传统金融机构合作，也参与到互联网证券、基金业务中来。

1. 互联网平台的导流现象

各类行情软件、股票交流软件、投资社区、财经资讯、电子商务和第三方支付平台都在利用其流量优势，对券商及基金的开户、理财产品销售进行导流。该模式最典型的代表是支付宝与天弘基金合作推出的“余额宝”产品。

2. 私募股权融资平台

许多互联网金融平台的互联网私募股权融资业务旨在为初创期企业提供私募融资财务顾问服务，平台往往会引入“领投人”机制，即让投资者和知名投资人共同参与投资同一项目，以实现风险共担。这相当于投资者通过上述机构的引荐，参与部分早期创业类企业的天使轮融资。该类投资具有优质项目缺乏、估值定价难、信任成本高、退出周期长、沟通成本高等问题。

3. 互联网金融平台转型销售基金

许多互联网金融平台利用众多投资者热衷理财的优势，开始转型销售公募基金。但由于其原有业务以垃圾债券为主，带有固定收益性质，和公募基金的收益风险属性有一定差异。互联网金融平台转型销售基金的效果，仍需进一步观察。

三、互联网证券应用场景[①]

（一）在证券经纪业务领域的应用场景

1. 智能客服

为缓解人工客服压力，丰富用户交互场景，开展交叉营销，证券公司纷纷把智能问答融入互联网客服体系中。证券公司以互联网客服平台为基础，重点围绕智能问答和业务场景直达，运用自动语音识别、自然语言处理、深度学习等技术研发智能客服机器人，这不但会提升用户体验，还会降低运营成本。此外，证券公司还借助自动语音合成技术，开展智能外呼、智能回访等业务。

2. 互联网精准营销和运营

证券公司利用大数据技术建立客户画像、产品标签体系，并以此为基础开展个性化客户服务和精准营销活动。通过建设一体化互联网精准营销及运营平台，证券公司可以全面打通互联网渠道端和中台业务运营。此外，利用大数据、智能算法、云原生、异步事件引擎等技术，基于客户画像、产品标签体系，证券公司可以实现包括运营策略发布、客群提取、渠道送达、绩效分析等流程的全闭环线上互联网运营，为客户提供千人千面的个性化服务。

3. 智能化投顾

由于证券行业传统经纪业务的利润空间不断被压缩，证券公司为了以较低成本向更多客户提供财富管理服务，纷纷推出智能投顾业务，来优化公司收入结构。证券公司开展智能投顾业务有两种模式：一是通过互联网直接向客户提供智能投顾服务；二是通过智能投顾助手赋能财富管理顾问，再由财富管理顾问向客户提供投顾服务。

4. 客户全景资产视图及资产分析

基于大数据平台，利用实时计算技术，证券公司可以为客户提供涵盖全交易品种的实时资产全景视图及 T−1 账单等服务，从而大幅提升用户体验。证券公司以此为基础，还可以向客户提供账户资产分析、持仓诊断等增值服务。

5. VTM（Video Teller Machine）智能柜台

为缓解柜台人员业务压力，塑造智慧型网点形象，部分证券公司在营业网点引入 VTM 智能柜台，通过运用生物认证、OCR[②]、多媒体交互等多种金融科技手段，为客户提供自助式临柜服务，这不但提升了用户体验，还降低了网点营业成本。

6. 新一代分布式低延时交易系统

证券公司基于传统单体架构的核心交易系统存在耦合性高、性能难以灵活扩容、

---

① 参考中国证券业协会 . 中国证券业发展报告（2020）北京：中国财政经济出版社，2020.

② OCR（optical character recognition，光学字符识别）是指电子设备（例如扫描仪或数码相机）检查纸上打印的字符，通过检测暗、亮的模式确定其形状，然后用字符识别方法将形状翻译成计算机文字的过程。即针对印刷体字符，采用光学的方式将纸质文档中的文字转换成为黑白点阵的图像文件，并通过识别软件将图像中的文字转换成文本格式，供文字处理软件进一步编辑加工。

功能难以灵活扩展、应用开发部署周期长、升级复杂度高、风险传导性强等问题，已经很难满足经纪业务发展的需要。在此背景下，部分证券公司与专业信息技术机构合作，基于分布式、微服务、低延时通信、云原生等技术，研究和建设新一代核心交易系统。

（二）在资产管理业务领域的应用场景

1. 支持高效策略投研、程序化交易、风险管理

在策略投研方面，部分证券公司利用大数据、机器学习、GPU 硬件加速等技术研发建设量化投研平台，支持高频量化策略的研发及回测、多租户管理，满足资产管理及其他业务线高效策略投研的需要。在程序化交易方面，部分证券公司打造支持多投资品种的策略交易平台，采用异步通信、内存交易等技术降低处理延时。在风险管理方面，部分证券公司基于大数据构建资管数据集市、客户及产品画像，有效地支持业务运营、投资风险管理和投资分析决策，构建企业信用风险模型，利用大数据、企业图谱和舆情预警，辅助投资研究并对投资标的进行智能风险监测。

2. 基于区块链的资产证券化平台

一直以来，资产证券化业务存在信息不透明、难以验证、流程复杂等问题。证券公司可以基于区块链技术建造资产证券化平台，连接资金端和资产端，从而实现资产证券化业务体系的信用穿透与项目运转全过程信息上链。这会使整个业务流程更加规范化、透明化及标准化。但区块链应用目前仍存在效率及操作层面的问题，证券公司正进行探索和试点，离大规模商用还有一段距离。

（三）在投资银行领域的应用场景

1. 提升复杂环节处理效率及项目质控能力

投资银行业务涉及大量尽职调查、底稿编写及审核等工作，为提升效率并加强项目质控，证券公司可以利用 OCR、自然语言处理等技术实现智能化的底稿辅助编写和审核、银行流水自动识别录入及异常交易识别、智能化的财报分析和财务数据预检，结合知识图谱技术进行穿透式关联方分析核查，及时发现并处置风险。

2. 辅助客户分析及商机挖掘

证券公司可以利用大数据、知识图谱等技术，构建投行数据集市、企业客户画像，结合企业知识图谱对企业进行穿透式分析，进行商机挖掘。

（四）在合规风险领域的应用场景

1. 风险数据集市

证券公司风险管理系统一般以外购为主，但存在风险管理系统分散、风险数据及风险计量指标分散、难以跨风险计量、不利于风险集中管理等问题。为此，部分证券公司基于大数据和数据仓库技术建设了风险数据集市，打通数据底层进行风险指标整合计算，进而将其通过统一风险门户集中呈现。

2. 智能风险预警

由于各经济主体、产品标的之间关系复杂，依靠人工或传统技术及时识别风险并进行预警的难度较大。部分证券公司利用知识图谱技术构建产业链及企业图谱，对市

场实体及其关系进行穿透式管理，利用大数据、自然语言处理等技术对舆情咨询进行分析，通过知识图谱进行风险传导计算，从而实现智能化风险预警或预测，为业务运营、投资决策提供有效支持。

3. 交易实时风控

以前，证券公司交易风险管理以事前、事后为主；随着程序化交易、策略算法交易快速发展以及监管逐渐放开第三方交易接入业务，证券公司交易中面临的风险不断加大。部分证券公司基于内存计算、大数据流式计算等技术建设交易实时风控系统，实现对异常交易、异常账户等事中风险的识别和控制，从而提升主动风险防控能力。

4. 投资者适当性动态评估

有的证券公司研发出了投资者动态评估数据库系统，基于大数据分析及机器学习技术，实现了对个人投资者风险承受能力的智能建模和动态评估，为公司各项业务开展提供了有效支持。

5. 智能质检

证券公司呼叫中心、互联网客服、“双录”系统每天都产生大量文本、语音、视频等客户交互记录。为满足监管合规性要求及提升自身服务质量需要，证券公司需要对这些内容进行审核。传统人工质检效率低、成本高、评判主观性强，操作风险较大。如果采用抽检方式，会出现覆盖率低等问题。有些证券公司综合运用智能文本分析、自动语音识别、智能图像识别、机器学习等技术建设智能质检系统，以 AI（人工智能）质检代替或辅助人工质检，极大地提高了质检的效率和有效性。

四、互联网证券监管政策

2000 年 3 月，证监会发布《网上证券委托暂行管理办法》，对证券公司通过互联网向在本机构开户的投资者提供用于下达证券交易指令、获取成交结果的行为提出了业务规范和技术规范，证券公司开展网上委托业务须经证监会核准。2000 年 4 月，为规范核准程序，提高工作效率，证监会制定了《证券公司网上委托业务核准程序》。

2013 年 3 月 15 日，中国证券业协会发布《证券公司开立客户账户规范》，对网上开户做出了明确规定：证券公司可以在经营场所内为客户现场开立账户，也可以通过见证、网上及中国证监会认可的其他方式为客户开立账户。网上开户是指客户凭有效的数字证书登录证券公司网上开户系统，签署开户相关协议后，证券公司按规定程序为客户办理开户。同年，为了对证券账户进行合规管理，中国证券登记结算有限责任公司发布了《证券账户非现场开户实施暂行办法》，对见证开户及网上开户做出了具体规定。

2014 年 4 月至 2015 年 3 月，证监会同意批准了 55 家证券公司的互联网证券业务试点资格，鼓励券商通过互联网开展业务。2014 年 5 月，国务院印发《关于进一步促进资本市场健康发展的若干意见》，提出要引导证券期货互联网业务有序发展，建立健全证券期货互联网业务监管规则，支持证券期货服务业、各类资产管理机构利用网络信息技术创新产品、业务和交易方式，支持有条件的互联网企业参与资本市场，促进互联网金融健康发展，扩大资本市场服务的覆盖面。2014 年 5 月，证监会发布了《关于进一步推进证券经营机构创新发展的意见》，明确支持证券公司积极利用网络信息技术创新产品、业务和交易方式。2014 年 10 月，中国证券登记结算有限责任公司统一证券账户平台（一码通）上线，打通了沪深 A 股、B 股、封闭式基金等 7 个市场，完善和推动互联网证券进一步健康发展。

2015 年 4 月 12 日，中国证券登记结算有限责任公司发布《关于取消自然人投资者 A 股等证券账户一人一户限制的通知》，宣布自 2015 年 4 月 13 日起 A 股市场全面放开一人一户限制，允许自然人投资者根据实际需要开立多个沪、深 A 股账户及场内封闭式基金账户。2015 年 7 月，中国人民银行等十部门联合发布了《关于促进互联网金融健康发展的指导意见》，对客户资金第三方存管制度、信息披露、风险提示和合格投资者制度、消费者权益保护、网络与信息安全、反洗钱和防范金融犯罪均提出了具体要求。

2016 年 3 月，中国互联网金融协会成立，标志着互联网金融行业自律的开始。2016 年 10 月，国务院发布了《互联网金融风险专项整治工作实施方案》，明确了互联网金融风险专项整治工作的目标、原则、重点、职责，主要目的在于防范金融风险，保护投资者权益，完善监管长效机制。同月，中国人民银行等 17 个部门联合印发《通过互联网开展资产管理及跨界从事金融业务风险专项整治工作实施方案》，重点整治 P2P 网络借贷、股权众筹、互联网保险、第三方支付、互联网资产管理等领域。中国证券登记结算有限责任公司把一人可以开 20 户上限调整为一人可开 3 户。

2018 年 4 月，中国人民银行、银保监会、证监会及国家外汇管理局联合提出《关于规范金融机构资产管理业务的指导意见》（简称《资管新规》）。《资管新规》中和互联网证券有关的规定如下：运用人工智能技术开展投资顾问业务应当取得投资顾问资质，非金融机构不得借助智能投资顾问超范围经营或者变相开展资产管理业务；金融机构运用人工智能技术开展资产管理业务应当严格遵守《资管新规》有关投资者适当性、投资范围、信息披露、风险隔离等一般性规定，不得借助人工智能业务夸大宣传资产管理产品或者误导投资者；金融机构应当根据不同产品投资策略研发对应的人工智能算法或者程序化交易，避免算法同质化加剧投资行为的顺周期性，并针对由此可能引发的市场波动风险制定应对预案。

2020 年 3 月 1 日，新《证券法》开始实施。新《证券法》旨在规范证券发行和交易行为，保护投资者的合法权益，维护社会经济秩序和社会公共利益，促进社会主义市场经济的发展。新《证券法》中和互联网证券有关的规定如下：通过计算机程序自动生成或者下达交易指令进行程序化交易的，应当符合国务院证券监督管理机构的规定，并向证券交易所报告，不得影响证券交易所系统安全或者正常交易秩序；各种传播媒介传播证券市场信息必须真实、客观，禁止误导。

第二节　网络众筹

一、网络众筹概述

（一）网络众筹的概念与特点

1. 网络众筹的概念

《中国金融稳定报告（2014）》给出了众筹融资的概念。众筹融资（crowdfunding）是指通过网络平台为项目发起人筹集从事某项创业或活动的小额资金，并由项目发起人向投资人提供一定回报的融资模式。①

根据此定义，网络众筹主要由三方构成，分别是筹资方、平台运营方和投资方。其中筹资方是项目发起方，可以是个人、企业，也可以是某个项目管理机构、活动组织或协会。筹资方在众筹平台上创建项目，介绍自己的产品、创意或者需求，设定筹资期限、筹资模式、筹资金额和预期回报率等。平台运营方即众筹网站，负责审核、展示筹资人创建的项目，提供服务支持。投资方通常是网络用户，包括个人及企业，一般以个人为主。投资方通过浏览平台上的各种项目，选择合适的投资项目进行投资。

2003 年开始运营的 ArtistShare 是世界上第一家众筹网站，网站在艺术家和粉丝之间架起了一座桥梁，一方面可以让粉丝了解艺术的创作过程，另一方面能让新艺术品的创作得以实现。此后，多家众筹网站纷纷出现，如 IndieGoGo（2008 年）、Kickstarter（2009 年）、Crowdcube（2011 年）、AngelList（2011 年）等。其中 Kickstarter 比较具有代表性，自 2009 年 4 月开始运营以来，平台共为 202 287 个项目筹集到 58.5 亿美元的资金。

2011 年 7 月，我国第一家众筹平台点名时间开始运营，这标志着我国众筹行业的诞生。随后，一些较大的平台纷纷上线。2011 年 9 月，追梦网在上海上线；2013 年 12 月，淘宝众筹平台成立，这意味着电商平台开始进军众筹行业；2014 年 7 月，京东众筹上线；2015 年 4 月，苏宁众筹上线。高峰时期，我国共有 800 多家网络众筹平台上线运营。但随着互联网金融风险的逐渐暴露以及互联网金融专项整治的推进，2016—2017 年，我国网络众筹行业进入洗牌阶段。众筹平台的数量急剧下降，市场集中度开始提高，经营不善的平台退出市场，而少量平台探索出自己的路子，开始大力扩张，迅速提高市场占有率。据众筹家的统计数据，截至 2020 年 1 月底，我国处于运营状态

① 众筹（crowdfunding）一词最早于 2006 年出现，韦氏词典给出众筹的英文定义为：The practice of obtaining needed funding (as for a new business) by soliciting contributions from a large number of people especially from the online community。

的众筹平台大约有 66 家。

2. 网络众筹的特点

网络众筹具有以下四个特点：

第一是门槛低。网络众筹的发起条件很低，任何发起方均可发起项目。而传统融资方式，无论是银行信贷，还是发行股票或者债券，都需要融资方具备一定的条件。作为对比，在众筹平台上，个人无论是何身份、地位、职业、年龄、性别，只要有想法有创造能力都可以发起项目，寻求资金支持。对企业而言，新型创业公司除了天使投资、风险投资、私募股权投资及银行贷款外，又多了一条融资渠道。

第二是形式种类多样。众筹项目发起方在众筹平台上发起的项目具有多样性，不但包括新产品研发、新公司成立等商业项目，还包括科学研究项目、民生工程项目、赈灾项目、艺术设计、政治运动等。形式种类多样意味着许多垂直化众筹网络平台能够在细分市场为筹资方和投资方提供专业化服务。

第三是传播性良好。众筹项目发起方不仅可以通过众筹平台充分展示项目信息，还可借助社交网络、专业媒体平台、关键意见领袖等渠道，利用不同工具和信息载体充分展示和传播项目。

第四是大众参与。网络众筹门槛低，对项目筹资方除项目本身外，没有其他要求；对项目投资方更是没有任何要求，普通民众都可以参与。这一方面使得不能从传统融资渠道得到资金支持的个人或企业可以通过网络众筹平台得到资金支持，另一方面让普通民众也可以参与融资项目而获得收益。能够获得足够多的普通投资者支持是项目筹资成功的一个前提。

（二）网络众筹的类型

按回报方式的不同，网络众筹可分为股权型众筹（互联网非公开股权融资型众筹）、权益型众筹、物权型众筹、综合型众筹、公益型众筹等。截至 2020 年 1 月底，我国处于运营状态的众筹平台共有 66 家，其中股权型众筹平台有 23 家，权益型平台有 24 家，物权型平台有 8 家，综合型平台有 7 家，公益型平台有 4 家。

1. 股权众筹

在中国人民银行等十部门于 2015 年 7 月 18 日联合发布的《关于促进互联网金融健康发展的指导意见》中，对股权众筹融资进行了定义：股权众筹融资主要是指通过互联网形式进行公开小额股权融资的活动。股权众筹融资必须通过股权众筹融资中介机构平台（互联网网站或其他类似的电子媒介）进行。国外股权众筹平台有 Crowdcube、CircleUp、AngelList、WeFunder 等。国内股权众筹平台有京东东家、众投邦、京北众筹、36 氪股权投资等。

下面我们通过 Crowdcube 来例示股权众筹的运营。Crowdcube 成立于 2011 年，其具体运营模式可分为项目上线、选择项目和资金募集几个过程。

在项目上线阶段，筹资方首先在 Crowdcube 平台上提出申请，对项目进行详细描述，并制定融资计划书。筹资方需要在融资计划书中说明拟转让的股权比例、目标筹集资金、股权类型及融资期限。[①]Crowdcube 会对项目本身和融资计划书进行审核；经审核确认后，项目即可上线。

在选择项目阶段，投资方可以根据自己的偏好、项目所处行业、公司所处发展阶段、已经募集金额等条件对项目进行筛选。为便利与筹资方和投资方进行直接沟通，Crowdcube 设置了问答环节。此外，Crowdcube 还和 Facebook、Twitter、Linkedin 合作，筹资方和投资方可以通过这些社交平台进行交流。Crowdcube 规定投资者出资金额最少 10 英镑，无最多限制。低门槛的投资金额能够充分调动“草根”的积极性，广泛募集大众资金。此外，Crowdcube 会对投资方进行风险提示，包括损失投资额、缺少流动性、分红可能性低、股权稀释等。投资方确认投资金额后，把投资金额转到第三方支付平台 GoCardless 上。

在资金募集阶段，如果融资期满后融资达到了目标数目，则股权融资成功。Crowdcube 和律师事务所合作，和筹资方签订相关协议，帮助筹资方及其律师顾问设计有法律效力的相关文件，并发送给投资方进行确认。投资方有 7 个工作日的时间考虑是否确认投资金额。确认后，投资方通过第三方支付平台 Gocardless 把资金转到筹资方账户，并收到股权证明书，至此股权众筹融资完成。如果融资期满后融资未达到目标数目，则融资失败，已融到资金会返还投资者，Crowdcube 不收取任何费用。如果融资超过目标金额，融资方可以设定第二目标金额，继续融资。

在众筹融资过程中，Crowdcube 不收取会员费、项目展示费、融资过程费，也不向投资方收取任何费用；只有项目融资成功后，收取筹资方 500 英镑加融资总金额 5% 的手续费。

2. 权益众筹

权益众筹也称奖励式众筹，是指投资方对项目或者公司进行投资，从而获得相应的产品或服务。权益众筹和团购的区别主要在于，权益众筹项目涉及的一般是预售类的产品或服务，而团购涉及的是已经进入销售阶段的产品或服务。国外权益众筹平台有 IndieGoGo、Kickstarter 等，国内权益众筹平台有点筹网、摩点网、小米众筹等。

下面我们通过 Kickstarter 来例示权益众筹的运营。Kickstarter 成立于 2009 年 4 月，是一个专门为具有创意文案的企业筹资的众筹网站平台。Kickstarter 工作人员在收到筹资方关于创意项目的简要说明后，会对该项目进行评估。如果该创意项目通过评估，就可以在 Kickstarter 网站上向广泛的投资者展示并募集资金。Kickstarter 规定筹资方必须在 60 天内完成事先设定的融资目标，如没有完成融资目标，所融资金须返还给投资者。如果在规定期限内完成了融资目标，融资方可以提取资金，但需要把融资金额的 5% 支付给 Kickstarter。创意项目实施后，投资方会从项目筹资方处获得和艺术、舞蹈、设计、时尚、游戏、新闻、音乐、摄影、出版等相关的产品或服务。

① 股权类型包括 A、B 两类，两类股权的唯一区别在于 A 型股权拥有投票权。筹资方可以只提供一种股权，也可以提供两种，大多数提供 B 型股权。

3. 物权众筹

物权众筹是指筹资方通过互联网向大众筹集资金，用于收购实物资产，通过资产升值变现获取利润，其回报可分为经营分红、租金分红以及物权的未来增值收益。物权众筹的标的物主要有汽车、房地产和农产品等。国内物权众筹平台有中 e 众筹等。

4. 综合众筹

综合众筹包括上述众筹类型中的两种或两种以上，一般包括股权众筹和权益众筹。国内综合众筹平台有京东众筹、苏宁众筹、淘宝众筹、众筹网等。

（三）网络众筹的流程

一般而言，网络众筹的运作流程可分为三个阶段：项目提交审核、项目上线融资、项目管理。

在项目提交审核阶段，项目筹资方把项目信息上传至众筹平台，众筹平台对项目进行审核。项目筹资方提交的项目信息包括项目介绍、拟筹资金额、筹资期限、项目回报方式。众筹平台采取约谈项目负责人、核对申请材料、尽职调查等方式对项目信息的真实性、完整性、拟融资项目的可执行性及投资价值进行审核。

项目通过审核后，才能上线融资。众筹平台将通过审核的项目信息对外发布，进行融资。投资方需要在众筹平台注册个人信息进行申请才能为项目投资。在筹资期限内，如果筹集资金达到了拟融资金额，筹资方融资成功；如果筹集资金未达到预定融资目标，则筹资失败，众筹平台把已筹集资金返还给投资方。

项目筹资成功后，进入项目管理阶段。筹资方向众筹平台支付佣金和服务费后将余下的资金用于项目运营。在项目运营过程中，众筹平台负责监督筹资方按照规定披露其经营状况、财务状况等信息，并及时向投资人汇报筹资方信息。项目经营产生的收益按照筹资时的约定分配给投资方。

二、网络股权众筹

（一）网络股权众筹分类

根据是否公开股权众筹行为、是否针对特定对象，证监会在非正式文件中将股权众筹分为互联网公开股权众筹和互联网非公开股权融资。

互联网公开股权众筹指“互联网公开小额股权融资”，即公募股权众筹。互联网非公开股权融资（私募股权众筹）是指通过互联网的方式针对特定的合格投资人，在满足相关法律法规的前提下，以特定的项目提供的一种不承诺固定回报、具有一定风险的股权投资方式。公司向普通投资者出让一定比例的股份，投资者通过投资入股公司，期望获得未来收益。“公募”和“私募”的主要区别，在于股权融资的募集方式和对象，前者是向不特定的投资者公开发行，而后者是向特定投资者非公开发行。

（二）网络股权众筹平台运营模式

网络股权众筹由筹资方、网络股权众筹平台和投资方三方构成。筹资方将拟融资项目的信息上传至网络股权众筹平台，平台对拟融资项目进行筛选与审核，投资方通过浏览平台上的项目信息并结合自身投资经验及风险承受能力，对合适的项目进行投资。

网络股权众筹有两种运作模式：无领投网络股权众筹模式和“领投 + 跟投”网络股权众筹模式。

无领投网络股权众筹模式主要包括七个步骤：筹资方发起项目；网络股权众筹平台审核、筛选项目；审核通过后，项目正式上线；投资方选择项目投资；如果项目筹集资金达到预定目标，则融资成功，平台将资金打给筹资方；筹资方将资金投入项目运营；筹资方向平台支付佣金等服务费用，并把项目产生的收益支付给投资方。

需要指出的是，如果在规定时间内，筹资方没有达到预定的筹资额目标，则融资失败，网络股权众筹平台需要把资金退还给投资方。如果在规定时间内，筹资方达到预定的筹资额目标或超额完成，筹资方和投资方达成一致时可以扩大融资。

“领投 + 跟投”网络股权众筹模式包括八个步骤：筹资方发起项目；网络股权众筹平台审核、筛选项目；审核通过后，项目正式上线；筹资方约谈投资方，确定领投人；领投人与跟投人设立合伙企业，领投人向项目投资，跟投人跟进投资；项目融资成功后，平台将资金打给筹资方，用于项目运营；筹资方向平台支付佣金或服务费，把项目产生的收益支付给投资方；由领投人进行投后管理并选择在合适时机以公允合理的价格退出。

在“领投 + 跟投”网络股权众筹模式中，领投人与跟投人入股融资企业通常有两种方式：一种是设立有限合伙企业以基金的形式入股，其中领投人作为一般合伙人（general partner），跟投人作为有限合伙人（limited partner）；另一种则是通过签订股权代持协议的形式入股，领投人负责代持并担任创业企业董事。

在“领投 + 跟投”网络股权众筹模式中，领投人是否优秀是投资能否成功的关键。领投人通常为职业投资人，在某个领域具有丰富的经验、广泛的行业资源和影响力，拥有较强的判断力以及很强的风险承受能力，能够协助项目完善商业计划，确定企业估值、投资条款和融资额，协助项目路演，完成融资。

（三）网络股权众筹投融资管理

1. 网络股权众筹的投资原则

（1）充分调研。在进行投资之前，投资方应充分地收集信息，尽可能详细地了解网络股权众筹平台和投资项目。在项目选择阶段，投资方可以根据自己的偏好、项目所处行业、公司所处发展阶段、已经募集金额等条件对项目进行筛选。同时，投资方需要了解投资风险，包括投资损失、股权流动性、分红可能性、股权被稀释可能性等。

（2）合理配置资产。投资方应先确定自己的可投资金额及期限，对自己的财产做出合理的安排，以免造成财产损失。中小企业股权投资一般需要 3~5 年甚至更长的时间才有可能退出，投资方需根据自己的财务安排合理配置资产。

（3）分散投资。由于中小企业股权投资面临很大的不确定性，投资方应根据自己的可投资金额和投资期限尽量分散投资。投资方在进行股权众筹投资时，应多投资几个项目，同时注意确保不同项目所属行业的关联性尽可能低。

（4）风险估测。由于网络股权众筹投资存在一定风险，为吸引更多的投资者，网络股权众筹平台会采取多种措施吸引优质项目到平台发布。有些网络股权众筹平台会搭建创业孵化生态园，为创业者提供各种免费办公场地，以及各类共享资源，同时积极与一些天使基金和风投基金合作，给予创业者更多的便利。投资方可以通过以下三个方面来进行风险估测：是否有自己的创业孵化生态园；有无天使基金或风投基金入驻；前期项目的成功率和项目融资成功所花的时间。

2. 网络股权众筹融资的适用性

由于自身模式特点，网络股权众筹对融资企业也有一定的适用性要求。首先，网络股权众筹融资一般要求项目处于早期融资阶段，且融资额度较低，大多处于 10 万美元至 100 万美元之间。因而，这虽然能满足一部分小型初创企业的短期融资需求，但对于高科技类企业、制造类企业来说，由于初期投资较高，网络股权众筹无法满足它们的融资需求。其次，网络股权众筹模式比较适合从未进行过融资，或者只进行过少量融资的初创企业，这类企业在进行网络股权众筹融资时可以建立清晰的股权结构。如果初创企业获得过风险投资，则股权结构相对复杂，会对后续股权扩充和转让附加一定的约束。因此很多股权众筹平台规定已接受风险投资的公司不得再进行网络股权众筹融资。

因而，网络股权众筹融资模式适合处于种子期、尚未获得投资的企业，或者已经获得天使投资，但还需要进一步融资的创业企业。事实上，不少企业通常在获得少量天使投资启动资金后，再到网络股权众筹融资平台进行下一轮融资。

三、网络股权众筹的发展与监管

（一）网络股权众筹的发展

2005 年上线的美国众筹网站 Equity Net 是世界上第一个涉及股权众筹业务的网站。2011 年上线的美国网络股权众筹平台 Angel List 开创了“领投 + 跟投”模式，促进了世界范围内网络股权众筹业务的发展。2012 年，JOBS 法案的通过，为美国网络股权众筹的发展奠定了法律基础。美国网络股权众筹的平台数量和融资规模不断上升。

自 2011 年起，我国网络股权众筹经历了从初步发展到高速成长再到行业整合几个阶段。2011 年至 2013 年是初步发展阶段。2011 年，我国第一家股权众筹平台“天使汇”上线；2012 年，天使基金网、创投圈和大家投上线；2013 年，又有 6 家平台上线，行业发展呈现出越来越快的趋势。2014 年至 2015 年是高速发展阶段。2014 年，我国网络股权众筹融资迅速增长，被称为互联网非公开股权融资元年；2015 年行业平台数从 65 个上升至 125 个，网络股权众筹平台显示出蓬勃发展的趋势。但从 2016 年开始，在金融监管趋严的背景下，行业开始进入整合阶段，平台数逐年下降。2016 年网络股权众筹平台数为 145 个，2017 年平台数下降到 89 个，2018 年为 61 个，2019 年为 23 个。（见图 6-1）。

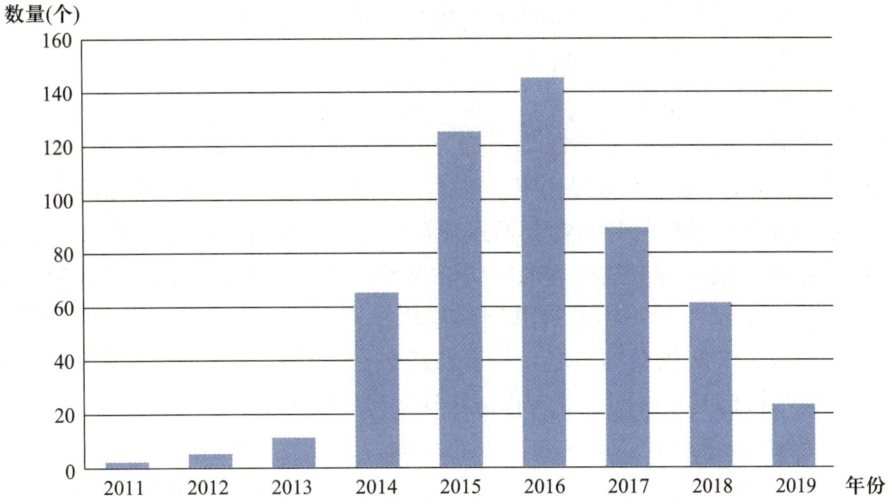

图 6-1　2011—2019 年我国网络股权众筹平台数量

资料来源：众筹家。

（二）网络股权众筹的监管政策

《关于促进互联网金融健康发展的指导意见》规定："股权众筹融资中介机构可以在符合法律法规规定前提下，对业务模式进行创新探索，发挥股权众筹融资作为多层次资本市场有机组成部分的作用，更好服务创新创业企业。股权众筹融资方应为小微企业，应通过股权众筹融资中介机构向投资人如实披露企业的商业模式、经营管理、财务、资金使用等关键信息，不得误导或欺诈投资者。投资者应当充分了解股权众筹融资活动风险，具备相应风险承受能力，进行小额投资。股权众筹融资业务由证监会负责监管。"

2015 年 9 月 26 日，《国务院关于加快构建大众创业万众创新支撑平台的指导意见》发布，该指导意见提出要稳健发展众筹，拓展创业创新融资。关于股权众筹融资，该指导意见要求："稳步推进股权众筹。充分发挥股权众筹作为传统股权融资方式有益补充的作用，增强金融服务小微企业和创业创新者的能力。稳步推进股权众筹融资试点，鼓励小微企业和创业者通过股权众筹融资方式募集早期股本。对投资者实行分类管理，切实保护投资者合法权益，防范金融风险。"

2015 年 8 月 7 日，证监会致函各地方政府，规范通过互联网开展股权融资活动。函件中要求："股权众筹融资主要是指通过互联网形式进行公开小额股权融资的活动，具体而言，是指创新创业者或小微企业通过股权众筹融资中介机构互联网平台（互联网网站或其他类似的电子媒介）公开募集股本的活动。由于其具有'公开、小额、大众'的特征，涉及社会公众利益和国家金融安全，必须依法监管。未经国务院证券监督管理机构批准，任何单位和个人不得开展股权众筹融资活动。目前，一些市场机构开展的冠以'股权众筹'名义的活动，是通过互联网形式进行的非公开股权融资或私募股权投资基金募集行为，不属于《指导意见》规定的股权众筹融资范围。根据《公司法》、《证券法》等有关规定，未经国务院证券监督管理机构批准，任何单位和个人都不得向不特定对象发行证券、向特定对象发行证券累计不得超过 200 人，非公开发行证券不得采用广告、公开劝诱和变相公开方式。”①

2016 年 10 月 13 日，证监会等十五部门联合发布《股权众筹风险专项整治工作实施方案》。《实施方案》重点整治以下行为：互联网股权融资平台（以下简称平台）以“股权众筹”等名义从事股权融资业务；平台以“股权众筹”名义募集私募股权投资基金；平台上的融资者擅自公开或者变相公开发行股票；平台通过虚构或夸大平台实力、融资项目信息和回报等方法进行虚假宣传，误导消费者；平台上的融资者欺诈发行股票等金融产品；平台及其工作人员挪用或占用投资者资金；平台和房地产开发企业、房地产中介机构以“股权众筹”名义从事非法集资活动；证券公司、基金公司和期货公司等持牌金融机构与互联网企业合作违法违规开展业务。

2018 年，证监会公布了年度立法工作计划，拟制定、修改的规章类立法项目合计 32 件，其中《股权众筹试点管理办法》被列入到了重点项目之中。2019 年 1 月 24 日，中共中央、国务院发布《关于支持河北雄安新区全面深化改革和扩大开放的指导意见》。其中，在“深化财税金融体制改革，创新投融资模式”部分，明确提出“筹建雄安股权交易所，支持股权众筹融资等创新业务先行先试”。

第三节　互联网财富管理

一、互联网财富管理概述

（一）互联网财富管理的概念与特点

1. 互联网财富管理的概念

财富管理是以客户为中心，设计出一套全面的财务规划，通过向客户提供现金、信用、保险、投资组合等一系列的金融服务，对客户的资产、负债、流动性进行管理，以满足客户不同阶段的财务需求，帮助客户达到降低风险、财富增值的目的。财富管理的范围包括现金储蓄及管理、债务管理、个人风险管理、保险计划、投资组合管理、退休计划及遗产安排等。

互联网财富管理是指借助于互联网为客户提供财富管理服务。互联网财富管理的主要参与者有四类：第一类是互联网大型电商集团（如阿里巴巴集团旗下的蚂蚁聚宝、京东集团旗下的京东金融、苏宁易购旗下的苏宁金融等）；第二类是传统金融机构（如银行、证券公司、保险公司等）；第三类是业务升级和转型的互联网金融平台（如陆金所、天天基金网等）；第四类是非金融企业设立的互联网财富管理平台（如万达集团旗下的万达财富、碧桂园集团旗下的碧有信等）。

---

①《指导意见》是指人民银行等十部门发布的《关于促进互联网金融健康发展的指导意见》。

与传统的财富管理不同，互联网财富管理将财富管理的客户群体由少数金字塔尖“高净值”群体逐渐扩展到“全客层”群体，极大地拓展了互联网财富管理的服务需求、潜在用户规模和应用场景。

2. 互联网财富管理特点

（1）门槛低。传统财富管理的主要服务对象是高资产净值人群。2011 年 8 月，银监会发布的《商业银行理财产品销售管理办法》第 31 条对私人银行客户和高资产净值客户进行了界定。私人银行客户是指金融净资产达到 600 万元人民币及以上的商业银行客户。高资产净值客户是满足下列条件之一的商业银行客户：①单笔认购理财产品不少于 100 万元人民币的自然人；②认购理财产品时，个人或家庭金融净资产总计超过 100 万元人民币，且能提供相关证明的自然人；③个人收入在最近三年每年超过 20 万元人民币或者家庭合计收入在最近三年内每年超过 30 万元人民币，且能提供相关证明的自然人。据 2017 年 1 月的统计，国内私人银行门槛有 1 000 万元、800 万元和 600 万元三档。与传统的财富管理业务主要服务于高资产净值人群不同，互联网财富管理平台降低了财富管理门槛，推动财富管理从高资产净值人群向中低资产净值人群拓展，为过去未能得到财富管理服务的群体提供专业的服务。

（2）成本低。传统财富管理的成本较高。以投资顾问业务为例，传统财富管理机构会为每一个客户配备一个团队，包括经验丰富的客户经理、投资组合经理及后台，这样多对一的模式需要较高的人力和技术成本。此外，传统财富管理机构还需要支付物理营业网点的成本。较高的成本意味着该模式只适用于高资产净值人群。而互联网财富管理则突破了物理营业网点和人工服务的限制，节省了成本。另外，互联网财富管理使用智能投顾代替传统投资组合经理的工作，极大地降低了服务成本。较低的服务成本会降低服务费率，从而提高客户的实际投资回报。

（3）服务优质全面。互联网财富管理大多基于经典的资产配置理论给出投资组合配置方案，具有较强的专业性，克服了传统财富管理业务中从业人员专业程度良莠不齐的缺点，能以较低的成本为中低资产净值客户提供优质的专业服务。此外，互联网财富管理依托互联网技术，把其他业务和财富管理服务相互融合，比传统财富管理模式提供的服务更全面。比如用户在支付宝平台上不但可以获得财富管理服务，还可以获得支付、充值、缴费、公积金、社保、订票、点餐等服务。

（4）实现精准服务。互联网财富管理可以利用智能手机 APP、社交媒体等渠道和客户实现实时沟通互动，了解客户需求。此外，互联网财富管理机构可以利用人工智能、大数据、云计算等技术，分析客户的财务状况、风险偏好、投资目标及其他个性特征，建立精准的用户画像。互联网财富管理根据客户自身的条件为客户选择合适的投资组合产品，可以避免把高风险的产品和服务推荐给低风险承受能力的投资者而导致客户利益受损，从而提升客户的理财服务体验。

（二）互联网财富管理的模式

根据财富管理的智能化程度，可以将互联网财富管理分成五种模式：被动型投资理财平台、主动型理财咨询平台、互联网理财顾问平台、个人财务账户管理平台以及自助化财富管理平台。

1. 被动型投资理财平台

被动型投资理财平台也称智能投资平台。智能投资是在线自动提供以算法为基础的投资组合管理咨询等财富管理服务的投资模式。这种模式主要通过计算机算法，根据用户的风险偏好，向投资者推荐由交易所交易基金（exchange traded fund，ETF）组成的投资组合。

智能投资平台有以下特点：第一，可以根据投资者的风险偏好和财务状况提供个性化的服务，实现最优的资产配置；第二，用户可以在任何时间段注册自己的专属账户，评测风险水平，建立投资计划，以及在投资策略执行后的任何时间段登录账户了解自己账户的浮动盈亏水平，甚至调整自己的策略组合；第三，大部分智能投资产品将资产配置于全球各类 ETF，在实现资产类别分散的同时，还能最大限度追求国别地域的分散，资产配置范围广，分散程度高，抗风险能力强。

2. 主动型理财咨询平台

主动型理财咨询平台主要为主动投资者提供主动投资产品以及其他相关服务，包括财经资讯、投资社交、大数据舆情分析、投资策略分享与跟投等。国内比较典型的主动型理财咨询平台为雪球网。雪球网向投资者提供了证券开户、证券建议、跟投、投资社交、策略分享等服务，涵盖了沪股、深股、港股、美股等重要股市。

3. 互联网理财顾问平台

线上理财顾问平台通过互联网和移动互联网技术将传统投顾服务的服务对象延展至高净值以外的长尾用户。面向理财师的互联网理财顾问平台主要为理财师提供金融产品和智能化客户管理服务；面向投资人的平台则通过将传统的线下理财师互联网化，为投资者提供线上理财服务，或者是以“高佣金返还”等模式吸引理财师入驻，撮合投资者和理财顾问。这类平台一方面解决了投资顾问由于技术条件、地理条件等的限制无法扩展其工作半径的问题，另一方面投顾服务门槛的降低使得非高净值人士也能够享受到理财顾问服务。

4. 个人财务账户管理平台

个人财务账户管理平台通过对用户的消费数据、投资状况和财务信息的记录，分析用户的收支结构，帮助用户开源与节流、制定消费计划并改进消费习惯。一些平台还会根据对用户消费数据、收支结构的分析为用户提供购买相应金融产品的建议。这种“记账 + 理财”的模式是未来财富管理的主流模式。

个人财务账户管理平台按照运作模式的差异又可以分为手动记账平台、自动记账平台和“记账 + 理财”式平台。手动记账平台需要用户自行手动输入收支情况，平台给出用户的财务分析结果。自动记账平台对接用户授权的储蓄卡、信用卡和电子账户，自动记录用户的收支情况，并提供财务分析、财务诊断和财务规划等功能。“记账 + 理财”式的财务账户管理平台除了提供收支记录、财务诊断、财务规划等功能外，还与银行、基金、保险等金融机构合作，基于用户的财务状况、消费习惯为用户作出投资产品推荐。

5. 自助化财富管理平台

自助化财富管理平台是我国目前主流的互联网财富管理平台，是指用户可以根据自身财务状况和风险偏好进行自选的线上全品类金融超市。国外的自助化财富管理平台主要聚集了各类金融机构提供的产品，提供比价服务，根据用户情况进行筛选，匹配推荐金融产品。而国内的自助化财富管理平台则主要是由互联网巨头和传统金融机构牵头，为用户提供多样的产品和服务。互联网巨头利用自身在客户资源以及技术上的优势提供财富管理服务，为用户提供金融产品自助服务。例如阿里巴巴旗下的蚂蚁金服、京东旗下的京东金融，都利用了淘宝、京东积累下来的客户资源。另外，由于受到互联网金融的冲击，传统金融机构也顺应互联网金融浪潮，纷纷推出互联网理财平台，如国金证券推出的佣金宝、平安集团旗下的陆金所等。

二、互联网财富管理运作

（一）被动型投资理财平台的运作

下面我们以宜信财富旗下的投米 RA 智能投顾平台为例来说明被动型投资理财平台的运作流程（见图 6–2）。

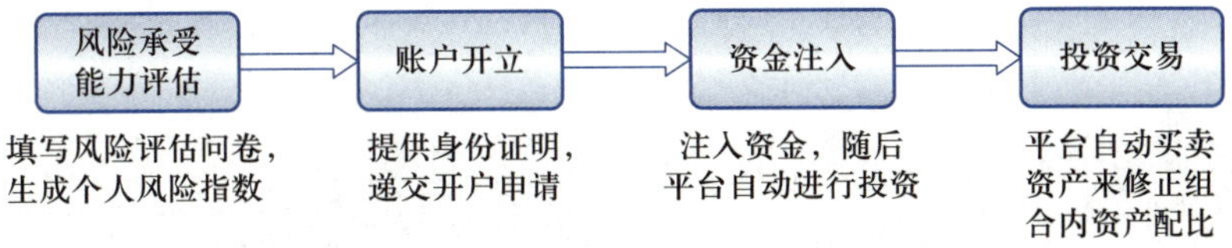

图 6–2　宜信财富投米 RA 智能投顾平台财富管理运作流程

第一步，平台对投资者风险承受能力进行评估。风险评估问卷内容包括投资的主要目的、截至目前的投资年限、年收入水平、流动性强的净资产水平、可供投资的流动资金水平、风险厌恶水平以及计划退休年龄。这些问题能够帮助快速了解用户的风险承受能力、投资风格偏好及投资收益预期等。

第二步，投资者开立账户。投资者提供身份证明，成功递交开户申请后等待 1~2 个工作日确认信息。

第三步，投资者注入资金。风险测评完成并且开户成功以后，宜信财富投米 RA 会提示投资者将资金注入。注资成功后，资金将在 2~6 个工作日到账，随后平台将自动进行投资，用户可以于下一交易日查看投资结果。

第四步，投资交易。建仓完成后，宜信财富投米 RA 会根据用户的信息和计划以及投资组合的市场表现，动态地模拟出投资组合的可能表现，判断用户是否需要修改投资计划来达到投资目标。当投资组合的资产配置结构偏离最初设定的结构时，宜信财富投米 RA 通过自动买入、卖出资产来修正组合内资产配比，保证收益稳定于预期范围内。

（二）主动型理财咨询平台的运作

我们以雪球网为例来说明主动型理财咨询平台的运作模式（见图 6–3）。雪球是一家于 2010 年 3 月上线的投资社交网站，为投资者提供投资观点互动、构建投资组合、

图 6-3　雪球提供的主动投资服务

一键下单跟投等服务，同时还提供实时股票行情资讯。目前平台投资范围已覆盖沪股、深股、港股、美股、基金、私募基金、期货等。因为独特的产品设计和运营策略，雪球 APP 的市场影响力较大。

（三）互联网理财顾问平台的运作

我们以外滩云财富来说明互联网理财顾问平台的运作（见图 6-4）。外滩云财富通过对接持牌金融机构，引入全品类合规金融产品，并提供专业的市场分析、金融产品分析、投资组合建议及一系列智能投资方案，帮助投资人全方位管理风险，有效管理投资。具体而言，外滩云财富为第三方理财机构提供了多种创新型交易方式；为理财顾问提供丰富的产品选择，帮助理财顾问为客户规划资产配置；为投资人提供“资产配置 + 风险管理”服务。此外，平台还利用产品经理及研究员出具各类研究报告，包括政策研究、市场研究、行情研究、产品研究、投资策略研究等，为投资人提供决策支持。

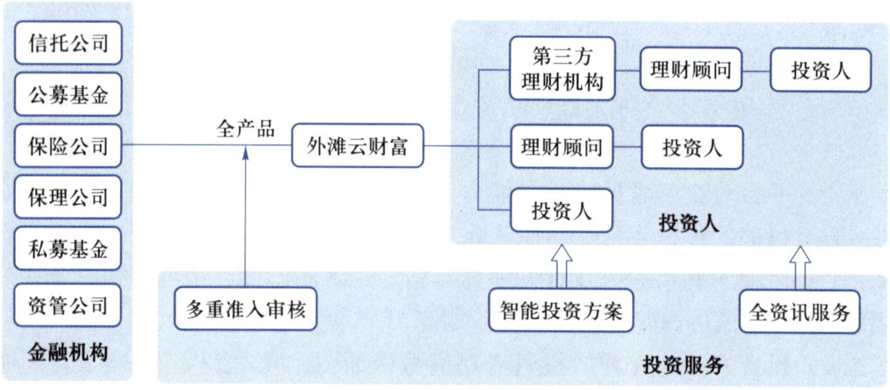

图 6-4　外滩云财富运作流程

资料来源：易观智库 . 2016 年中国互联网理财市场报告，2016。

（四）个人财务账户管理平台的运作

我们以挖财网为例来说明个人财务账户管理平台的运作模式（见图 6-5）。挖财网为老百姓提供资产管家服务，帮助用户管好支出、收入、转账、借贷、预算等流水账，同时在此基础上为用户提供资产配置个性化建议，以及理财产品推荐。

2009 年 9 月，挖财 APP 上线，是国内最早的手机记账应用，目前已成为一个集记账、管钱、理财于一体的综合性互联网金融平台。其中记账是个人财务管理的基础，主要记录用户的日常消费、财务支出情况。挖财为用户提供手动记账、语音记账、拍照记账、短信记账（银行发的短信可以自动转化成一笔记账）等多途径的记账服务，还可以绑定银行卡、支付宝账号等进行自动记账。管钱服务则是用户可以将全网全平

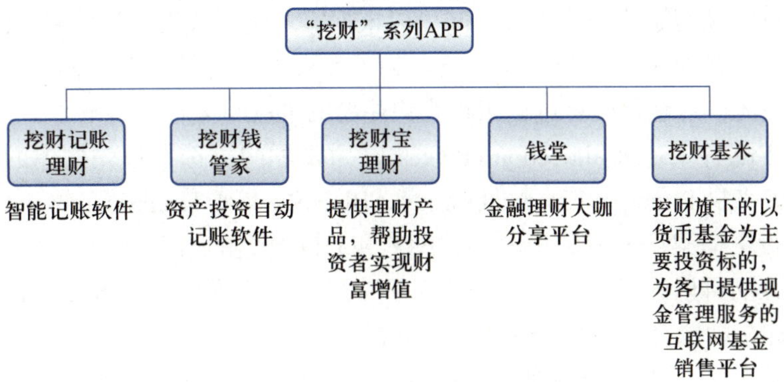

图 6–5 挖财网运作模式

资料来源：挖财网。

台的资产（包括股票、基金、余额宝、银行理财产品、银行定活期存款、公积金等资产）录入挖财账户，挖财网为用户提供其账户权益类、固定收益类和现金类资产的实时收益情况。挖财的理财业务主要包括基金和盈稳[①]产品。其中基金业务是通过与第三方基金销售公司合作，引进稳健型基金产品；盈稳业务的标的则来源广泛，如车辆抵押贷款等，项目来自第三方合作机构，风控由合作机构负责，挖财团队对合作机构以及合作的产品进行筛选。

（五）自助化财富管理平台的运作

我们以 RobustWealth 为例来说明自助化财富管理平台的运作模式。[②]RobustWealth 于 2015 年成立，是一家提供数字财富管理技术的平台。公司运用数字化、一体化的设计理念与多样的投资工具为财富顾问机构提供"白标"数字平台，允许顾问们个性化服务门户，为个人客户提供简洁流畅的财富管理体验。

RobustWealth 为财富管理机构提供三类运营平台，包括客户端、财富顾问端、企业管理端，不同的平台可满足不同群体的需求，为客户提供全方位的运营服务。客户端平台提供一个清晰、流畅的操作页面，让客户可以快速登录和注册，并享受便捷的自助服务；财富顾问端平台为财富顾问提供一个一体化的管理平台，可满足其管理客户、管理投资产品、自动化文书工作、定制品牌等个性化需求；企业管理端平台可使机构控制企业运营的各类信息，监控各类业务活动并进行分析，以更好地扩大公司发展。

RobustWealth 财富顾问端平台包括以下五种关键功能：

（1）自动交易（automated trading）。基于财富顾问前期所制定的目标和投资金额，平台会自动根据分配的模型动态地进行平衡交易和账户核对，无需财富顾问人工干预。

（2）顾问驱动或客户自发的注册引导（advisor-driven or client self-directed onboarding）。

① 盈稳为盈利稳定的意思。

② 清华大学五道口金融学院中国金融案例中心金融科技课题组．谢彬彬，李玥（实习）．RobustWealth：创新一站式财富管理平台．

在财富顾问自定义的品牌窗口中，顾问可以根据客户类型或细分领域来定制客户问卷，以确立客户具体的投资目标与相应策略。为了实现更大的灵活性，客户登陆平台时可以进行自主注册，财富顾问也可以跟踪客户注册的进度与流程。

（3）资产配置（asset allocation choices）。财富顾问可选择预先构建的第三方模型投资组合（如来自 Principal Financial Group、BlackRock 或 Franklin Templeton 的投资组合项目）和投资框架，或者利用股票、ETF 和共同基金的组合设计自己的模型。通过这个功能，顾问可以通过一个投资框架对客户进行风险评估，了解客户预期目标的达成时间，以此来配置符合客户个性化需求的投资项目组合。

（4）优化费用、业绩表现及账户报告（optimized billing，performance and account reporting）。财富顾问可以为每个客户账户建立自定义的费用表并进行自动计费，还可以生成业绩报告以查看各项数据，分析既定目标的完成情况。报告数据信息包括：资产增长情况、市场价值、现金变动及持股数据等。

（5）双向文档库（two-way document vault）。平台允许财富顾问将文档进行标记后发送给对应客户进行电子签名，并将完整版本安全地存储在双向文档库中。各类季度报表、交易确认书和税务文件也会实时更新至文件库中，供顾问和客户使用。双向文档库能确保顾问和客户安全地查看、上传、共享文档。

三、互联网金融超市

金融超市是金融机构对它经营的产品和服务进行整合，并通过与同业机构的业务合作，向顾客提供的一种涵盖了多种金融产品与增值服务的一体化经营方式。互联网金融超市是指依托互联网或移动互联网平台，将金融机构或类金融机构的各种产品和服务进行有机整合，向企业或个人客户提供的一种涵盖众多（类）金融产品与增值服务的一体化经营方式。就产品定位而言，大多在线综合金融超市或以理财类产品为主，或以贷款类产品为主。

下面以融 360 为例来说明互联网金融超市的运营模式。融 360 成立于 2011 年 10 月，通过人工智能、云计算等技术，为个人消费者、小微企业、个体工商户提供金融产品的搜寻、匹配、推荐服务，以及金融教育、行业报告等内容服务。同时，融 360 还为金融机构提供贷前、贷中、贷后全流程风控解决方案，多维度立体输出“技术 + 场景 + 用户 + 运营”全链条服务。

作为互联网金融信息搜索平台的典型，融 360 利用大数据、机器学习、人脸识别、语音交互、搜索引擎等技术，让上百家银行的金融产品可以直观地呈现在用户面前。融 360 的主营业务是贷款、信用卡、理财和研究报告。

融 360 的贷款业务涵盖个人消费贷、经营贷、房贷和车贷等。用户登录网站后，会看到一个筛选真实情况的表单，在勾选了基本的财务状况后，用户输入贷款用途、金额、期限，即可以查询到有哪些金融机构提供这种贷款，以及相应的贷款条件。此外，融 360 提供了货比多家的功能，让整个借贷需求和条件一目了然。用户可以根据自己的偏好，在线选择跟哪家金融机构的借贷经理联系。

融 360“天机”大数据风控系统通过大数据分析，会根据身份认证、还款意愿和还款能力三个大维度，对申请贷款的用户进行评分，依据分值来为合作机构提供放贷建议。针对特定细分市场，融 360 的目标是力争 5 万元以内的小额贷款最快 10 分钟审批、当天放款。除了贷款审批速度实现了突破，贷款获批率也得到了显著提升。同一类用户，在用抵押物、收入流水证明等作为申请资料的粗放式的传统风控方式下，贷款获批率在 15% 左右；而使用大数据模型结合人工的方式可以使获批率达到 30% 以上。

融 360 从商业性小额贷款、房贷、车贷等消费贷款的搜索推荐起步，快速进入到信用卡领域。有申办需要的用户可以一站式搜索和比较上千张信用卡，直接填写资料，进行网上申请。融 360 信用卡频道向所有对信用卡有需求的人提供服务，通过“推荐 + 筛选匹配”的方式，帮助用户找到最适合的信用卡，降低用户获卡成本。通过对申卡体验、办卡速度、核卡审批率的不断优化，融 360 不但提高了银行的营销效率，还提升了用户体验。

本章小结

互联网证券是指证券公司和互联网融合发展，利用互联网技术实现证券的发行、定价、销售、交易等活动，包括经纪、理财产品代销、证券发行承销、自营投资、融资交易等证券业务的互联网化。证券行业与互联网相互结合，减少了信息不对称，降低了交易成本，扩大了服务边界，提高了资源配置效率。券商互联网证券业务主要包括证券经纪业务、融资、新股申购、理财产品销售、生态链营造、互联网金融直投、众筹及私募股权融资等。基金公司开展互联网业务主要体现在利用互联网渠道销售基金产品上。互联网证券应用场景包括证券经纪业务领域、资产管理业务领域、投资银行领域、合规风险领域。近年来，互联网证券监管政策陆续出台，对于规范互联网证券发展具有重要意义。

网络众筹融资是指通过网络平台为项目发起人筹集从事某项创业或活动的小额资金，并由项目发起人向投资人提供一定回报的融资模式。网络众筹具有门槛低、形式种类多样、传播性良好、大众参与等特点。网络众筹可分为股权型众筹（互联网非公开股权融资型众筹）、权益型众筹、物权型众筹、综合型众筹、公益型众筹。网络股权众筹有两种运作模式：无领投网络股权众筹模式和“领投 + 跟投”网络股权众筹模式。网络股权众筹融资模式适于处于种子期、尚未获得投资的企业，或者已经获得天使投资，但还需要进一步融资的创业企业。

互联网财富管理是指借助互联网为客户提供财富管理服务，参与者主要有四类：互联网大型电商集团、传统金融机构、业务升级和转型的互联网金融平台、非金融企业设立的互联网财富管理平台。互联网财富管理可分为被动型投资理财平台、主动型理财咨询平台、互联网理财顾问平台、个人财务账户管理平台以及自助化财富管理平台五种模式。互联网金融超市是指依托互联网或移动互联网平台，将金融机构或类金融机构的各种产品和服务进行有机整合，向企业或个人客户提供的一种涵盖众多（类）金融产品与增值服务的一体化经营方式。

本章重要概念

证券　证券发行市场　证券流通市场　证券公司　网络众筹　股权众筹权益众筹　物权众筹　综合众筹　财富管理　互联网财富管理　智能投顾　金融超市　互联网金融超市

即测即评

本章思考题

1. 什么是互联网证券？
2. 券商互联网证券业务涵盖哪些范围？
3. 互联网证券有哪些应用场景？
4. 什么是众筹？众筹有哪些特点？
5. 众筹有哪几种类型？
6. 网络众筹的运作流程是什么？
7. 网络股权众筹平台的运营模式有哪些？
8. 什么是财富管理？什么是互联网财富管理？
9. 互联网财富管理有何特点？
10. 互联网财富管理有哪些模式？
11. 什么是金融超市？什么是互联网金融超市？

第七章 互联网保险

本章导读

2020年，全国共有146家保险公司经办了互联网保险业务，其中财产险公司74家，人身险公司72家，全年实现保费2 980亿元，增长10%，占行业总保费6%以上。互联网保险引人瞩目的融资规模和增长速度离不开保险科技的助力。那么，从科技视角看，互联网保险的内容和特点是什么？科技具体在保险中起到什么作用？它带来了哪些保险创新，造就了哪些新的保险场景和业务模式，当前发展存在哪些问题？相关政策是如何实行监管的？未来互联网保险的发展趋势又是怎样的？本章将回答这些基本问题。

本章学习目标

通过本章学习，要求掌握互联网保险的主要内容与形式，了解互联网保险的发展历程，掌握互联网保险的特点及优势；掌握保险科技在投保、核保、理赔和营销等互联网保险业务流程中的应用；掌握互联网保险存在的问题，了解互联网保险的相关政策和发展趋势。

第一节 互联网保险概述

互联网保险是指保险公司或新型第三方保险网以互联网和电子商务技术为工具来支持保险销售和经营管理活动的经济行为。近年来，互联网保险总体呈快速增长的态势，2020年互联网人身保险业务累计实现规模保费2 110.8亿元，较2019年同比增长13.6%①。

① 中国保险业协会.2020年互联网人身保险市场运行情况分析报告。

一、互联网保险的内容、特点及形式

（一）互联网保险的内容

互联网保险相对于传统保险被科技赋予了更多的内涵，但其本质仍然是保险的一种形式。从保险业务的流程出发，互联网保险的具体内容可以分为如下五个方面：

第一，数据的获取和价值创造，包括数据的搜集、处理以及分析等，这是互联网保险的技术特征。保险业务的开展需要搜集数据，而互联网保险搜集的数据维度和数据类型都与传统保险的调查数据不同，其数据符合大数据的5V特征[①]。

第二，保险产品的设计和营销，这是互联网保险当前最主要的呈现形式。产品销售是保险公司盈利的基础，在这个环节上互联网保险相对于传统的保险销售模式具有巨大优势，因为基于保险科技等多种手段的互联网营销经验（例如精准营销方法等）都可以应用在这里。

第三，专业保险需求分析和保险问题解答，这是互联网保险的咨询形式。保险公司借助互联网保险可以充分了解客户的需求，提供专业的需求分析和问题解答，从而进一步增加用户的黏性，发展潜在客户。例如，健康险产品附带的健康管理服务在广义上就属于该模式。

第四，保险产品的购买服务。互联网保险基于成熟的金融科技如支付技术和相关验证技术，使客户购买保险产品变得轻松简单。

第五，提供在线核保和理赔服务。保险公司通过提供在线核保和理赔，可以极大提升客户的服务质量感知，有效减少传统保险模式中较多的关于“理赔难”的投诉。

（二）互联网保险的特点

1. 场景化、高频化、碎片化

基于互联网平台设计和销售的保险产品，大多具有场景化、高频化和碎片化的鲜明特色。消费场景的移动化趋势，促使保险公司依据客户对多种场景的需求来设计产品以增强客户体验。以快递延误险、个人账户资金安全险、手机碎屏险等为代表的产品保险条款简单，保障针对性强，价格低廉，交易便捷。从早些年的“退货运费险”到近几年的保险版余额宝、娱乐宝、“微关爱”、“微互助”等，再到APP功能保险、账户安全险、数码产品延保以及高现金价值万能险等，虽然有些产品内容尚存争议，但基于互联网平台的保险产品在设计上充分结合了互联网消费的各个环节和场景，与社会经济发展及消费、投资热点联系紧密。互联网保险虽然以小额分散业务为主，单均保费低，但使用频率高，在一定意义上填补了传统保险覆盖面的空白，使保险消费成为消费者自觉、自愿、自然的选择。

---

① IBM提出了大数据“5V”特点：volume，数据量大；variety，种类和来源多样化；value，数据价值密度相对较低；velocity，数据的处理速度要求高；veracity，数据的真实性和可信赖度。具体请参见本书第十章内容。

2. 多元化

互联网保险平台日趋多元化，目前主要包括以下四类：一是保险公司自建的官网营销平台或依托电商建立的销售平台。二是电商平台，目前天猫、淘宝、苏宁、京东等电商平台均已涉足保险销售。三是专业第三方保险中介平台，如和讯网旗下“放心保”、向日葵保险网、网易保险、新一站保险网、慧择网、蜗牛保险等。保险中介平台集合多家保险公司的不同产品，并由专业人员提供保险销售服务，使得保险消费者对同类产品的比较和选择更加便利，这一模式与传统保险营销渠道具有互补的关系。四是专业互联网保险公司。目前，我国已成立了众安保险、泰康在线、安心保险等专业互联网保险公司，完全通过互联网进行销售与理赔。

3. 标准化、衍生化

互联网将交易的去中介化推向极致，主体交易在适应消费者需求的同时会刺激消费者对衍生交易的需求。条款越简单的产品，越容易标准化，支付越便利，保费越便宜，客户需要得到的咨询越少，越适合互联网化的模式。对此，保险公司需要采用多种维度的定价方式对保险产品进行标准化设计，实现简单化定价。例如，网络意外险中的部分产品就细化到一人一天一次出游的标准。简单标准的保险产品有利于在快速销售、形成规模的同时，延续产品的生命周期，降低产品研制成本。保险公司只有深入了解顾客特征，依据客户的需要来设计保险产品，才能扩大销售规模，使其足够覆盖风险事件发生的概率。

专栏 7-1

购物平台的退运险

买家在购物平台上买东西，除了质量问题外也会因为喜好或者其他原因进行退换货。大多数购物平台规定：如果卖家的商品没有质量问题，则换货的来回运费是由买家承担的。针对这样的场景，购物平台一般都提供退运险服务，买家在买下商品后，可以选择认购费用低廉的退运险，这样一旦发生退货或者换货，在整个流程结束后，保险公司会将运费的理赔金直接打到买家支付账户上。

（三）互联网保险的形式

1. 人身保险产品

人身保险是以人的身体或生命为保险标的的一种保险。具体的人身保险种类如表 7-1 所示。这些细分的人身保险产品基本都可以通过互联网的方式进行销售，许多产品还支持通过互联网进行核保和核赔。

2. 财产保险

财产保险是指以财产及其相关利益为保险标的，因保险事故的发生导致财产损失后，保险人以金钱或实物进行补偿的一种保险。和人身保险产品不同，互联网保险产品中财产保险产品比例较小，主要以车险为主。财产保险的种类如表 7-2 所示。

表 7-1　人身保险的分类及解释

<table>
<tr><th colspan="2">险种</th><th>给付条件</th></tr>
<tr><td rowspan="3">人寿保险</td><td>死亡保险</td><td>在保险有效期内被保险人死亡则给付保险金，分为定期寿险和终身寿险</td></tr>
<tr><td>生存保险</td><td>被保险人在规定期限内生存则给付保险金</td></tr>
<tr><td>两全保险</td><td>无论被保险人在保险有效期内生存还是死亡，保险人均承担给付保险金的责任</td></tr>
<tr><td colspan="2">意外伤害保险</td><td>被保险人在保险有效期间内因遭遇非本意的、外来的、突然的意外事故，致使身体蒙受伤害因而残废或死亡时，保险人按照合同约定给付保险金</td></tr>
<tr><td colspan="2">健康保险</td><td>因被保险人健康原因或者医疗行为的发生而给付保险金</td></tr>
</table>

表 7-2　财产保险的分类及解释

<table>
<tr><th colspan="2">险种</th><th>保障范围</th></tr>
<tr><td colspan="2">火灾保险</td><td>因火灾所导致的损失</td></tr>
<tr><td rowspan="2">海上保险</td><td>海洋运输保险</td><td rowspan="2">因海上或内陆运输中的危险所导致的损失或赔偿责任</td></tr>
<tr><td>内陆运输保险</td></tr>
<tr><td rowspan="2">汽车保险（机动车辆保险）</td><td>汽车损失保险</td><td>汽车车身的损失</td></tr>
<tr><td>汽车责任保险</td><td>被保险人因汽车对第三者所负的赔偿责任</td></tr>
<tr><td colspan="2">工程保险</td><td>进行中的建筑工程项目、安装工程项目及工程运行中的机器设备等面临的风险</td></tr>
<tr><td colspan="2">航空保险</td><td>一切与航空有关的风险</td></tr>
<tr><td colspan="2">利润损失保险</td><td>火灾等自然灾害或意外事故使被保险人在一定时期内停产、停业或营业受到影响所造成的间接经济损失</td></tr>
<tr><td colspan="2">农业保险</td><td>以种植业和养殖业为保险标的，其在生长、哺育、成长过程中因遭受自然灾害或意外事故导致的经济损失</td></tr>
</table>

3. 信用保证保险

信用保证保险是以经济合同所制定的有形财产或预期应得的经济利益为保险标的的保险。例如，出口信用保险就是典型的信用保证保险。信用保证保险包括信用保险和保证保险。信用保险是权利人要求保险人担保对方（被保证人）的信用的一种保险。保证保险是被保证人根据权利人的要求，请求保险人担保自己的信用的一种保险。互联网保险中的信用保证保险目前还相对较少，但因为信用相关评价可以基于大数据进行，所以具有一定的可行性。

4. 创新型保险

互联网保险的发展也演化出了许多创新型的保险，类似于赏月险、恋爱险、压力山大险等，这些险种一定程度上脱离了保险的范畴，因而引起了诸多争议，部分不合规的保险产品已经被监管机构叫停。此外，人身险领域将包含了投资功能的保险叫作创新型保险，如万能险、分红险、投资连结保险等。应该注意，这里的创新型保险和包含投资功能的人身保险产品是不同的。

专栏 7-2

互联网车险

北京元嘟嘟信息技术有限公司于2017年成立，定位是基于大数据、人工智能以及汽车构造和保险条款方面的专业知识，帮助保险公司做车险理赔的风控。它利用人工智能等技术来做远程图像识别、远程检测，帮助保险公司进行理赔的反欺诈识别，来控制理赔费用的支出。成立以来该公司实现了较快发展。

二、互联网保险的发展历程与创新

（一）发展历程

和美国等国家相比，中国互联网保险的发展较滞后，但发展速度相对较快。2005年以来，支付宝的线上支付功能在人们日常生活中的影响逐渐加深；同时，相关法律法规的实施促进传统保险业继续开发适合在线服务的新产品，进一步推动了中国互联网保险的发展。

中国互联网保险的发展过程可分为以下几个阶段。[①]

1. 萌芽期（2000年前）

2000年前，保险公司主要利用互联网进行品牌宣传、产品介绍推广和业务咨询等基础层面的工作，此时离真正意义上的互联网保险仍有较大距离。

2. 起步期（2000—2004年）

2000年起，越来越多的保险公司开设了自己的网站，同时出现了各种保险信息网站。这一阶段，互联网与电子商务的整体市场环境还不够成熟，互联网金融的相关规章制度还远未健全，再加上当时互联网泡沫破灭的严重刺激，保险的线上发展十分缓慢，传统保险的思维模式与经营理念仍占有比较重要的地位。

3. 探索期（2005—2010年）

为了满足信息现代化的要求，国家制定了《中华人民共和国电子签名法》于2005年4月1日起施行，它促进了电子商务的快速发展，极大地支持了电子保单的运行。2006年起，中国人寿保险等保险公司改版和升级其官方网站，大批保险公司紧随其后。之后，以阿里巴巴为首的企业推出的电商平台使互联网保险逐步出现市场细分，以慧择网为代表的第三方保险电子商务平台为客户提供综合保险信息服务的业务新模式也相应兴起。在这一阶段，风险投资的进入进一步加剧了互联网保险市场的竞争。

4. 全面发展期（2011—2013年）

2011年开始，中国互联网保险进入全面发展期，各大保险公司积极构建综合性互联网保险服务平台，更多第三方平台开始提供保险服务。2012年，为了规范中国互联网保险市场健康有序运作，保监会颁布了《保险代理、经纪公司互联网保险业务监管

① 王悦，刘慧，沈婷．中国互联网保险发展现状与问题分析．时代金融，2019（6）：140-143.

办法》（该文件因2015年10月1日起施行的《互联网保险业务监管暂行办法》而失效）。2013 年是互联网金融元年，国内首家互联网保险公司——众安保险于 2013 年 11 月正式开业。

5. 爆发期（2014 年至今）

2014 年 2 月，中国保险行业协会发布的《2011—2013 年互联网保险行业发展报告》指出，在这个阶段，中国互联网保险的保费收入不到整个保险市场的 3%，而在美国这个比重为 30% 左右。到 2017 年，我国互联网保险保费收入达到 1 835.29 亿元，互联网保险公司行业占比高达 59.0%[①]。2019 年，中国保险机构科技投入 319.5 亿，保险数字化升级服务市场规模约 21.4 亿，保险 IT 解决方案总市场规模 78.5 亿，保险机构人工智能投入达 42.9 亿，区块链投入约 3 亿。2020 年互联网人身保险业务继续保持平稳增长，累计实现规模保费 2 110.8 亿元，较 2019 年同比增长 13.6%。在这一阶段，互联网保险高速发展，势如破竹，保险行业全面进行数字化科技转型。

（二）不断创新

1. 销售模式创新

销售模式创新大致分为六类。第一，在线网站类型。指保险公司通过自建官网的方式来展现自身品牌，展示保险产品，销售产品，提供在线咨询和服务。第二，第三方平台。指保险公司借助独立运营的第三方平台来销售保险产品并提供相关服务，这些平台既包括已经获得资质的大型电子商务网站，也包括部分专门进行金融产品销售的平台。第三，专业中介代理模式。指保险代理或经纪公司建立网络销售平台，代理销售多家保险企业的产品并提供相关的服务。第四，网络兼业代理模式。指非保险企业通过自己的官网代理销售相关保险产品，提供保险服务，且所销售的保险产品种类一般与这些代理机构的主业有一定关联。第五，移动互联网销售模式。指保险企业通过用户的智能终端（例如手机、电视、平板电脑等）销售保险产品和提供相关的服务。第六，嵌入形式。指在既有的通过互联网提供的商品和服务上链接保险服务，例如部分出行平台的“延误险”。

2. 产品创新

互联网保险的产品创新形式分为平台保险和场景保险。平台保险指的是在互联网平台上面销售的保险，包括传统的健康险、车险、意外伤害险等。场景保险指的是在消费者的生活、消费场景中融入保险产品，比较典型的有退货运费险、账户安全险、延保险等。

3. 技术创新

技术创新是指互联网技术与保险的有机结合，这些技术包括大数据技术、人工智能技术以及区块链技术等。例如当前一些公司推出的“区块链和保险”融合模式，就是将区块链技术应用在传统航空意外险保单业务中的实践，这也是将主流的金融资产放在区块链上进行流通的尝试。这种融合模式利用区块链技术多方数据共享的特点，

---

① 中国保险年鉴，中国保险行业协会 . 2017 中国互联网保险行业发展报告；国家统计局，艾瑞咨询，中国保险业协会 . 2020 年互联网人身保险市场运行情况分析报告。

可以对航空意外险从源头开始追溯到客户流转的全部过程，建立起保险公司和投保人之间直接且透明的关系，去除信息不对称，一定程度上解决保单造假、中介抬价等问题，而且便于后续理赔。

4. 服务创新

服务创新是利用互联网形式和技术提供创新服务。例如，互联网保险第三方平台对用户发布“可追溯的评级服务”，提供所有在线服务及电话语音记录全公开的升级服务，用户和行业监管部门可以对其销售行为进行回溯。这种模式能够有效减少消费的误导行为，提升整个保险行业的形象和效率，同时也意味着互联网保险销售开启了消费者科技主权新时代。

三、互联网保险的优势与对传统保险的影响

（一）互联网保险的优势

和传统保险相比，互联网保险的优势主要体现在四个方面。首先，互联网保险相比传统保险更能够满足客户需求，客户可以通过在线比较多家保险公司的产品来进行自主选择，保费透明，保障权益也清晰明了。这种方式可让保险销售的退保率大大降低。其次，互联网保险的服务更便捷，在线产品咨询、电子保单发送到邮箱等等都可以通过轻点鼠标来完成。再次，互联网保险由于信息流通更快，也让客户理赔更加轻松。最后，互联网保险定价更加精准，借助互联网应用和物联网设备获取的数据可以帮助保险公司对个体和保险标的进行更精准的定价。

与此同时，互联网保险与传统保险相比也具有风险控制难度大、扩大信息不对称等一些劣势。①

（二）互联网保险对传统保险的影响

互联网保险对传统保险产生了多重影响。首先，互联网保险颠覆了传统的保险经营观念。传统模式下，保险公司运用市场营销的4Ps理论②，依靠产品包装、价格优势、渠道实力和促销策略等关键因素将公司产品推销给消费者。但是，在互联网时代，由于信息量大，信息流动快，消费者拥有了更多的知情权和选择权，买卖双方权力发生了转移，传统的4Ps理论没有了应用基础。保险营销模式发生了本质改变，甚至整个保险的业务链条（例如产品开发和定价）都因此受到影响。

其次，互联网保险对传统保险的影响还体现在对行业销售入口的冲击上。保险销售是对具有同样风险特征的个体聚合的过程，对个体的不同定义方式派生出了营销、直销、代理等不同销售渠道。而互联网天生就是“连接”“聚合”的途径。例如，新型的互联网保险公司选择完全通过互联网进行销售和理赔，不设任何线下分支机构。这

---

① 本章第三节中“互联网保险存在的问题”部分有详细论述。

② 杰罗姆·麦卡锡（Jerome McCarthy）于1960年在其《基础营销》（*Basic Marketing*）一书中将营销相关的要素一般性地概括为产品（product）、价格（price）、渠道（place）、促销（promotion），即著名的4Ps。1967年，菲利普·科特勒在其《营销管理：分析、规划与控制》一书中进一步确认了以4Ps为核心的营销组合方法。读者可以参考相关书籍获得更多信息。

种模式可以克服空间上的限制，将人群风险特征进行无限细分并利用小众人群的长尾市场”[①]，最终组合成个性化的“团单”进行承保。在此背景下，决定保险业务量的将是互联网平台的流量。而在传统模式下，依靠网点数量和人力规模进行一对一营销的传统优势，由于成本较高，必将受到一定的削弱和冲击。

再次，互联网保险对传统保险的影响还体现在对保险市场边界的扩展上。互联网带来的新经济和新生活方式会派生出新的保障需求。例如，某些保险公司推出基于网购的“任性退”产品。又如，部分保险公司借助互联网强大的客户聚集能力，使保险期限和保费碎片化，将以往不具有高额投保能力的客户纳入被保人群。再如，一些保险公司利用科技创新提升行业风险定价与管理能力，打造完整的保险产业链，从而将以前难以有效管理的风险纳入承保范围。

最后，互联网保险对传统保险的影响还体现在对运营流程革新的挑战上。这主要表现在以下两个方面：一方面行业外包将加速发展，保险公司收缩日常活动范畴，集中内部资源聚焦在风险管理、客户服务及资金运用的核心领域。另一方面，核心业务流程网络化，自助服务水平不断提高，在提升运营效率的同时迎合客户的消费习惯进行更新；严格管控企业运营成本，将节省下来的成本转变为产品费率的下降回馈给客户；固定资产成本、人力资源投入的大幅减少降低了万元标准保费的运营成本，提升了竞争力。

第二节　互联网保险业务

一、互联网保险营销

保险科技可以助力保险公司的产品营销，甚至从根本上改变传统的保险营销模式。在保险行业营销工作中，无论是产品、渠道、价格还是顾客，每一项工作都与大数据的采集和分析息息相关。一方面，保险公司通过获取数据并加以统计分析来充分了解市场信息，掌握竞争者的商情和动态，知晓产品在竞争群中所处的市场地位，来达到针对性施策的目的。另一方面，保险公司通过积累和挖掘保险行业消费者档案数据，分析顾客的消费行为和偏好，从而更好地为消费者服务和发展忠诚顾客。

具体来说，保险科技对分析顾客消费行为和偏好的影响包括两方面：

一是精准化渠道营销。在保险行业，传统营销与销售方式投入大、效率低。精准个性化营销是保险业市场拓展的必由之路。保险行业借助大数据分析，可根据客户的消费习惯和行为特征，及时、准确地把握市场营销行情；可根据年龄、行为、财务状况和保险需求等各种维度对潜在客户进行用户分群，为不同客户群制定精准定向的市

① 第二章对此有详细论述。

场营销策略。

二是促进交叉销售与增值销售。传统保险行业主要通过保险代理人连接保险客户，对客户的基本信息和需求掌握很少。例如，保险公司通常会通过呼叫中心（call center）来辅助电销业务，但盲目式电话保险推销极易引起客户反感，成功率极低。在保险科技的支持下，线上线下的销售人员和智能客服可以在掌握客户交易行为、理财情况等信息的前提下进行产品与服务的针对性推荐，并根据营销效果反馈，设定多频次、不同渠道的营销流程，提升营销成功率，提高客户尊崇感和满意度，实现交叉销售和增值销售。

二、互联网保险的投保、核保与理赔过程

（一）投保

投保是指投保人与保险人（通常是保险公司）订立保险合同，并按照保险合同支付保险费的过程，这其中可以利用大数据以及人工智能技术辅助定价。

保险公司对保险产品定价实际上是基于大数定律的假设。然而，由于每一个个体的健康情况相差很大，相同年龄和性别的人的死亡风险也不同，大数定律的假设很难满足。如果简单地以年龄和性别作为区分，相同年龄和性别的人缴纳同样的保费是不公平的，因为死亡风险低的被保险人多缴纳了保费，而死亡风险高的被保险人少缴纳了保费。理论上，所有的人身险产品都会面临这样的问题。例如，具有两个 APOE4 基因点位个体的阿尔兹海默症发病率是正常群体的 3 倍，接近 25% 的概率。

只要人的特征参数足够清晰，人们甚至能够对每个个体的风险进行量化，实现最根本的个性化，这就是精准定价——每一个个体都是根据自己的风险特征测算获得保费报价。精准定价最直接的应用就是车险和健康险，接下来分别介绍。

传统车险的价格通常由型号和使用年限等与车有关的因素确定，这意味着这些因素相同的汽车会被收取相同的保费。但很显然，车险所提供的损失补偿针对的是事故，而事故的发生概率通常与驾驶人关系更密切，与车的品牌和使用年限关系较小。目前，车险中的保险科技已经开始在定价中考虑“人”的因素。借助于车载诊断系统接口，保险公司可以记录一些经过授权的驾驶数据，并分析驾驶人的驾驶习惯，从而给出更合理的定价。更进一步，借助于大数据技术特别是深度学习技术，保险公司可以精准地预测一辆车的出险概率。图 7-1 是某保险公司基于谷歌的 TensorFlow 平台建立的出险预测机器学习模型。该模型使用了 3 层隐藏层的神经网络，最终可以将预测准确率从随机森林方法①的 43% 提升到 78.3%。

健康险的情况与车险类似，通常保险公司依据年龄、性别和健康状况等因素来确定保费。但是随着生理学研究的深入，人们发现年龄增加会使个体间的健康差异增加，这意味着依据以上因素定出的价格可能不够精准，一些比平均水平更健康的人多缴纳

① 随机森林是一种机器学习的分类方法。

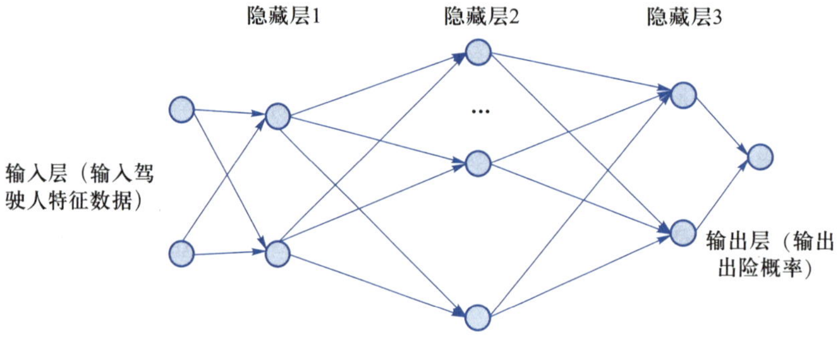

图 7-1　某保险公司使用深度学习预测出险概率的模型

了保费，而一些健康水平差的人少缴纳了保费。健康险的精准定价就是依据个体的健康水平确定产品价格，能够实施该定价的前提是有效度量个体的健康水平。当前大量的物联网健康设备已经走入生活，例如手环、体脂测量仪以及心电图测量仪等，这些设备收集的数据可以被云端汇集并进行计算，有助于有效评估健康水平。

专栏 7-3

“步步保”实现差异化保费

“步步保”是由众安保险携手小米运动与乐动力 APP，推出的国内首款与可穿戴设备及运动大数据结合的健康管理计划。用户投保时，系统会根据用户历史运动情况以及预期目标，推荐不同保额档位的重大疾病保险保障，用户历史平均步数越多，推荐保额就越高。保单生效后，用户每天运动的步数越多，下个月需要缴纳的保费就越少，在一定程度上有效避免了健康人群对非健康人群的保费补贴。

（二）核保

在收到投保申请后，保险公司需要进行核保。根据标的物的不同，评估的流程也不同，一般来说，该流程需要较高的专业性。这里主要介绍人身险的核保以及其中的大数据应用。

对人身险来说，若申请符合自动核保规则，则保险公司会通过该投保；若不符合，则保险公司会进行人工介入，根据不同的险种可能会要求被保险人进行体检、生存调查、提供财务证明（见图 7-2）。

对人寿保险来说，核保主要考虑两大类风险，分别是健康风险和财务风险。健康风险涉及的因素包括年龄、性别、地域、职业、家族史、既往病史、当前健康状况、危险性较高的爱好等。财务风险则主要针对高额保件，一般情况下高额保件指累计寿险风险保额达到 100 万元（含）以上的投保件，不同保险公司的标准不一样。

保险公司在核保过程中面临着诸多困难，包括：核保规则设置不够精细；核保资料获得效率低；核保成本高；出单时间长，消费体验差；高度依赖核保人员的个人定性判断，对被保人的风险程度缺乏定量评价等。保险科技在一定程度上能解决这些困

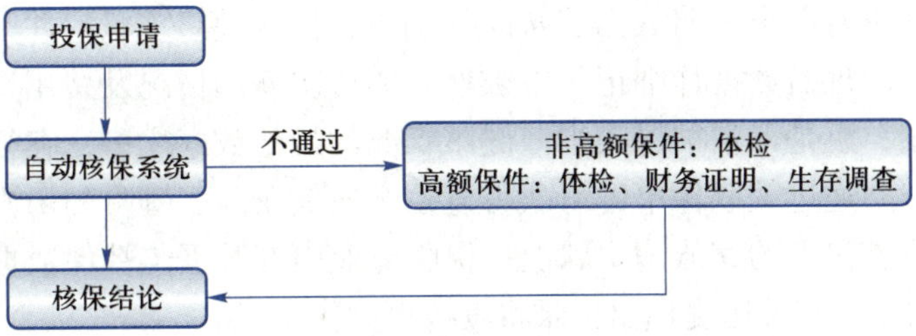

图 7–2　核保流程

难，具体分为下列几类场景。

1. 充分利用全行业大数据

充分利用全行业大数据主要包括利用保险行业数据共享以及使用行业黑名单。

保险行业数据共享是指保险公司通过数据共享获取被保险人的全行业累计风险保额。累计风险保额指被保人所有已生效的及正在投保的寿险、意外险和重大疾病险保险合同中保险公司可能给付的累计最高金额，它是核保的关键因素。在没有大数据的支持下，保险公司虽然能计算被保险人在本公司的累计风险保额，但无法知晓其在其他公司的风险保额，这一直是核保中的一个风险盲点。保险行业数据共享之后，可以提高数据精确度，更好地支持核保。

使用全行业黑名单是指保险公司不再只根据其经营的历史经验及中国人民银行黑名单信息，而是可以根据整个保险行业数据制定行业级黑名单，为核保提供更多支撑。

2. 改变数据获取方式

改变数据获取方式主要包括利用征信数据、利用保险资产替代财务证明和利用健康险历史理赔数据。

（1）利用征信数据来核验个人基本信息。对保险公司来说，年龄、职业、婚姻状况是重要的核保因素，征信数据则可用于此类个人基本信息的核验。例如，被保人职业与其死亡率及发病率的相关性很大，因此保险公司根据不同职业类别设定高低不同的保费。而历史赔案表明，职业信息造假频发，查验成本高；在这种情况下，保险公司可使用中国人民银行征信中心或其他征信公司提供的征信数据，对职业信息进行可靠、快速、低成本的校核。

（2）利用保险相关资产替代财务证明。针对高额保件，保险公司一般需要被保人提供个人收入证明、个人资产证明（银行存款、房屋产权、有效汽车行驶证、有价证券）等客观文件和资料。客户准备这些材料耗时耗力，消费体验差，且对保险公司来说，材料存在作假风险。实际上，保险行业内部积累了大量与财产相关的数据，可在一定程度上替代上述财务证明。例如，保险公司可通过车险数据获得被保人名下的车辆资产及其更换频率等信息，在一定程度上替代汽车行驶证；通过家财险数据可获得房屋资产相关信息，在一定程度上替代房屋产权证明；通过投资型保险产品数据可获得其收入状况、有价证券等信息，在一定程度上反应相应的财务情况；通过与银行、电商平台等第三方合作获得更多的财产相关数据（如信用卡额度、电商平台年度消费额）来测度被保人的经济状况。

（3）利用健康险历史理赔数据了解既往病史，推测健康现状，并在一定程度上替代体检。健康险的理赔数据详细记录了被保人的历次就诊情况及费用，是被保人既往病史的全面记录，也是评估被保人当前健康状况的最佳数据之一，它很大程度上可替代体检；保险公司通过关联保单，可获得直系亲属健康险、寿险的历史理赔数据，根据医学知识推测被保人的家族病史状况；保险行业内部数据与社保数据、医院诊疗数据正逐步实现共享，相关历史理赔记录将发挥更大作用。

3. 增加新的核保因素，提升效能

一般来说，核保因素越多，核保结论的可信度越高；而保险科技可以帮助引入新的核保因素。在实践中，美国律商联讯公司将居住地址、电话和水电煤气记录、职业证书、教育历史、破产、抵押、判决和驱逐等非传统数据引入赔付率预测模型，核保效率的提升高达 30%。现有核保因素中可以加入以下新因素：

（1）信用记录。美国联邦贸易委员会 2007 年的报告证实，信用好的消费者，其未来索赔率较低。我国已在信用保证保险、国内贸易信用保险等领域使用中国人民银行征信中心的信用记录进行风险评估，今后可将信用记录用于寿险的风险评估与核保。

（2）生活消费方式。保险公司可通过可穿戴设备实时监测人体健康数据，也可利用被保人在网上的消费信息、关注信息、点击流等数据，分析被保人的健康风险。根据医学知识，生活作息规律、经常健身的被保人健康状况较好，对应的未来索赔概率也更低。

（3）位置信息。个人位置信息与被保人生活稳定性、行为可预测性等风险密切相关。在大数据技术的支持下，被保险人的位置信息可通过手机被准确、快速、低成本地记录、传输、分析与使用。

4. 建设一体化核保中控平台

建设一体化核保中控平台是指用行业级数据替代企业级数据以提供新的数据收集方式和新的核保因素，并支持保险业务的全流程服务。该方法可使核保规则更为精细，核保资料收集更为便捷有效。保险公司在建设一体化核保中控平台的过程中，要充分发挥保险科技作用，尝试在新数据来源、新核保因素的基础上，不断进行数据积累和自动学习，将被保人整体风险程度通过模型进行量化与预测，将传统的定性决策转变为定量决策，提高寿险自动核保的比例，降低整个行业的核保成本。

专栏 7–4

国华人寿智慧核保系统

国华人寿于 2019 年推出筹划许久的智慧核保系统。该系统通过分析客户授权提供的健康资料、财务资料、投保经历等，结合险种特点和国华人寿多年来积累的投保及赔付数据，利用大数据、人工智能等技术提取关键字段进行模型风险加权评分，最终智能输出风险水平评估分数。在保证客户体验的前提下，提高风险拦截率和风险防范效能，促进业务的稳健和可持续发展。

（三）理赔

核赔和定损是保险公司接到报案后决定是否赔付以及赔付多少的业务。对于人寿保险以及健康保险中的疾病保险，通常赔付金额容易确定，保险公司主要确定是否属于保险责任；对于健康保险中的医疗保险，保险公司需要根据合同确定所发生的治疗费用有哪些属于赔付的范围，并最终给出赔付金额；对于财产险，保险公司除了确定是否属于保险责任外，还需要根据标的的损失情况做出评估。

在核赔中，人工智能技术可以对报案人提供的票据进行自动解读和判断，一些正在研究的保险合同知识图谱可以对相关报案给出“是否属于保险责任”的建议；而在定损中，深度学习技术和计算机视觉的组合应用可以让机器对保险标的的损失进行精确的评估，虚拟现实和增强现实等技术则可以让查勘变得更加简单和高效。

核赔中的“反欺诈”也是保险科技的应用场景[①]。通过大数据技术和人工智能技术，保险公司在接到报案时就可以进行一定的欺诈甄别；在后续分析中，保险公司可以通过关联数据、历史记录、行为特征、音视频等综合判断，降低“不必要”的赔付支出。

专栏 7-5

生物识别技术助力保险理赔

生物识别结合图像识别技术已应用于理赔环节，通过系统自动识别理赔凭证（将后台的标的照片以部位维度进行智能分类，再使用图像识别技术进行损伤程度评估）、进行生物身份验证，加上理赔报案人的信用记录，可以快速完成理赔程序，减少人为干涉，降低险企人工成本。

三、智能保险顾问

智能保顾即智能化的保险顾问，它是基于客户自身的保险需要，通过算法和产品来完成保险顾问的服务。相对于传统销售人员基于自身经验来为客户进行保险产品配置的保险顾问服务，智能保顾具有以下三大优势。首先，公正客观。智能保顾提供的任何信息或是建议皆是通过计算机算法产生，完全排除了受到佣金或公司政策影响的人为因素，减少了过去用户向销售顾问咨询时的疑虑。其次，满足用户个性化需求。基于人工智能技术，智能保顾可以在数秒内处理大量数据，预测用户未来需要，更全面地评估用户需要的产品种类、保费以及保障。最后，不受时空限制。通过互联网及移动装置，智能保顾能实时在线且随时随地为用户提供服务，满足信息技术时代下用户的习性及需求，提升用户投保时的体验。

---

① 保险当事人双方都可能构成保险欺诈。凡保险关系投保人一方不遵守诚信原则，故意隐瞒有关保险标的的真实情况，诱使保险人承保，或者利用保险合同内容，故意制造或捏造保险事故以谋取保险赔付金的，均属投保方欺诈。凡保险人缺乏必要偿付能力或未经批准擅自经营业务，并利用拟订保险条款和保险费率的机会，夸大保险责任范围诱导、欺骗投保人和被保险人的，均属保险人欺诈。这里所说的欺诈识别则是其中的一类，即理赔欺诈。

目前市面上最为典型的三款智能保顾产品分别是阿尔法保险、众安精灵和大白，其服务及特色对比如表7-3所示。一个好的智能保顾平台，应该能够为用户提供完整的服务，包括风险测评、保险教育、个性化保险配置方案、咨询具体产品条款、个性化推荐保险产品、保单管理、保险解析、产品对比和理赔服务等。

表7-3　三款智能保顾产品的对比

产品名称	服务提供方	服务	特色
阿尔法保险	保险公司	风险测评、方案推荐	较好的交互方式
众安精灵	保险公司	风险测评、保险方案定制、保险问答	语音识别、家庭方案定制、开放式问答
大白	保险经纪	风险测评、疾病测评、保险产品精准推荐、保险产品解析及测评、保险产品对比、保险问答	提供更丰富的服务内容，可以公正、客观地为用户推荐精选的保险产品，保险产品标准化、度量化，开放式的智能问答

未来，客户跳过代理人自行购买产品的需求会日益强烈，智能保顾的角色会更加重要。截至2020年年底，国内很多保险公司和保险平台都推出了自己的智能保顾，但从应用角度看，智能保顾还不能很好地契合客户需求，完全成熟还需要一段时间。

第三节　互联网保险发展

互联网保险具有能利用科技快速抓取目标用户的优势，但与此同时，互联网保险还面临产品类型单一、定位不准确及风险管控难度大等问题。为了更好地解决这些问题以促进行业发展，监管机构颁布了多项相关政策提供助力。未来，互联网保险将会以多层次而偏轻量级的转型来实现科技赋能，在监管、行业与机构日趋密切的联系和共同合作下，推动保险智能化落地并呈现出社交化、个性化的发展。

一、互联网保险存在的问题

（一）产品相对单一，创新有偏离本质的倾向

由于技术和政策成熟度的限制，互联网保险涉及的产品种类相对较少。例如，人寿保险是传统保险公司的主营业务之一，但由于寿险的功能组合为投资与风险保障，且寿险市场遵循风险定价与收益定价混合的原则，设计十分复杂，在收费与赔付方面仍需要技术性调整与组合。目前，互联网保险相关的技术尚不成熟，相关的政策也不够完善，因此会出现互联网保险没有触及传统保险的主营业务（例如人寿保险）的情况。

互联网保险产品最早是从与购物、旅行等相关的场景化产品发展起来的，其设计满足了保险消费者的特定保障需求。然而，随着居民保险意识的普遍增强，保险消费

者的构成逐渐多样化，差异化、个性化的需求在目前的框架下无法被满足。接着，一些背离保险本质、偏离保险本义的伪创新互联网保险产品开始出现。如雾霾险、扶老人险、防小三险、上下班降雨险、贴条险、世界杯遗憾险等，这些“险种”无法运用大数法则计算保险事故的发生概率，不具可保性，不属于保险产品。互联网保险产业想要取得进一步的发展，需要以用户的实际保险需求为导向进行创新。

专栏 7-6

脱离保险本质的“创新”保险产品

多种互联网保险产品的“创新”只是为了博得保险消费者的关注，成为保险公司营销的一个噱头，并不符合保险产品开发的要求且违反保险原理或法律规范。例如，中秋赏月险、跌停险等实际上是一种赌博行为。“恋爱险”以某个明星在一段时间内是否保持恋爱关系为赔付条件，而明星与粉丝之间并没有法律层面的保险利益关系，实质上也是一种博彩行为。“贴条险”保障的是车主被交警部门罚款后的行政处罚责任，但这种险种与最为接近的责任保险的标的（即被保险人对第三方承担的民事赔偿责任）也相冲突。

（二）人机交互模式下的信息不对称

对于保险这种服务产品，相对于传统通过线下网点面对面沟通和推荐产品的营销模式，互联网保险的人机交互模式会放大投保人与保险人之间的信息不对称。

一方面，当投保人处于信息优势端时，容易滋生保险欺诈行为。由于互联网保险业务都在线上完成，无法面对面准确判断投保人的信用评级，信用风险增大。尤其面对复杂的保险产品，如何通过互联网技术手段实现保险人的明确说明与投保人的如实告知，以规避保险消费者的道德风险与逆向选择，是需要解决的问题。

另一方面，当保险平台处于信息优势端时，非真实的交易平台也为其模糊信息、虚假宣传甚至不合规经营提供了土壤，这会损害用户整体的服务体验甚至产生纠纷。一般只有在发生保险事故时，保险经营者与消费者之间才会从虚拟的人机交互变成有形的深度交互，这降低了整体信息交流的频率、深度和广度。据银保监会统计数据，2017 年，保监会及各保监局共接收互联网保险投诉 4 303 件，较上年同期增长 63.05%。2018 年上半年，互联网保险投诉的问题仍较为突出，主要反映了销售页面未明确说明免责条款、拒赔理由不合理、捆绑销售保险产品、未经同意自动续保等问题。可见，信息失真的现象仍大量存在并侵犯着消费者的权益。

（三）第三方网络平台经营不当

互联网保险的第三方平台可以依据导流模式分为场景平台和保险平台。场景平台主要依靠自身的应用场景，为用户便利地提供其所需的保险产品，比如“携程旅行”提供的航班延误险、航班意外险；保险平台则通过为消费者提供详细的产品说明来制定风险解决方案。但在实际提供用户服务时，第三方网络平台却出现了背离法律赋予其的定位的问题。

一方面，一些没有资质和牌照的第三方网络平台开始销售保险产品，僭越“网络技术服务”的业务边界。例如，美团外卖在2015年4月上线送单延迟赔偿类产品服务“准时保”，因涉嫌经营保险产品、无保险兼代理许可证而开展保险代理服务违反《保险法》的规定，后美团将其更名为“准时宝”。再如，“相互宝”“点滴相互”等类似的网络互助计划都未基于保险精算进行风险定价与费率厘定，更没有充足的赔偿给付能力和财务稳定性，只是成员之间的大病互助计划，其事故赔付普遍采用事后分摊制，游离于保险监管之外。此类产品已基本停止运营。

另一方面，部分第三方网络平台还存在误导销售、违规宣传的现象。误导销售的一种方式是通过在网页上投放制作精美的保障内容画面来吸引保险消费者并进行诱导宣传，另一种方式是运用有歧义、片面性的宣传话语误导消费者。例如使用“可以续保”的宣传语，但实际上可以续保不等于保证续保。违规宣传现象包括违规使用保险术语，将互助计划与保险产品进行对比和挂钩，混淆保险产品与互助计划的区别等。

（四）风险控制难度加大

互联网保险将传统保险业务转为线上后，会使得原有的金融风险与新型风险产生叠加影响，相比于传统保险承担了更多的潜在风险。

从网络安全方面来说，互联网保险因为会面临黑客攻击、病毒入侵、硬件设备的不完善等情况，增加了信息泄露的风险，长期下去或许会引发客户信任危机。此外，由于基于科技的互联网保险业务流程更加复杂，业务员的操作风险增大。

从信息披露风险方面来说，相比于过去的交易模式，互联网保险公司与其客户群体缺少正面的沟通和交流。保险产品的销售强调的是严谨审慎，并且要及时列出存在的风险，但是当前的一些保险产品销售平台的销售方式较为夸张，在销售时存在信息公开不完善、将其与一般的理财产品混淆的情况，弱化了对于风险的提示，使消费者很容易陷入误区。

从产品设计风险方面来说，互联网保险区别于传统模式，缺乏历史资料和数据的借鉴参考，在产品定价和个性化设计等方面都存在较大的难度，在产品面世后也需承担较大的失败风险。

二、互联网保险的相关政策

近几年，银保监会陆续发布多项监管政策及指导意见，并向社会公开征求意见。针对互联网保险存在的多项问题，政策中关于业务规范的规定、信息安全的维护、第三方平台的合作、虚假宣传的遏制、创新风险的监管等也在不断完善，旨在以更高的要求优化保险行业业务并促进行业数字化转型。

2015年，保监会出台了《互联网保险业务监管暂行办法》，较为全面地指出了互联网保险存在的问题。其监督管理章节中对违反规定开办互联网保险业务、违反信息披露规定、发生交易数据丢失或客户信息泄露、误导宣传、与不符合规定的第三方网络平台合作等行为都制定了相应的惩罚标准。

2019年10月修订的《健康保险管理办法》中提出三点相关建议：一是鼓励保险

公司采用大数据等技术提升风险管理水平；二是对于事实清楚、责任明确的健康保险理赔申请，保险公司可以借助互联网等信息技术手段对被保险人的数字化理赔材料进行审核，简化理赔流程，提升服务效率；三是相关机构应当依据服务范围和服务对象，与医疗机构、基本医保部门等进行必要的信息互联和数据共享。

2020 年 5 月，银保监会发布《关于推进财产保险业务线上化发展的指导意见》，提出到 2022 年，车险、农险、意外险、短期健康险、家财险等业务领域线上化率达到 80% 以上，其他领域线上化水平也应当显著提高，并鼓励财险公司加快线下服务的数字化转型，推动线上线下融合发展，同时要求各财险公司拓宽线上化服务领域，包括创新线上产品服务，延伸线上服务链条，建设线上生态圈。

2020 年 6 月，银保监会发布《关于规范互联网保险销售行为可回溯管理的通知》，提出了针对互联网保险销售过程的全流程溯源，并且要求该记录可被监管机构或司法机构查验，便于保险公司自身的法律风险防控，确保合同的有效性、免除保险人责任条款的效力等。同时，为降低消费者“误消费”现象，互联网保险公司需要对销售页面和非销售页面予以区分，针对保险合同条款单独展示，重点内容应特殊标记，确保消费者具有充足的知情权。

2020 年 8 月，银保监会发布《推动财产保险业高质量发展三年行动方案（2020—2022 年）》，明确指出支持财产保险公司制定数字化转型战略，鼓励财产保险公司利用大数据、云计算、区块链、人工智能等科技手段，对传统保险操作流程进行更新再造，提高数字化、线上化、智能化建设水平。

2020 年 12 月，银保监会发布了《互联网保险业务监管办法》（简称《办法》）。《办法》自 2021 年 2 月 1 日起施行，全文共 83 条，更加细致地规定了互联网保险的经营资质、基本与特别业务规则以及监督管理等内容。

首先，《办法》明确了“互联网保险业务”即“保险机构依托互联网订立保险合同、提供保险服务的保险经营活动”；同时满足保险机构通过互联网和自助终端设备销售保险产品或提供保险经纪服务，消费者能够通过保险机构自营网络平台的销售页面独立了解产品信息，消费者能够自主完成投保行为三个条件，即为互联网保险业务。这使得消费者投保更有依据。

其次，《办法》强调应当规范互联网营销宣传，引导消费者理性投保。《办法》对营销宣传内容作出针对性规定，要求遵循清晰准确、通俗易懂、符合社会公序良俗的原则，且与保险合同条款保持一致；营销宣传页面应准确描述保险产品的主要功能和特点，不能“自由发挥”、夸大其词。此外，《办法》明确从业人员应在营销宣传页面显著位置标明所属保险机构全称及个人姓名、执业证编号等信息。

再次，《办法》强化了关于信息披露和防范信息泄露的要求。《办法》要求保险机构增加信息披露内容，告知消费者售后服务能否全流程线上实现；对售后服务进行全面规范，提出批改、保全、退保、理赔和投诉处理等全流程服务标准；制定客户信息保护制度，建立覆盖全生命周期的客户信息保护体系，防范信息泄露。

最后，《办法》提出应当加强监管保护创新，从而更好地促进行业发展。鼓励利用新技术开发符合互联网经济特点、服务多元化保障需求的保险产品；鼓励拓展数据信息来源，运用数据挖掘、机器学习等技术提高保险业务风险识别和处置的准确性；支持保险机构提升销售和服务的透明化水平，可在自营网络平台提供消费者在线评价功能，为消费者提供参考；支持保险中介机构开展基于数据创新应用的风险管理、健康管理、案件调查、防灾减损等服务。

《办法》贯彻了中央加强金融监管、防范金融风险的要求，有助于规范互联网保险业务，推动保险业供给侧改革，促进互联网保险高质量发展。

2021 年 10 月，银保监会办公厅发布《关于进一步规范保险机构互联网人身保险业务有关事项的通知》，旨在从源头重点解决互联网人身险业务非理性价格竞争、销售不规范、服务效能不高等问题。

三、互联网保险的发展前景与未来趋势

（一）发展前景

技术的助力会刺激新的保险需求，未来互联网保险会在整体提升服务效率和消费者体验的同时促进行业的数字化转型和智能化落地。智能化落地后的互联网保险行业能够更好地利用技术来满足用户需求，促进行业发展。

回顾保险业的发展历程，每一次技术的升级革新都带来了新的机遇。传统保险电商平台的诞生源于互联网时代开启后线上销售渠道的扩张，移动互联网的转型也使得互联网保险应运而生，场景化保险的理念开始成为现实。伴随着大数据、物联网、人工智能等多种科技的蓬勃发展，技术向保险业的渗透使整个行业加快数字化转型的节奏，众多保险科技企业也在积极用创新的力量改变行业业态。随着 2019 年 5G 进入商用时代，L4 级自动驾驶发展成熟，基因检测走向消费者视野，未来还会有更多的新兴技术融入行业业态中。因此，保险从业机构需要保持对技术的敏感度，以应对科技发展带来的挑战和机遇。

以 5G 的发展来看：其一，技术的普及会使得网民的整体规模扩大从而直接扩大保险公司潜在的用户规模。其二，5G 促进了无人驾驶、智能制造等不同领域的创新与发展，使得保险有了新的应用场景，如无人驾驶的安全责任方与传统车险不同，转到了汽车厂商或是软件商，进而催生了新的保险消费需求。其三，在 5G 技术的辅助下，保险公司可以利用无人机、AI 识别技术、物联网以及 5G 的低延时等特点，对现场情况进行实时转播甚至自动勘察，进而实现完全的线上理赔，缩短勘察理赔的时间，降低相关成本，提高理赔效率。其四，伴随着 IoT、AI 等技术以及各类终端设备的应用成熟，全域数字化的构建解决了有效数据不足，无法满足机器学习等智能算法的训练要求这一影响智能化落地的关键问题。5G 的发展将拓宽数据收集渠道，提升网络响应速度，有利于海量数据的快速处理，为云计算、边缘计算、大数据等技术发展提供条件。

此外，多方安全计算平台等技术也应予以关注，它将为数据资产的流转、存储提供可信环境，并在数据共享与算法应用中消除风险担忧，进一步加速保险智能应用落地。

（二）发展趋势

1. 智能化、社交化、个性化发展

智能手机等移动客户端的普及使得保险业务变得更加智能化。未来，用户可以在手机等客户端线上提供自己的保险需求和相关数据，然后根据推荐算法、智能答疑等流程自行实现咨询、购买、理赔等一系列的保险服务，这将大大提高互联网保险的服务效率。

消费者购买保险产品过程的实质就是一种社交，保险企业可以通过公众号推送、微博推送等方式，将最新的保险信息及优惠活动及时推送给消费者，然后通过消费者的回馈，主动提供综合性保险服务。这种社交方式不但有利于保险企业向消费者进行精准的营销，同时有利于消费者及时发现适合自己的保险产品。

互联网保险目前存在产品单一化的问题，且根据经济学原理可知差异较小的两个相近产品的可替代性强，因此基于场景的个性化发展势必会成为未来发展趋势。根据客户群体的年龄、职业等特征针对性地设计并推销保险产品的能力将成为未来公司的核心竞争力之一。

2. 三方合作监管模式

早期为了创造一个适宜的创新自由环境，对于不合规的互联网保险产品，监管机构主要采取的是政策性指引与监管。但面对当前出现的众多问题，政府与行业协会、企业自身、第三方机构等非政府主体应构建合作监管的范式，以实现创新与监管的平衡。在监管主体上，应坚持以政府监管为主导的定位；在监管权的分配上，要更加注重保险行业协会等自治组织的作用；在监管组织方式上，应不断建构协商对话式的平台。

从监管机构角度来看，保险科技的发展会导致企业存在一定的黑箱问题，因此监管方需要发展监管科技以应对更加复杂的监管场景，及时掌握行业风险状况。从保险企业角度来看，当前限制保险科技发展的根本原因并不是算力和算法而是数据，而保险企业对数据的分享意愿和态度都是极为谨慎和保守的，只有整合数据资源才能够使保险科技进一步发展。从第三方网络平台角度来看，应明确平台性质、回归媒体中介定位，对内在保险监管机构的指导下，制定详细的标准规范和指引供平台使用，对外则通过保险消费者的举报督促平台采取改进措施。

3. 科技的多维运用

未来，科技将不仅运用在客户诉求智能分析、保险产品智能定价等方面，还可以运用在保险公司风险监控、履行明确说明义务与告知义务、存储交易信息等多个方面。

保险公司要意识到新技术的应用同时会伴随着新的风险，因此在发展新业务、应用新技术的同时，要同步完善风险管理体系，加大对信息安全的投入。在保前，利用大数据等相关技术评估客户信用风险，且加强员工培训，减少操作失误，同时利用人工智能以及海量历史数据进行分析预测，尽早识别欺诈与骗保行为；在保中，定期对软硬件进行检查和升级，实时监测相关数据，防止信息泄露；在保后，对信息安全工作复盘，总结改进。

互联网保险信息失真、虚假宣传造成的用户信息不对称导致的事后理赔纠纷等情况可以通过技术介入来有效避免。即便投保人点击勾选“已阅读保险条款”，但是没有证据证明投保人是否真正了解，保险条款是否达到《保险法》规定的“常人能够理解”的说明标准。当前情形下，网页不属于持久性的数据载体，因此不符合书面形式的要求；如果没有可靠的电子签名、屏幕录制、时间证明等予以固定的数据电文，则会增加法院判断保险人是否履行明确说明义务的难度。因此，互联网保险公司可以考虑在投保页面加入生动形象的动画，用音频配以简单通俗的书面用语演示以代替复杂冗长的保险专业用语，并进行同步的录音录像①。

另外，互联网保险经营者应运用科技手段重塑保险服务与行业生态。例如，区块链的去中心化、不可篡改、稳定性、透明性等特点有助于建立保险经营者与消费者的信任机制。区块链技术的一个主要应用是智能合约：双方事先协商一致，以数字代码形式定义合同条款，代码与合约合二为一，代码即法律，将其存储于区块链，约定条件触发时无需人为干预即自动执行，所有交易节点都规范安全。互联网保险经营者还应在记录交易的同时向全网内所有节点公布保险经营者与消费者的交易信息，保证各节点能同步并及时保存交易信息。

本章小结

互联网保险是保险科技的一种早期体现，它是指保险公司或新型第三方保险平台以互联网和电子商务技术为工具来支持保险销售和经营管理活动的经济行为。随着人工智能、机器学习、物联网装置和区块链等新技术不断发展，保险科技可以帮助客户更方便地选购保险产品、投保及理赔，帮助保险公司提高运营分销能力，更准确地进行风险评估并定价。具体到保险业务中，保险的核保过程可以考虑包括机器学习在内的科技手段，这叫作核保科技；保险的定价过程可以利用大数据和人工智能等技术进行一定程度的精准定价或者对定价模型进行补充，这叫作定价科技；在保险的核赔和定损过程中，各种科技手段可以混合运用，这叫作核赔科技和定损科技；在保险的选择中，智能保顾是保险科技的一种典型形式。互联网保险相比传统保险更能满足客户需求，服务更加便捷，理赔更轻松，定价也更精准，但仍存在产品类型单一、加剧信息不对称、第三方网络平台经营不当以及风险控制难度加大等问题。随着监管政策的不断完善及实施，互联网保险正在实现数字化转型和智能化落地。未来，在科技赋能背景下整个行业将获得新的机遇。

本章重要概念

互联网保险　人身保险　财产保险　信用保证保险　保险科技　投保　核保　定损　智能保顾

① 郑浪晴 . 互联网保险的发展困境与法律供给 . 保险职业学院学报，2020，34（5）：76-81.

即测即评

本章思考题

1. 分别列举属于人身保险和财产保险的互联网保险产品和传统保险产品，对比分析互联网保险的优势和存在的问题。

2. 查找资料，对比中国和其他国家互联网保险的发展进程与现状，从销售模式、产品、技术、服务等角度分析中国互联网保险未来创新的落脚点。

3. 分别列举保险科技在营销、投保、核保、理赔等互联网保险业务环节中的具体应用。

4. 分析互联网保险相关政策中不少于五项具体条目所指向的实际问题。

5. 简述不少于三种近年来开始广泛应用在互联网保险中的技术。

6. 列举不少于两处科技在互联网保险监管中的具体应用。

第八章

互联网消费金融

本章导读

互联网技术的快速发展，催生了很多消费场景应用，通过消费过程的支付服务衍生出的消费信贷是最主要的互联网消费金融形式。信用卡消费与信用卡还款相关的消费贷款、电商场景消费贷款、企业垂直场景消费贷款是互联网消费金融的各种创新形式，非场景消费贷款、商业银行互联网消费贷款等基于互联网迅速成长。互联网消费金融在获客、风控与资金运营管理等方面具有一定的优势，互联网消费金融资产证券化为消费金融提供了持续性信用增长支持。

本章学习目标

通过本章学习，要求把握互联网消费金融的提供者以及互联网消费金融的发展；掌握互联网消费金融的模式，包括信用卡消费与信用卡还款相关的消费贷款、电商场景消费贷款、企业垂直场景消费贷款、非场景消费贷款（现金贷）和银行互联网消费贷款等；理解互联网消费金融运作管理中的获客、风控与资金运作等的技术基础；能够熟练掌握互联网金融资产证券化业务。

第一节　互联网消费金融概述

一、消费金融与互联网消费金融

（一）消费金融的概念

消费金融的定义分为广义与狭义两种。广义消费金融包括传统商业银行向消费者发放的住房按揭贷款、汽车贷款、信用卡和其他贷款，持牌消费金融公司向消费者提供的家装贷、购物分期，以及新兴的基于网上购物等消费场景为消费者提供购物分期服务的互联网消费金融。狭义消费金融是从广义消费金融范畴中扣除传统商业银行汽车贷款和住房按揭贷款的部分。本教材仅研究狭义消费金融范畴，即以消费为目的的小额信用贷款。

（二）消费金融的分类

根据是否依托于具体消费场景，消费金融可以分为依托具体消费场景的消费贷和不依托于具体消费场景的现金贷两种模式。场景消费贷依托于消费场景和消费用途来进行贷款发放；现金贷是小额现金贷款业务的简称，是针对申请人发放的消费类贷款，对消费内容没有要求，具有方便灵活的借款与还款方式，以及实时审批、快速到账的特性。

（三）互联网消费金融的概念

互联网消费金融是指利用互联网及相关信息技术，提供消费金融产品与服务。主要体现为传统消费金融活动各环节的电子化、信息化、网络化和智慧化，以及在此过程中业务流程、模式等方面的改进与创新。互联网消费金融借助于新的技术及商业模式，能够大大改进服务质量，提升服务效率，解决传统消费金融的难点和痛点。当下，互联网消费金融正受到越来越多的年轻消费者的青睐。

二、互联网消费金融的提供者

根据参与机构和法律规定的主体资格不同，消费金融的供给主体可分为商业银行、持牌消费金融公司和新兴互联网消费金融平台。

（一）商业银行

商业银行依托其稳定和低成本的资金优势，在消费金融领域占据优势地位，其主要业务模式包括信用贷款和信用卡。近年来，商业银行不断通过创新方法切入新兴市场，如控股或参股持牌消费金融公司，开发创新型消费金融产品和消费金融平台，以及与电商等互联网平台合作，共同探索打通线上线下的消费金融业务等。

（二）持牌消费金融公司

消费金融公司是指经银保监会批准，在中国境内设立的，不吸收公众存款，以小额、分散为原则，为境内居民个人提供以消费为目的的贷款的非银行金融机构。2009年7月，银监会颁布了《消费金融公司试点管理办法》，对消费金融公司的设立、变更与终止，业务范围及经营规则，监督管理等作出明确规定。公司获得消费金融牌照的准入门槛较高，除了需要满足对注册资本和盈利能力的要求外，还要获得原银监会（现银保监会）批准。消费金融公司被定位为非银行金融机构，其业务范围覆盖线上与线下。按照规定，持牌消费金融机构除可在全国范围内发放个人消费贷款外，还可以从事向境内金融机构借款、境内同业拆借、经批准发行金融债券、代理销售消费保险产品、固定收益类证券投资等业务。持牌消费金融公司的资金来源也十分多样化，包括向境内金融机构借款、同业拆借、发行债券等。在资金杠杆方面，消费金融具有10倍杠杆优势。

（三）新兴互联网金融消费平台

互联网小贷公司、电商平台、科技公司和生产企业的分期购物平台等众多拥有网络小贷牌照的公司成为新兴互联网消费金融的参与者。自2011年起，阿里巴巴、百度、京东、苏宁等多家科技公司均成立了小贷公司，并持有网络小贷牌照，为个人消费者和小微企业提供消费金融服务。电商平台依托其庞大的在线客户消费群体、丰富的产品消费场景、平台分发与大数据沉淀等优势，发展消费金融。科技公司和生产企业的分期购物平台，基于垂直消费场景，搭建了互联网消费金融服务的技术平台，把用户的网络消费数据作为授信和风控监测的基础，将自己商品或服务的销售与银行、互联网小贷公司、消费金融公司等链接起来，通过金融流量分发，实现了获客与引流的目的。

三、互联网消费金融的发展

中国的消费金融起源于20世纪80年代，当时，商业银行开始从事消费金融业务。国内最早发行信用卡的银行是中国银行广东珠海分行，在1985年发行了“中银卡”；1986年中国银行北京分行发行了“长城卡”；1988年中国银行开始在全国发行“长城卡”。之后中国工商银行、中国建设银行、中国农业银行等先后发行信用卡。1998年亚洲金融危机以后，中央针对国内消费市场疲软的态势，陆续出台了一系列扩大消费的政策措施，包括住房信贷、耐用消费品贷款、教育助学贷款和旅游贷款等。此后，中国消费金融行业进入规模化发展期，中国人民银行和银监会陆续颁布了《汽车贷款管理办法》《汽车金融公司管理办法》和《消费金融公司试点管理办法》。2010年，银监会发放了4家消费金融公司牌照。2015年7月，中国人民银行会同有关部门发布了《关于促进互联网金融健康发展的指导意见》，鼓励消费金融机构依托互联网技术，实现传统金融业务与服务的转型升级，积极开发基于互联网技术的新产品与服务；支持消费金融机构与互联网企业开展合作，拓宽金融产品销售渠道，创新财富管理模式。2016年3月24日，中国人民银行和银监会联合印发《关于加大对新消费领域金融支持的指导意见》，提出要推动专业化消费金融组织的发展，鼓励有条件的银行业金融机构围绕新消费领域设立特色专营机构，完善配套措施，推进消费金融公司的设立进入常态化，鼓励消费金融公司针对细分市场提供特色服务；提出改善优化消费金融发展环境，通过发行债券、同业拆借以及信贷资产证券化等方式，拓宽消费金融机构的多元化融资渠道。2018年9月，《中共中央、国务院关于完善促进消费体制机制进一步激发居民消费潜力的若干意见》正式发布。其中提到，要构建更加成熟的消费细分市场，壮大消费新增长点。

截至2021年年底，通过银保监会审批的消费金融公司共有30家。同时一些电商平台通过与小额贷款公司合作，利用小额贷款公司的牌照从事互联网消费金融业务。

第二节 互联网消费金融的业务模式

互联网消费金融属于互联网零售金融。互联网领域的宗旨是得入口者得天下，传统金融的宗旨是得账户者得天下，零售金融的宗旨是得场景者得天下。互联网零售金融是互联网入口、账户和场景的有机结合，而互联网消费金融的核心要素也是上述三者。随着我国金融监管环境的变化以及金融科技的进步，互联网消费金融的模式也一直在悄然地发生演变。本节重点探讨互联网消费金融模式。

一、信用卡消费与信用卡还款相关的消费金融模式

（一）银行信用卡消费模式

信用卡也称贷记卡，是由商业银行或信用卡公司对信用合格的消费者发行的信用证明。其形式是一张正面印有发卡银行名称、有效期、号码、持卡人姓名等内容，背面有磁条（或正面有芯片）、签名栏的卡片。持有信用卡的消费者可以到特约商业服务部门购物或消费，再由银行与商户和持卡人结算，持卡人可以在规定额度内透支。信用卡消费是一种非现金交易付款的方式，消费时无须支付现金，待账单日（billing date）再进行还款。信用卡提供了先消费后还款的模式，消费者享有免息还款期，可自主分期还款（有最低还款额），也可加入 VISA、Master Card、银联、JCB 等国际信用卡组织，全球通用。

用户在互联网上进行消费支付时，需要输入持卡人姓名、卡号、信用卡有效期、卡背面签名栏旁的数字（VISA 卡 CVV2 码 / 万事达卡 CVC2/ 银联 CVN2），有时需要输入网上交易密码、网页随机生成的验证码等。输入完成后，点提交即可完成网络支付。随着互联网的发展，网络支付及信用卡支付的安全性也逐渐提高，从而刮起了网上消费潮流风。

（二）信用卡代还模式

信用卡一般有 20~56 天的免息期，用户可以选择足额还款或分期还款。分期还款可选择“账单分期”或“最低还款额还款”。在还款日如果没有足额的现金还款，出现违约则成本很高，一旦超过无息还款的时间，就会收取高额的利息，一般是每天万分之五的利率，用户要为此付出最高达年化 18.25% 的高利率。所以，互联网上出现了为用户偿还信用卡债务提供融资的信用产品。具有代表性的有“替你还”“省呗”“还呗”等。

1. “替你还”

“替你还”是拉卡拉集团面向信用卡持卡人的信用卡账单短期代偿产品，于 2014 年上线，属于“日薪贷”的范畴。该借款纯线上申请，操作便捷，为信用卡持卡人解决还款期资金周转问题。凡是年满 18 岁，持有二代身份证、信用卡，有消费信贷需求并且无不良信用记录的持卡人都可以申请。申请步骤简单：手机安装“拉卡拉钱

包”APP，打开后点击“借点钱－替你还”，填写申请金额，选择申请期数；按照指引提供个人基本信息，并按要求完成技术检测；评估通过后款项到账。用户申请成功后，必须按照合同约定的日期、方式、金额，把当期应还款金额转至合同约定的还款账户。如果出现超出合同期限还款的行为，违约者信用将受影响。

2.“省呗”

“省呗”是由深圳萨摩耶金服于 2015 年 6 月开发的为信用卡用户提供低息、高效信用卡账单分期还款服务的 APP，是国内较早引入在线余额代偿的互联网金融产品。

“省呗”为信用卡还款提供了新方式，可以为用户在信用卡额度外再增加一个省呗额度，用省呗额度资金来偿还信用卡账单，其利率是信用卡最低还款利率（年化 18.25%）的 6 折起。“省呗”的注册、申请实行全线上操作，无面签，最快半小时完成审核，额度为 1 000~20 000 元。申请流程是：安装注册“省呗”APP，用户本人通过实名认证手机号完成注册；按 APP 内提示步骤完成身份验证、绑卡和手机验证；根据用户的信用状况，通过审核即可获得相应额度；获得额度后，点击“借钱到信用卡”给信用卡还款。

3.“还呗”

“还呗”是上海数禾科技旗下的还款产品，与重庆市分众小额贷款有限公司联合运营，是一款为信用卡用户提供低息、高效信用卡账单分期业务的互联网消费金融产品，于 2016 年 6 月推出。“还呗”帮用户低息分期代还信用卡，用户再还款给“还呗”。“还呗”的利息是信用卡最低还款利率的 5 折，额度最高 30 000 元，借款 3 分钟到账，借款额度也可以进行分期，每个月给“还呗”充值还款，如果还款及时，对于个人的信用有非常大的促进作用。

二、电商平台的场景消费贷款

（一）电商场景消费贷款业务含义

电商场景消费贷款业务，是由电子商务平台运营商提供，以平台消费购物融资的信贷产品。与信用卡类似，电商平台依据消费者的信用状况核定并提供一定的资金额度，消费者在购物时，可以使用额度进行支付。使用的金额有一个免息期，一般为 30~50 天，偿还方式可以选择分期，分期需要缴纳手续费。如果到期未能偿付，需要根据未偿还部分按日计收罚息，直至还清欠款。

（二）电商场景消费贷款业务模式

1.“白条”模式

2014 年 2 月，京东“白条”是京东推出的一种“先消费，后付款”的支付方式，在京东网站使用“白条”进行付款，可以享有最长 30 天的延后付款期或最长 24 期的分期付款。京东依据其所掌握的消费者大数据进行授信，授信额度一般在 6 000~15 000 元。此后，“白条”还打通了京东体系内的 O2O（京东到家）、全球购、产品众筹，后来又逐步覆盖了租房、旅游、装修、教育、婚庆等领域，从赊购服务延伸到提供信用消费贷款，覆盖更多消费场景，为更多消费者提供信用消费服务。

2.“花呗”模式

2015 年 1 月，蚂蚁微贷联合淘宝、天猫共同推出名为“花呗”的网购消费信贷服务，用户在淘宝和天猫购物时可以先“赊账”，实现“这月买、下月还”的网购体验。消费者的芝麻信用分数达到一定级别，就可以使用“花呗”。账户开通后，一般会获得 500~50 000 元的消费额度；用户在消费时，可以使用“花呗”的额度，享受“先消费，后付款”的购物体验。对年轻用户而言，“花呗”的吸引力在于可凭信用额度购物，而且免息期最高可达 41 天。

“花呗”产品的资金由蚂蚁微贷提供，属于小额贷款公司业务。2020 年 6 月，蚂蚁消费金融公司成立，用以承接“花呗”“借呗”的全部业务。

三、企业垂直场景消费贷款

（一）互联网企业的场景消费贷

由于互联网企业有网络入口优势，能够对接更多的消费场景，而且有大数据风控的优势，所以，一些有第三方支付牌照的互联网企业已经进入到消费金融领域，代表有百度旗下度小满的“有钱花”系列信贷产品。

度小满“有钱花”提供面向大众的个人消费信贷服务，打造创新消费信贷模式。该平台根据用户个人信用情况、搜索习惯、信用风险等状况，通过百度大数据 AI 运算，结合风控模型，授予用户消费信用额度。授信额度为一次性额度，用户可在授信额度内一次性借款，未用的部分额度不能再次使用。“有钱花”的应用场景已覆盖日常消费、教育、医美等，可根据用户的借款需求进行精准匹配。

1.“有钱花－满易贷”

“满易贷”是“有钱花”与七大银行合作的个人信用贷款产品，用户仅需填写身份信息，提交材料后即可获得借款额度，额度为 500~200 000 元。产品按日计息，日利率最低 0.03%；分期灵活，可分 1 期、3 期、6 期、12 期、24 期（1 期即为 1 个月）；放款快，3 分钟到账。用户账单还款日为首次借款成功日，按还款日进行还款计息，提前还款无违约金，逾期后有罚息。

2.“有钱花－尊享贷”

“尊享贷”是个人单笔贷产品，适合有一次性大额借款需求的用户申请。用户仅需填写身份信息，提交材料后即可获得借款额度，额度为 1 000~300 000 元；按日计息，日利率最低 0.01%；一次申请单笔借款，授信额度内一次性借款；可分 3 期、6 期、9 期、12 期、24 期、36 期进行还款。用户成功借款后，可选择每月还款，也可提前全部结清，提前结清会收取一定的提前还款违约金。如果逾期未还款将每天收取一定的逾期费用，并上报征信系统。

3.“有钱花－小期贷”

“小期贷”是极速小额产品，通过率高，额度可循环使用。借款额度为 500~10 000 元，分期可选择 1 期、3 期、6 期，提前还款无手续费。

（二）生产型企业的消费金融模式

有很多生产型企业致力于从事产融结合，以便生产与金融实现较好的匹配，进而带动其产品的销售，提升品牌和市场份额。海尔消费金融有限公司（简称海尔消费金融）就是一个典型的例子。

海尔消费金融成立于 2014 年 12 月，是我国扩大消费金融公司试点范围后，第一家由银保监会批准开业的全国性消费金融公司，也是我国第一家由生产型企业发起设立的产融结合消费金融公司。海尔消费金融围绕家电、教育、医美、保险等核心场景布局消费金融服务，推出了两个 APP：一站式金融生活服务平台“海尔消费金融”，信用借款产品“够花”。“海尔消费金融”主要围绕家庭用户的需求，布局优质消费金融场景，为用户提供便捷、普惠的分期支付服务。其中家电场景依托股东产业及线下网络资源，线下布局覆盖 300 多个城市的 4 000 多家海尔专卖店，线上链接海尔集团“大顺逛”平台，通过金融切入，提升产品高端销售、套购的占比。信用借款服务“够花”旨在不断提升平台的整体获客能力，为平台用户提供快速的信用贷款服务，并借助股东生态资源及场景资源经营终身用户。

四、非消费场景的信用贷款

与消费场景贷款不同，非消费场景信用贷款基本不限定用户的消费领域，可以自由使用，俗称“现金贷”，是一种小额现金贷款业务，具有方便灵活的借款与还款方式，以及实时审批、快速到账的特性。

（一）互联网平台提供的现金贷

1. 京东“金条”

京东“金条”是为信用良好的用户提供的现金借款服务，无需抵押，只需绑定银行卡即可轻松借款，金额 20 万元以内。该产品于 2016 年 3 月推出，全部业务流程在线完成，实时审批、到账迅速，资金一般会在借款申请提交后 5~15 分钟内到账。京东金条可以随借随还，既可提前还款，也可分 1、3、6、12 期等不同的期限还款，按日计息。

2. 支付宝“信用贷”（原“借呗”）

“借呗”现名“信用贷”，是支付宝推出的一款针对非消费场景下的个人信用贷款，芝麻信用分数 600 以上的消费者可以申请。按照芝麻信用分数的不同，消费者可以申请的贷款额度从 1 000 到 300 000 元不等，最长还款期限 12 个月，贷款日利率 0.045%，随借随还。2021 年 11 月，原“借呗”名称变更为“信用贷”，由蚂蚁消费金融公司提供，并成为蚂蚁消费金融公司的专属品牌。

其他电商平台也推出了针对非消费场景的现金贷产品，这些产品向线下延伸，应用范围不断拓宽。

（二）银行发放的非消费场景信用贷款

商业银行也利用网上银行、手机 APP 等推出非消费场景的个人信用贷款，具有代表性的是杭州银行的“公鸡贷”。

“公鸡贷”是杭州银行基于个人公积金数据，借助互联网技术打造的一款个人线上贷款产品，使用手机 APP 申请，额度最高 30 万元，随借随还。“公鸡贷”有 1 年期和 3 年期两种，利率不同，还款方式为先息后本，随借随还；借款人限定在所有正常缴纳公积金的人群。

（三）消费金融公司的非消费场景信用贷款

消费金融公司开展的非消费场景信用贷款业务中，具有代表性的是招联消费金融的“好期贷”和马上消费金融的“安逸花”等。

“好期贷”是招联消费金融公司旗下的一款互联网消费借贷产品，属于个人消费信用贷款，无需任何抵押，无需别人担保，纯凭个人信用状况进行征信，获取贷款。方便快捷，审核方便，放款迅速。只要芝麻信用分达到 700 分就可以申请“好期贷”，它的用途和花呗、借呗、备用金等一样，都可以用于消费购物。

“安逸花”是马上消费金融股份有限公司推出的一款循环额度金融服务，可以为用户提供连续性信用融资支持。

五、商业银行互联网消费贷款

（一）商业银行互联网消费贷款类型

商业银行通过网上银行为个人消费者提供的消费贷款，主要包括短期信用贷款、综合消费贷款、旅游贷款、助学贷款、汽车贷款和住房贷款（非购房房产）等。

（二）商业银行互联网消费贷款模式

1. 通过与电商平台、其他互联网银行联合贷款

商业银行借助其他互联网机构在技术获客方面的优势，通过合作，联合为其他互联网银行客户、电商平台客户提供消费贷款。例如，参与微众银行的“微粒贷”，参与京东、阿里巴巴等平台的消费金融产品。联合贷款一方面解决了平台消费贷款的资金来源问题，另一方面也为传统商业银行参与互联网消费金融提供了灵活机制。商业银行信贷资金的收益水平需要与平台或合作互联网银行协商确定。

2. 商业银行依托网上银行发放的互联网消费贷款

商业银行网上银行提供的信贷业务，以非场景化的消费贷形式为主，主要支持客户消费，一般依据客户信用来确定额度，通常为 2 000~500 000 元，客户可以在额度范围内循环使用。此类贷款期限一般在一年以内，利率合理。此类贷款在第五章互联网银行与互联网小额贷款中做过介绍。

3. 银行消费金融公司线上贷款

银行成立的消费金融公司，多采用线上服务模式，一般可以为客户提供额度 20 万元以内、期限 24 期、无抵押的消费信贷服务，审批和放款全部线上完成。部分消费金融公司的线上审评可以达到 30 秒内审核，实时放款。也有银行消费金融公司为个人消费者提供抵押消费贷款，抵押物接受无抵押的房产、以申请地商业银行为第一抵押权人的房产以及以申请地商业银行和住房置业担保公司共同为第一抵押权人的房产。抵押消费贷款线上申请审核一般需要 3 个工作日，额度通常在 20 万元以内。

第三节　互联网消费金融的运营管理

互联网消费金融的客户获取方式、风控与资金管理决定其运营质量与效率，本节将分析互联网消费金融的运营管理模式。

一、获客模式管理

互联网消费金融一般依托 APP、微信公众号或小程序、支付宝生活号等获取客户。客户来源分为自有生态和外部流量。自有生态以电商类、银行类为代表，如京东“白条”客户主要来源于京东电商平台，银行系消费金融公司部分会依托银行尾量客户开展消费金融业务，如中邮消金。外部流量有两种形态：一是通过场景业务合作，如度小满的医美和教育分期。二是通过广告投放、异业合作等方式开展引流。广告投放分品牌投放和效果投放两类，品牌投放常见于综艺影视赛事冠名、分众电梯广告、地铁公交户外广告等，一般即时转化效果较差；效果类投放主要包括腾讯系、头条系、头部垂类平台等，如利用 APP 推广、短视频平台引流、互联网平台贷款超市导流等模式获取流量。

互联网追求的是极致用户体验和快速迭代，这与传统金融业务有明显差异。传统金融往往只是冷冰冰的营销贷款业务，不太注重客户的运营和长期留存。而互联网消费金融常常通过营销活动、权益积分、利息优惠、提额降价等方式开展客户运营，提高客户的活跃度并增加黏性，提升单个客户的价值贡献，通过提高客户的复贷率、延长生命周期来降低获客成本。

（一）场景获客

场景获客主要通过应用商店提供专属 APP 下载安装来实现。应用商店是专门为手机、平板电脑等提供应用软件下载服务的电子应用商店，目前主要有苹果系统的 App Store 和安卓系统的应用商店，国内各大应用商店都是基于安卓系统的。苹果 iOS 系统内所有应用只能通过 App Store 下载；安卓系统相对比较开放，可供下载应用的商店种类也比较多，除了手机自带的应用商店外，还有应用宝、百度手机助手、360 手机助手、PP 助手等第三方应用商店。针对消费金融类产品，苹果 App Store 一般会收录在财务分类榜，国内安卓应用商店会在金融理财分类榜中呈现。

应用市场的广告形式如下：苹果商店 ASM（应用商店搜索营销）竞价投放目前未在国内上线，现阶段以 ASO（应用商店优化）为主；国内各大安卓应用商店都有自己的付费投放形式，目前以 CPT（cost per time）和 CPD（cost per download）为主，也就是按时间和下载量收费。金融产品投放一般以 CPD 投放为主，CPT 为辅。

用户下载应用市场的 APP 之后，注册使用，便成为互联网消费金融平台的客户。

（二）效果类广告获客

效果类广告渠道主要分为信息流广告、搜索广告两大类，包括腾讯（广点通、微信）、字节跳动（抖音、今日头条、火山视频、西瓜视频）、百度（百度搜索、百度贴吧、百度百通、百度直通车）、新浪（粉丝通、扶翼）、陌陌信息流、网易、搜狐等。

以字节跳动、百度、腾讯等为首的媒体，占据了效果类广告市场的大部分份额，竞争极其激烈。以新兴媒体、垂直类媒体、工具类媒体为主的广告市场潜力大。

互联网消费金融的广告投放依据目标客户的信息或搜索习惯进行设计运作。

（三）金融流量分发获客

金融流量分发平台是各种消费金融产品的集合体，把多种消费金融产品集合到一个流量平台上，这样用户可以横向比较，选择合适产品。

金融流量分发平台通过汇聚海量消费金融产品，采用竞价模式，为有资金需求的用户提供信用评估、智能推荐、便捷申请、众评众测、还款提醒、授信提额等全流程服务，最大化满足用户“更多选择、更高额度、更快借到、更低利率”的借款需求。金融流量分发平台的对接方式主要有两种：

一种是最为简单的 HTML5 链接合作。消费金融产品方将自身 HTML5 形式的产品链接、产品要素、产品 Icon 等信息直接上传到金融流量分发平台，平台根据各产品为平台产生的实际收益决定其展示位置。这种方式的优势在于上线速度快，能够快速获客；劣势在于产品方无法跟平台方进行信息传输、风控前置、客户筛选等，对于用户的体验也不是很友好。

另一种是通过 API（应用程序编程接口）进行对接。金融流量分发平台首先让用户在自身平台上进行注册、填写个人信息等操作；接下来产品方跟平台通过约定好的 API，传输客户信息、相关授权信息等内容，直接形成申请订单。这种方式可以使双方深入合作，联合建模、数据风控信息等通过 API 传输极大地提高了获客效能，同时用户也会拥有较好的服务体验。

二、风险控制模式与技术

由于互联网消费金融服务大量的长尾客户，征信信息相对缺失，个人金融服务领域的诈骗、套取资金、盗用身份等行为屡见不鲜，加上互联网客户对服务体验的需求，金融机构需要提供快速、高效、精准的风险管理手段。

（一）大数据风控

互联网消费金融业务普遍采用大数据风控的方式，基于个人用户支付结算、信贷、电商、社交、互联网习惯、个人信息等海量大数据，应用大数据技术、机器学习、生物识别、人工智能等技术对相似群体通过数据分析、挖掘、建模等方式进行信用风险、欺诈风险等风险评估，并实施风险预警和风险控制。

（二）信息安全认证

互联网消费金融平台使用多重信息来交叉验证信息的真实性：利用光学字符识别

技术对申请人的工商信息、税务信息、司法信息等进行识别，持续丰富小微企业数据维度；使用图计算、自然语言处理技术分析企业经营能力和经营状况，提高小微企业“画像”精准度；使用知识图谱等关联技术，防范欺诈行为；通过机器学习模型配合策略使用，有效提高风控系统的覆盖面和精准度，极大地提升了对客户的评估精准度，促使传统模式下难以度量的风险显性化，提升风控能力。

三、资金运作管理模式

商业银行、消费金融公司、小贷公司可以直接发放消费贷款，而常见的互联网平台并不被允许通过互联网科技公司的主体发放贷款。这些平台公司一般提供消费信贷的技术平台，搭建场景，设计相应的产品，通过其旗下的小贷公司获得资金；同时也会与商业银行、消费金融公司等机构开展助贷或联合贷业务来获得资金支持，或通过信托公司以发行信托计划的形式开展业务。

（一）来自金融机构的资金

互联网消费平台对接了用户与商业银行、消费金融公司、小额贷款公司、信托公司等机构，由金融机构提供资金，资金来源包括银行存款、消费金融公司和小额贷款公司的股东出资等。

消费金融公司可以接受股东境内子公司及境内股东的存款，向境内金融机构借款，经批准发行金融债券；境内同业拆借同业拆入资金余额不高于资本净额的 100%。

（二）来自金融市场的资金[①]

互联网消费金融产品通过资产证券化来融通资金，将已经发放的消费贷款打包，发售资产支持证券（asset backed securities，ABS），实现资金回流，再发放新的消费贷款。

1. 消费金融基础资产证券化的可行性

消费金融业务领域的基础资产是比较适合进行证券化的资产。因为，消费金融资产是一个比较明确的债权或者收益权，可以通过底层债权的合同条款了解到还款的利率、金额和还款节奏，从而较好地预测资产未来的现金流。同时，许多消费金融类资产都具有小额分散的特征，有利于进行资产的结构化设计，可以有效分散资产证券化产品的风险。消费金融资产的收益一般比较高，涉及 3C 分期（计算机类、通信类和消费类电子产品消费分期）、购车、助学、医美等场景的消费金融业务的贷款利率会更高，从而提高了专项计划的安全性。

资产证券化对于消费金融公司是一种低成本的融资方式，对于电商和消费金融公司而言能够满足业务高速发展的需求。公司在业务初期资金短缺、发展受限的情况下，可以通过资产证券化的方式将资产打包转让出去，付出一定成本获得展业的资金，再不断滚动地发放贷款从而扩大业务规模。

① 周天林．消费金融 ABS 的政策前景、核心价值与交易结构综述．金融资管法律通讯，2017（7）．

2. 互联网消费金融资产证券化的实践

当下中国的消费金融公司借助金融科技公司的参控股，业务基本实现了线上运作和线下运作的融合，所以这里对消费金融公司的资产证券化案例进行介绍。

专栏 8–1

京东“白条”资产证券化

2015 年 9 月 21 日，京东“白条”资产证券化项目获证监会批复，由华泰证券（上海）资产管理有限公司发行完毕，并于当年 10 月在深交所挂牌（见图 8–1）。

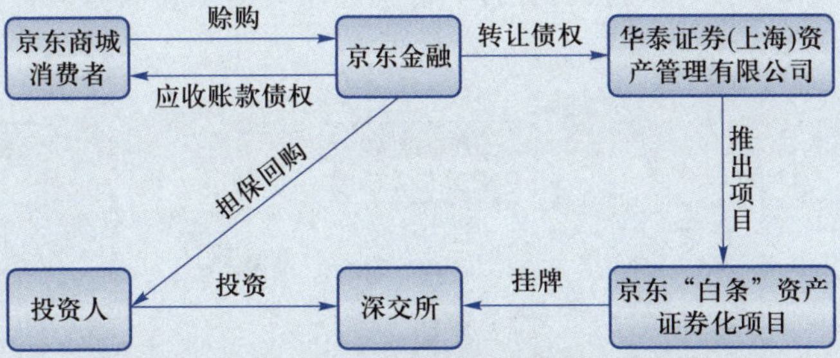

图 8–1 京东“白条”资产证券化运作结构

资料来源：根据公开资料整理。

京东“白条”资产证券化基础资产是个人端的“白条”资产，基础资产单笔金额小且分散。融资总额为 8 亿元，分为优先 1 级（75%，AAA 评级）、优先 2 级（13%，AA– 评级）、次级（12%）资产支持证券。其中，优先 1 级 6 亿元和优先 2 级 1.04 亿元资产支持证券由投资机构完成认购，次级 0.96 亿元由京东自己持有，风险自留。另外，该产品期限为 24 个月，采取“12+12”的模式，前 12 个月为循环购买期，以入池标准挑选合格基础资产进行循环购买，循环期内每季度兑付优先级投资人收益；后 12 个月为本息摊还期，摊还期内按月兑付优先级的利息和本金；待优先级本金全部偿付后，将剩余收益支付给次级投资人。

京东“白条”资产证券化的交易结构设计，采用了循环购买方式，由计划管理人每日循环购买京东符合“入池标准”的基础资产。日常运营方面同样采取自动化资产筛选，小而分散的基础资产以订单的形式体现，入池的资产有 67 万笔，所以要求自动化的程度非常高，对 IT 系统的要求特别高。

在产品风控方面，除了原始权益人持有全部的次级证券外，京东“白条”资产证券化设置了不良率指标，如不良率在连续 5 个工作日超过 10% 则要启动加速清偿。其实，京东“白条”的不良率低于 1%，基础资产入池标准非常严格，如逾期次数不能超过 3 次，总逾期天数不能超过 25 天，等等。

总之，京东的大数据充分地支持了基础资产风控，其产品也受到了机构投资者的热捧，在推出首天就被四家机构抢购一空。

专栏 8-2

分期乐的消费金融资产证券化

2016 年 1 月 19 日，大学生消费分期平台分期乐的嘉实资本－分期乐 1 号资产支持专项计划资产支持证券（简称分期乐 ABS）正式发行，优先级证券发行利率为 5.05%，首期融资总额为 2 亿元，交易结构如图 8-2 所示。分期乐 ABS 的基础资产为大学生分期消费的债权。产品 90% 以上为优先级证券，由 AAA 级担保公司中合担保对其增信，使优先级证券的评级都为 AAA 级；次级证券由分期乐自行认购。产品期限为 24 个月，采取“1+1”的模式，第 1 年为循环购买期，以入池标准挑选合格基础资产进行循环购买，循环期内每季度兑付优先级投资人收益；后 1 年为本息摊还期，摊还期内按月兑付优先级的本金和利息；待优先级本金全部偿付后，将超额利差收益支付于次级投资人。

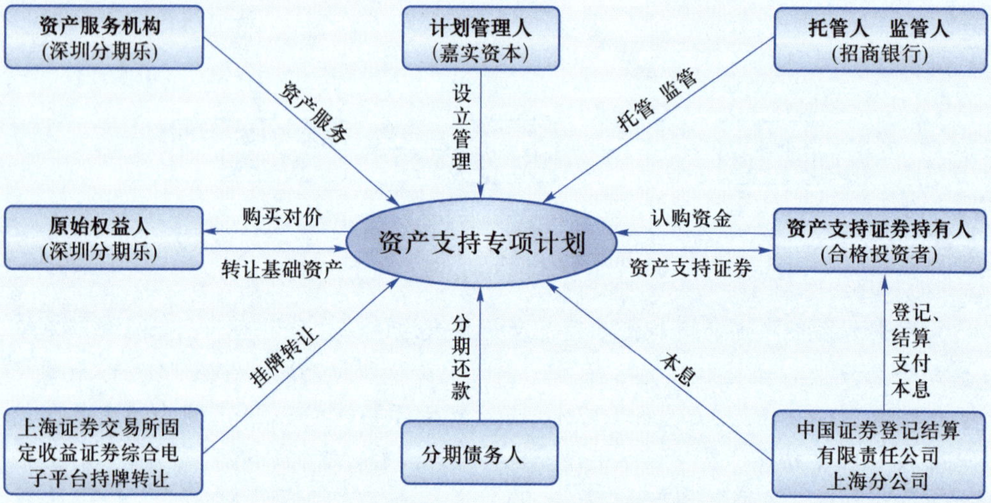

图 8-2　嘉实资本－分期乐 1 号资产支持专项计划交易结构

资料来源：根据公开资料整理。

这是国内首单在上交所成功发行的互联网消费金融 ABS，标志着国内主流金融机构对互联网消费金融的认可，分期乐也成为第一家成功发行互联网消费金融 ABS 的创业公司。

专栏 8-3

兴业消费金融 ABS

兴业消费金融有限公司（简称兴业消费金融）是国内首家由股份制商业银行控股的消费金融公司，成立于 2014 年。兴业消费金融在 2018 年获得资产证券化业务资格，当年即发行首单规模为 19.25 亿元的个人消费贷款 ABS。

2021 年 6 月 11 日，兴业消费金融在全国银行间债券市场发行“兴晴 2021 年第一期个人消费贷款资产支持证券”。本期发行规模为 19.6 亿元，分为优先 A 档

（AAAsf）、优先 B 档（AA+sf）、优先 C 档（中债资信 AA-sf/ 联合资信 AAsf）和次级档，并由中信建投证券、招商证券作为创设机构，分别为优先 C 档证券“21 兴晴 1 优先 C”创设了信用风险缓释凭证（CRMW）。2018 年至 2021 年 6 月，兴业消费金融累计发行 5 只 ABS 产品，累计发行金额为 98.71 亿元（见表 8-1）。

表 8-1　兴业消费金融 2018 年—2021 年 6 月的个人消费贷款 5 期 ABS

项目名称	发行金额（亿元）	基础资产类型	发起机构 / 原始权益人
兴晴 2021 年第一期个人消费贷款资产支持证券	19.60	消费性贷款	兴业消费金融股份公司
兴晴 2020 年第一期个人消费贷款资产支持证券	19.18	消费性贷款	兴业消费金融股份公司
兴晴 2019 年第二期个人消费贷款资产支持证券	19.80	消费性贷款	兴业消费金融股份公司
兴晴 2019 年第一期个人消费贷款资产支持证券	20.88	消费性贷款	兴业消费金融股份公司
兴晴 2018 年第一期个人消费贷款资产支持证券	19.25	消费性贷款	兴业消费金融股份公司
累计	98.71	消费性贷款	兴业消费金融股份公司

数据来源：Wind 资讯。

3. 互联网消费金融资产支持证券管理的特点

随着中国消费金融业务运作的互联网化，中国的消费金融资产证券化与互联网消费金融资产证券化出现如下特点：

（1）原始权益人多样化，发行场所多元化。消费金融类 ABS 发行主体主要包括商业银行、消费金融公司、小贷公司等。以商业银行、消费金融公司作为发起机构的 ABS 产品在银行间债券市场发行，受银保监会监管；以小贷公司等互联网金融企业作为发起机构的 ABS 产品主要在交易所市场发行，受证监会监管，也可以在银行间债券市场发行，主管机构为交易商协会。

（2）特殊目的机构（SPV）及管理服务机构多元化。在银行间市场发行交易的信贷资产证券化产品，其交易结构标准化程度较高，银行或消费金融公司作为发起机构，通常也担任基础资产的贷款服务机构，将消费贷款以信托的方式委托给信托公司，信托公司作为受托机构设立特殊目的信托（SPT）发行资产证券化产品。

在交易所发行交易的企业资产证券化产品，其交易结构相对灵活，既包括计划管理人设立并管理资产专项计划，将专项计划资金用于向原始权益人购买基础资产的单 SPV 模式；又包括引入信托受益权，构建双 SPV 交易结构的模式，场外资产证券市场有时甚至引入双资产服务机构。

（3）越来越多的企业采用储架发行方式。所谓储架发行是相对于传统发行的概念。一般是指在证券发行实行注册制的基础上，发行人一次注册，多次发行的机制。

对于融资渠道相对狭窄的消费贷款公司而言，资产证券化是一种成本较低且可循环发行的融资方式。尤其在储架发行获批后，企业的融资规模和效率将会大幅提高，有利于提升其在资本市场的接受度。同时，储架发行对发起机构的经营模式、风控能力等多方面有着很高的准入门槛，未来将成为更多消费金融类企业努力的方向。

（4）资产注入多采用循环购买形式。消费金融类 ABS 一般采用循环结构，以解决资产端与产品端期限不匹配的问题，降低资金闲置成本。

消费金融类贷款一般具有贷款期限相对较短、早偿率较高等特点，而消费金融公司通常更倾向于获得较长期限的融资；同时，对投资者而言，从中长期资产证券化产品中获得的收益也更高。因此，消费金融类资产证券化产品通常采用循环购买的交易结构，进而使资产端与负债端的期限相匹配。

循环购买消费金融类资产证券化产品，其存续期包含两个阶段，即循环购买期和摊还期。在循环购买阶段，消费金融贷款资产池产生的现金流被用于支付资产支持证券的利息及相关费用，剩余的资金（或者部分）应当由原始权益人根据合格标准购买新的入池资产；在摊还阶段，消费金融贷款资产池产生的现金流被归集后应按照约定向资产支持证券持有者偿付本金和利息。在设计循环购买交易结构时，还应根据消费金融资产的信用质量、备选合格资产池的容量、贷款期限、早偿率、违约率及贷款利率等特点设置循环购买频率、购买比例、分配顺序和分配方式等。

（5）大多采用内部增信，极少寻求外部增信。内部增信设计是通过从基础资产自身层面进行结构化设计而实现的，主要包括优先级或次级的结构安排、超额利差、超额抵押、流动性储备账户、交叉互补机制等，其中，优先级和次级的分层设计是资产证券化产品中最基本、运用最广泛的增信措施，而超额利差及较高的入池管理费也是消费金融类 ABS 常用的内部增信措施。市场上已发行的消费金融资产证券化产品，极少采用外部增信。

（6）大多将挖掘消费场景与大数据风控，作为设计 ABS 产品的核心逻辑。消费金融 ABS 的核心是消费场景和大数据风控，消费场景关乎债权发生原因的真实性，大数据关乎风险控制的科学有效性。一方面，互联网技术丰富了消费场景，于是消费金融产品需要不断创新以覆盖更广阔的受众群体，同时借助金融科技改变服务方式也会使服务效率得以提升。另一方面，大数据对征信信息的补充也将全面提升各类机构的风险管理能力。事实证明，有场景的消费贷款比没有场景的消费贷款的用户还款表现好，逾期率低。

无抵押担保、贷款审批速度快，是消费金融机构提供金融服务的特点。在 ABS 发行时，逾期率与坏账率处于静默期和滞后期，有了大数据支撑，就可以在循环期内进行持续的资产质量监控，而原始权益人或发起人基于大数据等金融科技手段所建立的风控体系将有利于控制风险。

本章小结

互联网消费金融是基于互联网平台的消费金融，以消费信贷为主，消费贷款的提供者包括商业银行、消费金融公司、互联网小额贷款公司等机构。互联网消费金融属于零售金融的一部分，入口、账户、场景是互联网消费金融的三个核心要素。互联网消费金融发展随着居民消费升级有较大的成长空间。消费金融公司模式是未来标准化的互联网消费金融供给主体。

互联网消费金融的模式主要有：信用卡消费以及与信用卡还款相关的消费信用服务、电商平台的场景消费贷款、企业垂直场景消费贷款、非场景的信用贷款（现金贷）、商业银行互联网消费贷款等。

互联网消费金融的运营管理重在获客、风险控制和资金运作管理三个方面。获客主要通过效果类场景应用市场、广告投放、金融流量分发等渠道推进；风险控制方面，主要基于大数据风控技术，信息安全认证等技术，做到准确、客观、精准管理客户可能出现的风险，保证资产质量与安全；资金运作方面，主要分为来自金融机构的资金和来自市场的资金，其中市场资金以资产证券化资金为主。

本章重要概念

消费金融　互联网消费金融　消费金融公司　信用卡消费　非消费场景信用贷款　场景分期服务　现金贷　场景获客　金融流量分发平台　消费金融资产证券化　储架发行

即测即评

本章思考题

1. 什么是互联网消费金融？

2. 为什么说持牌经营是互联网消费金融的发展趋势？

3. 什么是互联网消费金融资产证券化？互联网消费金融证券化的基础资产有什么特征？

4. 简述消费金融 ABS 交易结构的发展趋势。

第九章
互联网供应链金融

本章导读

供应链是生产与流通等过程中的交互经济活动形成的链条，供应链管理非常重要。供应链生态经济需要金融的支撑，也具有为金融赋能的基础条件，由此衍生出供应链金融，进一步润滑了生产与流通，促进了生产、物流、消费的发展。随着互联网技术的不断进步，供应链金融与互联网融合，从中心化、线上化、平台化到智慧化，区块链技术在解决供应链金融风险管理方面具有先天优势，基于区块链技术的供应链金融得以迅速发展。

本章学习目标

通过本章学习，要求掌握供应链金融和互联网供应链金融的概念、生态主体及三个主要模式，理解互联网供应链金融在中国的几个主要运营模式，掌握基于区块链技术的供应链金融模式。

第一节　互联网供应链金融概述

一、互联网供应链金融及其生态主体

供应链是一个复杂的经营和管理过程，涉及许多企业间的协调和交互活动，这些活动的状况直接影响到供应链的服务、质量和成效。供应链管理是指对整个供应链系统进行计划、协调、操作、控制和优化的各种活动和过程。供应链金融是供应链管理的一个分支。

（一）供应链金融的定义

供应链金融是指以核心客户为依托，以真实贸易为前提，运用自偿性贸易融资[①]的方式，通过应收账款质押、货权质押等手段封闭资金流或者控制物权，对供应链上下游企业提供的综合性金融产品和服务。

供应链金融的本质是信用融资，在产业链条中发现信用。在传统方式下，金融机构通过第三方物流、仓储企业提供的数据印证核心企业的信用、监管融资群体的存货、应收账款等信息。

（二）互联网供应链金融的定义

在云时代，大型互联网公司凭借其手中的大数据成为供应链金融的新生主导力量，例如，阿里巴巴、京东、苏宁等都是典型代表。那么，互联网供应链金融如何界定呢?

互联网供应链金融就是基于互联网技术平台的供应链金融。互联网与供应链金融结合的优势体现在精准化、高效化、集成化等方面。以在线互联、风险控制、产融结合的形式，基于大数据、云平台、移动互联网、互联网金融的供应链金融将打造一个更富有市场力的实体产业链生态环境。供应链金融目标是实现物流、商流、资金流、信息流的“四流合一”，而互联网技术的应用将成为有效管理四流目标的最佳方式。

（三）供应链金融生态的主要参与主体

供应链金融与互联网供应链金融生态的主要参与者有以下几类。

1. 商业银行

商业银行针对有供应链融资需求企业的实际情况，提供多种模式的融资解决方案。它们在资金成本方面具备天然优势，但其传统金融服务模式在一定程度上制约了其开展供应链金融业务。

2. 行业龙头

行业龙头企业依据自身在行业内的规模优势、经济效益优势、带动和辐射优势、竞争优势等，整合供应链上下游的中小微企业，链接资金提供方，为行业内的中小微企业提供融资解决方案。

3. B2B 和 B2C 电商平台

这些平台在电子商务领域的交易规模一直占绝对比例，是实体经济与互联网结合的最佳载体。近年来已有很多 B2B 和 B2C 平台通过对接资金提供方为平台上下游提供融资解决方案。

4. 物流企业

物流企业通过物流活动参与到供应链运作中。它们整合供应链中的物流网络，链

① 自偿性贸易融资就是根据企业真实贸易背景和上下游客户资信实力，以单笔或额度授信方式，提供银行短期金融产品和封闭贷款，以企业销售收入或贸易所产生的确定的未来现金流作为直接还款来源的融资业务。简单来说就是企业现在有一批货放在仓库里，货还没卖的时候拿来抵押贷款，等卖出去以后就拿这笔收入偿还银行贷款和利息。

接资金提供方，为服务对象提供物流供应链服务和融资解决方案，有利于稳定业务网络，提升物流企业的竞争能力。

5. 供应链管理企业

供应链管理企业承接核心企业外包的非核心业务，整合供应链上下游资源，链接资金提供方，为供应链上下游中小微企业提供供应链服务和融资解决方案，提升了整个供应链的运作效率。

6. 外贸综合服务平台

外贸综合服务平台为中小企业提供进出口环节的融资、通关、退税、物流、保险等相关服务，针对中小外贸企业发展中的资金问题，开拓了中小企业国际贸易项下的供应链金融。

7. 金融信息服务平台

金融信息服务平台通过互联网技术链接资金提供方和供应链上的资产端，为供应链上的中小微企业提供融资解决方案和资金支持。

8. 金融科技企业

金融科技是金融和信息技术的融合型产业，关键在于利用大数据、人工智能、生物识别、云计算和区块链等新技术手段对传统金融行业提供的产品、服务进行革新，提升金融效率。

二、供应链金融的主要模式

在发达国家，由于市场和技术力量的推动，供应链金融发展较快。先进的金融机构借助电子信息技术平台对供应链金融进行日常操作和维护，供应链金融产品也以电子信息技术为基础进行开发和创新。

供应链金融业务应用最广的是北美地区以及亚洲的菲律宾等国。在美国，供应链金融的主要业务模式之一是仓单质押，仓单既可以作为向银行贷款的抵押，也可以在贸易中作为支付手段进行流通。供应链金融不仅可以提高运营系统效率，也可以降低营运成本。当前供应链金融主要有三类模式：金融主导型、产融结合型以及信息协同型。

（一）金融主导型供应链金融

金融主导型供应链金融即银行通过掌控产业链上下游的资金流、物流、信息流等，来主导提供融资服务。金融主导型在供应链金融发展早期就已出现，至今仍在广泛的领域发挥着作用。

1. 代表性国际银行及运营模式

（1）德意志银行。德意志银行在不同的贸易场景中，基于核心企业的良好信用提供灵活的金融服务。一方面，德意志银行为买方核心企业指定的供应商提供装船前后的融资、应付账款确认等服务。另一方面，为卖方核心企业提供服务。例如，对信用良好的分销商提供融资，帮助它们采购货品；为卖方企业提供应收账款融资，使卖方获得额外的流动资金，缓冲未付款产生的流动性风险。

（2）苏格兰皇家银行。该银行的 MaxTrad 平台是供应链金融线上化的领先者，提供国际贸易中与供应链相关的金融解决方案，并实现对供应链的有效监管和控制。该平台为企业提供的服务包括自动处理贸易交易、管理应收账款与预付账款等。大型跨国公司通过 MaxTrad Enterprise 系统与供应商在全球范围开展合作，即使中小型企业也可通过 MaxTrad Express 系统获得全球贸易支持。

（3）摩根大通银行。2005 年摩根大通银行收购了物流公司 Vastera，并在亚洲组建了一支新的物流团队专门为供应链及代理商销售业务提供金融服务和支持。这被行业内专家誉为实体供应链和金融供应链的联姻。摩根大通银行是世界上最大的现金管理服务商，其资金清算部门在全球的美元清算业务中拥有举足轻重的地位，而现金管理与贸易融资业务是两项相辅相成的银行业务。并购之后，Vastera 公司提出了价值宣言：为进出口商提供一站式服务，妥善应对跨境货物运输中日益增加的各种挑战和风险。

摩根大通银行为全球供应链提供服务，主要的支付交易包括收付货款、支付运费、支付保险费、支付关税等，该银行可以自动获取各类金融贸易数据。而 Vastera 公司固有的流程和技术可以利用运输单据实现制作和管理自动化，对实体货物跨境流动提供有力支持。这项收购通过提高货物运输信息的可视度，为整条供应链提供了新的金融工具和更多融资机会。传统交易模式下厂商、物流公司和商业银行通过各自的系统及流程分别单独参与供应链中货物或资金流动的割裂状态，在跨行业并购中得以改善、消融，这次并购对银行业在国际贸易融资领域的发展具有创新启示。摩根大通银行通过整合不同的平台实现互补，创造合力，在国际供应链融资领域取得重大突破。此后，国际上不少大银行纷纷选择将贸易融资的后台操作外包，以集中更多的资源强化贸易融资业务中的核心部分。如英国巴克莱银行与荷兰银行曾签订特殊协议，将其贸易服务操作业务外包给荷兰银行处理，自己则保留了与客户联络、客户关系管理和客户数据分析等功能。银行通过后台操作外包提高运营效率，降低操作差错，增加操作风险的可控性，从而集中更多精力开展贸易融资技术平台的构造，提高在服务及客户关系管理方面的核心竞争力。

2. 金融主导型供应链金融的特点

第一，服务对象为大型国际贸易企业。国际领先银行往往将发展方向瞄向全球性的国际贸易，因此相关服务主要围绕大型核心企业展开。银行借助其在资本体量、融资成本、网点布局、资金管控等方面的优势，能够为核心企业上下游提供多元化的融资服务，但银行可能在监管、风控和技术方面受到制约，无法为广大的中小型企业提供服务。下一节将要分析的区块链供应链金融模式则可以解决这一问题。

第二，服务内容集中于金融业务。国际领先银行通常侧重于金融服务，包括应收账款质押融资、反向保理、流动资金贷款、开立信用证、支付结算等。由于银行主要通过利差获取收益，所以它们倾向从自身业务优势出发，这有可能限制银行向供应链中的各类企业提供其他服务的意愿。

第三，风险控制技术先进。由于获取交易信息的限制，国际领先银行往往从信用较高的买方企业出发来开展供应链金融业务，并采用应收账款质押、仓单质押、对授信企业实施准入以及区块链技术等措施来控制风险。

（二）产融结合型供应链金融

产融结合型供应链金融指产业资本渗入或掌控供应链金融，主要有核心企业主导型和物流企业主导型两种。产融结合型供应链金融伴随着精细化的生产与物流管理和规模化企业集团的发展而发展起来。

在这一模式下，核心企业或大型物流企业凭借其在产业链中所处的优势地位，整体把控上下游的价格、订单、货物等关键信息，并结合自身或银行的资本优势开展供应链金融业务。

1. 代表性企业及运营模式

（1）联合包裹公司（UPS）旗下 UPS Capital（UPSC）的产融结合。UPS 早在 1993 年就推出以全球物流为名的供应链管理服务，并于 1998 年通过收购银行成立了 UPSC，又于 2002 年成立 UPS 供应链解决方案公司。一直以来，UPS 为大型进货商和众多供应商提供物流服务，而 UPSC 以此切入物流与商贸链条，为供应商提供存货质押、应收账款质押等供应链金融服务，并在之后逐步将业务拓展到信用保险、中小企业贷款、货物保险等其他相关金融服务领域。

（2）通用电气公司（GE）的产融结合。GE Capital（GEC）是通用电气公司旗下专门从事金融服务的部门，经过不断的整合，把散布在公司其他业务板块中的金融业务基本都聚集到一个单独的金融资本板块。整合完成后，GEC 旗下共包括五大业务模块：GE MONEY、商业贷款与租赁、能源金融服务、商务航空服务和房地产。从分项数据看，GE MONEY 和商业贷款与租赁在 GE 金融中占比最高，二者合计占到 70% 以上。GE MONEY 主要为消费者和零售商提供金融服务，而商业贷款与租赁主要为生产商、经销商和终端客户等使用的大型设施、设备以及车辆和飞机等提供贷款和租赁等金融服务。GEC 提供了以大型设备融资租赁为基础的供应链金融模式，其中飞机融资租赁业务是 GEC 供应链金融崛起的关键因素。飞机单价高、使用期限长，非常适合做融资租赁，GEC 通过融资租赁服务促进厂商飞机设备的销售。在供应链金融业务运作过程中，先由 GEC 与航空公司签署融资租赁协议，之后 GEC 直接向飞机制造商下订单，付款采购飞机，在飞机交由航空公司后，航空公司按期支付本金以及相应利息给 GEC。

2. 产融结合型供应链金融的特点

第一，服务对象限于特定产业链或核心企业。在产业链中占据优势地位的企业通过长期经营积累了大量的经济资源，产业资本通过收购金融牌照或组建财务公司（或信贷部门）实现产融结合，最终实现维护上下游合作伙伴、扩大采购或销售规模等目的。在这一模式下，供应链金融服务的对象也往往围绕特定的产业链或核心企业开展，并可能提供比银行更加灵活有效的融资方案，但要注意的是，其服务对象只局限于特定领域。

第二，服务内容包含金融与非金融业务。由于核心企业介入，供应链金融的服务内容比金融服务更多元化，除了通常的金融服务外，供应链上的其他企业可能获得采购、销售、运输、仓储等非金融方面的服务。尤其是核心企业出于维系上下游伙伴关系的目的，在获得产业、金融双重收益的同时，可能会适当控制其金融服务的成本，从而实现多赢。

第三，风险控制采用多元模式。这类模式中企业集团对产业链的信息流和物流都可能具备掌控或影响能力，因此，其风控方式相对多样，除银行常用的风控方式外，还包括存货抵押、物流监控和融资租赁等措施。此外，还可依据其掌握的合作伙伴的信用水平适当简化风控方式。

（三）信息协同型供应链金融

随着信息技术在金融、产业、物流等领域愈发深入的应用，信息协同型供应链金融应运而生。在这种模式下，第三方平台通过领先的信息技术和供应链解决方案，成为联系各方的重要服务纽带。

1. 代表性服务商及运营模式

（1）荷兰的供应链金融服务商 DEMICA，专业服务于非投资级项目以及跨国运营企业。它帮助客户延长应付款的天数或获得提前付款的优惠，并帮助供应商寻找成本更低的资金。DEMICA 通过独特灵活的技术平台和创新性架构，为每一位客户提供度身定做的供应链金融解决方案。它为国际保理商联合会（FCI）开发了一款以买方为中心的确认应付账款融资平台 FCI Reverse，该平台围绕核心企业，基于反向保理业务开展供应链金融服务。

（2）美国供应链项目服务商 PrimeRevenue（PR），其云平台为供应链中的买方、供应商提供有针对性的、定制化的金融服务。PR 和企业应用软件解决方案供应商 SAP Ariba 创建了一个闭环系统，该系统通过结合各方关系、转账以及财务数据，链接采购与融资，进而为买方与供应商提供现金流的优化方案，促进交易双方的合作关系。核心企业与供应商可以在该平台上兑换发票与账款，供应商通过自助工具将获得核准后的应收账款兑换成现金流。

2. 信息协同型供应链金融的特点

第一，服务对象多为中小企业。在这一模式下通常由具备技术优势的服务商整合产业链条上的信息流，建立可以快速向供应链金融参与方响应的交易系统或信息平台。通过打破信息壁垒，信息平台可以对交易信息进行准确、真实的反馈，并可以协助实现动产抵质押和追踪质权所有权的流动，进而降低参与方的风险。标准化的信息平台通过与具体场景生态或行业定制化的结合，可以服务于更多的中小企业，推动供应链金融进一步降低资金成本，提高资金周转效率，促进经济发展。

第二，服务内容为融资问题解决方案。在这一模式下，服务商可能更加侧重于依托信息平台来提供有价值的信息。第三方服务商往往能够从中小企业的融资需求出发设计出更加实用的解决方案，并且能够作为桥梁将金融与产业有效地连接起来。这一模式通过促进真实准确的信息流动，使中小企业获得低成本资金，改善运营资本，并提供了票据流转、供应链管理的一站式云平台等服务。

第三，风险控制重在解决信息不对称问题。服务商的风控方式首先在于消除信息不对称，其次可能建立在参与方的协作之上。在这一模式下，参与方不论是银行或核心企业，都可能具备某一方面的风控优势，通过打通信息流，可以综合施策来进行风控。

从供应链金融发展经验看，商业银行开展供应链金融业务的目的是吸引企业客户，拓展新的客户关系；传统核心企业集团发展供应链金融业务的目的则是更好地服务主业，解决其成本、销售、账期和回款等问题。

三、供应链金融的互联网智慧化发展

（一）供应链金融的中心化阶段

在最原始的中心化阶段中，供应链金融的模式被笼统称为“1+N”，银行根据核心企业“1”的信用支撑，完成对一众中小微型企业“N”的融资授信支持。

线下供应链金融的风险难点有两个方面：一是银行对存货数量的真实性不好把控，很难去核实重复抵押的行为；二是经营过程中的操作风险。

（二）供应链金融的线上化阶段

线上化阶段的供应链金融，把传统的线下供应链金融搬到了线上，让核心企业“1”的数据和银行完成对接，从而让银行能随时获取核心企业和产业链上下游企业的仓储、付款等各种真实的经营信息。

线上供应链金融的目的在于以高效率完成多方在线协同，提高作业效率，但其理念还是停留在“以银行融资为核心”的层面上，资金往来被默认为首要事项。

（三）供应链金融的平台化阶段

商业银行在创新转型的过程中，陆续搭建电商云服务平台，让中小企业的订单、运单、收单、融资、仓储等经营性行为都在平台上运行；同时引入物流公司和第三方信息企业，搭建服务平台为企业提供配套服务。银行能随时掌握客户在系统平台上的商流和物流，资金流与信息流的信息可得性问题完美解决。

平台化运作的供应链金融是指，银行通过对“商流、物流、资金流、信息流”的把控，为整个产业链上的供应商、经销商等提供金融服务的支持方式。（见图 9–1）。

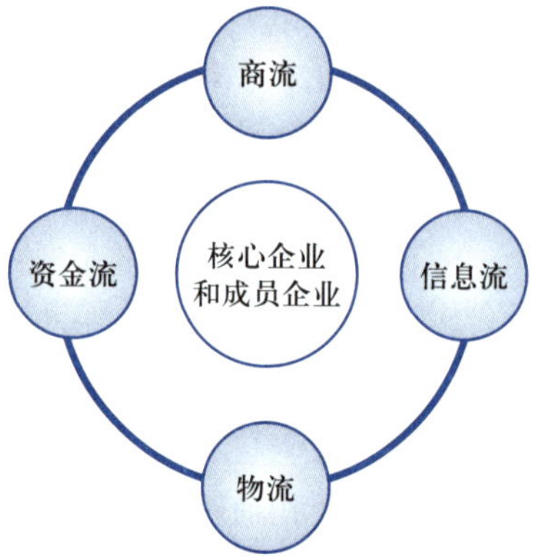

图 9–1　供应链金融的“四流合一”

资料来源：根据公开资料整理。

线上供应链服务平台的推出，标志着供应链金融平台化时代的来临，颠覆了过往以融资为核心的供应链模式，转为以企业的交易过程为核心；将过去围绕核心大企业的“1+N”模式，拓展为围绕众多产业核心企业和各家上下游中小企业自身交易的“M+1+N”模式。

（四）供应链金融的智慧化阶段

在智慧化阶段，供应链金融趋向去中心、实时、定制、小额，产品则以数据质押为主，借助于物联网、人工智能、大数据、区块链等技术，实现了供应链和营销链全程信息的集成和共享，同时提升了服务能力和效率。金融科技渗透到供应链金融的每一个运营环节。

四、供应链金融涉及的主要风险

由于供应链金融的参与主体较多，因而有必要对供应链金融运作中的主要风险进行详细的分析和阐述。

（一）核心企业信用风险

核心企业掌握供应链核心价值，担当整合供应链物流、信息流、资金流的权威关键角色。银行基于核心企业综合实力、信用等级及其供应链管理的能力、程度和效能，对链上中小企业开展授信、信贷等金融业务。一旦核心企业信用出现问题，必然会扩散到链上其他企业，影响供应链金融的整体安全。具体而言：

第一，如果核心企业的真实实力不能承担对整个供应链金融的担保作用，核心企业可能因信用捆绑累积负债超过承受极限，使供应链出现整体兑付危机。

第二，如果核心企业遭遇市场不利情况，可能会变相隐瞒自身及链上各方经营信息，甚至串通造假融资，利用强势地位要求和组织链上企业向银行融资授信，再将融资款用于体外循环，导致银行面临恶意贷款和不良风险。

第三，核心企业的上下游企业账期错配，使现金回收周期拉长，导致上游供应商应收账款账期较长，面临流动性压力。二三级等多层级供应商需要通过银行贷款缓解资金压力，但银行对此类中小供应商授信评级审慎，造成中小供应商融资难、融资贵，并将压力传导到供应链。

（二）上下游企业信用风险

尽管有核心企业担保及多重征信支持技术来降低不良风险，但是供应链金融的融资方多为中小企业，其管理不健全、资产规模小、经营不规范不透明、生产经营不稳定、抗风险能力弱、守信约束力不强等问题依然存在。同时，融资方还受到供应链整体运营绩效和信用质量、上下游企业合作状况、业务交易情况等多种因素的综合影响，任何一种因素都有可能导致企业出现信用风险。

（三）贸易背景真实性风险

在供应链融资中，金融机构以供应链各参与方的真实交易关系为基础，利用交易过程产生的应收账款、预付账款、存货为质押或抵押，为供应链上下游企业提供融资服务。真实交易背后的存货、应收账款、核心企业补足担保等是授信融资实现自偿的根本保证。一旦出现伪造贸易合同、融资对应的应收账款存在性或合法性有问题、质押物权属或质量有瑕疵、买卖双方虚构交易等情况，授信的金融机构就会面临巨大风险。

（四）业务操作风险

供应链金融通过设计自偿性交易结构、引入独立第三方监管、实时监控供应链运作等方式降低不良风险和构筑稳定还款来源，对业务操作的严谨性、完善性、规范性提出了高要求。

（五）物流监管方风险

为发挥监管方在物流领域的专业优势，降低质押贷款成本，金融机构一般将质押物监管外包给物流企业，由其代为监管。但此项业务外包后，金融机构可能就会减少对质押物所有权信息、质量信息、交易信息动态的了解。由于信息不对称，物流监管方可能为了自身利益最大化而做出损害金融机构利益的行为，或者由于自身经营不当、不尽责等致使质押物损失。

例如，一些企业串通物流仓储公司工作人员出具无实物仓单或入库凭证进行骗贷；一些企业伪造质押物出入库登记单，在未经金融机构同意的情况下，擅自提取处置质押物；物流监管方没有尽职履行监管职责，导致质押物质量不符或货值缺失。

（六）抵质押资产风险

抵质押资产是借款人出现违约时，商业银行弥补损失的重要保证，也是不良贷款发生时的第一还款源，其资产状况直接影响银行的信贷回收成本和借款人的还款意愿。如果抵质押资产的实际价值低于还款额度，借款人违约的动机就可能增加。抵质押资产主要分为两类：应收账款类和存货融资类。

应收账款类抵质押资产风险主要涉及应收账款交易对手的信用状况、应收账款账龄和退款可能性等。存货融资类抵质押资产风险主要涉及质押物是否缺失、价格是否波动较大、是否容易变质以及是否易于变现等。

第二节　互联网供应链金融模式

在过去的几年里，随着互联网金融的发展，供应链金融业务创新的步伐也逐渐加快，涌现出了许多互联网供应链金融的新模式。与此同时，随着金融监管制度的完善，供应链金融领域也在不断地整合和创新。

一、电商平台的供应链金融

电商平台主要分为两类：B2C 和 B2B 平台。作为电商平台，无论是 B2C 还是 B2B，它们在运作供应链金融时都始终具有互联网入口优势，有丰富的场景和上下游产业链上企业的数据，掌握了供应链上企业的物流、商流、信息流和资金流，可以从数据中提炼信用特征。因此，在供应链金融业务中，平台通过扮演担保角色（资金来源主要是商业银行）或者利用自有资金帮助供应商解决资金融通问题，并从中获取收益。

电商平台的供应链金融发展模式如图 9-2 所示。

（一）B2C 电商平台的供应链金融

在电商行业，阿里巴巴（简称阿里）、京东、苏宁三大 B2C 巨头都在经营各自的供应链金融系统。

1. 阿里供应链金融

阿里小贷是供应链金融的先行者。早在 2002 年，阿里便推出诚信通，开始对商户

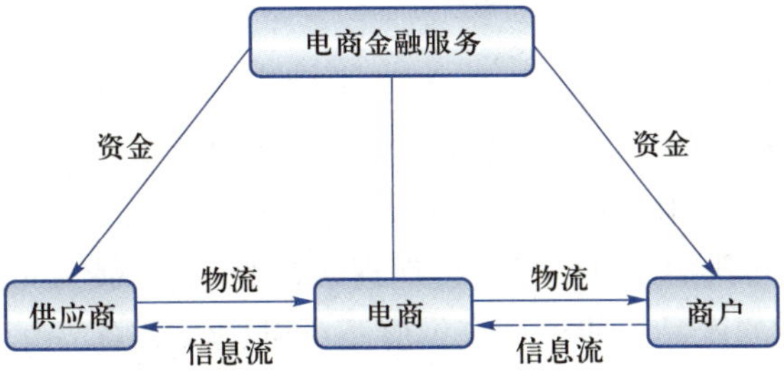

图 9-2 电商平台的供应链金融发展模式

资料来源：根据公开资料整理。

数据进行量化评估并建立信用评核模型；2007 年，阿里开始与建行、工行合作推出贷款产品，银行放贷，阿里提供企业信用数据；2010 年，浙江阿里小贷正式成立；2011 年，阿里成立重庆阿里小贷，经特批后开始向全国各地的商户发放贷款，同年阿里不再和任何银行合作供应链金融服务。

阿里小贷的供应链金融相继开发出阿里信用贷款、淘宝（天猫）信用贷款、淘宝（天猫）订单贷款等微贷产品。相关资料显示，阿里小贷的贷款额度一般为 5 万 ~100 万元，期限一般为 1 年，采取循环贷加固定贷的模式。2012—2016 年，阿里小贷为中小企业提供了大量的贷款。由于两家小贷公司资本金有限，同时还要承担花呗、借呗等消费金融的放贷需求，为了解决资金难题，阿里小贷进行了多轮资产证券化项目。

2010 年 11 月，阿里收购了深圳的外贸综合服务平台一达通，开始为中小企业对外贸易提供从“外贸资讯”到“外贸交易”的一站式服务链条。2014 年，阿里成立商诚保理，基于资金管理结算系统推出出国购物退税保理业务。2015 年 6 月 25 日，阿里旗下蚂蚁金服的浙江网商银行正式开业。网商银行主要为淘宝和天猫等阿里生态圈内的小微企业提供 500 万元以下的信用贷款。2019 年 1 月，蚂蚁集团推出蚂蚁双链通，即“区块链、供应链金融”，运用区块链技术提升了供应链上下游交易的透明度，金融机构可以基于区块链应收凭证对中小企业进行融资，建立可靠稳定的供应链金融生态系统。（见表 9-1）

表 9-1 阿里供应链金融布局之路

时间	事件	目的
2002 年	推出诚信通	对商户数据进行量化评估，并建立信用评核模型
2007 年	与建行、工行合作推出贷款产品	银行放贷，阿里提供企业信用数据
2010 年	浙江阿里小贷成立，收购深圳一达通	提供从“外贸资讯”到“外贸交易”的一站式服务链条
2011 年	重庆阿里小贷成立，同年阿里不再与任何银行合作	向全国各地的商户发放贷款
2014 年	成立商诚保理	基于资金管理结算系统推出出国购物退税保理业务
2015 年	浙江网商银行正式开业	给小微企业提供贷款
2019 年	蚂蚁集团推出双链通	基于区块链技术为中小企业提供供应链金融

资料来源：根据公开资料整理。

2. 京东供应链金融

京东供应链金融的发展和创新效率惊人。京东与阿里的供应链金融发展路径相似。2012 年，京东开始与银行合作试水供应链金融。2013 年，京东放弃了和银行的合作，开始独立做供应链金融。由于京东是中国最大的自营电商，京东供应链金融的首款产品“京保贝”是具有互联网特点的供应链保理融资业务。“京保贝”是业内首个通过数据集成完成线上风控的产品，使得京东供应商可以凭借采购、销售等财务数据直接获得融资，放款周期短至 3 分钟。2014 年，京东供应链金融上线了“京小贷”。“京小贷”目前主要服务于京东开放平台的商家，极大地改善了小微商家长期面临的融资难、融资成本高的处境。

2015 年 9 月 8 日，京东金融与中国邮政速递物流联合推出互联网金融领域首个针对电商企业的动产融资产品——“云仓京融”。京东金融通过与合作仓储伙伴一起在电商领域中打造“互联网 + 仓配 + 金融”的行业标杆，引领互联网金融行业新一轮的大数据供应链金融产品创新，如图 9–3 所示。

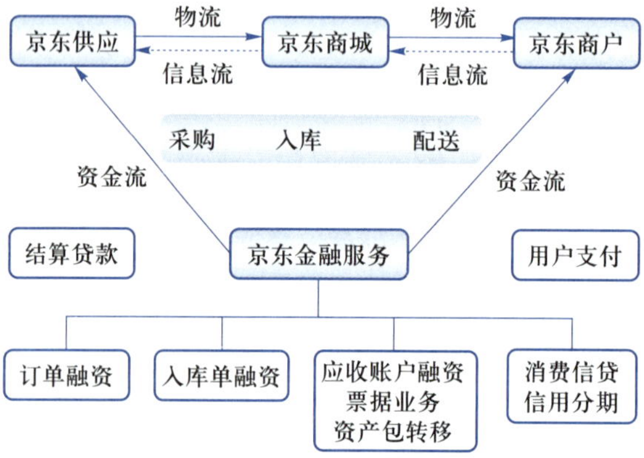

图 9–3　京东供应链金融的运作模式

资料来源：根据公开资料整理。

不仅如此，京东的动产融资也独树一帜。传统动产融资存在三大困局：其一，抵质押物范围小，中小企业动产价值难以被评估并用来质押；其二，由于缺乏全国性的、电子化的动产质押登记平台，重复质押等风险事件频发；其三，质押方式死板，货物一旦用来融资，流动性将大大降低，不能随着买进卖出而自动调整融资额度。上述三大困局导致很多中小企业不能被纳入动产融资的服务范围。但是，京东动产融资的底层架构，同时解决了以上三大问题，通过数据和模型化的方式自动评估商品价值，与有“互联网 +”特点的仓配企业合作，全面整合了质押商品从生产、运输、存储到销售的全链条数据并进行交叉验证，实现动态质押。

2016 年 5 月 24 日，京东金融推出企业理财服务“企业金库”，不仅限于提供单独的融资理财服务，还将为企业客户提供投融资打通的服务。当下，京东供应链金融的创新产品已经在为各类场景、特点的企业服务，覆盖了很多传统融资无法触及的群体。（见表 9–2）

表 9–2　京东供应链金融布局之路

时间	事件	目的
2012 年	与中国银行合作，试水供应链金融	向京东的合作供应商提供金融服务
2013 年	放弃与银行的合作，独立推出“京保贝”	开展供应链保理融资业务
2014 年	推出“京小贷”	主要给京东开放平台的商家发放贷款
2015 年	推出“动产融资”	拓展供应链融资业务
2016 年	推出“企业金库”	打通企业客户的投融资理财

资料来源：根据公开资料整理。

3. 苏宁供应链金融

苏宁是一家从传统企业转型而来的电商企业，其供应链金融的发展的路径与阿里、京东有些类似。2011 年，苏宁提出布局供应链金融的战略规划，同年获得第三方支付牌照。2012 年，苏宁创建重庆苏宁小额贷款有限公司，推出“苏宁小贷”，有两种产品：“省心贷”固定借款期限，最长 90 天；“随心贷”采用随借随还的形式，能够满足供应商短期资金需求。2014 年，苏宁推出 10 亿元规模的“供应商成长专项基金”，以帮助供应链中的中小微企业实现融资。

苏宁供应链金融服务主要开展订单融资、库存融资以及应收账款融资类等基于真实贸易的融资服务。除了“苏宁小贷”融资业务之外，苏宁与众多银行合作推出“银行保理”，成为当时国内覆盖银行数量最多的互联网金融业务平台。2016 年，苏宁获批成立苏宁银行，开始提供线上线下融合的产业链金融。（见表 9–3）

表 9–3　苏宁供应链金融布局之路

时间	事件	目的
2011 年	提出布局供应链金融的战略规划，获得第三方支付牌照	布局供应链金融
2012 年	创建重庆苏宁小额贷款公司，推出“苏宁小贷”	助力中小微企业实现融资
2013 年	成立“商业保理”，推出“银行保理”授信业务	提供贸易融资与保理服务
2014 年	推出“供应商成长专项基金”“票据贷”	助力中小微企业实现融资
2015 年	推出“信速融”“账速融”	提高供应链融资的效率和额度
2016 年	获批成立苏宁银行	提供线上线下融合的产业链金融
2017 年	苏宁银行通过基于区块链的国内信用证系统发出了第一笔国内信用证	为产业链上中小企业提供贸易融资
2018 年	苏宁银行在泰州太和港上线物联网区块链动产质押平台	实现完整的融通仓融资模式
2019 年	苏宁银行完成首笔区块链福费廷业务交易	为产业链上中小企业提供贸易融资

资料来源：根据公开资料整理。

（二）B2B 电商平台的供应链金融

国内电商门户网站如敦煌网、网盛生意宝、慧聪网和焦点科技等，B2B 电商交易平台如上海钢联、找钢网等，都提供基于 B2B 平台的供应链金融服务。

例如，找钢网在 2015 年上线胖猫物流及以“胖猫白条”为代表的金融服务。“胖猫白条”针对优质采购商提供的“先提货，后付款”的合作模式，意味着找钢网在供应链金融方面迈出了实质性步伐。找钢网已积累了多年的客户交易数据，在垂直数据方面的风控能力是其运作供应链金融的优势。

找钢网的互联网供应链金融模式如图 9-4 所示，具体介绍如下：

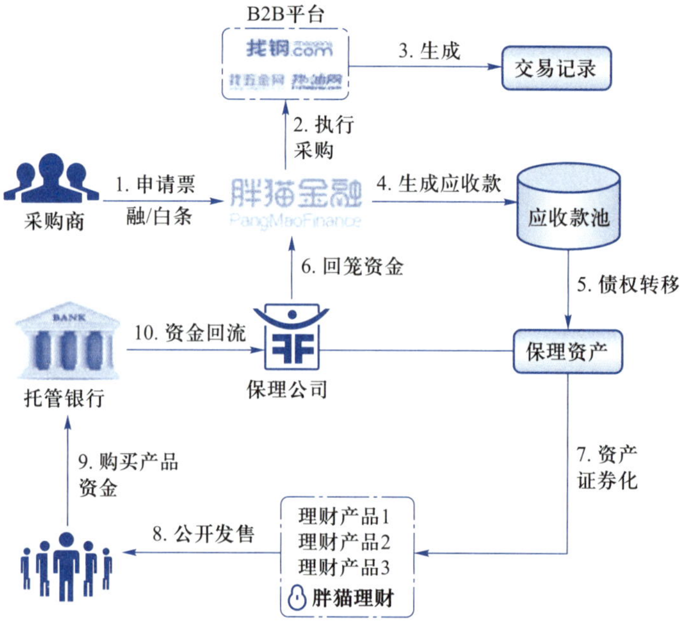

图 9-4　找钢网的互联网供应链金融模式

资料来源：根据公开资料整理。

第一，采购商在找钢网进行采购时，可以申请“胖猫金融”的白条来支付，或者使用票据融资获得资金来支付。

第二，交易完成后，B2B 平台有了真实的交易记录。

第三，“胖猫金融”因为出售白条或者为企业提供票据融资产生了应收款，并汇集成了“应收款池”。

第四，“胖猫金融”选择与保理公司合作，将应收款按项目分批次卖给保理公司，实现债权转移，并同时实现了资金回笼。

至此，“胖猫金融”一边通过白条、票据给采购商或供应商放贷，另一边把债权卖给保理公司回笼资金，从而有效地实现了资金的闭环流动，满足了资金的流动性要求。

第五，保理公司把接收到的保理资产证券化，变成公众可以去买的理财产品；

第六，公众购买理财产品，资金通过托管银行再次回流到保理公司。于是，保理公司有效地实现了资金的闭环流动。

上述互联网供应链金融的运作，有效地实现了资金的闭环流动，这是互联网供应链金融与传统的供应链金融的一个显著区别。

二、生产型企业的互联网供应链金融

近几年，海尔、五粮液、TCL 和新希望集团等作为生产型核心企业，都先后探索产融结合，发起运作并完善互联网供应链金融平台，为自己的经销商和产业链上下游企业提供互联网供应链金融，进而带动本企业产品的销售。从本质而言，它们将企业金融生态完全对接了企业生态，其中海尔集团的海融易最具有代表意义。

（一）海尔集团内上下游供应链金融模式

海尔集团经过多年生产经营，已经拥有几万家经销商。2014 年 12 月，海尔与青岛银行共同打造海融易业务，致力于提供供应链金融服务，以带动海尔产品的销售（见图 9-5）。

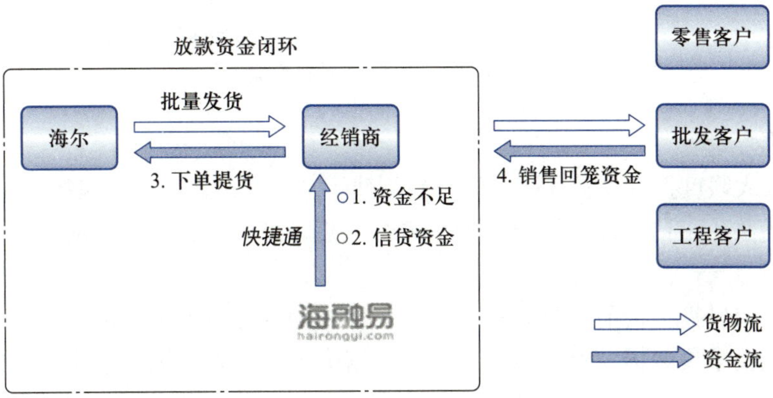

图 9-5　海尔集团内上下游供应链金融模式

资料来源：根据公开资料整理。

（二）海尔体系外的供应链金融模式：海尔经销商信贷模式

海尔集团拥有自己的电商平台日日顺，海融易在为集团内上下游企业提供供应链金融的同时，还在海尔集团体系之外，为经销商提供供应链金融（见图 9-6）。

1. 业务流程

在该模式下，业务主要有以下流程：

（1）海尔经销商资金不足，开通快捷通第三方支付账户，在线向海融易申请借款。

（2）海融易向海尔集团数据库调取企业信息，收集外部征信资料，出具审核结果。

（3）借款企业与海融易签订融资服务协议。

（4）平台确定上线项目、上线时间、项目金额等上线信息。

（5）投资人通过平台投资于海融易的“小金链”产品，线上签订借款协议。

（6）募资完成后直接放款到借款企业在海尔集团的采购专户。

（7）经销商通过快捷通账户归还应付利息以及本金，平台将本息还至投资人账户。

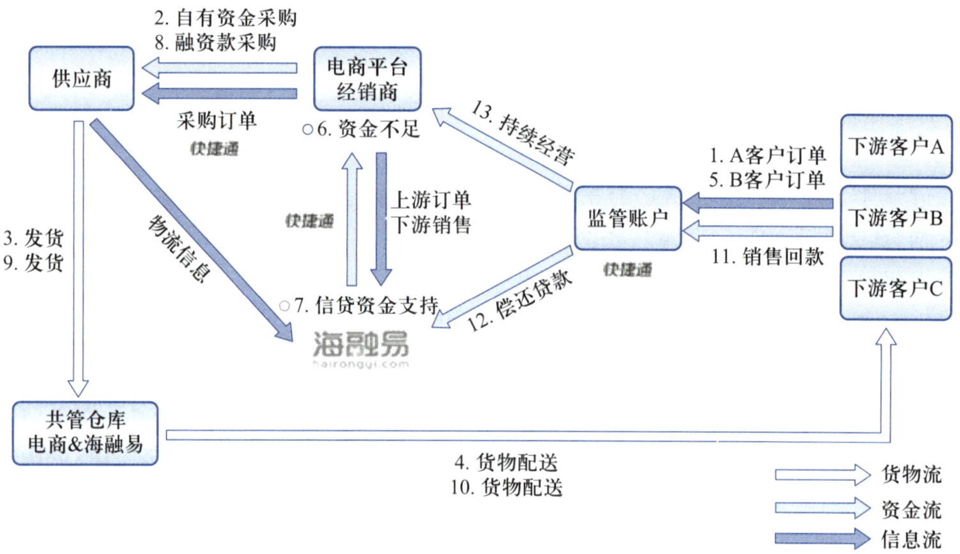

图 9-6　海尔体系外的供应链金融模式

资料来源：根据公开资料整理。

2. 风控措施

为了最大限度控制项目风险，海融易创建了“产业风控 + 金融风控”结合的模式，建立了涵盖物流、信息流、资金流的全方位风险管理体系，对项目前、中、后期进行全过程管控。

（1）贷前风控：贷前通过海尔几万家经销商的内部数据和外部数据（黑名单、行业数据、企业缴税数据、财务数据、征信数据）进行精确评级，审核维度包括基本属性（合作时长、门店数量及面积、生命周期阶段等）、提货能力、信用资质；同时依托海尔经销商线下门店实地考察经销商经营情况，交叉验证。

（2）贷中实时监控：联动线下门店，根据海尔大数据反馈的经销商提货及返利数据，结合经销商每月还款情况，实时监控，动态判断在贷经销商的经营状况。

（3）贷后风控：人工外部共债排查；对逾期或贷后监控中的高风险案件及时进行返利锁定和代偿；海融易拥有超过 40 家专业委外催收机构的资源，可实现全国大部分地区金融产品的落地催收。

虽然供应链融资实现了资金流、信息流、物流的三流合一，但是供应链融资依然存在风控难点，包括：供应链主体的信用风险、交易贸易背景的真实性风险、业务操作产生的风险、物流监管方风险和担保资产的价值风险等。因此，网贷平台需要合规运营，加强平台自身技术安全建设，增强技术预防风险的能力，实现供应链金融管理系统的模块化，加强对融资主体的授信管理，使操作流程细化、程序化，加强对物流监管方的准入管理，实现对抵质押物的动态管理。

三、大型商贸交易园区与物流园区的供应链金融

在不同的省市，有很多大型商贸园区，例如深圳华强北电子交易市场、浙江义乌小商品交易城、海宁皮革城和山东临沂商贸物流城等。这些大型商贸园区是块状产业聚集区。这些产业集群的特征是，其上下游小微企业普遍缺乏抵押物，但却具有完整的上下游供应链。商贸园区有海量的商户，掌握了大量的交易数据和物流数据。浙江省的银货通就在这一背景下提供供应链金融。

银货通的供应链金融运作，从“存货”中发现信用，首创存货质押金融，是国内首家基于智能物流、供应链管理的存货金融网络服务平台。同时，其相继推出了“货易融”“融易管”“信义仓”三大服务系统。银货通通过动产质押，为上下游中小微企业提供供应链融资，广受欢迎。

四、大型物流企业的供应链金融

物流连接了供应链的上下游，并占据了整个商品交易过程中重要的交付环节。近年来，国内大型快递公司及物流公司纷纷通过海量客户收发物流信息来提供供应链金融服务。例如，快递公司中的顺丰、中通、圆通、申通、百世汇通等，物流公司中的德邦、安能和华宇，等等。顺丰和德邦是通过掌握货主采购及仓储物流等数据来运作供应链金融的典型实例。

顺丰快递公司具备庞大的物流配送网络、密集的仓储服务网点及新兴的金融贷款业务，三点连接形成完整的物流服务闭环。顺丰于 2015 年 3 月底全面开放全国上百个仓库为电商商家提供分仓备货，同时推出顺丰仓储融资服务。优质电商商家如果提前备货至顺丰仓库，不仅可以实现就近发货，还可凭入库的货品拿到贷款。除仓储融资外，顺丰金融供应链产品还有基于应收账款的保理融资、基于客户经营条件与合约的订单融资和基于客户信用的顺小贷等。

2019 年 1 月，顺丰与丰收科技合作，推出基于区块链的供应链金融模式，丰收科技负责供应链金融系统的开发，顺丰负责区块链系统的开发。系统可形成针对供应商的应收账款电子凭证，并且可以流转、拆分、持有、融资，进而为多级供应商融资，也可帮助产业链条获得更低成本的资金。

五、运用 SaaS 平台数据信息的供应链金融

细分行业的信息管理系统服务提供商，通过 SaaS① 平台数据信息来开展供应链金融，例如，平安银行橙 e 网生意管家，物流行业的宁波大掌柜、深圳的易流 e-TMS，零售行业的富基标商、合力中税，以及进销存管理的金蝶智慧记等。

① SaaS：软件即服务（Software as a Service）。

平安银行的生意管家是国内首个免费的 SaaS 模式供应链协同云平台，是平安橙 e 网的核心产品。橙 e 网平台把平安银行供应链金融的传统优势推向更纵深的全链条、在线融资服务。所谓更纵深的全链条是指把主要服务于大型核心企业上下游紧密合作层的供应链融资，纵深贯通到上游供应商的上游、下游分销商的下游。而在线融资是指橙 e 平台为供应链融资的各相关方提供一个电子化作业平台，使客户的融资、保险、物流监管等作业全程在线进行。

六、一站式供应链管理平台的供应链金融

国内一些综合性第三方平台，集合了商务、物流、结算、资金的一站式供应链管理，充分掌握了供应链全过程的信息，已集成为强大的数据平台，例如，汇通达、一号链和怡亚通等平台。

怡亚通公司是一家 1997 年上线的一站式供应链管理服务平台。该平台推出“两天两地一平台”战略：“两天网”是指“宇商网 + 和乐网”两大互联网平台；“两地网”是指怡亚通打造的两大渠道下沉供应链平台（“380”深度分销平台与和乐生活连锁加盟超市）；“一平台”则是指怡亚通打造的物流主干网（B2B+B2C 物流平台）。怡亚通纵向整合供应链管理各个环节，形成一站式供应链管理服务平台，并通过采购与分销职能，为物流客户提供类似银行存货融资的资金代付服务，赚取“息差”收入；同时，针对需要外汇结算的业务开展金融衍生交易。怡亚通在一站式供应链管理服务的产业基础上开展供应链金融所带来的盈利，已成为该平台盈利的重要来源之一（见图 9–7）。

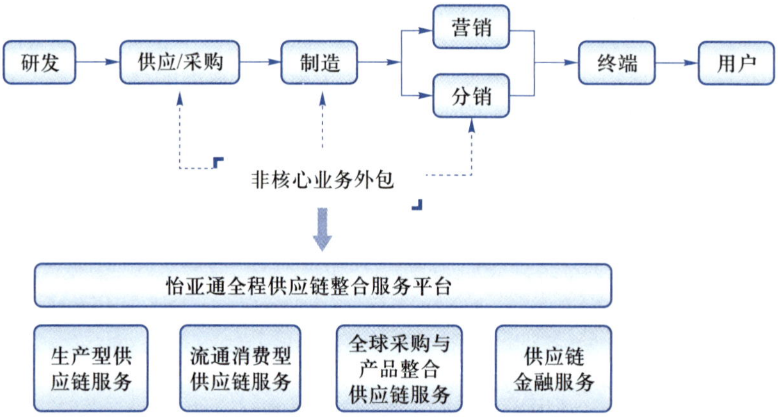

图 9–7　怡亚通的全程供应链整合服务平台

资料来源：根据公开资料整理。

七、基于 ERP 系统的供应链金融

传统 ERP 系统的数据 IT 服务商，基于多年积累沉淀的商家信息、商品信息、会员

信息、交易信息等数据，构建起一个供应链生态圈，为供应链生态圈上下游企业提供供应链金融，例如，金蝶、用友、畅捷通平台、南北软件、鼎捷软件、久恒星资金管理平台、富通天下和管家婆等。

互联网金融是老牌财务管理 ERP 企业用友公司的三大战略之一，数千家使用其 ERP 系统的中小微企业，都是其供应链金融业务平台上的参与者。而汉得信息与用友的模式略有不同，其核心客户都是大型企业，核心客户的上下游企业是其提供供应链金融服务的对象。

第三节　基于区块链技术的供应链金融模式

2017 年以来，越来越多的基于区块链技术的供应链金融平台应运而生。区块链技术具有分布式数据库、可追溯、对等传输、记录不可逆和计算逻辑等特征，在供应链金融领域具有独一无二的优势，具有动态管理供应链金融风险的潜力。区块链技术可建立强信任关系和透明供应链，提高加密安全性，同时因参与主体角色的不同形成不同的业务模式。小微企业广泛分布在供应链条中，区块链技术可以激活供应链价值。

2021 年年初，我国“十四五”规划和 2035 年远景目标纲要正式发布，提出培育壮大人工智能、大数据、区块链等新兴数字产业。因此需要推动智能合约、共识算法、加密算法、分布式系统等区块链技术的创新，以联盟链为重点发展区块链服务平台和金融科技、供应链管理、政务服务等领域应用方案，完善监管机制。区块链技术在技术发展与场景落地的过程中，在赋能实体经济等方面的作用日益凸显。

一、基于核心企业信用的应付账款拆转融模式

这是目前区块链在供应链金融场景中应用比较成熟的场景，通过将核心企业和下属单位的应付账款形成一套不可篡改的区块链数字凭证，在核心企业的内部单位中依照一定的规则签发，具有已确权、可持有、可拆分、可流转、可融资、可溯源等特点，如图 9-8 所示。

这一模式主要分为五个阶段：

第一，系统对接。核心企业与商业银行签订整体合作协议，将核心企业 ERP 系统的业务流、合同流、物流、资金流等关键点数据按照时间顺序直接上链存证，商业银行根据核心企业的资产实力情况给予一定额度的授信。

第二，供应商推荐。核心企业将可能存在应收账款融资需求的一级供应商直接推荐给商业银行，由商业银行逐个对供应商进行合规性准入审核；对于商业银行审核通过的一级供应商，可以推荐它的上游二级供应商给商业银行，以此类推。

第三，融资申请。在核心企业确认的前提下，已经形成应收账款的一级供应商，可以向商业银行申请融资，或者将已确权的应收账款拆分给二级供应商。

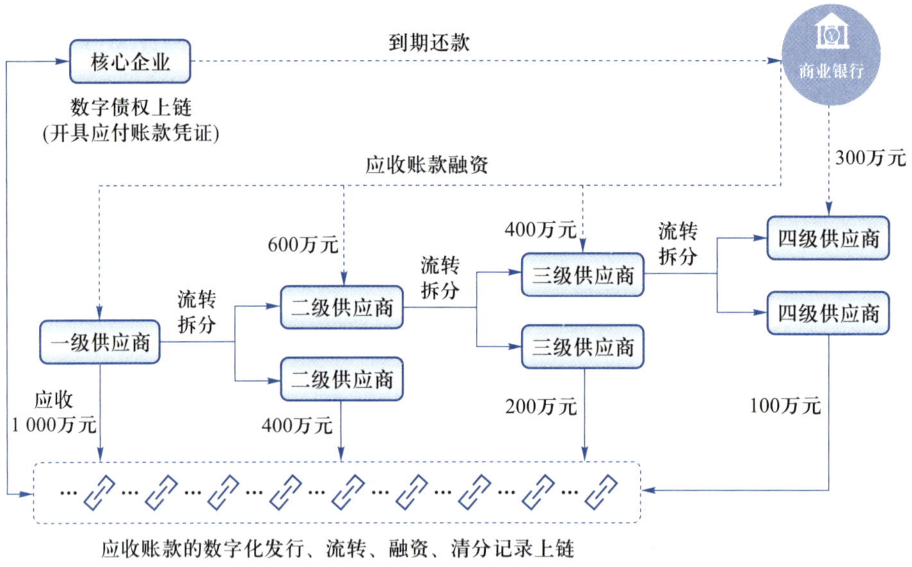

图 9-8　基于核心企业信用的应付账款拆转融模式示意图

资料来源：根据公开资料整理。

第四，审核放款。商业银行对核心企业的确权审核无误后，向供应商收集发票复印件、对账单等相关资料，同时，确认核心企业支付款项的账户为已开设的专项监管账户，签署合同后便可以启动放款。

第五，到期扣款。所融资金到期后，核心企业直接将款项偿还给商业银行。

二、基于实物资产数字化的采购融资模式

该模式主要应用在大宗商品行业，例如钢材的代采模式等。此处以分布科技对钢材电商平台钢宝网的数字化转型改造为例。分布科技提出了基于区块链的数字仓单方案，将钢宝网仓库内的钢铁实物资产设计为基于区块链的数字资产，利用区块链技术将仓单状态数据实时上链，形成映射实体仓储资产流转的数字资产，如图 9–9 所示。

首先，把仓储货物的入库、入库调整、锁定、质押、解押、出库、退货入库等全流程数据第一时间上链，能够杜绝数据信息造假，使得仓单数据流转自身能形成一个完整的闭环，数据能自证清白。

其次，仓储货物资产数字化后，可以通过密码学技术（如门限签名技术）由多方（如钢厂和商业银行）联合控制仓单资产的状态，使得动产控制更加灵活，进而衍生更多的创新模式服务。

三、基于历史数据或采购招标的订单融资模式

针对供应商采用赊销方式进行货物销售的情况，订单融资模式往往可以解决供应商资金回笼的困难。该模式的风控要点在于，判断供应商的交易基础是什么，是根据

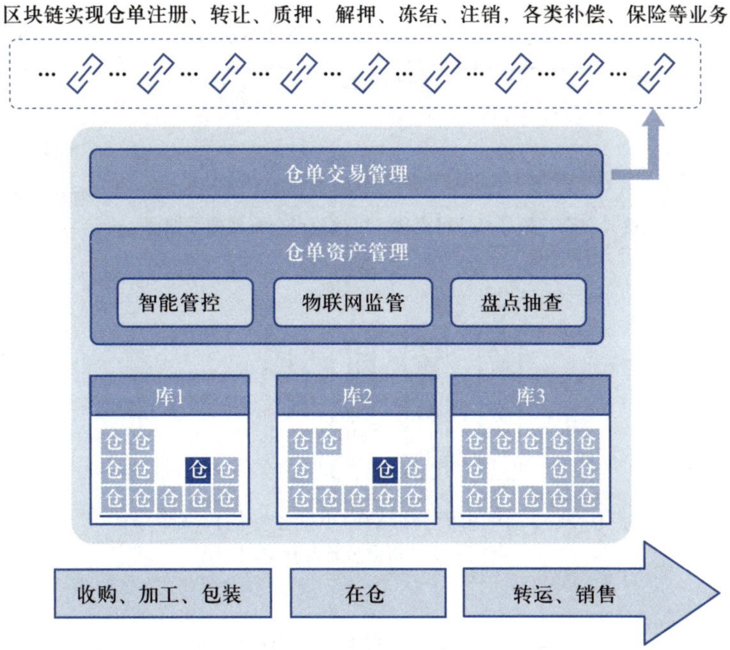

图 9-9　基于实物资产数字化的采购融资模式示意图

资料来源：根据公开资料整理。

中标而产生的订单，还是根据历史数据。

基于核心企业或政府采购的业务，往往通过区块链将中标通知书存证，从而解决项目的真实性问题。例如，各地政府公共资源交易中心主导的区块链中小微企业融资平台，通过将标书的核心数据不可篡改地上链，展现中标金额、交付周期等重要事项，从而为商业银行给中标企业授信融资提供场景支持。

此外，将供应商的历史销售数据进行不可篡改的链上存证，并通过趋势分析等手段，可以判断出这一时期可能发生的供应规模，并以此作为授信支持的依据等。

四、基于多而分散的中小微企业的再融资模式

此类再融资业务一般可细分为商业银行再保理、资产证券化、资产包转让等方式。其主要模式如图 9-10 所示，具体可以分以下五个阶段场景来描述。

（一）资产的形成环节

资产的形成环节具体指客户提出申请、风控审核、与客户签署融资合同、保证金交款以及应收账款确认的资产形成全流程。通过区块链浏览器，可将相关上链节点数据可信可视化；在审计方核验时，可通过比对 HASH 值的方式来确认数据文件信息的真实性。

上链后的可视化信息如表 9-4 所示。

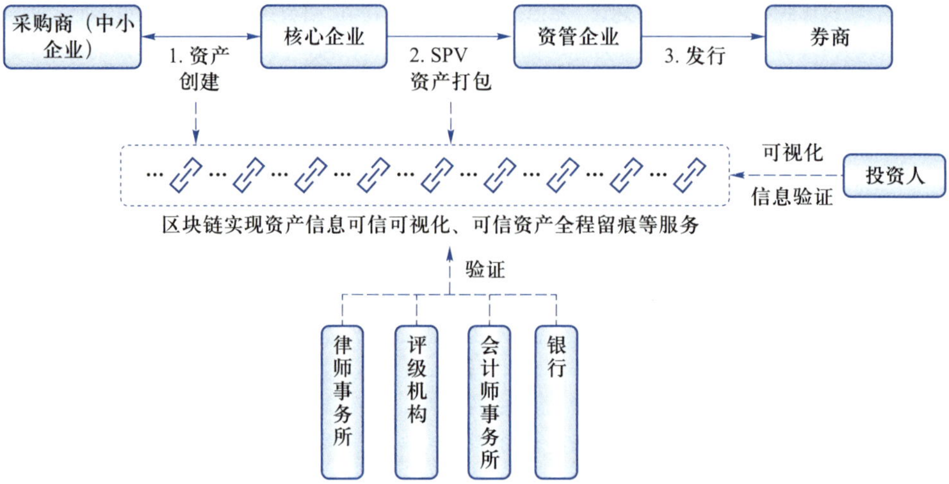

图 9-10　基于多而分散的中小微企业的再融资模式

资料来源：根据公开资料整理。

表 9-4　企业上链后的可视化信息

序号	类型	内容	HASH
1	会员 id 信息	公司信息	ea683……
2	会员 id 信息	法人信息	eb383……
3	会员 id 信息	历史交易信息	ec183……
4	会员 id 信息	平台注册信息	ed283……
5	合同信息	框架合作合同	ee383……
6	合同信息	采购类文件	ef483……

（二）资产包的筛选环节

满足集中度、信审等方面要求的资产，将被打包到 SPV 里；通过将筛选过程进行链上存证，能够增加筛选环节的透明可视性，打造几方都能认可查验的筛选流程。

（三）资产的审计环节

资产打包环节需经过相关机构的严格审计，例如律师事务所需要对资产包情况出具法律方面的专业意见，会计师事务所需出具财务方面的专业意见，等等。以基于可信的区块链资产为依托，并对资产数据与债项主体数据进行一定程度的共享，有助于推进相关方的审计流程。

（四）资产发行销售环节

将基于区块链可信环节的证券化资产的相关数据信息公开透明化，有助于提升销售环节中对投资者的吸引力，提升投资者的认购率。

（五）资产的二级流通环节

基于区块链智能合约技术对资产的表现情况进行实时的追踪展示，可及时反映底层资产的表现情况，以及底层客户的经营信息、还款情况、业务信息等，有助于根据资产情况的变化来调整资产价格的变动。同时，也便于监管方进行针对ABS底层资产的穿透式管理，降低由于人工干预造成的业务复杂度和出错概率，显著提升现金流管理效率。

专栏 9-1

中国银联与四川兆域四海科技联合打造中小企业区块链供应链融资平台

一、平台特点

平台基于fabric联盟链打造银行与核心企业之间的联盟链，提供给供应链上所有成员企业使用，利用区块链多方签名、不可篡改的特点，实现供应链金融中的“信息闭环”与“资金闭环”，以不可篡改的方式刻画交易双方真实的贸易背景，提供可视化的贸易信息，实现全流程管控，提高贸易融资效率。基于此，市场主体可探索一种新的业务合作模式，联合开展业务创新。平台参与方及其业务逻辑如图9-11所示。

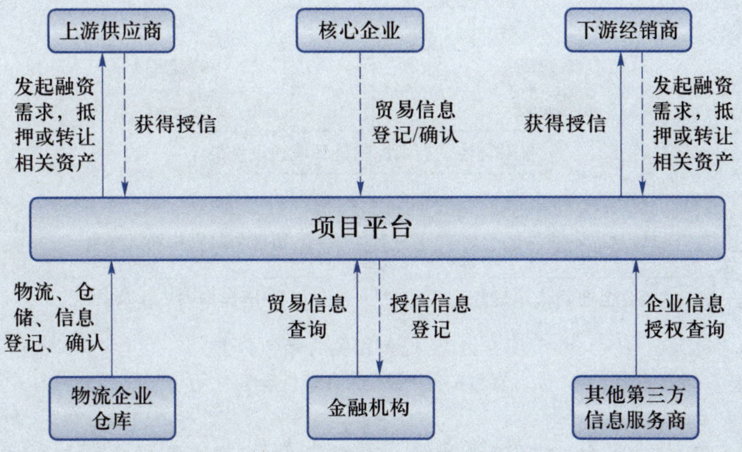

图 9-11　平台参与方及其业务逻辑

供应链上的各参与方，包括核心企业、上下游中小企业、银行等资金方，将在“四流”上链后实现交叉验证，有效扩大金融机构低风险资金的投放，提升企业资金周转率，降低融资成本。

二、项目实施的过程

2019年8月，中国银联初次与相关合作方达成合作意向，拟开展基于区块链技术的加油场景供应链项目。

2019年11月，项目在四川落地上线。项目致力于搭建金融机构与核心企业之间的联盟链，利用区块链多方签名、不可篡改的特点，驱动信任传递，降低行业风险，提升交易效率，为供应链上的成员企业提供创新的业务合作模式，使债权转让得到多方共识，降低操作难度。

在技术实现方面，平台主要由区块链底层技术和上层应用服务两层级构成。

其中，区块链底层技术环境由中国银联与国家信息中心、中国移动等六家单位共同建设的区块链服务网络（BSN）提供，平台的应用服务能力由中国银联和四川兆域四海联合共建，提供平台业务运营和技术运维服务。

在场景落地方面，陕西维纳传媒股份有限公司（简称“维纳股份”）和经产国际融资租赁有限公司（简称“经产国际”）为项目提供场景挖掘及业务支持，以加油场景为依托，成功完成了项目第一笔基于区块链技术的应收账款融资业务，实现了金融机构与中小微企业之间低成本、高效率的应收账款融资。

业务相关方角色分工如图 9-12 所示。

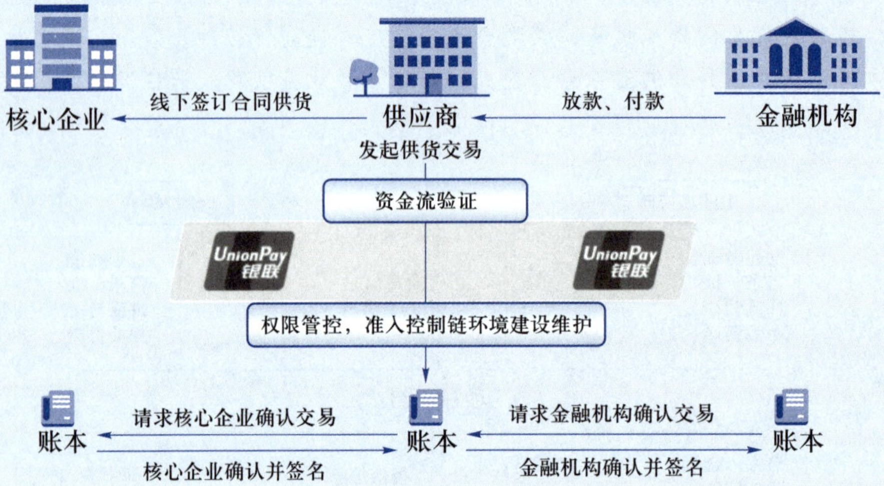

图 9-12　业务相关方角色分工

资料来源：根据公开资料整理。

2020 年 1 月，平台功能细化升级，增加监管账户角色，在落地场景上新增对建筑行业的服务。

2020 年 2 月，平台接入人力资源信息存证项目，丰富了平台上的落地应用场景。

2020 年 6 月 1 日，中国银联与四川兆域四海联合打造的“金融平台”成为 BSN 在供应链金融领域的官方指定应用。

三、项目实施的效果

该项目自实施之日起，在加油、人力资源存证等多个场景下为多个项目提供了高效、可信度高的融资服务，有效帮助中小微企业实现了应收账款的融资，同时为核心企业及金融机构提供了个性化的产品定制服务。

平台上线后，单一的融资服务被拓展为数据存证、数据验证、会员体系打造、用户数据分析等多项服务内容，有效发挥了金融科技解决民生问题的积极作用，有效传播了中国银联在金融创新领域的影响力，也提振了小微企业进行金融创新的动力。

后续，平台将在动产质押场景中积极对接酒类供应链、烟草供应链、运营商供应链等项目，进一步丰富平台上的应用场景；此外，还将通过 BSN 扩大“供应链金融平台”应用的服务范围，把此业务模式向其他地区复制推广。

专栏 9-2

海南火链科技与江西银行合作开发的动产数字贷

2021 年 8 月，海南火链科技有限公司（简称“火链科技”）与江西银行及江西省赣酒酒业有限责任公司（简称“江西赣酒”）达成三方合作，利用区块链技术建设流动性资产数字化融资机制，助力江西中小微企业发展。

动产数字贷是火链科技与江西银行共同以江西赣酒为试点开发的“区块链+供应链金融”融资模式，实现基酒和成品酒实时资产上链，这样分销商可以凭订单合同对应的动产即成品酒申请贷款，通过区块链技术以动产进行流动性抵押，大大解决了分销商缺少授信、资金短缺的问题。此次合作得益于当地人民银行的积极协调，标志着区块链技术产业赋能能力的进一步成熟、普惠金融政策落地实施的一大技术创新。

江西赣酒作为“江西老字号”企业，其产品屡屡获奖、总资产过亿元，是江西省本土企业中的领头羊。然而，其下游众多经销商大多为小微企业，本身体量小、固定资产少，新冠肺炎疫情期间的销量下滑更进一步加剧了融资难度。经销商融资难、进货能力低两大难题限制了江西赣酒产能的释放，使其无法充分发挥龙头企业带动地方经济发展的潜力，而动产数字贷则有效解决了这个难题。

基于供应链金融区块链平台对底层资产信息的实时、可信存证，江西赣酒产品供应链中的中小微企业可凭借链上已存证的成品酒组合对应的订单合同向江西银行申请贷款。江西银行可通过平台获取经销商的库存信息、销量信息、回款信息等，准确判断经销商的真实还款能力，精确追踪产品存量与市价，从而核定融资额度，降低坏账风险，更好地为中小微企业提供贷款，有力支持了江西赣酒全线业务的发展。

火链科技依托自主研发的 Huochain 金融级区块链底层技术，为江西赣酒开发了区块链供应链金融平台。该平台覆盖了从制造、仓储、物流、经销商到消费者的供应链全部关键流程，供应链中各方将可验产品信息存至平台（如制酒厂上传产量、品类等制酒信息，仓储企业上传储存产品总量与情况，分销商上传订单与销售情况等），且所有信息实时更新。该平台的搭建实现了供应链各方信息的实时互通，不再需要点对点查验，大大提高了生产效率；同时区块链技术不可篡改、可追溯的特点保证所有链上信息安全可靠，极大地方便了资金方与监管部门进行审核。

动产数字贷是在当地人民银行的指导下推进的，未来合作双方还将逐步建立链上资产通证化结算体系，以各类成品酒及基酒资产的信息上链为基础，生成内部链上映射通证，实现便捷化的资产估值、质押、流转、结算，链上资产核心信息将定期向当地人民银行进行同步传输。

本章小结

供应链金融是指以核心客户为依托，以真实贸易为前提，运用自偿性贸易融资的方式，通过应收账款质押、货权质押等手段封闭资金流或者控制物权，对供应链上下游企业提供的综合性金融产品和服务。互联网供应链金融是基于互联网技术的供应链金融模式。供应链金融的市场参与主体包括商业银行、行业龙头、B2B 和 B2C 电商平台、物流公司、供应链管理公司、外贸综合服务平台、金融信息服务平台、金融科技公司等。

供应链金融可以分为金融主导型、产融结合型以及信息协同型三种运作模式，各具特点。中国供应链金融的发展可分为中心化、线上化、平台化和智慧化四个主要阶段。供应链金融业务中涉及的风险有核心企业信用风险、上下游企业信用风险、贸易背景真实性风险、业务操作风险、物流监管方风险和抵质押资产风险等。

互联网供应链金融比较主流的模式包括 B2C 和 B2B 电商平台模式、生产型企业模式、大型商贸交易园区与物流园区模式、大型物流企业模式、运用 SaaS 平台数据信息的模式、一站式供应链管理平台模式和基于 ERP 系统的模式。

区块链技术可应用于供应链金融各类风险的实时动态管理。基于区块链技术的供应链金融模式主要有：基于核心企业信用的应付账款拆转融模式、基于实物资产数字化的采购融资模式、基于历史数据或采购招标的订单融资模式和基于多而分散的中小微企业的再融资模式。

本章重要概念

供应链金融　互联网供应链金融　金融主导型供应链金融　产融结合型供应链金融　信息协同型供应链金融　区块链供应链金融

即测即评

本章思考题

1. 什么是供应链金融？
2. 供应链金融主要有哪几种模式？各种模式的主要特点是什么？
3. 我国供应链金融发展进程中的四个阶段各有什么特点？

4. 互联网供应链金融有哪些模式？每一种模式有什么特点？
5. 供应链金融主要涉及哪些风险？这些风险具有怎样的特点？
6. 基于区块链的供应链金融主要有哪些模式？每一种模式各有什么特点？

第十章
大数据与信用管理

本章导读

在工业经济时代的经济发展范式中，劳动力、资本、土地是重要的投入要素。而在当今的信息经济时代，大数据已成为经济发展中越来越重要的新投入要素。由于数据具有天然的共享性和边际生产力递增的特性，数据要素的投入和信息技术的应用使得物质要素不断被节约，带来了更多、更高效的生产资料。价值的增加突破了能量经济中的线性现象，取而代之的是非线性增长模式。尤其是信息技术的不断突破，最大程度释放了数据的流动和使用，并最终提升了经济社会运行的效率。大数据在金融领域的应用推广，不仅对传统金融业产生了深远的影响，提升了传统金融的运行效率，并且催生了大数据金融的新模式。大数据在金融领域的纵深应用，为互联网金融的发展模式延伸了更多的空间，既是承接，又是创新。本章在介绍金融大数据和大数据金融的基础上，重点分析大数据在征信和信用管理中的应用。

本章学习目标

通过本章的学习，要求了解大数据的定义和特点，理解大数据与金融相互融合的动因，理解和区分金融大数据与大数据金融。了解大数据技术在征信领域的应用，掌握大数据征信的概念、特点和理论基础，掌握大数据征信的流程和模式。了解大数据在信用管理领域的应用，掌握大数据信用管理体系的构成，理解大数据技术在信用管理中的优势，了解大数据信用管理体系建设的重点。

第一节　大数据与金融

一、大数据概述

（一）大数据的定义

大数据的概念兴起于美国。咨询公司麦肯锡在 2011 年发布的研究报告中首次指出：“数据已经渗透到每一个行业和业务职能领域，逐渐成为重要的生产因素”，并宣告大数据时代已经到来。但是关于“大数据”（big data）的定义，目前尚无统一界定。当前被引用比较多的是麦肯锡全球研究所给出的定义，即大数据是一种规模大到在获取、存储、管理、分析方面大大超出了传统数据库软件工具能力范围的数据集合。研究机构高德纳（Gartner）给出的定义为：大数据是需要新处理模式才能具有更强的决策力、洞察发现力和流程优化能力的海量、高增长率和多样化的信息资产。而大数据科学家 John Rauser 的定义则比较简单，他认为大数据是数量超过了一台计算机处理能力的数据。

技术层面，大数据代表了新一代的数据管理与分析技术。大数据与云计算的关系就像一枚硬币的正反面。大数据无法用单台的计算机进行处理，必须采用分布式架构，依托云计算的分布式处理、分布式数据库和云存储、虚拟化技术进行处理。资源层面，大数据是新的资源，体现了一种全新的资源观。对金融机构来说，由于金融起到了资金融通的作用，链接了众多客户，客户交易的相关信息就形成了新的资源。思想层面，大数据打开了一种全新的思维角度，赋予了实事求是新的内涵。对金融机构来说，这直接体现为数据驱动管理，即相应的决策可以自下而上由数据驱动实现并进行自动化的处理，最后达到相应的目的。

如图 10-1 所示，信息社会的数据信息按照表示方法可以被划分为两大类。一类是结构化数据。这类信息能够用数据或统一的结构加以表示，并被存储在数据库里，是可以用二维表结构进行逻辑表达实现的数据，如数字、符号（即行数据）。另一类是非结构化数据。这类信息无法用数字或统一的结构表示，也就是说，相对于结构化数据，不方便用数据库二维逻辑表来表现的数据即为非结构化数据，包括所有格式的办公文档、文本、图片、网页、报表、音频、视频等。此外，字段可根据需要扩充，即字段数目不定的数据，又可称半结构化数据，例如 Exchange 存储的数据。有分析师团队认为，大数据通常用来形容一个公司创造的大量非结构化数据和半结构化数据，将这些数据下载到关系型数据库用于分析时会花费过多时间和金钱，因此大数据分析通常都和云计算联系在一起。

（二）大数据的特点

大数据的特点可以从数据量、种类、价值、速度和真实性五个方面来概括，对应

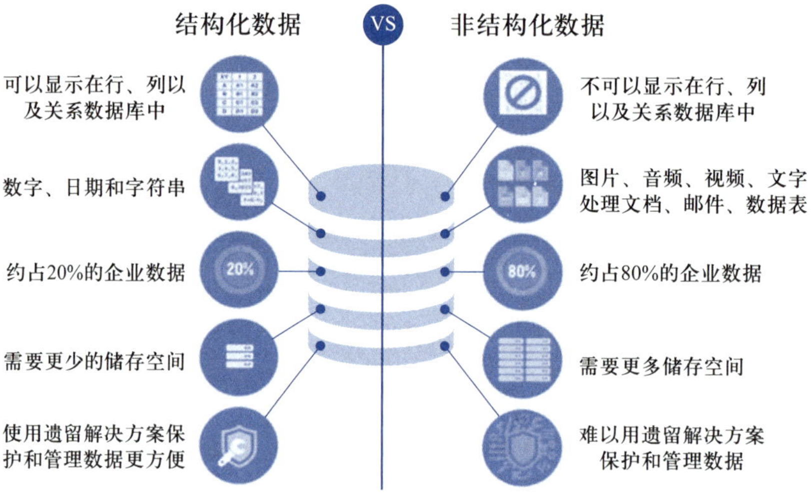

图 10–1 结构化数据与非结构化数据对比

资料来源：格物钛（Graviti）。

的英文分别是 volume、variety、value、velocity 和 veracity，简称“5V”。

1. 海量的数据规模（volume）

大数据数量巨大。大数据采集、存储、处理的数据量都非常庞大，相关的计量单位一般是 G、T（1 024G）、P（1 024T）、E（1 024P）或 Z（1 024E）等。伴随着互联网的发展，遍布世界各个角落的传感器、移动设备、在线交易和社交网络每时每刻都在生成海量数据，全球的数据量正在以惊人的速度增长，以至于数据存储和处理面临着严峻的挑战。以某家大型商业银行为例，其数据中心主库未经索引和预处理的裸数据量超过 2.5PB，每天的增量数据为 3TB，最大表 5 000 亿行，库内复杂作业 15 000 多个，涉及 SQL 语句 100 000 多个，全部裸数据总量超过 20PB。①

2. 多样的数据类型（variety）

大数据不仅仅是规模巨大的海量数据，而且在内容的复杂性上超越了海量数据。大数据是“海量数据 + 复杂类型”的数据，它包括交易和交互数据集在内的所有数据集；不仅有结构化数据，还有半结构化和非结构化数据，如网络日志、音频、视频、图片、地理位置信息等。其规模和复杂程度超出了常用技术按照合理的成本和时限捕捉、管理及处理这些数据集的能力范围。正如《大数据时代》的作者 Schönberger 所言：“大数据，不是随机样本，而是所有数据；不是精确性，而是混杂性；不是因果关系，而是相关关系。”他所强调的正是数据的多样性。

3. 巨大的数据价值（value）

大数据的战略意义不在于掌握庞大的数据信息，而在于对这些有意义的数据进行专业化处理，提高对数据的加工能力，通过加工实现数据的增值，也就是大数据在各个领域中的应用价值。大数据在提高决策能力、挖掘市场潜力、细分市场需求、创新

① 南大通用 GBase 8a MPP 数据库。

产品服务、提升市场竞争力等诸多方面发挥着越来越高的价值。大数据核心价值的实现，不仅要“众包”收集海量数据，通过技术途径挖掘全量数据，最后还要利用分析结果进行资源优化配置。

4. 快速的数据流转（velocity）

由于大数据的产生和变化极快，对数据处理速度的技术要求也很高，只有能够从各种各样的海量数据中快速获取有价值信息，才能够及时把握市场动态，了解市场情况，从而在此基础上迅速制定出应对市场变化的策略。例如，搜索引擎要求几分钟前的新闻能够被用户查询到；个性化推荐算法要求尽可能实时完成推荐等。强调快速，也是大数据技术与传统数据挖掘技术的重要区别。

5. 数据的真实可靠（veracity）

大数据中的内容与真实世界中发生的事件息息相关，研究大数据就是从庞大的网络数据中提取出能够解释和预测现实事件的过程。当数据量非常庞大时，大数据分析能够给出较准确的结果。但是如果数据量非常少，只是大规模数据的有限抽样，由此分析得出的结果的可靠性就会降低。该特征实际描述了大数据的数据质量特征。

二、大数据与金融的结合

大数据的产生、收集、归纳和整理属于技术手段，在一定意义上是脱离金融而独立存在的。若要将大数据与金融相结合，使之能够为金融系统乃至现代经济体系服务，传统的大数据技术与金融模式都需要进行改变。

（一）大数据的技术优势

大数据的技术优势是大数据与金融相互融合的重要前提，具体表现在开放、高效、客观和动态四个方面。第一，依托于互联网存在的大数据技术先天具有开放性和多边性。在完成了初期的原始数据积累后，通过对历史非结构化信息的归纳和演绎，其对未来行为的预期有着无可比拟的准确性和参考意义。第二，随着云计算技术的发展，对海量数据的发掘和处理工作已经变得十分快捷与便利，大数据的使用效率也远非传统的信息处理方式可以相比。第三，大数据系统兼具程序开发的开放性和数据处理的封闭性，既能够通过技术手段对数据的处理工作进行编程从而得到精准的二次信息，也能够保证在处理过程中，结果不会以人的意志为转移而掺杂主观和经验性因素。第四，大数据会产生自身的数据更新，无论是在时间发展过程中产生的新信息，还是在计算过程中产生的关联信息，都能够被记录和分析。随着数据的不断增加，对以往无效历史信息的更替以及对二次信息的使用都能够使整个系统更加具有效率和准确性。

（二）大数据与金融的天生适应性

经过长期的发展，金融机构的数据量已经有了一定程度的原始积累，其中非结构化数据也在以更快的速度增长，因此金融机构在大数据应用方面有着天然的优势。其数据库中的信息大部分属于金融企业在开展业务过程中积累的客户身份信息、资产负债状况和资金收付交易等大量高价值密度的数据，这些数据相较于互联网电子商务平台能够收集到的线上商务信息具有更高的商业价值。当然，二者的结合也必将促进整个线上金融生态网络的完善，使线上跨界金融得到前所未有的发展。由于大数据技术与金融业天生的适应性，未来的互联网金融机构，不管是由实体金融机构发展而来还是由传统互联网机构发展而来，都会给金融业的革命性发展带来巨大的机遇。

第一，大数据能够推动传统金融机构的战略转型，并为金融机构的未来竞争注入新鲜的血液。在宏观经济结构调整和利率市场化的大背景之下，实体金融机构受到金融脱媒的影响日益凸显，传统的金融业务模式急需转型。线上的互联网机构，通过对用户行为的分析与研究，能够找准客户需求，为客户提供针对性的服务。大数据技术给传统金融机构带来了提供精准金融服务的机会，通过深入的数据发掘，找准市场定位，明确资源配置方向，进行业务创新与战略转型，是传统金融机构的必经之路。

第二，大数据技术应用能够提高整个金融系统的运行效率，并有效地降低金融机构的管理和运营成本。虽然程序化的操作过程意味着在未来将依靠更少的金融从业人员，并且对从业人员的复合背景和知识技能有着更高的要求，但是对促进整个金融业的长期快速发展有着十分重要的意义。通过大数据技术，金融机构能够完善管理流程，更新管理模式，降低管理运营成本，并且能够通过全新的渠道和营销手段，更好地了解客户的消费习惯和行为特征，进行针对化的营销工作，既有效率又节省了金融资源。

第三，大数据技术应用能够降低金融行业的信息不对称程度，增强风险控制能力。由于大数据技术生于互联网，本身具有公开性、透明性，这将显著降低金融行业的信息不对称程度，增强风险控制能力，也能够过滤掉传统金融机构通过客户提供的财务报表获取信息时产生的无效和虚假信息，进而利用诸如资产价格、资金流水、相关业务活动等产生的实时流动性数据对客户进行更真实有效的分析。

第四，大数据技术的公开性有助于互联网金融的监管和改革。大数据不仅可以为整个国家层面的金融统计提供依据，而且有助于加强互联网金融监管。除了内部审计之外，还有很多信用风险分析（包括压力分析），都需要金融机构实时、长期、频繁地为整个金融业的数据进行测试和检测，这对于数据处理的计算能力和计算的深度、广度要求都非常高。大数据的优势是能够针对最底层的交易数据进行全面的模式识别、分析，使整体风险分析能力和效率大大提升，规范的互联网金融生态也能够得到更健康长远的发展。

（三）未来金融发展对大数据技术的依赖性

从需求角度来看，未来的金融是普惠金融，是人人金融。涉及每个人生产生活的金融行业，如果仅仅依靠传统模式，很难与每一项个人日常活动都产生联系；只有大数据能够帮助金融进入人们的生活，增强金融涉及范围的广度和深度。中小微企业的发展与国民生计息息相关，既是激发创新的积极力量，也是未来优秀企业家成长的重要平台。将大数据与传统金融相融合，不仅能够解决现在社会中存在的中小企业信息不对称、融资困难等实际问题，也将为未来满足个人更加丰富和频繁的金融服务需求提供便捷的途径。

从效率角度来看，一方面，未来的金融工作将向分工高度精准化的方向发展，在这一过程中，正在和即将产生的数量庞大的数据处理和提炼工作将占用大量的储存和计算资源，这一切都只有大数据技术能完成；另一方面，未来社会的高速运行、金融体系的配套工作以及资源的愈加稀缺性都要求资源配置更加精准有效，这也只有依靠大数据技术才能实现。

从安全角度来看，大数据具有开放、平等、协作、分享的特性。在跨界信息的整合处理方面，它有其他方式无法比拟的特殊优势，任何想要在某一方面产生欺骗性信息的行为，在庞大的跨界信息分析面前都无所遁形，大数据将最大限度地保障金融体系的运行安全。

三、金融大数据与大数据金融

伴随着大数据技术在金融领域的应用实践，目前有金融大数据和大数据金融两种提法。一般而言，金融大数据往往是指大数据技术在传统金融领域的应用实践；而大数据金融则指的是将巨量非结构化数据通过互联网和云计算等方式进行挖掘和处理后，提升传统金融服务功能的创新型金融模式，它是一种相比银行、保险、证券等传统金融更加透明、参与度更加广泛、体验更好、效率更高的新兴金融模式。

（一）金融大数据

金融行业一直是大数据的重要生产者和消费者。金融系统中涉及的账户、交易、价格、风控、投资分析等都可以成为数据的来源，同时，金融行业也高度依赖数据进行风险测量以及产品定价，因此，金融业被认为是数据驱动的行业。大数据在金融行业的应用目前主要体现在精准营销和风险控制两大领域，不同的行业有具体的应用差异。

1. 大数据在银行业的应用

（1）精准营销。在传统银行业中，金融消费者在购买时必然经历认识产品、产生兴趣、付款购买三个环节。由于在认知产品的过程当中，消费者会通过网络、私人渠道进行检索，对产品信息进行了解以确定其购买信息，在此过程当中产生的搜索数据便可以用于定位消费者的收入水平、兴趣和爱好。银行借助分布式存储和云计算，深度挖掘关于消费者的系列信息，形成完整的客户关系管理系统（CRM 系统），从而设计出各种序列的营销方案，推送给消费者，实现精准化营销。

（2）精细化管理。受制于传统银行的经营模式，银行仅能记录银行卡每次的消费信息，无法实现实时的消费信息反馈和归集整理；银行也难以对小额贷款实施有效的风险管控。一般的银行在记录了客户消费和挑选产品的数据后，亦没有利用好这些并不是为银行经营活动（风控、催收）而产生的数据。顾客的每笔投资和消费都被记录分析之后，运用数据挖掘技术将产生信息化决策，有助于提升用户体验，不断提高精细化管理水平。

（3）低成本管理。在传统的银行贷款业务中，银行需要对客户的个人信息、财务状况和抵押品等内容进行尽职调查，信息获取的成本较高。但在大数据时代，银行对客户信息的采录过程完全自动，通过客户自填、自报，收录客户的个人信息，从而能够更加精确地了解客户的实际情况，降低人工处理成本，提高办事效率。此外，对于个体和小微企业层面的关注将有效缓解长期以来困扰中国小微企业的融资难问题。

（4）集中化管理。在银行的传统业务模式中，跨地区、跨国经营成本极高，不仅要承担开设实体机构的成本，还要承担与代理行之间产生的摩擦经营成本。在大数据技术的帮助之下，银行总部机构将可以更加便捷地获取更多有价值的信息，不再局限于当地的分支机构，跨越了地域、时空限制。对各个条线的集约化管理，使得银行总部的经营权力更加集中，分支行的执行功能将被强化，银行的管理职责、风控策略将被集中于总行层面，有助于进一步提高机构总体执行力，避免上传下达过程当中产生摩擦成本。

2. 大数据在保险业的应用

（1）市场定位。保险企业开拓新的市场时，需要动用巨大的人力、物力和精力，如果市场定位不精准或者出现偏差，会给投资者和企业自身带来巨大损失。保险企业要想获取市场份额，就需要架构大数据战略，拓宽保险行业调研数据的广度和深度，从大数据中了解保险行业的市场构成、细分市场特征、消费者需求和竞争者状况等众多因素，在科学系统的信息数据收集、管理、分析的基础上，提出更好的解决问题的方案和建议，保证企业品牌市场定位独具个性，提高企业品牌市场定位的行业接受度。

（2）精准营销。在保险企业的市场营销工作中，无论是产品、渠道、价格还是顾客，每一项工作都与大数据的采集和分析息息相关。如果保险企业平时善于积累、收集和整理消费者的消费行为方面的信息数据，如消费者购买产品的花费、选择产品的渠道、偏好产品的类型、产品使用周期、购买产品的目的、消费者家庭背景、工作和生活环境、个人消费观和价值观等，建立消费者大数据库，便可通过统计和分析来掌握消费者的消费行为、兴趣偏好和产品的市场口碑现状，从而制定有针对性的营销方案和营销战略。2013 年，中国平安保险集团建立了客户价值分群体系和客户大数据分析平台，平安寿险首创的移动展业销售模式（MIT）的使用率在当年达到 98%。

（3）收益管理。近年来保险行业日益关注的收益管理是指把合适的产品或服务，在合适的时间以合适的价格通过合适的销售渠道出售给合适的顾客，最终实现企业收益最大化的目标。其中需求预测、细分市场和敏感度分析是三个重要环节，它们的重要基础就是大数据。以精算为例，大数据有利于扩大用于估算风险概率的数据样本，从而提升精算的准确度；有利于收集更加多维全面的数据，从而形成更加科学的精算模型；也有利于把整体数据样本进一步细分为子样本，为精准定价提供精算基础。

由于大数据会给保险业带来商业价值，目前保险公司在欺诈检测、风险评估与定价、交叉销售、防止客户流失等方面应用大数据较多，在理赔与预防方面尚处于观望、摸索阶段。

3. 大数据在证券业的应用

证券业是一个高度信息化的行业，每天的证券市场活动都会产生海量的结构化和非结构化数据。证券市场的估值定价、资产配置和风险管理等基础市场功能无时无刻不依赖着数据及其分析。大数据在证券行业的应用，除了常见的基础信息的展示，即通过将定期采集的数据进行分类整理归档之外，更多的是通过叠加其他新兴技术，包括云计算、机器学习等实现数据的充分应用。具体有以下四个方面的应用：

（1）产品交易。越来越多的机构开始尝试借助大数据来优化策略和交易模型。例如，利用大数据判断舆情对股票价格的影响；通过搜索引擎爬取大量数据并加工处理，进而对市场热度与股价的关联性建立有效的模型，来帮助投资者更好地把握市场行情。大数据在数量化应用方面的策略主要有两种，即海量化的大数据策略和精益化的大数据策略。海量化的大数据策略基于“简单的模型加海量数据比精巧的模型加较少的数据更有效”的理念，主要利用数据不可被主观解释的特性，对计算机的硬件平台、存储模式、管理系统和计算分析等要求较高。精益化大数据策略在本质上更强调通过细化量化金融活动，明确投资目的，控制数据规模，从而提高效率，降低成本。该策略主要是为了防止大量的时间和预算无目的地流向大数据的采集、过滤和分析过程。

（2）风险管控。券商拥有海量的交易数据和客户资料，能够在交易维度、投资行为、用户信用等多个层面上，依靠大数据技术，积极开展风险量化分析。例如，通过交易数据和用户资料可以进行相应的分析和建模，来判别不同客户群体的交易规律和风险特征，提高模型的风险敏感性；通过资金数据，与银行合作深度挖掘客户的资产规模和资金规模信息，可建立相应的模型，动态调整不同客户群体间的抵质押物比例。另外，针对杠杆率较高的金融衍生品业务和做市业务，也可以通过大数据技术对创新业务进行适当的分析，动态监控各项业务的风险敞口。

（3）行业监管。对于证券行业监管机构来说，大数据技术能够帮助监管部门对市场操纵、内幕交易、老鼠仓等违法行为进行监控和防范。交易所可以通过大数据分析挖掘出可疑账户，比如系统发现两个交易账户交易的品种、时间、频次、手法非常接近，而其中一个是基金账户，那另一个就很有可能是老鼠仓。大数据监测已经成为交易所维护资本市场繁荣与公平的重要武器之一。

（4）智能投顾。证券公司可以借助大数据的关联推荐机制，解决以往客户需要主动搜寻相关服务的痛点，变“被动服务”为“主动服务”。比如通过客户画像，能够迅速了解客户的基本信息、投资历程、盈亏波动、特点爱好、风向偏好等，从而适时介入预设场景下客户的活动，提供资讯解读、咨询和建议，帮助客户选股和配置资产，等等。

4. 大数据在信托业的应用

随着国内信息化技术的高速发展，信托公司通过联合专业的第三方数据处理机构采集海量多维度的有效数据，已经成为信托转型发展的有效途径之一。信托公司的业务领域横跨资本市场、货币市场与实业市场，产品设计非常灵活，产品类型较为丰富，不同类产品之间的组合更具空间。通过大数据技术，可以在传统业务的专业化、资本市场的业务提升、创新业务的模式探索等三个方面提高信托公司的产品研发水平。比如，通过大数据支持，在做地方基础设施项目时，可以对地方财政偿债能力、交易对手财务状况等做出综合判断，有利于确定项目的规模、价格等因素，从而进行科学的产品设计和决策；通过大数据技术，可以提高对金融市场走势的判断水平，有利于弥补多数信托公司在证券投资能力上的不足，对不同基金的投资能力做出更合理的判断；此外，还可与其他金融机构合作与对接，例如通过健康大数据，开发某种保险产品，并与信托进行对接，对特定人群进行细分营销，将信托的收益投资于保险产品，所得保费也可以再投资于信托，从而实现资产的跨领域配置。

（二）大数据金融

1. 大数据金融的核心内容

与金融大数据不同的是，大数据金融往往用来描述大数据支撑下的创新型金融模式，亦即互联网大数据金融模式。从广义的角度来看，大数据金融包括整个互联网金融在内的所有需要依靠挖掘和处理海量信息的线上金融服务。也就是说，不管是网络借贷、互联网众筹还是其他互联网金融活动，其核心都是大数据金融。如果没有大数据的支撑，互联网金融就会成为一个单纯意义上的平台。通常所说的大数据金融模式，指的是依靠对商家和企业在网络上历史数据的分析，对其进行线上资金融通和信用评估的行为。这也是大数据金融在现阶段的典型表现。

最初在互联网平台上寻求到金融服务的商家和企业，一类是在互联网平台上留下了一定数量的历史信用信息的商家或企业，另一类是在相关产业之内积累了相当程度的历史信用的商家或企业。而从未在线上或实际交易中产生过信息的全新商家和企业，在没有建立足够的交易基础之前，不太容易通过单纯的信用方式进行这种融资。

大数据金融的核心内容是对商家和客户的海量数据进行收集、储存、发掘和整理归纳，使互联网金融机构能够得到客户的全方位信息，掌握客户的消费习惯并准确预测客户行为。这样的做法不管是作为评级认定标准，还是对目标客户进行营销宣传，都能够使互联网金融机构更有效地控制风险，更详尽地规划发展策略。作为大数据的使用者，互联网金融机构必须为数据的采集和使用付出成本，如果不是同时作为数据的收集方，进行原始数据的采集和整理，就要向提供数据的第三方支付使用费用。

无论大数据金融在互联网上采用的是什么模式，要使整个系统得以运行，原始数据的产生者、数据的收集者与上述大数据的使用者都必须有机地协调起来。在大数据分析面前，原始数据的产生者即互联网金融机构的服务对象，要想尽可能地争取到方便、快捷、有保障的金融服务，就必须对自己的线上行为负责，任何不真实交易及欺骗性行为都会无所遁形。而数据的收集者即提供者，既可以作为数据的最后使用者，也可以单独以第三方的形式存在，他们必须严格控制数据的安全以及承担信息泄露可能造成的各类风险。只有这三方和谐共存，依赖于大数据的互联网金融才能健康且长远地发展。

2. 大数据金融的特征

具体来看，大数据金融的特征主要有以下七个方面：

（1）产品渠道网络化。大量的金融产品和金融服务通过特定的网络渠道展示在受众面前，包括固定网络和移动网络，其中移动网络已经成为大数据金融服务的主要渠道。随着数据监管的不断完善和大数据技术的发展，越来越多的金融产品和服务会通过网络呈现。而大数据金融的服务也只能通过网络的方式进行才能保证便捷快速的特征，这对金融实体营业点的冲击不容小觑，也推动了实体金融营业点的转型发展。

（2）风险管理数据化。传统风险管理理念中的财务分析（第一还款来源）、可抵押财产或其他保证（第二还款来源）的重要性将有所降低，交易行为的真实性以及信用的可信度通过数据的方式呈现将更有利于新的风险定价方式，由此产生的客户信用评价也将是一个全面的、立体的评价，而不是抽象模糊的客户构图。基于数据挖掘的客户识别和分类将成为风险管理的主要手段，同时，实时、动态的监测而不仅是对过往历史的评价将成为风险管理的常态内容。目前，花旗银行、富国银行等银行已经能够基于大数据技术整合客户的资产负债、交易支付、流动性状况、纳税记录、信用记录等信息，对客户进行全方位评价，计算动态违约概率和损失率，提高了贷款决策的可靠性。

（3）信息不对称程度降低。作为开放平台上的金融服务，金融产品的消费者和提供者之间的信息不对称程度将会大大降低，某些金融产品或金融服务的用户反馈和支持评价也会实时地展现在消费者面前。

（4）业务处理效率高。线上操作流程的流畅化、数据收集和处理的自动化，无疑将大大提高金融运行的效率，同时强大的数据分析能力使得金融交易可以快速达成，在协作共享的基础上通过线上跨界合作可以迅速满足客户精准化、个性化和定制性的需求，在整合线上资源的同时提高金融服务效率。

（5）服务边界扩大化。大数据金融的交易成本低，不仅可以针对小微企业提供服务，也可以根据企业生产周期灵活确定贷款期限。随着受众的增加，边际成本也有进一步下降的趋势，这使得现有的金融资源可以服务于更广泛的客户群体并提供更细致的服务项目，基于成本收益的最佳规模和范围扩大，服务的边界呈现扩大化趋势。

（6）产品实用性较高。实时交互的金融服务有助于金融产品的自我进化，以客户需求推动金融产品组合创新，促进更符合市场需求的产品迅速出现，产品将更能得到消费者的认同。

（7）数据安全分级化。随着大数据技术在金融体系中的应用，金融市场和社会管理的信息基础设施越来越一体化和外向化，对隐私、数据安全构成了更大的风险隐患，大数据金融运行中的数据安全问题也日益得到重视。一些国家出台了相关的数据安全法律，对数据安全实施分级管理。中国人民银行于 2020 年 9 月发布《金融数据安全 数据安全分级指南》，明确了金融数据安全分级的目标、原则和范围，以及数据安全定级的要素、规则和定级过程，将数据安全性遭到破坏后可能带来的影响分为严重损害、一般损害、轻微损害和无损害四个级别。实施有效数据分级管理，有助于提高金融机构数据安全规范化管理水平，更好地进行数据价值的挖掘与实现。

第二节　大数据征信

信用是金融的核心，征信是促进守信、提高信用意识的手段和措施。征信体系是现代金融体系运行的基石，而互联网的虚拟性导致信息的真实性难以识别，因此互联网金融从诞生的一刻起就潜藏着高风险。在此背景下，互联网活动中积累的大数据推动了互联网金融行业征信体系的建立与普及。

一、大数据征信概念与相关理论

（一）大数据征信概念

征信的英文对应单词是 credit reporting 或者 credit sharing，可以理解为信用报告或者信用分享。我国使用“征信”一词来概括对企业和个人的信用调查。征信是指为了满足从事信用活动的机构在信用交易中对信用信息的需要，专业化的征信机构依法采集、保存、整理、加工自然人、法人及其他组织的信用信息，并向在经济活动中有合法需求的信息使用者提供信用报告、信用评估、信用信息咨询等服务，帮助客户判断、控制信用风险，进行信用管理的活动。作为市场经济条件下一种专业化的信用信息服务，征信的产业链由上游的数据生产者、中游的征信机构及下游的征信信息使用者三者构成。其中，中游的征信机构主要负责数据收集、数据加工处理及销售产品，其核心竞争力在于数据源完整度、数据覆盖人群完整性以及数据的分析画像能力。

大数据时代的到来，使征信数据的来源更加多元化、多层化和非结构化，能够更加真实全面地反映信息主体的信用状况。未来征信机构的发展方向是大数据、信息技术与征信业务的深度融合。中国人民银行征信管理局编著的《现代征信学》一书中提出：大数据已经成为未来征信业发展最重要的基石，伴随着云计算、搜索引擎等新兴互联网技术的发展，征信业必将获得革命性的发展。

大数据征信（big data credit reporting）是指通过在网上非定向地全面抓取各种数据，获取海量网络信息，从而对信息主体的信用轨迹和信用行为进行综合描述，以全面刻画信息主体的诚信度、行为合规度与践约度。大数据征信的基础是多元化、大体量、大样本的异构数据，其原理是通过将大数据、云计算等新一代信息网络技术运用到征信系统的数据搜集和信用评估等环节，对信息主体的行为习惯进行全方位、综合性的搜集整理，同时建立针对性的征信评估算法和模型，由该模型演算、倒推出信息主体的信用特征，最终得到较为精确的信用评估结果。大数据征信使用的数据涵盖传统的征信数据、消费或财务数据、身份数据、社交数据、经营数据，以及日常活动数据、特定场景下的行为数据等。

（二）大数据征信的特点

传统征信模式面临征信数据不全、平台上传数据积极性低、更新不及时、接入门槛高等问题。而大数据征信模式的优点在于数据来源广泛，弥补了传统征信覆盖面不足的缺陷。具体表现在以下四个方面。

1. 数据来源广泛

与传统征信相比，大数据征信在服务对象及数据挖掘与来源方面显示出了明显的优越性，适应了互联网金融的发展，将征信发展到内部而不仅是银行使用，信息覆盖面广，数据来源也更为广泛和多样化，其中网络数据的挖掘是大数据征信的一大优势，在降低征信成本的同时还提高了征信的效率。采用非传统结构的信用数据，大数据征信在征信对象、数据格式以及数据挖掘方面，都比传统征信更广泛，程度更深。大数据对征信业务的渗透性将越来越强，复杂数据也将成为征信系统的新数据源，征信领域将有更多维度、不同层次的数据用来挖掘和分析，不仅限于现金流等财务数据，还包括地址信息、行为数据、客户在互联网上的交易行为、社会关系等半结构化、非结构化数据，如表 10-1 所示。大数据征信还积极整合各平台累积的商家和用户的海量信息，不断扩展信用信息数据来源，尤其是引入互联网行为记录、客户评价、社交等非结构化数据，并且能够将其快速处理。相比之下，目前中国人民银行现有征信数据覆盖面较为有限，信息基本来自金融机构，主要是个人身份信息、银行信贷记录、逾期记录等，内容较为单一。

表 10-1 大数据征信的数据类型

信息类型	数据来源	典型实例
金融数据	商业银行账户	信用卡、储蓄卡账户流水
消费记录	移动支付、第三方支付、电商平台账户	快钱、支付宝、财付通、汇付天下、拉卡拉、京东、淘宝等
社交行为	网络化的社交账户信息	微信、微博、博客、人人网、贴吧等
日常行为	日常工作、生活信息	公用事业缴费记录、移动通信、社保缴纳记录等
特定行为	特定环境下抓取的行为数据	互联网访问记录、特定网页停留信息、检索关键词等

2. 覆盖人群广泛

传统征信主要覆盖在持牌金融机构有信用记录的人群。大数据征信通过大数据技术捕获传统征信没有覆盖的人群，利用互联网留痕协助信用的判断，满足网络借贷、第三方支付及互联网保险等互联网金融新业态在身份识别、反欺诈、信用评估等方面的征信需求。

3. 应用场景丰富

大数据征信将不再单纯地用于经济金融活动，还可将应用场景从经济金融领域扩大到日常化、生活化的方方面面，如租房租车、预订酒店、签证、婚恋、求职就业、保险办理等各种需要信用履约的生活场景；此外，大数据征信在市场营销支持、反欺诈、贷后风险监测与预警、账款催收等方面也具有良好的应用表现。

4. 信用评估全面

大数据征信的信用评估模型不仅关注对信用主体历史信息的深度挖掘，更看重信用主体实时、动态、交互的信息。以对信用主体行为轨迹的研究为基础，在一定程度上可以精准预测其履约意愿、履约能力和履约稳定性。此外，大数据征信运用大数据技术，在综合传统建模技术的基础上采用机器学习建模技术，能够从多个评估维度评价信用主体的信用状况。

（三）大数据征信的理论基础

互联网金融具有正外部经济、范围经济和规模经济三重效应，提高了金融服务的效率，促进了金融资源的合理配置。但是随着借贷融资范围的扩大，交易对象的数量会极大扩充，信息真实性的审核难度将加大，信息不对称问题在互联网环境下也会变得更加复杂。

1. 逆向选择和信号传递

逆向选择是指在信息不对称的条件下，信息优势方通过隐藏信息，在交易中谋取最大利益，给信息劣势方带来利益损失。解决信贷市场上逆向选择问题的方法包括信号传递和信息筛选。信号传递指优质借款人主动向市场发出信号，将其拥有的信息传递给交易中缺乏信息的一方，并提供验证真实性的方式，从而消除交易中信息阻隔的现象，实现交易的帕累托改进。另一方面，通过沉淀借贷数据，征信机构可以对数据进行分析挖掘，使借贷方能够筛选出信用好的借款人，并把信用差的借款人从交易名单上剔除。

大数据征信在解决逆向选择问题方面拥有传统征信不具备的优势。一方面，大数据征信的数据来源非常广泛，不再局限于身份、工作、信用记录等认证材料，加强了对申请个体网上购物、网上社交等零散数据的整合分析能力。大数据技术的应用让信用申请者在申报信息上作假变得更加困难，也让授信机构在征信过程中拥有了丰富的数据选择权和强大的数据挖掘分析能力。另一方面，大数据征信有丰富的使用场景，用户在这些场景下产生的网络行为数据会被及时提供给授信机构，成为更新用户信用评估的新依据，使得个人征信结果动态化。如此，投资人可以实时掌握借款人的真实信用评价，从而更好地进行贷款决策以及贷后管理工作。

2. 道德风险和声誉理论

道德风险产生的根源是投资人在与借款人签订不完全契约之后，借款人将所得资金挪用到其他高风险投机活动中。由于存在信息不对称问题和非常高的事后监督成本，贷款人在较短的时间内很难监控到借款人的这些违规行为。为了使自身利益最大化，处于信息优势的借款人会选择隐瞒投资人，从事一些违规的高风险投机活动，进而损害投资人的合法利益。

声誉（reputation）是在信息不完全和契约不完全状态下，双方交易的信任基础。个人或企业的声誉可以被视为一种良好的意识形态资本。如果声誉资本足够大，行为主体意识到他人会根据信誉来决定是否信任并达成交易，那么该主体将会自觉建立和维护自身良好的信誉，而不是靠法律强制力来保障契约的履行，这就是声誉机制的基本原理。通过建立声誉机制可以使守信者得到利益激励，使不守信用者受到惩罚。在信息和法律双重局限下，声誉机制是实现市场交易治理的重要机制。

随着大数据征信技术的不断发展，征信产品将从信息的初次挖掘向深层次挖掘发展，从而加快信息传递速度，建立行为主体关联网络；当网络上某一行为主体出现负面信息时，能够迅速识别风险并预警其他相关交易者，并根据风险情况量化预警等级。此外，大数据技术使得征信数据的交叉验证成为常态，实现了多主体联动机制，从而形成“一处失信，处处受限”的社会惩罚和威慑功能，有效地发挥了声誉机制的治理作用。

3. 长尾理论

美国经济学家克里斯·安德森提出，随着互联网技术的不断进步，商品的存储成本、流通成本急剧降低，流通渠道大大扩展，那些基数庞大、需求不旺盛的产品所共同占据的市场份额，完全可以和少数热销品的市场份额相匹敌甚至更大。克里斯·安德森将多个种类的商品销量用产品数量、类型来分别表示，得来的需求曲线是向横轴末端不断延伸的，类似一条较长的尾巴，所以该理论又被称为长尾理论。尾部产品虽然需求较小但却数量众多，其市场份额完全能够媲美需求较大的头部产品的份额水平。

传统金融在授信方面的门槛较高，也较为坚持“二八定律”，即认为 80% 的利润来自 20% 的高净值客户。因此，在授信方面，传统金融也主要定位于这 20% 的信贷市场。传统信贷造成的信贷缺口，也正是互联网金融崛起的原因，大数据征信正是针对这部分小微群体的行为痕迹特征进行分析。这部分借贷群体数量庞大，虽然单笔借款数额微小，但借贷总量不可小觑。基于长尾理论挖掘和满足海量不被传统机构重视的需求，大数据征信有效整合了传统金融中的边缘市场和边缘客户，降低了交易成本和信贷的门槛。

二、大数据征信流程

（一）基本流程

大数据征信行业整体的信息流向以及与之配合的产业相关方如图 10-2 所示。个人、企业和其他组织在经济、社会活动中产生各种行为，这些行为的数据被各类金融机构、政府部门、企事业单位、互联网公司等上游数据生产者采集。通过一定的处理，中游征信机构对这些数据按照某些模型继续加工和分析，得到个体的征信情况。商业银行、保险公司等下游信息使用者在有业务场景需要时就会查询个体的征信情况。

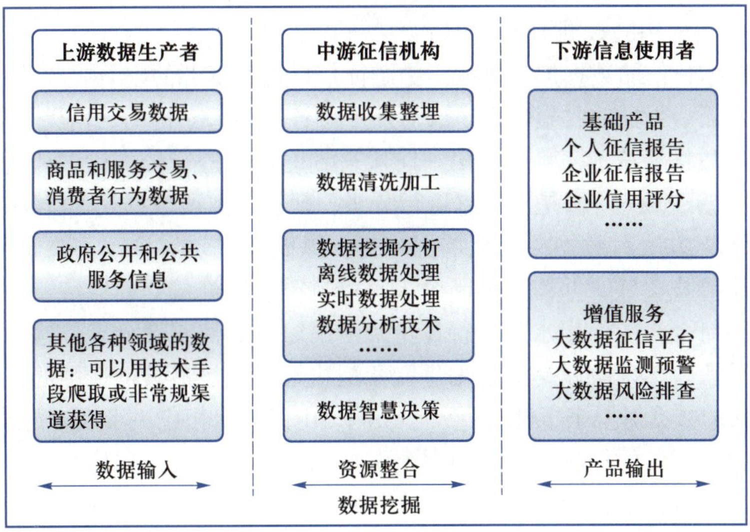

图 10-2　大数据征信流程图

（二）参与主体

1. 征信大数据的上游生产者

（1）信用交易数据生产者。信用交易数据是指从事金融活动时所产生的数据，信用交易数据生产者主要指金融服务机构，分为金融机构、类金融机构、互联网金融机构三类。

金融机构是指传统金融机构，包括商业银行、证券公司、保险公司、基金公司、资产管理公司、金融租赁公司、政策性银行等。这类信息交易数据生产者在长期业务开展中积累了大量的数据，且数据的商业价值很高。

类金融机构是除了传统金融机构以外的投融资平台，包括小额贷款公司、融资性担保机构、融资租赁公司、商业保理公司、典当公司等。

互联网金融机构是基于安全、移动的网络技术，运用新型金融业务模式，实现资金融通、支付、投资和信息中介等服务的机构。大数据时代下，互联网金融机构是未来最有发展前景的重要的信用交易数据生产者，主要有第三方支付、数字货币、众筹、网络借贷平台、大数据金融、信息化金融机构、金融门户等发展模式。

（2）商品和服务交易数据以及行为数据生产者。商品和服务交易数据以及行为数据一般来自电商、金融旅游等企业，以及公共服务机构。这些机构利用自有的工作机制和网络平台，收集留存的客户身份信息，并对客户业务信息、社交行为信息进行整理，形成关于客户的数据库。

（3）政府公开信息和公共服务信息的数据生产者。政府公开信息中对于大数据征信有效的信息主要为企业的工商注册信息、行政司法机关掌握的企业和个人在接受管理、履行法定义务过程中形成的信息。公共服务信息常见的有工会服务信息、社区服务信息、信用信息平台的公开信息等。

（4）其他数据生产者。其他数据生产者（如企业）通过技术手段从互联网渠道爬取数据，或以非常规渠道获得数据。此类数据涉及面广，数据量大。

2. 中游征信机构的数据加工

（1）大数据征信的数据加工过程。中游征信机构对资源的整合主要分为四个阶段。第一阶段是对征信数据的收集整理，即对从上游各种渠道获得的数据进行收集、存储。第二阶段是对数据清洗加工，即对第一阶段得到的数据进行分类检索和过滤筛选，得到有价值的信息。第三阶段是对数据进行分析，即利用离线数据处理、实时数据处理、数据分析技术等方法对数据深入地挖掘分析，提取出有效信息。主要通过迭代模型，从海量数据中寻找关联，并由此推断个人身份特质、性格偏好、经济能力等相对稳定的指标，进而对个人的信用水平进行评价，给出综合的信用评分等。这一阶段是数据处理的关键阶段。第四阶段是对数据进行智慧决策，这是最具创造性的一个阶段，即利用提取出来的数据对未来事件进行风险预测，由此做出相应决策来防范或降低风险。

（2）大数据征信的挖掘分析。根据上游数据生产可知，与征信相关信息数据的采集渠道、来源是多方的，数据结构更是多样的，因此，数据的挖掘分析方法也应该是与数据来源、类型相匹配的最优处理方式。征信大数据挖掘方法包括机器学习、神经网络、PageRank 算法、人工智能等数据处理方法。征信大数据分析技术包括离线数据处理、实时数据处理和数据分析技术等。

3. 下游信息使用者对数据征信产品的使用

下游信息使用者使用的数据征信产品分为基础产品和增值服务两类：基础产品包括个人征信报告、企业征信报告、企业信用评分；增值服务包括大数据征信平台、大数据监测预警、大数据风险排查。

下游的信息使用者常用的征信产品包括银行评级及其他评级报告、专项评价报告、信用咨询类服务、企业征信、金融机构服务等。该领域的产品主要为从事金融活动的相关方提供，例如担保机构、小贷公司、保险公司、融资租赁公司等。

在政府领域，常用的数据征信产品有评级或评价报告、筹建咨询报告、征信调查服务、信用体系建设咨询等。该领域的产品主要服务于政府部门、行业协会等，不同产品对应政府相关部门的不同需求。在商业或商务领域，常用的数据征信产品有评级或评价报告、投融资咨询报告、征信评价报告、供应链管理服务、系统开发等。在公共领域常用的数据征信产品有 PPP 咨询、社会信用产品应用咨询、社会责任报告、大数据排名等。在个人领域常用的数据征信产品有个人征信、个人贷款风险预测等，该类产品被应用于针对个人所提供的大数据征信服务。

从全球范围来看，信用信息的概念和内涵随着业务和技术的发展也在发生变化。2021 年 9 月 27 日中国人民银行发布的《征信业务管理办法》规定，“依法采集”“为金融等活动提供服务”“用于识别判断企业和个人信用状况”被视为判断是否为信用信息的三个维度。由此，基本信息、传统的借贷信息和其他相关信息（即替代数据）等基础信息，以及在此基础上形成的分析评价信息都属于信用信息。从事征信业务应取得合法征信业务资质，信息采集应遵循“最小、必要”原则。

三、大数据征信模式

大数据征信体系的建设通常是在现有征信体系的框架下进行拓展，以减少信用风险，确保各国国内和国际市场交易的安全。从征信机构的职能、征信系统的结构、数据采集、征信服务方式等方面考虑，世界各国征信模式可以分为以下几类。

（一）市场主导型征信模式

市场主导型征信模式又称私营征信模式。以市场为主导模式的私人征信体系主要由在市场环境的主导下，以盈利为目的，根据市场需求，自由发展设立的各种大大小小的征信机构组成。各类金融机构、贷款机构以及其他信用信息使用者，自愿选择决定是否加入不同的征信平台。该征信体系具有市场化、资源性的特点。政府的职能是推动行业立法规范和引导行业发展，并具有实施监督管理的权利。目前，美国是最典型的以市场为主导的个人征信体系。

（二）政府主导型征信模式

政府主导型征信模式又称公共征信模式。这种模式的特点是以政府和中央银行共同建立的消费信贷登记系统为主，为中央银行、商业银行、政府金融机构等提供发放贷款的信息，这就决定了其不是为市场服务，不以盈利为目的。此模式在中央银行收集和监督管理商业银行、金融机构、个人和企业信息，以及制定政策法规等方面发挥了重要作用。政府主导型的公共征信模式主要以德国、法国、意大利、西班牙等欧盟成员国为代表，上述国家均采用以央行建立的中央信贷登记系统为主体的社会信用管理模式。

（三）同业共享型发展模式

同业共享型发展模式又称会员制征信模式。该模式引导会员加入行业协会，会员可以通过协会建立的信用信息中心基础数据库享受征信服务。会员在享受服务的同时，可以向协会提供自己获得的个人和企业资料，协会所有会员的信息汇集在一起供所有会员共享。这种信息资源共享机制将信用信息中心变成信息共享平台，既提高了效率又降低了成本。此模式下，协会向会员收取不同水平的费用，会员得到相应费用标准的征信服务。日本是同业共享型发展模式的典型代表。目前，日本的信用信息机构大体上可分为银行体系、消费信贷体系和销售信用体系三类，相应的行业协会分别是银行业协会、信贷业协会和信用产业协会。

第三节　大数据信用管理体系

一、大数据信用管理的概念

信用管理是指经济主体（政府、企业和自然人）在信用交易中进行风险管理的活动，即通过收集分析征信数据、制定信用管理政策、配置信用资源等方式，对信用风险进行识别、分析和评估，有效地控制信用风险并用最经济合理的方法综合处理信用风险，使信用风险降到最低程度，维持信用关系的正常运行。信用管理本质上是对信用资源可能带来的收益与风险的平衡和对信用关系的维系。信用风险专指在信用交易中存在的风险，即客户不履约、到期不付款的风险。造成信用风险的因素是多方面的，主要包括政治风险、信息风险、商业风险、管理风险、财务风险等。信用管理就是提供信用的一方利用管理学的方法和信息网络技术等来解决信用交易中存在的风险问题。

在互联网时代下，大数据技术与征信行业开始深度融合，数据的获取、挖掘、分析等能力已逐渐成为评估征信体系可靠性的重要指标。大数据技术不仅可以运用在征信方面，还可以融入信用管理的各个环节。大数据信用管理是指通过大数据、云计算、深度算法等新兴技术，多维度、多渠道收集能够描述和反映客户特征和风险状况的数据信息，并提供信用报告、信用评估、信用信息咨询等服务，从而判断、控制信用风险，进行信用管理。

相比传统的征信系统，利用新兴技术进行信用管理优势明显。首先，通过互联网浏览记录、电子商务平台消费记录、互联网金融平台服务记录，大数据技术可以获取更多的数据信息，覆盖更多的群体，帮助没有纳入传统征信系统的用户获得金融服务。

其次，大数据征信不仅包括离线数据，也包括在线实时动态信息，当出现影响客户信用状况的数据信息时，征信系统会自动调整客户信用评分，实现风险实时监控和提示，及时为当前信贷决策提供依据。最后，基于模型的大数据征信可以降低评价结果与客观事实之间存在的偏差，避免传统征信评价结果容易受到分析人员职业素养、道德品质等主观因素影响的问题。

二、大数据信用管理体系构成

大数据信用管理是一项复杂的系统性工程。要想实现信用管理的目标，需要建立严谨完善的管理系统并在日常业务活动中严格落实。根据信用管理过程中各部分任务的职能差异，通常可将其划分为四大部分，分别是信用风险的识别、度量、预警及控制。

（一）信用风险的识别

信用风险识别是信用管理的首要步骤，指风险管理人员在调查研究后，运用科学系统的方法对经济主体所面临的各种潜在风险形态进行全面识别和系统分类，主要的识别内容有三方面。第一，识别风险来源，就是要找出经济主体的各项交易等业务活动中有哪些部分暴露在信用风险中。第二，分析风险因子，是指进一步分析引发潜在风险的原因，通过把具体的风险分解、归并为几类风险因子，更好地认识把握经济主体面临的风险情况。第三，分析风险效应，是指充分评估信用风险最终可能带来的影响，为后续的决策提供依据。信用风险可能造成的损失程度主要取决于风险暴露头寸的大小和风险因子变化的幅度。

大数据技术可以提高信用风险识别效率。信用评分模型需要风险管理主体真实客观地识别申请客户当前的风险情况，并合理预判申请客户未来潜在的风险变化，这需要规避传统信贷审批过程中的主观因素、情感因素和判断失误等人为因素，为所有申请客户提供一个客观、严谨的信用风险评价，为后续的放贷决策提供坚实基础。在大数据技术的支持下，金融风险识别主体可以通过决策树、聚类、多元判别分析等方法建立信用评分模型，提高信用评分的全面性和准确性，实现对客户多维度识别，提升科学信用评分的时效性，从而实现实时、迅速的审批决策，大幅提高风险识别效率。

（二）信用风险的度量

信用风险度量是信用管理过程中的关键环节，是在信用风险识别的基础上，进一步运用概率统计等数学方法，估计和衡量风险发生的可能性和风险损失的范围和程度。信用风险衡量的内容包含两个方面，一是风险发生的概率，二是风险损失的程度。从经济的角度来看，重要的不是完全消除风险，而是考虑将经济风险控制在一个怎样的程度，这也要求信用风险管理主体必须尽可能准确地度量风险发生的概率及损失程度。

大数据技术可以改善风险度量效果。信用风险内部评级法是商业银行普遍采用的一种风险度量方法。这是一套健全的内部评级体系，其内容包括构建内部评级模型，由商业银行自行对违约概率、违约损失率、违约风险暴露、有效期限等信用风险因素进行度量，并计算每笔债权对应的信用风险资本要求。实施这种风险度量方法，需要商业银行积累、掌握较长一段时间内的历史数据，这样建立起来的内部评级模型的可靠性和精确性才有相当的保障。而借助现代金融科技技术建立起来的风险计量模型，如神经网络模型、深度学习模型等，可以通过自我学习和深度学习，使相关评价指标的权重更加准确，进而可以在更高的精度上量化确定违约概率、违约风险暴露等风险因子，相应计算出的监管资本和风险成本也更加精确和可靠，最终实现信用风险管理从经验管理到科学管理、从定性管理到定量管理、从单一管理到组合管理的转变，很好地改善包括商业银行在内的经济主体的金融风险度量效果。

专栏 10-1

芝麻信用运作机制

2014 年 9 月，中国人民银行开放了个人征信业务，阿里巴巴集团旗下的芝麻信用管理有限公司（简称芝麻征信）成为首批试点单位，并在 2014 年年底成功推出国内首个基于互联网用户行为数据的征信产品——芝麻信用。作为一家独立的信用评估及信用管理机构，芝麻征信通过对用户海量数据的挖掘得出相应的个人信用分，能直观地反映用户的信用水平（如图 10-3 所示）。

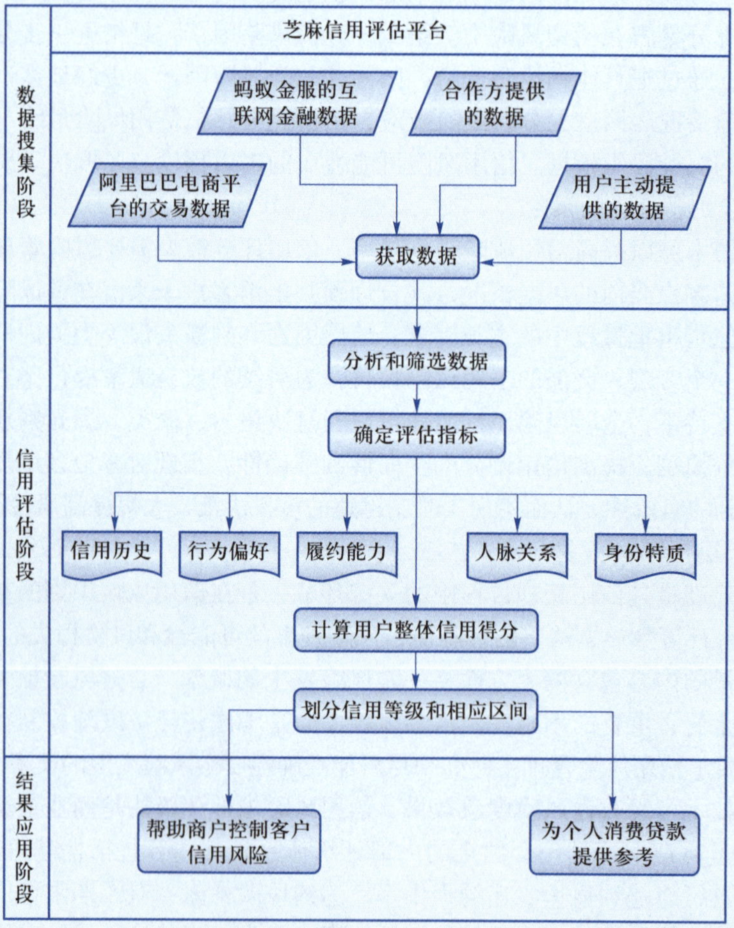

图 10-3　芝麻信用分运作流程

芝麻信用分的数据来源主要有四类。一是阿里巴巴集团下属电商平台的交易数据，该部分数据覆盖了在淘宝、天猫等阿里巴巴平台上3亿多实名注册的个人用户，涵盖了超过3 700万户小微企业的交易信息。二是阿里巴巴集团旗下蚂蚁金服集团采集的互联网金融数据，主要包括支付宝、余额宝以及蚂蚁微贷采集的个人信用信息数据。三是与阿里巴巴集团具有合作关系的外部机构提供的信息数据，如国内一些主流平台提供的网贷数据，公共机构提供的政府公开信息，公安、工商、法院公开的相关信息等。四是用户主动提供的用于支持其信用的数据。芝麻信用产品中有“信用提升”的功能，用户可以使用该功能进行提交学历信息、绑定企业邮箱、录入车辆信息、绑定Linkedin等操作，提供更多个人信息来提高自己的信用评分。芝麻信用通过这种方式获得的用户个人数据即属于这类数据。

芝麻信用使用大数据技术，将得到的上述数据经过筛选和处理后形成用于评价个人用户信用历史、行为偏好、履约能力、身份特质、人脉关系等五个方面的指标，然后再从这五个角度进行汇总，得到用户个人整体芝麻信用分。

在得到用户的信用评分后，芝麻信用参考美国FICO评分所使用的信用评分区间，将自己的信用评分区间设置为350至950分，并将信用评分从低到高划分为五个等级，依次代表用户信用状况由差到好。350~550分为最低等级，表示信用状况极差；550~600分表示信用状况中等；600~650分表示信用状况良好，650~700分表示信用状况优秀；700~950分为最高等级，表示信用状况极好。

利用大数据分析技术，芝麻信用的优势在于：①群体覆盖面广。芝麻信用的数据主要来源于阿里巴巴旗下的电商和支付平台，相较于传统征信业数据仅来源于银行等金融机构的信贷交易，其数据覆盖到了网络用户以及鲜少接触银行借贷或使用信用卡的群体（如学生、蓝领工人等），使得对这类人群进行信用评估成为可能。②评分时效性强。芝麻信用采用的大数据、云计算等信息技术手段能够更加快速地获得用户的互联网行为数据，在短时间更新影响评分的基础数据，而数据的快速更新和实时性有效地提高了信用评估结果的时效性，比起传统评估体系的信用评估结果更加即时和有效。③数据采集成本低。芝麻信用的基础数据大部分来自阿里巴巴集团旗下的平台，换句话说，芝麻信用可以获得用户网上交易和支付行为的第一手信息，借助于大数据、云计算等互联网技术手段大幅降低了数据的采集成本。④评分结果便于查询及使用。与阿里巴巴集团合作的商家可以方便地共享和使用芝麻信用分，为其提供信用相关服务、控制用户信用风险提供参考。而从用户的角度，芝麻信用分已与支付宝绑定，从支付宝官网、客户端等渠道都可以非常方便地查询到个人的芝麻信用分。⑤应用前景广泛。芝麻信用已与互联网购物、餐饮、住宿、租车租房、个人消费金融等多个领域的公司及平台合作。未来随着信用体系的不断完善和信用产品及服务的不断发展，芝麻信用分可以推广到婚恋、交友、二手交易等更多的领域，应用前景十分广泛。

（三）信用风险的预警

信用风险预警机制是指在现实金融活动的基础上，在相关金融理论的支持下，采取一系列科学系统的预警方法技术、指标体系和模型信号系统，监测金融运行过程，并对监测结果发布警示的金融决策支持系统。借助有效的信用风险预警机制，经济主体或监管当局可随时掌握并有效评估信用风险情况，及时发现问题并采取措施，以控制风险减少损失。

借助大数据分析技术，可以实现对客户异动的诸多维度、严谨客观、实时有效的监测和介入，及时发出预警信息，助力风险的识别、管理和控制工作。得益于及时的预警，风险管理主体可以提前准备风险控制工作，减少后续可能发生的风险损失。这种全面的风险监测预警功能为相关主体的风险监测、风险管理和控制提供了科学精确的平台和工具，能满足预警及时、识别准确、紧急管控等风险管控需求。

专栏 10-2

金信网银大数据监测预警金融风险平台

在科技应用和监管趋严的双重背景下，通过技术手段降低金融合规成本，提升风险预警能力的需求日益凸显。北京金信网银金融信息服务有限公司建立了“金信网银大数据监测预警金融风险平台”，以大数据为驱动，开发了不同的风险预警模型，如北京“冒烟指数”、深圳“海豚指数”、重庆“悟空指数”、武汉“白鳍豚指数”等。目前已对全国十多万家企业实现了提前预警。

以“冒烟指数”为例，其最初构想来源于“森林着火要冒烟警示”，通过烟与火的形象比拟，用“冒烟指数”来表示互联网金融企业从事非法集资活动的风险，创新性地把非法集资风险预警同大数据技术结合。“冒烟指数”在金融风险预警中运用了大数据、人工智能、机器学习、知识图谱、自然语言处理等技术，应用逻辑主要是导入大量相关数据，利用机器学习形成知识图谱或者建立模型，通过不同算法和神经网络的应用预测互联网金融风险，以达到识别风险、量化风险和把控风险的目的。

具体来说，“冒烟指数”使用工商数据、招聘数据、舆情数据、法院行为信息数据、投诉举报数据、客户提供风险企业数据、监管机构数据和网络爬虫数据等多源异构数据共 150 个数据项，从中提取 320 个变量，形成非法性指数、收益率偏高指数、投诉举报指数、传播力指数、特征词命中指数等多角度学习、可增可减的风险分析子模型，最终通过机器学习模型和专家研判模型共同赋权，得到信用风险评分。每一个子模型都从不同的角度预测集资类企业的信用风险状况，克服了传统信用风险评估中单个模型考虑因素的局限性，使预测更为精准。其建模流程如图 10-4 所示。

作为量化集资类企业非法集资风险的标准，根据目标企业非法集资风险大小的不同，“冒烟指数”分为 5 个等级，每个等级呈现不同的风险特征，如表 10-2 所示。这为监管机构界定非法集资界限、辅助决策提供了差异化处理策略的依据。

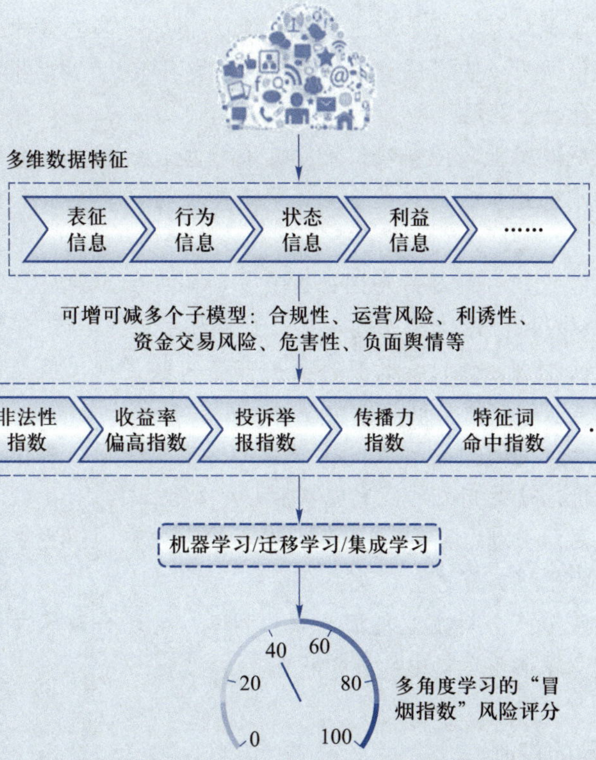

图 10-4 "冒烟指数"建模流程

表 10-2 "冒烟指数"量化金融风险及提供差异化处理策略的依据

冒烟指数分值	风险区划分	差异性处置策略	风险特征备注
[80,100]	取缔类	移交线索	经营模式不合规、非法集资行为明显；存在大量负面新闻报道及网络投诉，易导致投资人群体性上访事件等，非法集资风险极高，不可控
[60,80)	重点关注类	约谈整改	经营模式不合规，存在大量负面新闻报道及网络投诉行为；非法集资风险很高且有可能上升，处于高风险预警区
[40,60)	重点监测类	规劝改正	非法集资风险较高，经营模式存在一定的不合规；媒体负面信息报道较少，网络投诉较多；风险较大但具有可控性
[20,40)	可疑类	持续监控	存在非法集资的可能性，经营模式有某些不合规，但危害程度较小，存在一些网络投诉信息，但不涉及公司经营的根本问题
[0,20)	正常类	—	没有明显非法行为，经营模式和宣传方式较为合规，收益率处于业内正常范围，网络投诉很少，鲜有负面新闻报道

依据互联网金融风险特征，针对不同的业态构建一套完善的互联网金融风险指标体系，是量化评测、监测预警金融风险的关键环节。“冒烟指数”从以下六大方面挖掘互联网金融企业的风险。

（1）重点区域或行业风险排查。利用定量模型，针对重点地区或行业进行大规模风险排查，准确挖掘出高风险企业，同时对主要风险点、企业类别分布等进行可视化展示。

（2）集群风险挖掘。针对特定园区、交易所等内部企业成员间的关联关系进行挖掘，可有效识别风险团体及关键人员企业，及时杜绝集群内部的风险传递。

（3）关联风险挖掘。通过分析目标企业完整关联图谱，精准锁定核心人员企业，同时根据其关联结构及关联企业类型挖掘潜在自融、关联担保等风险。

（4）人员分析。通过对受害人（投资人）的投资金额、所在地及职业等进行多维度的统计分析，辅助相关部门完成事后联动处置工作。

（5）资金流风险分析。识别企业各类重点核心账户，锁定重点参与人员，同时准确计算出实际非法集资总金额及资金最终流向。

（6）运营风险分析。对企业集资金额、利率、待还金额等每日变动情况进行实时监测，及时发现企业运营中的异常状况。

（四）信用风险的控制

风险控制是信用管理的最后阶段，也是最核心的环节，因此是大数据信用管理的终极阶段和关键阶段。它指经济主体或监管当局在识别出可能的潜在风险，度量出风险损失发生的概率和程度，并对其进行预警监测的基础上，采取各种适宜举措对风险予以控制，避免风险实际发生后扩散辐射以及带来难以承受的巨大损失。目前，主要的风险控制策略包括风险分散、风险对冲、风险转移、风险规避、风险补偿等。

借助大数据分析技术，可以采取更为精准有效的风险控制措施以减少损失。基于大数据技术对风险来源的精准识别和分析，一方面有助于在风险分散、风险对冲、风险转移、风险规避和风险补偿等多种手段中更精准地选取应对策略，另一方面能够更合理地权衡控制成本和收益，采取适度的控制手段。

专栏 10-3

医保基金大数据风控平台

2020 年，中国太保寿险旗下太平洋医疗健康自主研发的医保基金运行大数据风控平台上线，创新构建近 500 个指标，以可视化图表的形式实现了对医保基金的实时监测、动态预警、精准预测与决策支持等功能，实时监测医保基金动态，分析预测医保基金未来发展，辅助管理部门科学决策，助力医保基金管理路径科学化、精细化、智慧化，为医保基金平稳运行筑起“护城河”。

平台针对当期风险控制、动态风险预测和决策支持三大核心模块设立了个性化的指标体系，量化整合医保基金收入、预算、结余额度、缴费费率、报销比例等指标。当期风险控制模块和动态风险预测模块主要参考医保基金的收入指标、支出指标、结余指标，通过与历史收支情况进行对比，动态把握基金使用情况。考虑到不同类型医保基金的缴费和报销比例的差异，决策支持模块分别对职工医保基金、居民医保基金、大病医保基金的缴费、报销、起付线等指标进行量化，为决策支持提供完整的数据保障。风控模块通过参阅50多篇学术文献，结合业务实际，共设计497项指标，例如可支付月数、当期结余率、收入预算执行率等，对医保基金运行的各个角度进行把控。系统为每个指标设立阈值，建立了红黄绿预警指标，与医保日常业务紧密结合，实时监控基金运行。

平台利用多重数据分析技术方法测算基本医疗保险的短期收入和支出，预测中长期发展趋势。模型设计有四个关键创新点：①关联外部数据。包括人口规模、经济增长数据、社会工资水平及环境质量等数据。②剥离政策调整参数。剥离基金收入和基金支出后得到缴费基数总金额及就医总费用，实现政策参数调整功能。③先进建模算法。以人工智能机器学习算法替代传统的拟合方法，对智能化关键因子动态筛选，实现从基金总体走向到关键影响因子再到具体明细数据的下钻体系。④全方位基金分析预测。分析维度覆盖面大，覆盖多个时间周期，总体趋势、周期性、波动性均考虑在内。

医保基金运行大数据风控平台在衢州部署上线，在2020年8月的全国医保智能监控示范点中期评估工作中，以医保基金运行数据风控平台为核心的衢州智能监控示范点名列前茅。

该平台创新性地塑造了四大亮点：①聚焦“当前”+“未来”，同时展开基金运行实时监控和基金运行动态预测；②多层次、系统性预警指标体系，预警条件自定义配置；③支持钻取功能，从宏观到微观明细，动态挖掘，锁定风险点；④将政策调整因素量化为结构化的政策参数并剥离出来，支持自主输入政策参数，助力医保决策。

三、大数据信用管理体系建设

大数据技术的发展为经济主体管理信用风险提供了高效可靠的助力。经济主体可以从自身实际出发，选择合适的切入点，引进应用这项技术。

（一）加强信息挖掘整合，提高对市场和客户的认知

面对大数据时代的到来，各个信用风险管理主体应当积极主动地利用大数据分析整合技术，开发整理自身内部的数据资源。这些内部数据往往具有标准化、价值高的特点，通过对其深度挖掘，并结合外部数据进行综合分析，可以实现对这些高价值数据的充分利用。此外，还可引入客户信息搜索引擎，搜集、挖掘客户的各类资讯，有选择地购买专业公司的客户评级、行业分析、大宗商品市场交易信息，以此丰富风险数据集市内涵，提高客户与市场感知度。通过内外部数据的分享与整合，将有利于实现对客户及关联关系风险的动态分析，以此进一步优化风险控制技术与流程，提高风

险评估模型的精准度，保证信用管理的可靠性。

（二）借助大数据开展信用评分，完善风险决策机制

基于大数据技术的信用评分模型，无疑是对传统征信机制的有效补充，比如可以提供传统征信体系下无记录的企业、个人的相关资料。将大数据信用评分模型对接到银行等主体的相关业务条线，可以较好助力贷前调查、授信审批、放款核验、贷后监控、预警等工作，为风险管理部门的最终决策提供可靠依据，大幅提高风险决策的效率和科学程度，提高金融机构整体运营水平。

（三）建立集中式的风险监测预警中心，管控信用风险

为了最大化地发挥信用管理主体数据收集、整合的价值，有必要建立集中式的风险监测预警中心，以此实现风险全面管控。这包括风险的识别、度量、预警和控制等各个环节。通过海量数据核查分析，及时挖掘、管控潜在的风险点，提高全流程预警能力与信用风险管理的效率。

以银行客户贷款为例，一旦大数据信用评估模型指出客户在存款或者交易方面出现大幅、异常变动，监测预警中心会自动发出风险提示，贷前调查人员将立即核实相关信息，贷中审查审批人员据此做出审批决策，贷后管理人员及时现场核查。根据这些风险核查情况，银行将督促客户改进，或是采取限制授信额度、提前收回贷款等措施，保证银行资产安全，规避、控制潜在的风险损失。

（四）强化检查与后评价机制，提高风险管理实效性

大数据信用管理需要配备与之相适应的管理机制，以切实提高信用管理的实际效果，例如检查与后评价机制、纠偏机制、责任管理机制等。检查与后评价机制，主要是利用各种模型、业务规则自动扫描相关数据，以此实现对各类潜在风险因子的主动挖掘，及时发现技术偏差，完善评价标准，提高内控水平；纠偏机制，主要是对风险管理中的异常项目进行检查，启动项目再决策流程，及时调整授信策略，提高风险预控的效果；责任管理机制，可配合上述机制，快速定位风险根源及责任人，以便及时解决问题，提高风险管理效率，避免出现无法定位而导致风险不断沉淀发酵等问题。

（五）健全人才培养机制，提升风险管理能力

大数据信用管理体系对信用管理人员在数据分析处理、授信政策调整、业务规则总结等方面提出了更高的要求。具体来说，它要求后者不仅需要具备自身业务领域的基础知识，还需要精通数据挖掘分析技术，并将两者在实际应用中有效融合。鉴于此，信用管理主体有必要进一步完善人才培养机制，落实员工多岗位定向培养、核心人才引进工作，储存一批高水准的数据分析师、模型专家、风险知识管理员，切实提高自身的风险管理能力和经营管理效率。

本章小结

大数据是数据积累到一定阶段并成为知识经济体系中核心资源过程中的一系列技术层面、资源层面以及思想层面的变革的总称。大数据的特点体现在数据量、种类、价值、速度和真实性五个方面。大数据的技术优势是大数据与金融相互融合的重要前

提，具体表现在开放、高效、客观和动态四个方面。目前有金融大数据和大数据金融两种提法。一般而言，金融大数据是指大数据技术在传统金融领域的应用实践，而大数据金融则指将巨量非结构化数据通过互联网和云计算等方式进行挖掘和处理后，提升传统金融服务功能的创新型金融模式。大数据征信是指通过网上非定向地全面抓取各种数据，获取海量网络信息，从而对信息主体的信用轨迹和信用行为进行综合描述，以全面刻画信息主体的诚信度、行为合规度与践约度。大数据信用管理是指通过大数据、云计算、深度算法等新兴技术，多维度、多渠道收集能够描述和反映客户特征和风险状况的数据信息，并提供信用报告、信用评估、信用信息咨询等服务，从而判断、控制信用风险，进行信用管理的过程。

本章重要概念

大数据　金融大数据　大数据金融　征信　大数据征信　声誉　信用管理　信用风险　大数据信用管理　风险识别　风险度量　风险预警　风险控制

即测即评

本章思考题

1. 大数据与金融的结合有哪些动因？
2. 金融大数据与数据大金融有哪些区别？
3. 大数据征信有哪些特点？
4. 世界各国的征信模式有哪些分类？各种模式又有哪些特点？
5. 大数据征信在解决逆向选择问题方面有哪些优势？
6. 大数据信用管理体系由哪些环节构成？
7. 经济主体应采取哪些措施来发挥大数据技术在信用管理中的优势？

第十一章

互联网金融风险与管理

本章导读

互联网金融风险与传统金融风险具有相同之处，又有其特殊性。金融业务在互联网虚拟空间进行，如何管理控制互联网金融风险，对于从事互联网金融服务的企业机构、参与互联网金融业务的投资人和融资人、国家金融管理部门等都是一项重要课题。本章将介绍互联网金融风险的相关定义、形成机制及影响，分析互联网金融风险传染效应、传染机制及金融网络理论；分析互联网金融发展对金融稳定产生的影响；介绍我国互联网金融的发展实践和业态更迭，分析互联网金融风险在各典型业态下的具体表现，介绍不同风险的评估方法；从实践出发，对国内互联网金融风险的相关管理组织、机制、发展历程与技术进行介绍。

本章学习目标

通过本章学习，可以了解互联网金融风险的内涵和种类、形成机理与影响，了解我国互联网金融的发展实践，了解我国互联网金融发展动态和互联网金融风险在典型业态下的表现；理解互联网金融对金融稳定的影响机制；掌握互联网金融风险传染的方式、机制及金融网络理论；掌握金融稳定的含义和影响，掌握互联网金融风险的评估方法，掌握互联网金融风险的管理组织、机制与技术。

第一节 互联网金融风险概述

一、互联网金融风险的内涵与特殊性

（一）互联网金融风险的内涵

互联网金融风险是在互联网金融基础上引申出的概念，是指互联网金融企业（包括非金融企业以及金融机构）在经营发展过程中，由于制度因素或非制度因素致使资金、财产和信誉等遭受预期、非预期或灾难性损失的可能性。

互联网金融具备互联网和金融的双重属性。然而，互联网金融的核心还是金融，互联网仅仅是手段和方法。因此，互联网金融也会面临传统金融所面临的风险，主要包括流动性风险、信用风险、市场风险、操作风险和法律风险。

互联网金融发展的载体是互联网。互联网本身具有的虚拟性、技术性以及创新性特点，使得互联网金融相对于传统金融增加了一些新的风险问题，主要包括流动性风险、信用风险、市场风险、操作风险、技术风险、认知风险等。

（二）互联网金融风险的特殊性

1. 风险的强传染性以及传染的全局性和交叉性

在分业运营和分业监管的体制下，传统金融机构的风险相对较小，业务之间的风险相对独立，风险关联性较小。互联网金融因其具有网络交叉性、开放性和无界限性等特点，一方面使业务之间的隔离减弱，由于互联网机构与客户之间互相交错、互相渗透，各金融业务种类间、金融机构间、国家间的风险相关性日益增强；另一方面也直接决定了风险传染的范围更广，能够从一个终端快速传染至整个网络，从单个个体传染至整个群体。因此，互联网金融风险造成的预期损失、非预期损失和灾难性损失极易突破金融市场各业态的限制而传播。

2. 风险扩散速度更快

与传统金融相比，互联网金融通过互联网及其创新技术来处理信息，极大地提高了信息处理速度。互联网本身具有多节点性、路径开放性和信息共享性等特点，使用互联网来处理金融信息，金融风险的扩散路径将大大增加，金融风险的扩散也将变得实时、高速。

3. 风险的超复杂性

随着互联网金融企业的快速发展，金融产品、业务、组织和服务等被深度融合，互联网金融“混业经营”趋势逐渐增强。在此背景下，互联网金融企业的金融信息挖掘、处理和传播增加了互联网信息系统的网络复杂性，任何漏洞都会增加因金融信息泄密、失密而造成损失的可能性。

4. 风险的破坏性和冲击性

互联网金融领域的各种风险会通过网络进行风险的非线性叠加，从而将风险的影响传递给金融参与主体、客体。除此之外，互联网信息系统的运行和传播机制非常复杂，这使得准确预判风险变得尤为困难，风险控制难度也进一步加大。所以，互联网金融风险所带来的破坏性和冲击性可能会远远超过预期。

二、互联网金融风险的形成与影响

（一）互联网金融风险的形成机理

从引发风险的因素来看，互联网金融风险既有内在风险，也有外在风险。因此，互联网金融风险的生成机理可以分为内在生成机理和外在生成机理。

1. 内在生成机理

随着互联网金融的快速发展，其本身的内在脆弱性日趋明显。互联网金融风险的内在生成机理主要源自以下几方面：

第一，互联网金融行业的信息安全是内在风险产生的原因之一。互联网金融较为依赖信息技术相关领域的软硬件设备，并以此来从事金融业务创新活动。其所面临的风险与具备的信息技术水平密切关联。由于不同互联网金融企业的信息技术水平差距较大，部分企业的 IT 系统存在漏洞，容易受到黑客攻击，导致客户的账户、资金和信息等被盗或泄露，从而使客户遭受损失。

第二，互联网金融企业缺乏风险管理经验，应对金融风险能力有限。多数互联网金融企业的前身并不属于金融行业，对金融行业的运作缺乏了解，没有成熟的风险管理体系。企业内部可能缺乏专业人才从事风险识别、风险估测、风险评价、选择风险管理技术和评估风险管理效果等工作。此外，某些平台还可能存在非法集资、洗钱等违法犯罪行为。

第三，互联网金融的混业经营特征使风险发生的可能性增大。与传统金融机构所受监管较严不同，新兴的互联网金融企业所受的监管较少，混业经营特征明显，可能同时开展多种金融业务或提供多种金融服务。这一特征使其相比传统金融，发生风险的可能性与规模也更大。

第四，互联网思维降低了公众的风险自控意识，提高了公众的预期收益。网络技术使人类社会迈入自媒体时代，爆炸式的信息、广告通过公众号、微博等社交平台快速传播。一方面，高收益的理财投资信息或有意或无意地隐瞒投资风险，带给公众一种财富唾手可得的错觉，极易降低公众的风险自控意识，使互联网金融在其发展过程中天然酝酿着风险和危机。另一方面，互联网金融平台的云计算和大数据技术在收益预期方面的应用也在一定程度上误导了社会预期。云计算和大数据的应用，使得社会各界开始认为数据分析可以取代内控，甚至降低信用风险。然而，实际情况为，金融监管乃至整个社会治理体系中，云计算和大数据技术的应用才刚刚起步，标准化和安全可控要求还未实现。至今，还无任何互联网金融风险控制手段足以取代传统风险管理模型。

第五，互联网企业强大的社会舆论影响力使得金融监管者容易投鼠忌器。我国几家互联网巨头具有较强的舆论引导能力和技术创新能力，近些年也纷纷开始涉足互联网金融业务。一方面，阿里巴巴、腾讯和京东等互联网企业在发展互联网金融的过程中容易通过“金融创新”“普惠金融”等口号来获取民众的支持和信任，也可通过网络媒体对社会舆论造成巨大的影响力，引发热点问题。在中国人民银行早期规范第三方支付账户监管过程中，以及在互联网平台发展的过程中，这一情况都持续出现。另一方面，互联网企业的技术开发能力较强，监管机构往往无法及时发现一些政策漏洞，造成监管困难。在监管与创新的“猫和老鼠”的游戏中，互联网金融企业提供的各种投资工具及其宣传往往超出监管者的信息范围。

2. 外在生成机理

除了互联网金融本身存在的内在脆弱性，外部经济环境与传统金融风险的变化也是导致其发生风险的重要原因。

第一，外部经济环境的变化会对互联网金融业产生冲击，进而导致金融风险的发生。外部经济环境的变化，会引发实体经济的波动，进而引起投融资主体发生损失，最终导致金融风险的发生。网贷、众筹等互联网金融模式与实体经济密切相关，其主要服务对象如小微企业、低收入群体等，较容易受到经济环境恶化的冲击。实体经济的下行可能会引发借款人投资回报下降甚至亏损，进而导致信用风险等金融风险的产生。

第二，传统金融风险也可能引起互联网金融风险的发生。虽然互联网金融通过不断发展创新，开发出了各种金融产品和服务，然而这些产品和服务通常与传统金融有着密切的联系。以“余额宝”等产品为例，该类产品通常可直接用于购物、转账和缴费还款等消费支付，本质上是一种货币市场基金，是网络支付平台与基金公司对接所形成的理财产品。因此，其必然也受到货币市场基金所面临风险的影响，如利率风险、流动性风险等。

（二）互联网金融风险的影响

互联网金融既具有传统金融业的固有风险，又因其特点而具有新的风险形态。从服务的对象来看，互联网金融风险影响的经济个体主要包括居民和企业。

1. 互联网金融风险对居民的影响

首先，居民的消费受制于可支配资源，而互联网金融降低了居民的融资门槛和成本，使得居民逐渐养成超前消费的习惯。但互联网金融风险的发生，可能会导致居民消费信贷条件的提高，从而缩小居民可支配资金的规模，最终对消费产生一定的抑制作用。其次，相比传统金融业，互联网金融所面临的技术风险、操作风险更多，受到网络诈骗与黑客攻击的可能性更高，这使得居民资金的安全性降低，进而可能对居民的消费决策产生影响。最后，互联网金融亦降低了居民的投资门槛，如余额宝、理财通等，小额资金即可购买。

2. 互联网金融风险对企业的影响

首先，互联网金融具有低门槛特征，在一定程度上缓解了中小企业融资难的困境。然而，由于中小企业资质较差，信用违约风险较高，互联网金融企业可能面临较高的违约损失，并会通过连锁反应对实体经济造成不利影响。因此，在某种程度上，互联网金融风险又会降低中小企业获得信贷资源的可能性。

其次，除了影响中小企业外，互联网金融对于金融业也会产生影响。伴随着互联网金融的发展，传统金融业也进行了一系列创新，如网上银行、理财等业务创新。然而，在创新过程中，银行的存款不断搬家，金融业资金来源越来越不稳定，“钱荒”时常发生；同时，金融机构与债券市场杠杆率不断上升，对金融稳定产生不利影响。因此，为防止金融、经济的不稳定，防止互联网金融无序发展，需进一步加强对金融业的监管。

最后，互联网金融风险对商业银行具有一定的影响。当互联网金融受到风险冲击时，会对商业银行产生两方面的影响。一方面，会对商业银行产生积极影响。互联网金融风险过高，会使企业和普通民众更加信赖传统金融，从而使商业银行的传统业务得到拓展，竞争力增强。除此之外，互联网金融可以通过大数据、云计算等技术手段对商业银行的客户进行更精准的识别，使信息共享更便捷，完善商业银行内部评价体系，并通过分析客户的金融消费习惯，有针对性地对客户进行分类，从而更好地进行管理。另一方面，互联网金融风险也会给商业银行带来消极的影响。由于互联网企业纷纷涉足金融领域，大力开展第三方支付、销售理财产品等业务，日益侵蚀商业银行的市场份额，商业银行也开始借鉴互联网思维创新求变，积极开拓互联网金融业务。所以，当互联网金融受到风险冲击时，商业银行也会被波及。

三、互联网金融不同业务的风险

（一）网络借贷的风险

1. 信用风险

网络借贷的交易行为在虚拟平台进行，交易过程中存在很大的信用风险。从网络借贷平台的角度来看，由于缺乏用户的资信状况，平台很难保证贷款资金的回收。从民众的角度来看，存款高利率也伴随着高风险，网络平台良莠不齐，缺乏相应的诚信机制。民众存款“有去无回”事件的发生，造成恶劣的社会影响。

2. 法律风险

网络平台中很多借贷项目以“贷款公司”“融资公司”等名义发放贷款或者募集资金，但我国法律明令禁止任何除国家批准的金融机构以外的公司进行信贷融资等金融服务。由于民众缺乏相关的专业知识，难以对网络平台进行有效辨别，所以往往会承担比较大的法律风险。

（二）网络投资的风险

网络投资同样具有一定的信用风险和法律风险。除此之外，与存款相比，投资本身就具有相当大的风险性。与传统投资相比，通过网络平台进行的投资，对投资项目的全方面了解更为困难，投资双方的信息不对称更为明显，容易产生欺诈行为，从而使得投资者承受的风险大大增加。

（三）财富管理的风险

传统的财富管理一般具有市场风险、信用风险和管理风险等风险。与传统财富管理的风险相比，互联网财富管理的信用风险和管理风险更为突出。造成信用风险过大的主要原因是，互联网平台的虚拟性使得违约成本较低，诚信机制难以发挥作用。另一方面，互联网金融平台的准入门槛较低，一些网络平台的运营者缺乏财富管理相关专业知识，有些甚至从未涉足过金融行业，使得网络财富管理较传统形式具有更大的管理风险。

第二节 互联网金融风险传染效应与机制

一、互联网金融风险的传染效应

（一）互联网金融风险传染层次

在互联网金融领域，风险的传染主要包含两个层面：第一个层面是具有直接业务联系的互联网金融机构平台之间或者互联网金融机构和传统金融机构之间发生的传染。这个层面上的风险传染主要通过平台间以及平台和机构间的业务关联关系进行传导，风险首先在一个或一类机构平台上出现，然后通过资金业务关联传递到相关的金融机构，引起相关互联网金融机构平台或者传统金融机构平台的风险暴露。第二个层面是在没有直接业务联系的机构与平台之间发生的风险传染。这类风险传染主要通过预期渠道或者信息渠道发生。具体而言，风险首先在一个或一类互联网金融平台上出现，进而引起市场对风险发生的预期增加，导致市场参与者与投资者发生恐慌，增加对其他没有直接关联的互联网金融机构或传统金融机构发生风险的预期，最终可能导致投资者挤兑等并引起包括互联网金融与传统金融业在内的整体风险暴露。

（二）互联网金融风险传染

互联网金融风险传染可用金融网络理论来阐述。金融网络理论源于复杂网络，复杂网络指以一个系统内部的各个元素作为节点，节点之间在一定的规则之下构建成边进而形成网络。与复杂网络相类似，金融网络也有自身的节点与边。其中，节点指银行以及对冲基金等金融机构，边指金融机构之间信用拆借、资产负债等关系。金融网络具有以下两个特征。第一，金融机构数量很多且关系复杂，因此金融网络关系图较为复杂。第二，金融网络的边具有方向性。金融网络的边，衡量金融机构之间的资产负债关系；边两端的节点，通常具有单向或者双向的资产负债关系。

金融网络理论适用于解释互联网金融风险传染的方式和机制。互联网金融网络中的风险传染主要有两种方式：直接传染和间接传染。

直接传染主要是指互联网金融机构之间或与其他金融机构之间通过直接的业务关联关系进行风险传染的过程。具体而言，当互联网金融机构之间或与其他金融机构之间存在资金托管合作、借贷和担保等债务关联性，投资关系关联性以及以股权或实际控制人为纽带形成的股权关联性时，一家机构的倒闭势必致使与之相关联的机构面临支付困难。一旦自有资本不足以补偿损失，该机构就可能面临破产。通过紧密联结的资金链，风险将在系统中不断传递，造成大量相互关联的机构资金紧张甚至破产，最终提高整个互联网金融市场的系统性风险。

间接传染主要通过投资者的盲目跟风心理进行传染，也即“羊群效应”。由于投资人与互联网金融机构之间存在信息不对称，一旦一家互联网金融机构违约或倒闭，投资者会认为其他相似机构也存在同样的问题，从而会导致大量投资者挤兑取现，造成互联网金融机构纷纷倒闭的不良后果。

互联网金融的混业经营特点以及相关金融产品的不断创新，使得互联网金融体系以及整个金融体系内个体之间的关联程度不断提高。与此同时，金融网络覆盖的范围不断延展，网络内部的关联结构亦趋于复杂。强大的金融网络将金融体系所有参与者的风险和收益紧密地联系在一起。网络结构的关联性越强，个体间的行为同质性越强，金融体系的顺周期性影响便会越强，从而风险被进一步放大，系统性风险也会增强，不同维度上系统性风险的相互影响也会更大。

二、互联网金融风险传染机制

（一）互联网金融自身风险传染机制

互联网金融风险在互联网金融系统内部的传染，主要包括资金渠道和预期渠道。资金渠道是指互联网金融机构之间通过存贷和支付关系等形成资金方面的联系，当某家机构存在资金风险时，风险会通过与这家机构相联系的资金链传染给其他机构，从而造成市场动荡。预期渠道是指在某些互联网金融机构发生金融风险时，由于投资者存在信息不对称与风险厌恶特征，投资者会对其他经营模式类似、所在地区相同的互联网金融机构产生负面预期，将此类机构都视为潜在风险主体，进而引起挤兑取现。这将大大提高实力较弱的互联网金融机构的风险暴露程度。

（二）互联网金融风险对各细分金融市场的风险传染机制

1. 互联网金融风险对银行市场的传染机制

一方面，互联网金融机构与银行存在密切的联系。主要表现为：第一，互联网金融机构与银行之间会开展资金托管合作。第二，互联网金融机构与银行之间由于借贷和担保等方式形成债务型关联。第三，部分银行会投资成立互联网金融机构。互联网金融机构与银行之间的复杂联系会导致互联网金融风险向银行市场传染，一家互联网金融机构的倒闭势必会影响与之相关联的银行。

另一方面，银行也纷纷涉足互联网金融业务。银行参与互联网金融业务，虽然能够提升经营效率，但也不可避免地暴露于互联网金融风险之下。互联网金融的操作风险、技术风险、流动性风险等都可能向商业银行传染。在操作风险方面，商业银行引入的互联网金融交易系统是主要受体。这个交易系统一旦失去稳定性，或者在数据更改过程中出现失误，都会诱发和产生操作风险，从而对商业银行产生进一步的负面影响。在技术风险方面，主要是商业银行与互联网金融相结合所形成的互联网金融业务受到影响。由于目前互联网技术尚不够成熟，常常受到病毒、黑客等不法分子的威胁，公众信息容易被截留、篡改和盗用，可能会引发公众对开展互联网金融业务的商业银行失去信任，引发恐慌。在流动性风险方面，互联网金融业务大幅提高了资金的周转速度，但是也使银行面临更大的流动性风险。互联网理财产品多为 T+0 交易，其通常会先行预测理财产品的赎回余额，从而预留足额现金以应对投资者随时取现的需求。若预测的现金不足以应对赎回需求，则会产生兑付危机，进而影响相关的银行机构。

2. 互联网金融风险对资本市场的传染机制

第一，一些互联网金融机构或平台从事股票配资业务，加剧了股票市场的风险。与证券公司的融资融券业务相比，股票配资业务门槛低、杠杆高，容易引起股市的剧烈波动。具体而言，当股市行情向好时，配资业务会不断推高股市，集聚更多的潜在风险；而当股市行情下跌时，高杠杆可能会引发踩踏行为，引起股市暴跌，形成恶性的风险传染链条。

第二，新兴技术中存在的各类风险给资本市场带来了相关风险。随着互联网技术的兴起，信息不对称和中介成本高等问题得到了改善。然而，互联网金融技术风险的存在使得信息不对称和中介成本的降低幅度难以达到预期，这样将造成资本市场在个股水平或是系统上的波动，从而进一步引发资本市场风险。

第三，信用风险的存在使得通过大数据挖掘出的信息不一定准确。具体而言，随着大数据技术的发展，社交网络、电子商务、第三方支付、搜索引擎的变革方兴未艾，使得证券公司等金融机构通常会利用大数据技术挖掘互联网客户资源，并以此开发、设计针对客户个性化需求的证券产品或服务来创造和实现价值。由于存在信用风险，大数据挖掘出的信息并不准确，一旦客户违约会对证券公司等金融机构造成负面影响。

（三）互联网金融风险对金融系统风险的影响机制

在高度关联的金融体系内，个别机构的风险会通过关联网络传播，并迅速扩散至整个金融体系，最终引发持续性的经济衰退。这种由个别事件引发金融体系内出现大范围的违约或倒闭从而损害金融体系正常运行功能的风险被称为系统性风险。

一方面，互联网金融所面临的流动性风险较高，容易引发挤兑，进而形成系统性风险。在资产端，互联网金融产品多投资于银行同业市场与货币市场，资产组合期限较长，无法立刻变现。在负债端，互联网金融理财产品普遍实行“T+0”机制。也即，允许投资者随时赎回。负债久期较短，意味着互联网金融机构的期限错配问题较为严重。若投资者进行较大规模的赎回，互联网金融机构一般需使用自身流动性进行垫付，导致自身流动性风险上升，甚至发生流动性危机。流动性危机一旦发生，往往会迅速传染至整个金融市场，使得市场流动性风险上升，进而导致系统性风险上升。

另一方面，互联网金融机构之间或与其他金融机构之间会形成复杂的网络联系，这会导致互联网金融风险在整个互联网金融行业或整个金融系统内传染。具体而言，互联网金融的互联网特性使业务间隔离相对变弱，互联网机构与客户之间互相交错、互相渗透。此外，互联网金融具有混业经营特征。同一互联网金融机构可能同时从事多种类型的金融业务。因此，互联网金融风险造成的预期损失、非预期损失和灾难性损失极易突破金融市场各业态的限制进行传播，并进一步引发整个金融市场的系统性风险。

三、互联网金融风险和金融稳定

（一）金融稳定的含义

金融稳定的术语很早就已经被提出，并受到理论界和金融监管机构的广泛关注。中国人民银行给出的定义是：金融稳定是金融体系能够有效发挥关键功能的状态。这种状态表现为金融机构、金融市场和金融基础设施能够发挥支付结算、资源配置和风险管理等关键功能，还表现为宏观经济政策稳健有效，金融生态环境较好，宏观经济健康运行。

（二）互联网金融对金融稳定的影响

1. 互联网金融对金融稳定的积极影响

首先，互联网金融会促进竞争，改进金融效率。一方面，互联网金融的快速发展增加了金融市场竞争的激烈程度。这种竞争效应会促使各类金融机构积极进行金融创新，不断提升服务质量、改进管理水平，从而促进金融资源配置的优化以及金融体系效率的提升。另一方面，互联网金融技术的应用降低了信息获取成本，提高了信息获取的便捷性，使金融资源克服了时间与空间的限制，提升了跨地域、跨期的配置效率，甚至消除金融资源错配，从而促进金融稳定。

其次，互联网金融有助于改进风险分担。一方面，互联网金融的发展能够增加多样化的金融服务，使金融资产的有效供给和有效需求显著增加，极大拓展了金融交易的可能性边界，从而使居民可以更进一步进行分散投资，风险分担具有更大弹性。另一方面，互联网金融极大地拓展了金融业的专业分工领域，使以往不被传统金融覆盖的、具有“长尾”特征的人群能够进入到金融市场之中，金融体系得以更加透明、平等、开放，并且能够降低金融排斥，提高金融包容水平。

2. 互联网金融对金融稳定的负面影响

首先，互联网金融会加剧竞争，提高金融脆弱性。一方面，金融自由化背景下，互联网金融机构与银行展开竞争，降低了银行特许权价值；另一方面，互联网金融的发展也会促使银行间的竞争加剧，可能会扭曲银行的风险管理行为，刺激银行从事高风险业务。上述两个方面均会提高金融机构的脆弱性，进而引起金融体系的不稳定。

其次，互联网金融增强了风险的传染性。互联网使得金融网络的联结更加通畅，范围更加广泛。因此，金融风险在金融体系的扩散更加容易，可能造成金融危机跨行业、跨市场、跨地区乃至跨境传染。同时，由于金融风险具有正反馈特征，风险的传染可能在不同机构、市场和系统之间形成共振，进一步放大风险，危及金融稳定。此外，由于互联网金融具有“长尾”特征，风险涉及的人数可能众多，会对社会造成极大的负外部性。

除此之外，一方面，金融体系内各组成部分、各交易主体之间的关联程度不断提高，金融体系内所有主体之间的风险和收益被紧密地联系在一起，这种联系会通过资产负债表、投资者信心等途径增强各市场交易主体收益的联动性，形成金融体系内的风险“捆绑效应”。另一方面，互联网金融发展加速了利率市场化和金融自由化的进程，传统银行业依赖高利差轻松获取高利润的时代将被终结，导致银行收益减少和特许权价值受损，加剧“金融脱媒”，银行与互联网企业将在金融领域直接竞争。

第三节　互联网金融风险评估

一、互联网金融风险的分类

（一）互联网金融的常规风险

1. 流动性风险

流动性风险，是指互联网金融企业难以及时获得充足资金或无法以合理成本及时地获得充足资金以应对资产增长或支付到期债务的风险。流动性风险，轻则提高互联网金融企业的主动融资成本，重则引起投资者恐慌进而发生“挤兑”。为应对传统金融机构的流动性问题，我国已建立了存款准备金、风险拨备等制度；而互联网金融则缺乏相应的应对措施，因此，其面临的流动性风险更高。

总体而言，互联网金融流动性风险主要来源于以下几点：

第一，期限错配问题较为严重。互联网金融企业的资金来源一般期限较短，但大多被投资于回报周期较长的传统行业。当理财资金和债权资产在时间和数量上存在不合理错配时，互联网金融企业的预期收入将存在遭受损失的可能。

第二，资金平衡风险。互联网金融企业需要在资金的使用和留存之间进行平衡。一方面，为了获取高额收益，必须充分高效利用所筹集到的资金。另一方面，为应对突发状况，防范流动性风险事件，需要留存一定额度的资金保障企业正常运营。

第三，流动性风险。当理财产品的实际收益率低于其宣传的收益率水平时，投资者可能会对理财产品进行大量赎回，引起相关产品的流动性风险。

当前，我国互联网金融主要包括互联网支付、网络借贷、股权众筹融资、互联网基金销售、互联网保险、互联网信托和互联网消费金融等业态。其中，部分属于投融资性质，直接内含流动性风险；部分属于商贸服务性质，但因其管理资金流庞大，也存在诱发流动性风险的潜在可能。

具体而言，互联网金融各业态中的流动性风险表现如下：

第一，互联网支付的流动性风险体现为不合理使用支付平台滞留资金导致资金链断裂的风险。拥有第三方支付牌照的互联网金融企业，能提供收付款人间资金周转的服务，并基于此进一步发展出资金管理和财富管理等投资理财服务。在此运营过程中，大量资金将短期滞留在互联网金融企业内。如果缺乏有效的监管，极易发生资金挪用等事件。资金链条一旦断裂，将引发支付危机，触发流动性风险。

第二，网络借贷的流动性风险体现为平台借贷资金期限错配导致偿还到期债务或扩张资产规模困难的风险。网络借贷包括个体网络借贷和网络小额贷款两种形式。近几年，随着对网贷平台的整顿和清零，网络小额贷款成为网络借贷的主要模式。网络小贷公司本身作为投资者，从金融机构融资之后，再将资金提供给借款者。当网络小贷公司的资金持续补充能力不足、资金安排不合理或资金期限错配不合理时，公司可能没有足够现金来偿还到期的金融机构借款或以正常成本满足客户合理贷款需求，这将触发流动性风险。

第三，股权众筹融资的流动性风险体现为融资项目回报期长且二级市场不完善，导致投资者无法灵活安排投资计划的风险。拥有股权众筹牌照的互联网金融企业，能通过互联网进行“公开、小额、大众”的股权融资活动。在运营股权融资业务时，公司扮演着信息中介角色，整合投资者和融资企业间的需求，并就此收取服务费。然而，由于融资企业大多处于初创期，具有融资项目回报期长、退出渠道有限、二级市场缺位等特征，投资者将面临较大的流动性风险。

第四，互联网基金销售的流动性风险体现为基金产品收益率波动导致投资者无法获得预期收益，基金销售机构面临“挤兑”的风险。一方面，互联网拓宽了基金销售渠道，造成了货币基金市场的井喷式爆发；另一方面，该模式潜藏着较大的流动性风险。首先，是来自自身的流动性风险。随着互联网理财资金规模的不断扩大，互联网基金企业承担的流动性风险也不断增加。其次，是来自周期性“挤兑”的压力。受客户结构和行为的影响，互联网理财产品在节假日等重大赎回点遭遇大额赎回的可能性非常高。当赎回规模超出风险准备金或市场出现流动性危机时，基金公司将面临巨大“挤兑”压力。最后，是来自传统金融的流动性风险。根据中国证券投资基金业协会发布的公募基金行业数据，截至 2020 年 12 月，国内货币基金规模已超 8 万亿元，其中超过 90% 的资金投资于银行间市场协议存款。当银行资产负债发生变动，或市场资金状况发生波动时，协议存款需求也将随之变化，从而导致利率波动，互联网产品可能面临集中赎回压力，进而触发流动性风险。

此外，互联网保险、互联网信托和互联网消费金融等模式，由于也涉及大额资金的积聚和流通，都存在一定的流动性隐患[①]。

2. 信用风险

信用是互联网金融的“纽带”，是驱动业务的核心要素。当前，互联网金融的征信管理系统不完善，违约成本很低，无形中增加了贷款者与互联网金融平台的违约风险。

具体而言，互联网金融各业态中信用风险的表现如下：

网络小额贷款和互联网消费金融这两种业态，由于利用自有资金和其他融资开展信贷业务，直接承担债务人违约所带来的信用风险。互联网支付被规定为提供小额、快捷、便民的小微支付服务，不可涉及信贷业务，因此不存在信用风险。其余业态，包括个体网络借贷、网络股权众筹、互联网基金销售、互联网信托和互联网保险等，均被定义为信息中介业务，负责金融产品销售、信息披露、风险提示和资格审核等工

① 薛紫臣．互联网金融流动性风险的成因和防范．中国发展观察，2016（12）：26-28+64.

作，不承担违约责任，不存在直接的信用风险。然而，实际上，互联网金融企业之间、互联网金融企业和传统金融机构之间往往存在着错综复杂的业务联系，信用风险一旦爆发将迅速传播扩散，甚至有可能产生系统性金融风险，需要严加防范[①]。

3. 市场风险

与传统金融业类似，市场风险也是互联网金融业的常见风险。互联网基金销售、网络借贷等业态均会受到基础变量的影响。具体而言，互联网金融各业态中的市场风险表现如下：

网络借贷和互联网消费金融两种业态，因直接从事信贷业务，容易受利率变动的负面影响。互联网支付业态由于存在风险准备金和交易赔付金，也容易受利率变动的影响。此外，跨境支付业务涉及大量货币汇兑，容易受到汇率变动带来的负面影响，因此存在较高的市场风险。其余的互联网金融业态作为金融资产交易中介，不存在直接的市场风险，但市场价格变化仍将通过影响机构代销的金融资产的需求，间接影响平台经营。

4. 操作风险

操作风险在互联网金融中最具普遍性，因为所有互联网金融业态的运营均离不开制度流程、内部员工和信息科技系统。根据操作主体不同，操作风险可以分为互联网金融内部控制风险和客户操作风险。

（1）内部控制风险。初创期的互联网金融企业内部控制机制较不完善，多以金融产品创新为业务重点。在缺乏良好内控机制的状态下，互联网金融企业可能在互联网账户的授权使用、风险管理系统以及客户信息交流上出现安全操作方面的问题，这会影响内部系统运行的安全与稳定，并可能导致互联网金融企业内部控制风险的发生。

（2）客户操作风险。互联网金融客户受众较广且缺乏专业人士指导，其操作过程的失误可能会引起直接或间接损失。此外，客户可能因为自身操作问题导致病毒或黑客入侵，带来资料被窃取、账户密码被盗等风险；或是进入钓鱼网站，陷入网络诈骗陷阱。

5. 法律风险

互联网金融的法律风险，指的是互联网金融相关主体（如交易双方主体、网络中介平台和资金托管第三方）的作为或不作为无法满足或违反法律要求，导致其不能履行合同而发生争议、诉讼或其他法律纠纷，从而需要承担由此带来的经济损失风险。法律风险在互联网金融领域具有原发性和普遍性，任何触犯法律风险的事件均有可能继续演变并触发其他风险，且在互联网金融各业态中均存在触犯法律而遭受损失的可能性。

（二）互联网金融的特殊风险

1. 认知风险

互联网金融创造了新的业务模式和交易渠道，但并未改变传统金融的资金融通、

① 徐小茗．基于经营范围的互联网金融各业态风险研究．科技经济导刊，2018，26（34）：212–213.

价格发现、支付清算等主要功能，仍没有超越现有金融体系的范畴。相同的本质决定了互联网金融也面临着诸多与传统金融类似的风险，部分风险甚至远大于传统金融风险。因此，投资者应该认清互联网金融的本质，重视其所存在的各种风险，树立风险与收益相伴相生的投资意识。

2. 技术风险

互联网金融的基础是计算机网络，技术风险对互联网金融各业态的影响具有普遍性。互联网金融除了依赖金融业本身的数字特征外，还高度依赖现代信息技术，因此面临较为复杂的技术风险，主要表现在两个方面：

第一，技术选择风险。当前，互联网金融技术发展日新月异，互联网金融企业选择技术方案时，极易面临技术淘汰风险和技术不兼容风险。其一，技术淘汰风险。不当的技术方案可能会较快过时，导致业务流程不顺畅，业务达成成本增加；与此同时，还会引起用户体验大幅下降，从而面临被淘汰的风险。其二，技术不兼容风险。如若选择的技术系统与客户终端的兼容性较差，将可能使业务的开展较为困难，甚至危及企业生存。

第二，技术安全风险。技术安全风险是指互联网信息技术本身的缺陷漏洞导致客户财产存在损失的可能。互联网金融技术安全风险主要体现在以下四个方面：其一，技术泄密风险。为确保数据的完整、准确和不可抵赖等特征，互联网金融运用各种手段加密；若该手段被泄密或破解，则会引起严重的后果。其二，计算机病毒感染风险。互联网金融的运作主要依赖于计算机与网络，如若感染病毒，则可能会导致网络瘫痪，甚至整个系统的崩溃。其三，系统运行终端风险。如果系统服务器无法承受对大量数据的并发处理，则可能出现宕机等现象，影响平台的稳定性以及业务的开展。其四，数据传输风险。互联网金融数据在传输过程中可能会被窥探或截获，造成信息泄露，影响交易安全。

3. 政策风险

作为新型的金融业态，互联网金融可能造成的政策风险主要包括政策滞后风险和政策转型风险。第一，政策滞后风险。由于互联网金融业态不断创新，以往的政策可能无法覆盖新发展出的某些互联网金融模式，从而面临政策滞后风险。如果不及时紧跟变化、调整监管政策，可能滋生大量监管套利行为，影响整个互联网金融业的健康发展。第二，政策转型风险。金融是严监管行业，关系到国计民生，互联网金融业务也处于政策的严密监控之下。当监管当局态度转变或政策变动时，互联网金融企业的经营环境也将随之变化，存在遭受负面损失的可能，从而面临政策转型风险。且这种宏观冲击覆盖面广，其带来的风险能够在各互联网金融业态中不断传染、积累，并导致系统性金融风险，因而对这类风险也需加以防范。

二、互联网金融风险评估的方法

（一）互联网金融常规风险的评估

互联网金融是互联网和传统金融结合的产物，具备二者各自的特点。互联网金融作为一种新兴业态，目前对其风险的评估体系还在不断完善。本部分将借鉴传统金融业的风险评价手段，对互联网金融风险进行评估。

1. 流动性风险评估

流动性风险的评估方法主要有流动性覆盖率、净稳定资金比率和流动性风险价值法。前两者是巴塞尔协议 III 提出的衡量银行流动性风险的方法，可供互联网金融机构参考和借鉴。

流动性覆盖率（liquidity coverage ratio，LCR）旨在确保在设定严重流动性压力的情景下，能够保持充足的、无变现障碍的优质流动性资产，并通过变现这些资产来满足未来 30 日的流动性需求。流动性覆盖率 = 优质流动性资产储备 / 未来 30 日的资金净流出量。流动性覆盖率的标准是不低于 100%。

净稳定资金比率（net stable funding ratio，NSFR）是指可用的稳定资金与业务所需的稳定资金之比，旨在衡量长期的流动性风险。净稳定资金比率的标准是大于 100%。

流动性风险价值法是指采用调整后的风险价值来衡量金融机构市场交易流动性风险的定量方法。风险价值是指金融机构的单一或组合金融资产（产品）在既定置信区间内预期发生的最大可能损失。流动性风险价值法是一种复合的风险价值测定方法，它通过将某一类或某几类金融资产（产品）的基期（或常规，或市场平均）流动性风险价值与其市场交易预期的风险价值进行加权平均，然后求和得到此类或组合的金融资产（产品）市场风险总价值。

2. 信用风险评估

基于互联网金融的基本特点以及信用风险评估相关理论，互联网金融的信用风险评估可以分为两种：基于历史数据和信用记录与基于财务分析的信用风险评估。

（1）基于历史数据和信用记录的信用风险评估。该方法主要是运用历史数据和信用记录了解互联网金融机构的违约概率、违约损失率、违约风险影响因素以及违约者轮廓等特征，从而利用这些信息来审视和度量信用风险的大小。

（2）基于财务分析的信用风险评估。该方法主要将各项财务分析指标作为一个整体，系统、全面、综合地对互联网金融企业的财务状况和经营情况进行剖析、解释和评价，从而了解该机构的盈利能力、未来发展预期、财务连贯性和真实性以及财务风险标识等信息。

3. 市场风险评估

目前，市场风险的衡量方法主要有：风险价值法（VaR）（巴塞尔协议Ⅰ）、压力测试（巴塞尔协议Ⅱ）和敏感性分析（巴塞尔协议Ⅱ）等。这些方法也是巴塞尔协议提出的关于银行市场风险的衡量方法，普遍被多国金融机构和监管部门接受和使用。互联网金融市场是金融市场的一个分支，因此，可以使用上述衡量市场风险的方法来评估互联网金融市场风险。

4. 操作风险评估

（1）单一指标衡量法。该方法选用毛收入作为单一指标，乘以固定百分比系数 α，计算出操作风险的资本金配置要求，即资本金配置要求 $=\alpha\times$ 毛收入。

（2）标准化方法。标准化方法将金融机构业务活动划分为若干标准化业务种类，并各设定一项指标以反映该类业务的规模及业务量。另对每类业务设定固定百分比系数 β，将其乘以相应的指标，即为该业务的操作风险资本金配置要求。

（3）内部衡量法。内部衡量法类似信用风险中的内部评级方法，建议金融机构根据自身的内部损失数据，通过建立适当的风险管理模型来计算应提取的操作风险资本金。

（4）损失分布法。金融机构根据以往的内部数据，估计每一业务种类或风险分类的以下两个可能性分布：单一事件的影响和次年事件的发生频率。基于这两项估计数据，金融机构可计算累计操作损失的分布机会率。将所有业务种类或风险分类的风险价值（VaR）相加，即为金融机构的总操作风险资本金配置要求。

（5）极值理论法。操作风险的极值理论模型是专门用来衡量操作风险损失分布的尾部即损失极值的方法。它通过推导超过一定临界水平的操作风险损失的具体分布函数，得出一定置信水平下风险价值（VaR）的估计值和超过临界水平的损失的期望值，并以此作为提取操作风险监管资本的参照。

（二）互联网金融的特殊风险的评估

1. 技术风险评估

互联网金融技术风险的衡量方式有：第一，技术故障率，包含信息系统故障率、可使用率和在用率。第二，安全事故数，包含信息系统安全事故统计数和重大信息系统安全事故统计数。第三，客户投诉率，指因技术事件引发的客户投诉业务量与同期总业务量之比。第四，技术风险损失率，指信息系统设备净损失额与信息系统设备购买价格或重置费用之比。

2. 系统性风险评估

互联网金融风险会通过直接传染和间接传染两种作用机制在金融机构间传播，对其他金融机构，甚至整个金融系统产生严重的负面影响。对金融系统性风险的估计离不开对金融传染及其导致的资产损失的估计。然而，对金融传染的估计离不开对金融网络的构建和金融传染的假设与模拟。

现有的关于金融网络的估计方法主要有：

第一，基于金融机构间的相互联系数据构建机构间的相互联系网络，如利用银行间的联系数据构建银行间网络结构。然而，金融机构间的相互联系数据往往不可得，因此一些学者借助计量方法构建金融机构间的网络结构。

第二，基于金融机构间资产负债联系的总量数据，运用最大熵方法对总量进行分解，从而间接获得金融机构间的网络结构。

第三，基于格兰杰因果关系检验法对金融机构的收益率数据进行分析，测度金融机构间的因果关系网络。

第四，运用 LASSO 方法，选择对某家金融机构收益率或融资成本有影响的其他金融机构，构建金融机构间的联系网络。

第四节　互联网金融风险管理

一、互联网金融风险管理组织与机制设计

（一）当前中国互联网金融风险管理组织概览

2018 年 3 月 13 日，《国务院机构改革方案》公布，原银监会和原保监会正式合并组建为银保监会，加上于 2017 年 11 月 8 日正式成立的国务院金融稳定发展委员会、原有的中国人民银行和中国证券监督管理委员会，当前我国的金融监管体系已形成“一委一行两会”的新格局，具体见图 11−1。其中，金融稳定发展委员会主要负责整体协调；中国人民银行主要负责制定货币政策与宏观审慎政策，同时也参与微观审慎；银保监会和证监会则主要负责微观审慎监管及消费者保护等行为监管。

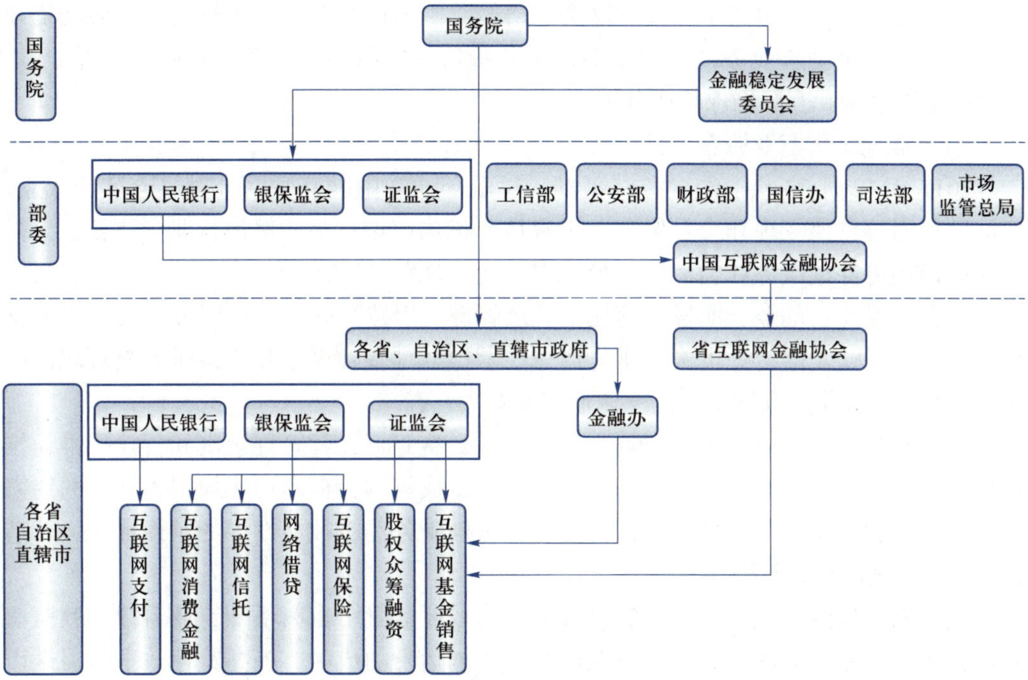

图 11−1　互联网金融监管框架

资料来源：《关于促进互联网金融健康发展的指导意见》和《国务院机构改革方案》。

目前，我国互联网金融行业呈现双线监管格局。一条是以人民银行、银保监会为主导的垂直管理，另一条是以由地方金融监督管理局进行治理并与当地的人民银行分支机构、银保监局派出机构联合执法的管理。互联网金融行业协会负责行业

自律。

1. 中国互联网金融管理体制

2013 年 8 月 2 日，中国人民银行在第二季度《中国货币政策执行报告》中正式提出“互联网金融”的概念，并谈及其发展情况。2015 年 7 月 18 日，中国人民银行、工业和信息化部、公安部、财政部、国家工商总局、国务院法制办、中国银行业监督管理委员会、中国证券监督管理委员会、中国保险监督管理委员会和国家互联网信息办公室联合印发了《关于促进互联网金融健康发展的指导意见》(银发〔2015〕221 号，以下简称《指导意见》)。《指导意见》按照“依法监管、适度监管、分类监管、协同监管、创新监管”的原则，确立了互联网支付、网络借贷、股权众筹融资、互联网基金销售、互联网保险、互联网信托和互联网消费金融等互联网金融主要业态的监管职责分工，落实了监管责任，并明确了业务边界。《指导意见》属于多部门共同制定的法规，旨在鼓励互联网金融的创新，发展、营造良好的政策环境，规范从业机构的经营活动，维护市场秩序，协同推进发展普惠金融，鼓励金融创新与完善金融监管，引导并促进互联网金融这一新兴业态健康发展。

结合《指导意见》有关规定和目前我国金融监管体系，相关部门主要职责如下：中国人民银行负责监管互联网支付业务，并会同有关部门负责建立和完善互联网金融数据统计监测体系，组建中国互联网金融协会；中国证监会负责监管股权众筹融资业务、互联网基金销售业务；中国银保监会负责监管网络借贷业务、互联网信托业务、互联网消费金融和互联网保险业务等。

2. 互联网金融行业协会

2015 年 12 月 31 日，经国务院批准，民政部通知中国互联网金融协会准予成立。协会旨在通过自律管理和会员服务，规范从业机构市场行为，保护行业合法权益，推动从业机构更好地服务社会经济发展，引导行业规范健康运行。协会单位会员包括银行、证券、保险、基金、期货、信托、资产管理、消费金融、征信服务以及互联网支付、投资、理财、借贷等机构，还包括一些承担金融基础设施和金融研究教育职能的机构，基本覆盖了互联网金融的主流业态和新兴业态。

中国互联网金融协会主要职责为：按业务类型制订经营管理规则和行业标准，推动机构之间的业务交流和信息共享；明确自律惩戒机制，提高行业规则和标准的约束力；强化守法、诚信、自律意识，树立从业机构服务经济社会发展的正面形象，营造诚信规范发展的良好氛围。

互联网金融的规范、健康发展，既离不开政府监管，也离不开行业自律。政府监管和行业自律相互支撑，有利于降低监管和市场运行的成本，提高监管效率并促进市场创新，也有利于提升互联网金融市场整体运行的安全性和有效性。

（二）中国互联网金融风险管理机制设计

1. 互联网金融风险管理机制的定义

互联网金融风险管理机制是指管理主体以特定的互联网金融机构及其关联方为对象，在发起设立、业务模式和市场行为等方面，予以局部或具体的指导、监督、检查、协调、控制和处置等管理行为的体系化制度。

2. 中国互联网金融风险管理的主要机制

中国互联网金融风险管理的主要机制分为内部管理机制与外部管理机制。内部管理机制指金融机构针对其内部有效管理制定和实施的一系列保障性规章制度，以获得生产效率和稳定经营秩序。根据不同细分领域，内部管理机制又可分为业务、营销、财务、人力资源、组织机构、信息管理系统以及其他包括内审、保密、消防在内的安全控制等方面的管理机制。

外部管理机制主要包括金融安全网、互联网技术安全标准、行业市场准入、消费者权益保护和合作担保五个方面。

第一，金融安全网。金融安全网是指为了保障金融安全，由中央银行、金融监管当局和银行同业组织共同组成的具有公共性质的安全保护系统。广义的金融安全网包括审慎监管、存款保险和“最后贷款人”制度。狭义的金融安全网仅指存款保险和“最后贷款人”制度。金融安全网可以通过行政措施、法律手段和经济政策等措施，救助因金融危机而遭受严重损失的金融行业或金融机构，从而有效防范对金融机构的挤兑，抑制风险传播造成的金融恐慌。

第二，互联网技术安全标准。由于互联网金融广泛采用现代信息技术和网络技术，具有虚拟与现实交互联通的特性，与传统金融形成重大区别，也使得互联网金融面临较为独特的技术风险。防范技术风险是互联网金融管理机制面临的重要问题。因此，应该构建系统的、可行的、具有充分技术保障的互联网技术安全标准。

第三，行业市场准入。金融领域的行业市场准入是指金融管理部门为防范不正当竞争，维护市场竞争秩序，保护金融行业既得利益，对金融行业的新进入者采取限制性资格评审的制度措施。金融行业的准入限制性资格条件通常包括：金融机构（平台）的资质与以往违法性记录；从业人员的资质、从业经历和人员数量限制；资本及最低限额；风险评估等级和风险管理体系；内部控制制度；外国资本与本国资本在投资总额或资本结构中所占比例限额等。

第四，消费者权益保护。根据金融消费者权益保护理论，金融消费者的权益包括：知情权、受教育权、自由选择权、隐私权、受服务权、受益权、财产安全权、投诉权和获得赔偿权。互联网金融的消费者保护相比传统金融更为复杂与特殊。《指导意见》首次提出了“金融消费者权益保护”的理念，强调从消费者教育、信息披露、格式合同条款监督、多元化纠纷处理机制、个人信息保护、不实宣传与捆绑销售禁止等方面，对互联网金融消费者权益进行保护。

第五，合作担保。合作担保指寻求第三方担保以分散金融风险的做法，主要分为两种：政策性合作担保和市场性合作担保。政策性合作担保机构由国家支持的第三方担保机构与借贷或投资类金融机构构成，两方共同为客户提供资金借贷与担保服务，以支持国家重点行业和政策性扶持行业为主。市场性合作担保机构由市场担保公司、贷款人和借款人组成，主要面向城镇中小微企业和农村合作社组织等；互联网金融机构的合作担保对象多为后者。

二、互联网金融风险管理技术

（一）互联网金融风险管理技术的定义

互联网金融管理体系包括互联网金融管理体制、管理机制以及管理技术。其中，管理体制侧重于宏观管理层次，管理机制侧重于中观管理层次，管理技术则侧重于微观管理层次。

（二）互联网金融风险的主要管理技术

1. 防火墙

所谓防火墙，指的是一个由软件和硬件设备组合而成，在内部网和外部网之间、专用网与公共网之间的界面上构造的保护屏障。防火墙主要由服务访问规则、验证工具、包过滤和应用网关 4 个部分组成，是一个位于计算机和它所连接的网络之间的软件或硬件。《指导意见》第二部分规定，要“建立必要的防火墙”。

2. 风险源识别

风险源识别，又称风险辨识，指金融机构、第三方服务机构和金融管理部门使用一定技术手段，获取和分析潜在风险信息，对风险源进行识别，对其性质加以判断，对可能造成的危害和影响提前进行预防，以确保系统的安全和稳定。互联网金融的发展以数据为核心，综合运用各类信息技术收集、统计和监测实时动态的在线数据，不断挖掘拓展新数据来源，创新风险监测计量方法，在传统金融风险识别、计量和控制基础上实现全面扩充。

3. 信息披露

《指导意见》第二部分规定，要向客户充分披露服务信息，但不得夸大支付服务中介的性质和职能。《指导意见》第三部分第十五条规定：从业机构应当对客户进行充分的信息披露，及时向投资者公布其经营活动和财务状况的相关信息，以便投资者充分了解从业机构运作状况，促使从业机构稳健经营和控制风险。

4. 风险提示

风险提示又称“风险告知”，是对金融消费者的一种保护性措施，指金融机构在开展金融业务之前，应以醒目的方式将金融业务潜在风险告知客户。《指导意见》第二部分规定，要向客户清晰地提示业务风险。《指导意见》第三部分第十五条规定：从业机构应当向各参与方详细说明交易模式、参与方的权利和义务，并进行充分的风险提示。要研究建立互联网金融的合格投资者制度，提升投资者保护水平。

5. 行业自律

2014 年 12 月 18 日，中国证券业协会发布《私募股权众筹融资管理办法（试行）（征求意见稿）》。该办法第一章第四条规定，中国证券业协会依照法律法规及本办法对股权众筹行业进行自律管理。第六章第二十五条至第二十七条专门规定了股权众筹融资行业的自律管理事项，包括：市场监测中心备案管理信息系统应记录行业市场信息，并与中国证监会、中证协实现数据共享；中证协对会员单位实施自律检查等。

《指导意见》第三部分第十九条规定：加强互联网金融行业自律。充分发挥行业自律机制在规范从业机构市场行为和保护行业合法权益等方面的积极作用。人民银行会同有关部门，组建中国互联网金融协会。协会要按业务类型，制订经营管理规则和行业标准，推动机构之间的业务交流和信息共享。协会要明确自律惩戒机制，提高行业规则和标准的约束力。强化守法、诚信、自律意识，树立从业机构服务经济社会发展的正面形象，营造诚信规范发展的良好氛围。

除上述几点之外，预防和管理互联网金融风险的方法还有防网络病毒软件、风险预警、现场检查、非现场检查和社会监督等。

三、互联网金融风险管理重点

2019 年，全球金融科技活动继续保持较快发展，大数据、人工智能、分布式记账等技术在金融领域的应用愈加成熟，催生出一批新的金融科技业务模式、产品和服务。其中，数字货币、开放银行和数字银行等应用领域发展较快，不少经济体已开展相关实践。除此之外，各类金融机构将目光转向互联网借贷，而互联网科技公司也纷纷涉足金融领域，暴露出一些新的问题，成为风险管理和金融监管的一大挑战。互联网金融形式的创新一方面促进了金融业的发展，另一方面也产生了新的金融风险，给国民经济的平稳发展带来不稳定因素。因此，政府近几年高度重视互联网金融监管，出台了多项文件集中规范互联网金融业务，其中较为典型的是互联网存款、互联网金融科技公司和数字货币这三个问题。

（一）互联网存款

随着互联网金融的快速发展，商业银行吸收公众存款的方式发生了极大变化，互联网存款业务迅猛发展。互联网技术出现前，传统商业银行提供金融服务通常需要在各地设立大量分支机构，主要从线下网点吸收存款。随着信息技术的应用，商业银行吸收存款的来源从传统的线下网点，逐步拓展到了网上银行和手机银行等。近年来，互联网科技不断为金融服务赋能，商业银行吸储方式进一步拓展到了第三方互联网平台，以及基于互联网开发平台的自营渠道（如公众号、小程序等）。尤其是中小银行，因缺乏物理网点和客户基础，更倾向于利用互联网平台揽存获客。

目前，互联网存款业务主要有三种开展形式。一是，商业银行与第三方互联网平台达成合作，利用互联网平台宣传银行自身的存款产品并将目标用户导流至存款产品页面；二是，商业银行利用互联网技术开发自营渠道，如公众号、小程序和手机 APP 等，实现线上运营和吸纳储户；三是，具有互联网银行牌照的互联网金融企业利用自营渠道，采用纯线上运营模式，从事各类线上银行业务。

一方面，互联网存款业务为商业银行拓展了存款资金来源，也以低廉成本为储户提供了更多存款产品信息。另一方面，在其快速发展的过程中，违法违规事件频发，暴露出了较大的风险隐患。总体而言，互联网存款业务发展中所涉及的违法违规业务主要有四类：

第一类是地方法人银行异地揽储，偏离业务发展定位。在互联网存款业务发展中，大量地方法人银行借助互联网金融平台的品牌和流量优势吸收存款，突破传统渠道的空间限制，从资金来源看，已成为全国性银行。除了利用第三方互联网平台外，部分地方法人银行自建平台（公众号、小程序和银行自有 APP 等），在没有银行实体网点开立的一类账户的前提下，直接线上远程开立二类账户吸收存款，实现异地揽存。一方面，这些地方法人银行偏离了立足当地、服务小微的经营定位；另一方面，异地存款稳定性较差，积累的流动性风险易快速传染，既增加了中小银行的风险隐患，也不利于维护市场竞争秩序和金融体系稳定，造成了较大的负面影响。

第二类是部分互联网存款产品违反存款计息结算规则和市场利率自律定价机制的要求。在互联网存款业务发展的过程中，一些知名度较低、客户体量较小，资金实力和技术实力不充足的中小银行，为进一步扩大负债规模和业务范围，利用分段付息等方式变相抬高存款利率，扰乱存款利率市场机制。互联网平台作为非持牌机构为银行提供存款销售服务时，可能涉及存款营销行为，存在对存款保险保障的过度宣传。

第三类是高息揽储增加成本，加大银行资产端风险。中小银行高息吸收存款必然追求高收益资产，匹配高风险项目，导致资产端风险增加。一方面，银行高风险资产比重将快速上升，或将超过银行自身风险管理能力边界；另一方面，银行一旦出现资金问题，很可能借助此类存款开展更为激进的高风险投资以摆脱困境，最终导致存款保险基金损失。20 世纪 80 年代发生在美国的储贷危机是银行滥用中介存款，最终导致银行破产和存款保险基金损失巨大的最好例证。

第四类是大型互联网公司架空中小银行后“无照驾驶”。在互联网存款业务发展的过程中，部分中小银行由于资金实力、风控能力、营销能力、平台运营服务能力等较弱，为谋求业务发展不得不将宣传、资金存管、储户信息和运营风控等业务外包给大型互联网金融公司。在此过程中，这部分中小银行几乎被互联网金融公司架空，在服务费商议上议价能力弱；而不具备银行业务经营牌照的互联网金融公司提供这类金融服务属于“无照驾驶”行为，严重扰乱了金融市场秩序，目前已被严令禁止。

此外，互联网存款业务还存在提高中小银行流动性风险管理难度，在账户管理、资金出入等方面触犯法律法规，侵害金融消费者权益等风险。因此，2021 年 1 月 15 日银保监会、中国人民银行下发了《关于规范商业银行通过互联网开展个人存款业务有关事项的通知》（简称《通知》），对通过第三方互联网平台开展的定期存款和定活两便存款业务予以规范，规定《通知》印发前已经开展的存量业务到期后自然结清，对商业银行、互联网平台及第三方支付机构涉及的各类违法违规行为，依法采取监管措施。《通知》下发后，相关银行和互联网平台均下架了第三方互联网平台存款产品，无法再新增购买。2021 年 2 月 20 日，银保监会印发《关于进一步规范商业银行互联网贷款业务的通知》，进一步细化了对商业银行互联网贷款业务的审慎监管要求。

（二）互联网金融科技公司

近些年，一些互联网巨头纷纷涉足金融行业，推出理财产品，提供金融服务。例如，阿里巴巴集团的余额宝、借呗，腾讯公司的理财通、微粒贷，以及京东金融推出的京东“白条”、京东小金库等。这些互联网科技公司虽然从事的是金融业务，却一直强调自身的互联网公司属性，淡化金融机构属性，试图在互联网金融的监管盲区中肆意妄为。然而，随着互联网金融监管的日益成熟，一些行走在监管边缘的互联网金融公司将逐步被纳入监管体系，其带来的互联网金融风险也将保持在可控范围之内。

金融稳定理事会（FSB）将金融稳定界定为全球金融体系抵御冲击并防范金融中介和其他金融体系功能中断的能力，这些功能一旦中断将对实体经济产生严重负面影响。从金融稳定的基本定义看，互联网金融科技公司正极大地改变着金融服务的提供方式和金融产业格局，互联网金融科技公司提供的新型金融服务必然对金融稳定产生影响，带来金融风险，其风险可以从微观金融风险、系统性金融风险、行为风险这三个方面来分析。

第一，互联网金融科技公司可能带来的微观金融风险有流动性风险与信用风险。就流动性风险而言，一些互联网金融科技公司涉及较多，比如上文中提到的蚂蚁金服利用其线上平台与中小地方银行通过“联合放贷”的模式吸收存款与发放贷款。这会导致一些中小型地方银行通过互联网金融科技公司的线上平台从全网吸收个人储蓄存款，将业务范围由地方拓展到全国，有些银行通过线上吸收的存款在银行负债中占比甚至高达70%。这种线上存款的稳定性远低于线下，用户黏性低，增加了中小银行的流动管理难度。同时，这些线上平台的存款全额计入个人存款，导致流动性匹配率、优质流动性资产充足率和核心负债的比例被高估。互联网金融科技公司所面临的信用风险主要是由我国资信体系不健全导致借款人违约风险较高而引起的。联合国普惠性发展融资特别倡议（UNSGSA）在一份报告中指出，一些国家网络借贷发展过快，会导致相对贫困的借款人过度借贷和违约率上升。所以，我国互联网借贷的高速发展也进一步加大了互联网金融科技公司的信用风险。

第二，互联网金融科技公司或许会引发系统性金融风险。数字金融服务在很多情况下呈现明显的顺周期性和波动性。互联网金融科技公司的借贷业务受散户投资者风险偏好影响较大，再加上信用风险模型未经检验，可能导致风险定价过低或过高、信贷质量评估和信贷标准不如传统机构精确等问题，易加大信贷业务的顺周期性。除此之外，一些互联网公司的系统重要性上升可能增大关键服务中断的风险，并因垄断导致市场失灵。

第三，互联网金融科技公司较高的金融数字化程度会引起相应的行为风险。一方面指纹支付、刷脸支付和远程开户等技术虽然方便用户进行支付，但同时也造成用户的个人身份特征信息和财务信息被过度收集，易导致企业超出个人授权进行商业性开发和集团内使用，侵犯消费者的权益。在零售端，消费者保护的复杂度、难度上升。另一方面，披着科技外衣的不当行为更加难以监测。虽然一些互联网科技公司一再对外强调其网络安全技术的可靠性，但我们仍不能忽视其被黑客攻击的可能性。

鉴于互联网金融科技公司可能对我国金融稳定带来的诸多消极影响，监管机构应不断完善监管体系，制定审慎监管要求，建立行为监管体系，提高监管效率，严肃市场纪律，发挥金融科技支持实体经济、维护金融稳定的积极作用。

（三）数字货币

数字货币，顾名思义是一种数字化的货币。它不同于纸币，并没有实体形式。欧洲银行业管理局对数字货币的定义是价值的数字化表示，其不由中央银行或政府发行，也不和法币挂钩，但是由于被公众接受，所以可以作为支付手段，也可以通过电子形式转移、存储或者交易。2020 年 10 月 23 日，中国人民银行就《中华人民共和国中国人民银行法（修订草案征求意见稿）》公开征求意见，意见稿中规定人民币包括实物形式和数字形式，为发行数字货币提供了法律依据，并明确禁止任何单位和个人制作和发售数字代币。

数字货币按发行部门的不同可以分为两类：央行数字货币和私人部门稳定币。早在央行数字货币这个概念诞生之前，由私人部门发行的数字货币（例如，比特币）就已经进入人们的视野。比特币这类私人部门发行的数字货币最大的特点之一是去中心化。它不是由某一个央行或者政府发行，人们的交易行为也不被某一中心主体管理，央行对货币的管理能力将被大大削减，从而形成金融监管机构监管困难的局面。鉴于此种情况，我国推出的央行数字货币坚持采取中心化的管理模式，尽可能降低风险。虽然央行数字货币相较于私人部门发行的数字货币在某些方面具有优势，但其还具有一定的风险性。

首先，央行数字货币面临技术安全性风险。央行数字货币的发行、流通都需要依赖互联网技术，而现阶段互联网技术在数字货币方向的应用还在摸索阶段，尚未完全成熟，技术风险较高。

其次，央行数字货币还面临法律监管风险。现有法律法规的约束对象大部分为传统货币，对于数字货币的监管存在盲区，央行需要进一步完善相应的法律体系。

再次，数字货币具有一定的门槛。数字货币的使用者必须具有一定的计算机知识，还需要具有基本的电子设备。但对于一些来自偏远地区、中老年群体或者低学历人群来说，很难正确识别和使用数字货币，极易进入不法分子精心设计的圈套。这一点也使得数字货币难以被普及，很难达到与纸币相似的流通程度。

最后，加密资产和数字货币的广泛使用，可能助长跨境套利，加剧跨境资本流动。一方面，加密资产不受地理边界的约束，如果没有国际监管协作，一国的监管规定在另一国境内难以发挥作用。由于各国在市场成熟度、司法、监管、货币可兑换程度等方面存在差异，在一个国家属于非法的事情，在其他国家可能就是合法的，跨境监管和司法合作沟通成本大。另一方面，高通胀率和汇率波幅较大国家的居民使用主要储备货币发行国发行的数字货币，可能削弱这些国家本币的主权地位，绕过资本管制，加剧其资本流动和央行资产负债表波动。

除上述的几个问题外，数字货币还存在一些其他风险。或许在不远的未来，科学技术和计算机技术的发展将会给数字货币的流通带来一个适合的平台和渠道，并充分化解数字货币的大部分风险和问题，届时我们将迎来一个崭新的“数字货币时代”。

本章小结

互联网金融风险具有强传染性、扩散速度更快、超复杂性、破坏性和冲击性等特点。互联网金融风险的生成机理可以分为内在生成机理和外在生成机理，所影响的经济个体主要包括居民和企业，互联网金融不同业务之间的风险也不尽相同。互联网金融风险传染方式包括直接传染和间接传染。互联网金融风险传染效应的理论并未形成完善的体系，一般可用金融网络理论进行分析。

互联网金融的常规风险包括流动性风险、信用风险、市场风险、操作风险、法律风险，特殊风险包括认知风险、技术风险和政策风险。互联网金融会促进竞争，改进金融效率，改进风险分担；但也会加剧竞争和提高金融脆弱性，增强风险的传染性。当前我国的金融监管体系已形成“一委一行两会”的新格局，互联网金融行业协会负责行业自律。

中国互联网金融风险管理主要机制分为内部管理机制与外部管理机制。其中，外部管理机制主要包括金融安全网、互联网技术安全标准、行业市场准入、消费者权益保护和合作担保五个方面。互联网金融风险的主要管理技术包括防火墙、风险源识别、信息披露、风险提示和行业自律。

本章重要概念

互联网金融风险　金融风险传染　金融网络理论　直接传染　间接传染　金融稳定　流动性风险　技术选择风险　技术安全风险　互联网金融风险管理机制　内部管理机制　外部管理机制　金融安全网　防火墙　风险源识别

即测即评

本章思考题

1. 互联网金融风险的定义是什么？有何特殊性？

2. 请分别解释互联网金融风险的内在生成机理和外在生成机理，并解释它们会造成哪些影响。

3. 请结合具体互联网金融风险传染案例，运用传染效应相关理论以及传导机制加以解释。

4. 请以某种互联网金融业态为例，分析其所蕴含的各种风险及可能的防范手段。

5. 请结合具体案例思考互联网金融风险评估方法的应用。

6. 金融稳定的内涵是什么？

7. 互联网金融风险对金融稳定有何影响？

第十二章
互联网金融监管

本章导读

随着大数据、人工智能、区块链、云计算等数字技术的发展，科技与金融不断融合，以互联网金融为代表的新金融业态迅猛发展。移动支付等互联网金融业态在给人们的生活带来便利的同时，也引发了诸多风险，对政府的金融监管和国家的金融治理提出了新的挑战。互联网金融的特点和风险的特殊性决定了监管的复杂性。互联网金融领域的法律法规和监管体系尚不完善，要健全市场准入制度、公平竞争审查制度、公平竞争监管制度，建立全方位、多层次、立体化监管体系，实现事前事中事后全链条全领域监管；完善主管部门、监管机构职责，改进监管技术和手段，健全法律法规和政策制度，完善体制机制，解决监管时滞现象。

本章学习目标

通过本章学习，要求熟悉各国互联网金融监管的经验，熟悉中国互联网金融监管的实践，理解互联网金融监管的适用模式，掌握互联网金融监管的理论基础。要规范互联网金融的发展，坚持促进发展和监管规范两手抓、两手都要硬，在发展中规范、在规范中发展。

第一节　互联网金融监管概述

一、互联网金融监管的概念及内容

（一）互联网金融监管概念

互联网金融监管是金融监管体制的重要部分。近几年，随着大数据、人工智能等新技术与金融不断融合，互联网金融飞速发展，对互联网金融的监管已经成为金融监管部门监管的重要领域。

金融监管（financial supervision and regulation）是金融监督和金融管理的总称。从词义上讲，金融监督是指金融主管当局对金融机构实施全面性、经常性的检查和督促，并以此促进金融机构依法稳健地经营和发展。金融管理是指金融主管当局依法对金融机构及其经营活动实施的领导、组织、协调和控制等一系列活动。进一步来讲，金融监管本质上是一种具有特定内涵和特征的政府规制行为。

金融监管有狭义和广义之分。狭义的金融监管是指中央银行或其他金融监管当局依据国家法律规定对整个金融业（包括金融机构和金融业务）实施的监督管理。广义的金融监管在上述含义之外，还包括金融机构的内部控制和稽核、同业自律性组织和社会中介组织的监督与监管等内容。通常而言的金融监管指狭义金融监管，是一种强制的外在监管，广义金融监管则在其基础之上包含了内在约束以及其他外在的非强制性约束。

金融监管的发展是由于金融产品的创新以及金融机制中的缺陷。20 世纪 30 年代的资本主义世界经济危机，充分暴露了金融部门、经济部门在完全的自由竞争机制下的缺陷。这为政府干预经济活动、实施金融监管提供了基本的现实依据。自此以后，以强调金融监管为基础的理论不断涌现。金融监管的必要性研究，主要是基于市场的不完全性（incomplete market），而解释市场不完全性的理论包括新古典经济学的市场失灵理论和信息经济学的信息不对称理论。新古典经济学认为，市场失灵主要由市场垄断（monopoly）、外部性（externality）、公共产品（public goods）等原因导致，政府管制则可以缓解这些问题，进而纠正市场失灵，实现资源配置的帕累托改进（pareto improvement）。现代经济学的发展使得经济学界进一步认识到，不完全及不对称信息（asymmetric information）是造成市场失灵的又一主要原因。政府实施金融监管就是向金融市场引入一种制度安排，以克服由于外部性、公共品、市场垄断、信息不对称等原因引起的金融市场失灵。

互联网金融监管是金融监管的重要组成部分，是围绕互联网金融发展而开展的监督与管理活动，具体是指针对互联网金融经济活动过程中涉及的法律风险、操作风险、传染风险、声誉风险、流动性风险、信用风险和市场风险等制订专门的法律规则，采取有针对性的措施，加强和改善监管，以实现互联网金融的可持续发展和保护互联网金融消费者的切实利益。

（二）互联网金融监管的主要内容

互联网金融监管就是对新兴的互联网金融活动中可能潜在的各种风险进行监督和管理，以保证金融体系的稳定和保护投资者利益。互联网金融风险防范和监管体系由政府监管、行业自律和互联网金融机构的内部控制组成。互联网金融风险防范和监管的重点主要是确保国家宏观调控效果，促进互联网健康发展，防范金融系统性风险，保护互联网金融消费者权益等。

互联网金融监管主要有两大类领域：对互联网金融领域的监管和利用互联网等新技术对传统风险的监管。从全球范围来看，后者主要运用了“沙盒监管”和“大数据监管”这两种技术手段。

二、互联网金融监管的必要性

（一）互联网金融监管的理论依据

第一，互联网金融中的个体行为可能存在非理性。比如，曾经的 P2P 网络贷款（2020 年全国实际运营的 P2P 网络借贷机构完全归零），投资者购买的实际是针对借款者个人的信用贷款。即使 P2P 平台能准确揭示借款者信用风险且投资足够分散，个人信用贷款仍属于高风险投资。投资者不一定能充分认识到投资失败对个人的影响。

第二，个体理性与集体理性之间存在冲突。比如，以余额宝为代表的“第三方支付 + 货币市场基金”合作产品，实际上存在着期限错配问题，投资者提供的资金期限较短，而货币市场基金的投资期限较长。如果货币市场基金的市场出现大幅波动，投资者为控制风险将从货币市场基金赎回资金。从个体角度来看，此种行为完全理性。然而，从集体角度来看，如果大部分投资者都进行赎回，货币市场基金将会遭遇挤兑危机，这种行为是非理性的。

第三，市场纪律（market discipline）不一定能控制有害的风险承担行为。在我国，针对投资风险的各种隐性或显性担保大量存在，投资者也习惯了“刚性兑付”，风险定价机制在一定程度上是失效的。在这种环境下，部分互联网金融机构推出高风险、高收益产品，用预期的高收益来吸引眼球、做大规模，但不一定如实揭示风险，存在巨大的道德风险。

第四，互联网金融机构若涉及大量用户或者达到一定的资金规模，出问题时很难通过市场出清的方式来解决。如果该机构还涉及支付清算等基础业务，破产还可能损害金融系统的基础设施，引发系统性风险。例如，支付宝和余额宝涉及的用户之多和业务规模之大，需关注系统性风险的产生。

第五，互联网金融创新可能存在重大缺陷。比如，我国 P2P 网络贷款在发展过程中逐渐出现良莠不齐的局面，部分 P2P 平台的客户资金与平台资金未被有效隔离，出现若干平台负责人卷款“跑路”事件；部分 P2P 平台营销激进，将高风险产品销售给不具有风险识别和承担能力的人群（比如退休老人）。鉴于 P2P 平台在后续发展过程中可能会引发难以控制的金融风险事件从而扰乱金融体系的正常秩序，同时考虑到投资者的自身利益，我国禁止了 P2P 网贷机构的运营。截至 2020 年 11 月，全国实际运营的 P2P 网贷机构完全归零。

第六，互联网金融消费中可能存在金融机构的欺诈行为和消费者的非理性行为。金融机构可能开发和推销风险过高的产品，消费者可能购买自己根本不了解的产品。对于金融机构而言，在金融产品的网络销售过程中，部分产品除了笼统披露预期收益率外，很少向投资者说明该收益率通过何种策略取得，有什么风险等。对于消费者而言，部分消费者因为金融知识有限和习惯“刚性兑付”，不一定清楚互联网金融产品与传统的存款、银行理财产品之间的差别。

（二）互联网金融的特殊属性

除了上述互联网金融监管的理论依据外，互联网金融因其特殊属性，同样会促使监管部门对其加强监管力度。

第一，互联网金融具有信息技术风险。信息技术风险在互联网金融中非常突出，比如计算机病毒、电脑黑客攻击、支付不安全、网络金融诈骗、金融钓鱼网站、客户资料泄露、身份被非法盗用或篡改等。

第二，互联网金融创新速度较快，监管时滞更为严重。互联网金融领域会更多地应用互联网和信息通信等科技手段，所以，相比于传统金融，互联网金融的创新速度明显较快。这也在一定程度上导致了更为严重的监管时滞现象。

第三，互联网金融具有“长尾”风险。互联网金融因为拓展了交易可能性边界，服务了大量不被传统金融覆盖的人群（即“长尾”特征），所以具有不同于传统金融的风险特征。①互联网金融服务人群属于金融领域的弱势群体，容易遭受不公正待遇。②“搭便车”问题突出，导致市场纪律约束失效。互联网金融服务人群的投资额小而分散，个体投入精力监督互联网金融机构的成本远高于收益，存在严重的“搭便车”问题。③更大的负外部性。一旦互联网金融领域出现风险，从涉及人数上衡量（涉及金额可能不大），对社会的负外部性更大。鉴于互联网金融的“长尾”风险，强制性的、以专业知识为基础的、持续的金融监管不可或缺，这对于保护金融消费者尤为重要。

综上，对互联网金融不能因发展不成熟就采取自由放任的监管理念，应该以监管促发展，在一定的负面清单、底线思维和监管红线下，鼓励互联网金融创新。

第二节　互联网金融监管的模式与技术

一、互联网金融的监管模式

（一）金融监管的主要模式

金融监管模式指金融监管组织结构或金融监管制度结构。任何一种金融监管模式的形成和发展都受经济金融发展水平、政治体制、历史背景和文化传统等因素的影响。因此，各种金融监管模式具有不同的特点。

1. 机构监管与功能监管

根据监管对象的不同，金融监管模式主要分为机构监管（institutional regulation）和功能监管（functional regulation）。

（1）机构监管。机构监管是指按照金融机构类型来设立监管机构。监管机构根据金融机构的性质分类监管。目前，我国实行典型的机构监管模式。具体表现为，银保监会统一监管全国银行、金融资产管理公司、信托投资公司及其他存款类金融机构、全国保险市场，证监会对全国证券、期货市场实行集中统一监管。

（2）功能监管。功能监管是按照经营业务的功能和性质来划分监管对象的金融监管模式。如将金融业务划分为银行业务、证券业务、保险业务等，监管机构针对业务进行监管，而不管从事这些业务经营的机构性质如何。从目前世界各国金融监管模式的演进过程来看，功能监管是混业经营环境下金融监管模式发展的一个新趋势。

2. 分业监管和统一监管

根据金融监管主体的组织结构，金融监管模式可分为分业监管（sector regulation）和统一监管（integrated regulation）。

（1）分业监管。分业监管是指在不同的金融业务领域内分别设立专业的监管机构，负责全面监管，各监管机构在各自的管辖范围内执行监管权力、履行监管义务，相互间没有隶属关系。分业监管模式的优点有：第一，专业化优势。具体而言，体现为职责明确、分工细致，有利于提高监管效率。第二，竞争优势。不同监管机构之间存在竞争压力，有助于提高监管能力。分业监管模式的缺点有：第一，监管机构之间难于协调，可能引起“监管套利”行为，即被监管对象有空可钻，逃避监管。第二，从整体上看，监管机构庞大，监管成本较高，规模不经济。第三，容易出现“重复监管”与“监管真空”。其中，重复监管指的是在同一个领域存在多个监管部门同时进行监管，监管真空指的是在某一个领域没有监管部门进行监管。

（2）统一监管。统一监管是指一个国家或地区只设立一家金融监管机构对金融业实施监管。统一监管模式的优点有：第一，具有规模经济性，可以减少监管者和被监管者双方的成本，也可以更为集中有效地利用现有的技术和有限的资源。第二，具有一致性和协调性，可以更有效地监管被监管者所有的经营业务，更好地察觉其风险所在。第三，可避免多重机构监管模式引发的不一致性、重复监管等问题。第四，职责明确固定，可防止不同机构之间相互推诿而导致的“监管真空”。统一监管模式的缺点有：缺乏竞争性，容易导致官僚主义等。

（二）互联网金融监管的主要模式

面对互联网金融的快速发展趋势，各国政府积极调整监管策略，与时俱进地摸索出适应本国互联网金融发展的监管方式。从全球范围来看，主要有以下三类监管模式：

1. 以美国为代表的限制性监管（restricted regulation）

美国的人才优势和优越的资本环境，形成了以技术创新为主要驱动力的互联网金融业态。针对这样的特性，美国采用功能性监管模式，即不论互联网金融以何种形态出现，都会抓住“互联网金融”的金融本质，把涉及的金融业务，按照其功能纳入现有金融监管体系。这种监管的有效性，取决于现有监管体系的成熟度。美国金融体系历史悠久，经历百年来多次金融风暴的洗礼，金融法规和监管已相对成熟，有丰富的经验。对于现有法律法规无法覆盖到的互联网金融领域，政府也能及时适当地调整立法。譬如 2012 年奥巴马总统签署了《创业企业融资法案》（Jumpstart Our Business Startups Act，简称“JOBS 法案”），填补了美国股权众筹的监管空白。总体来说，美国对互联网金融的监管比较严厉，具体监管措施可以归结为三点：严格准入、严格处罚和严格管制。在严格准入方面，部分州实行禁入制度，并且设置多项准入许可证要求（主要包括：经纪人许可证、贷款和受让人许可证、收债 / 服务许可证、收款服务机构许可证等)。在严格处罚方面,实施罚金、赔偿双向处罚措施。在严格管制方面,美国的消费者投诉和借款人限制等制度相对健全,并且有严格的信息披露制度和信用评价体系,对于网贷、小贷等机构,信息披露主要涉及发行信息披露、持续信息披露。所以,对于具有强大创新力的美国互联网金融,适当严格的监管制度有利于平衡发展。

2. 以中国为代表的被动型监管(passive regulation)

和美国相反,中国的互联网金融以市场和商业模式为驱动。一方面,中国巨大的市场需求和有待完善的现有金融服务体系,为互联网金融的发展提供了广阔的空间。另一方面,相对于英美法系的判例法,中国法律属于大陆法系,对互联网金融的监管主要依靠成文的法律法规,因此灵活性和时效性相对不足。这种监管体系的不成熟,给中国互联网金融发展提供了灰色地带。加之在监管初期,政府采取较为宽松的"黑名单"策略,中国的互联网金融在短短几年内茁壮成长,成为全球互联网金融市场的重要组成部分。不可否认的是,在2015年下半年开始爆发的P2P平台跑路等风险事件,引起了监管部门的重视,监管部门开始有针对性地加强专项监管和引导。2016年8月出台的《网络借贷信息中介机构业务活动管理暂行办法》,就是监管当局对P2P乱象的一次整顿,2020年10月国内实际运行的P2P机构全部归零。因此,总体来讲,中国当前对互联网金融的监管处于"摸着石头过河"的探索阶段,具有被动型、相对宽松以及以适应发展为目的的特征。

3. 以英国和新加坡为代表的主动型监管(active regulation)

区别于美国和中国,这类国家没有技术和市场的优势,政府成为发展互联网金融的主要引导力量,最具有代表性的就是英国。英国金融行为监管局(Financial Conduct Authority, FCA)开展了一项金融"创新工程(Project Innovate)",旨在促进金融创新,并在2015年11月开创性地提出对互联网金融实施"沙盒监管"(Regulatory Sand Box)的计划,在筹划6个月后,于2016年5月正式推出。"沙盒监管"是指给予被监管者一个安全空间,在该安全空间内,被监管者可以测试其创新的金融产品、服务、商业模式和营销方式,而不用在相关活动碰到问题时立即受到监管规则的约束。在信息披露方面,网贷平台、小贷公司的信息披露主要通过平台建立投诉程序实现。英国金融行为监管局(FCA)要求平台自行建立正式的投诉程序,并且将相关的细节公布在网站上。平台如果不能解决消费者的问题,消费者可以向FCA提出投诉。新加坡金融管理局(Monetary Authority of Singapore, MAS)借鉴英国做法,也在2016年6月推出新加坡版的"沙盒监管",允许传统金融机构和金融科技企业在既定的"安全区域"内试验新产品、新服务。沙盒的评价标准包括:实验的测试场景和预期结果是否明确定义,是否可以为消费者或业界带来好处,申请人在离开沙盒后是否有意且有能力更广泛地在新加坡提供拟议金融服务等。

二、互联网金融的监管技术

金融监管方法有两种形式:现场监管(on-site supervision)与非现场监管(off-site regulation)。金融监管的方式其实不是最重要的,最重要的是采用什么监管理念或者采用哪种监管评价体系能有效地进行金融监管。比较典型的金融监管评价体系有：骆驼评价体系（CAMEL），腕骨监管指标体系（CARPALS），宏观审慎评估体系（Macro Prudential Assessment）。中国人民银行在2016年将已有的差别准备金动态调整和合意贷款管理机制升级为“宏观审慎评估体系”（Macro Prudential Assessment，MPA）。MPA是指央行通过对七大类16项指标的监控，对各银行整体的经营状况和风险水平进行综合的评估。

互联网金融是依托云计算、大数据、区块链等新技术的新金融模式。新技术的应用使监管数据和监管对象的不确定性增大，使得以现场监管、非现场监管为主的传统监管方式难以适应互联网金融监管的要求，由此必须推进监管技术化。创新亟需监管，监管也亟待创新，技术监管将成为互联网金融监管的重要方式。

在对互联网金融的监管探索中，监管科技（RegTech）也在创新使用并同步发展。2016年，英国金融行为监管局（FCA）将监管科技定义为金融科技的子集，即帮助金融机构更高效地实现多样化的金融监管合规要求的新型技术及其应用。国内关于监管科技的定义主要是通过运用大数据、云计算等技术方法来维护金融体系的安全稳定，实现金融机构可持续经营以及保护消费者权利。

区块链、云计算和机器学习是监管科技的核心技术，监管科技本质上就是通过运用先进的技术手段来帮助金融机构和监管部门更好地满足合规要求，从而解决监管问题。目前，监管科技主要有五大存在内在联系的应用场景，分别是交易行为监控、合规数据报送、法律法规跟踪、客户身份识别以及金融压力测试。该部分主要对金融压力测试中的监管沙盒模式以及运用大数据创新生成的监管方法进行介绍。

（一）监管沙盒

沙盒（sandbox）原本是一个计算机用语，是指在开发软件的过程中建立的一个与外界环境隔绝的测试环境，工程师会在沙盒内放置软件测试其功能。沙盒为一些来源不可信、具备破坏力或无法判定程序意图的程序提供了试验环境。沙盒中进行的测试，多在真实的数据环境中进行，兼顾了测试的准确性与安全性。

1. 英国的实践

监管沙盒的概念由英国政府于2015年3月率先提出，旨在为金融科技创新企业提供一个安全的测试环境。按照英国金融行为监管局（FCA）的定义，监管沙盒是一个“安全空间”，在这个安全空间内，金融科技企业可以测试其创新的金融产品、服务、商业模式和营销方式，而不用在相关活动碰到问题时立即受到监管规则的约束。

除此之外，FCA还采取了“虚拟沙盒”与“沙盒保护伞”的灵活方式来让部分申请者进入沙盒监管。“虚拟沙盒”其实是一个虚拟空间，是创新企业在不进入真正市场的情况下与其他各方（比如学术界）探讨和测试其解决方案的虚拟空间，所有创新者都可以使用虚拟沙盒，不需要FCA的授权。“沙盒保护伞”是针对非营利性的公司设立的，这些非营利性的公司可以指派某些金融创新企业作为其试验期内的“指定代表”，即“代理人”。这些作为代理人的金融创新公司与其他获得授权的创新企业相类似，他们需要通过批准获得“沙盒保护伞”公司的授权，同时受到FCA的监管。但并不是所有的公司都适用“沙盒保护伞”，比如保险公司以及投资管理公司等密切涉及消费者或投资者、投资者利益的公司就需要以严格授权申请的方式来加入沙盒。

本质上看，监管沙盒是监管者为履行促进金融创新、保护金融消费者职能而制定的一项管理机制，这种机制的特别之处在于，金融机构或非金融机构（为金融服务提供技术支持的机构）可以在真实的场景中测试其创新方案，而不用担心创新与监管规则发生矛盾时可能遭遇的监管障碍。简而言之，监管者在保护消费者权益、严防风险外溢的前提下，通过主动合理地放宽监管规定，减少金融科技创新的规则障碍，鼓励更多的创新方案积极主动地由想法变成现实。在此过程中，能够实现金融科技创新与有效管控风险的双赢局面。

具体来看，英国监管沙盒的主要内容包括以下几个方面：

（1）评估标准。要求企业具备创新的产品或服务，能够解决当前金融业的瓶颈或能够支持金融业务的发展；产品或服务显著异于传统的金融业务；能够为消费者和社会创造价值；金融科技企业具备明确的发展目标和发展规划；企业具备社会责任感，具有强烈的合规性和自律性。

（2）申请流程。英国金融行为监管局（FCA）采取创新企业申请制，根据申请者的具体情况来给予完整性授权或限制性授权（当申请者全部条件达到后，FCA 会取消限制性规定）。企业申请进入监管沙盒进行测试，FCA 对企业进行评估并给出结果，若申请获批，FCA 与企业协商制定测试方法；随后企业开始进行沙盒测试，FCA 根据测试结果决定企业是否将产品或服务投入市场。

（3）退出机制。在筛选条件合格的前提下，FCA 允许参与实验的企业向客户推出创新产品和服务，测试期一般为 3~6 个月，一旦达到规定好的测试时间，企业将退出沙盒测试。

（4）在监管沙盒测试期间，FCA 能够对测试企业提供充分帮助。例如，对持牌金融机构的金融创新行为提供合规性评估；为企业提供合规性指导，在其权限范围内提供一定的法律豁免权力；对非持牌机构提供“短暂授权”，允许在沙盒期间测试持牌机构业务，了解消费者对产品或服务的需求，为申请正式金融牌照做准备。同时，为保护消费者权益，沙盒内的企业需要对消费者的损失进行赔偿，并需要证明具备相应赔偿能力。

截至 2020 年 5 月，FCA 已开展 5 批测试，参与企业累计 118 家。经过五年多的实践，FCA 提出的沙盒模式愈加成熟，不仅能够为测试企业提供越来越多的政策支持，也对原有沙盒模式进行了升级。2019 年 FCA 计划推出跨部门沙盒，为企业提供多个监管部门的联合测试。此外，在 FCA 倡议下，世界银行、国际货币基金组织与 FCA 等机构于 2019 年 1 月共同推出跨国监管沙盒“全球金融创新网络”，该系统能够为企业提供跨国测试。

2. 新加坡的实践

新加坡金融管理局（MAS）于 2016 年 6 月提出了监管沙盒机制，并于同年 11 月发布了《金融科技监管沙盒指引》，对监管沙盒的适用对象、准入条件、操作流程进行了说明，允许传统金融机构和初创企业在既定的“安全区域”内试验新产品、新服务和新模式；同时，监管部门依托“试验结果”修改和提出新的监管制度。但是，这项监管制度并不是强制性的，而是支持性的政策。事实上，很多新加坡金融科技企业不会进入沙盒，新加坡金管局也不会强制它们进入沙盒。

新加坡监管沙盒的主要内容包括以下几个方面：

（1）评估标准。要求企业具备实施和推广金融科技（FinTech）解决方案的能力；具有切实的技术创新性且能够解决当前重大问题或为消费者和行业带来益处；实时向金融管理局（MAS）汇报测试进程和测试结果，具有可接受的退出和过渡策略来终止创新业务。以下四类项目无法进入监管沙盒：类似旧技术项目、尚未测试技术项目、可另外试验而没必要进入监管沙盒的项目、没有推广意图的项目。

（2）申请流程。企业向 MAS 提交申请及技术说明等文件，经过审核后，MAS 将在 21 个工作日内给予回复，并对适合的项目进行评估和测试，根据评估结果来决定企业申请者是否进入监管沙盒。

（3）退出机制。监管沙盒有时间限制。一旦达到规定的测试时间，MAS 所规定的任何法律和监管规则将同步到期，企业将退出沙盒。如果企业因为特定原因需要延期的，可以在监管期结束前向 MAS 提出申请并说明理由。另外，如果企业在监管沙盒期间的测试结果非常令人满意，企业退出沙盒后将继续享有在更大范围内部署相关技术的解决方案的权力。

3. 澳大利亚的实践

澳亚利亚联邦政府在 2016 年 3 月发布声明表示，将批准澳大利亚证券和投资委员会（the Australian Securities and Investment Commission，ASIC）引入“沙盒监管”机制；同年 12 月，正式批准设立监管沙盒机制，主要的监管框架体现在《监管指南 257：在未持有澳大利亚金融服务许可证（AFSL）或信贷许可证（ACL）的情况下测试 FinTech 产品与服务》中。澳大利亚政府又于 2017 年年末相继推出《2017 年财政法修正案（后续措施）法案：金融科技沙盒监管许可证豁免（草案）》《2017 年（金融科技沙盒澳大利亚金融服务许可证豁免）条例（草案）》和《2017 年国家消费者信贷保护（金融科技沙盒澳大利亚信贷许可证豁免）条例（草案）》。

澳大利亚监管沙盒的主要内容包括以下几个方面：

（1）豁免企业的评估保准。公司需要满足消费者保护条例的要求；公司客户的风险敞口在 500 万澳元以内；支付类金融科技公司需得到银行的支持；公司需要满足消费者保护条例的要求；服务的零售客户人数在 100 人之内；同时达到金融科技公司许可证豁免要求的企业可以单独申请豁免，但是此次豁免不包括网络贷款等公司。

（2）豁免流程。从事测试类产品的经营之前，企业须向 ASIC 备案，经 ASIC 审查合格后，企业无需持有金融服务或信贷许可证即可测试特定业务。

（3）测试过程。在沙盒测试中，企业不仅要始终满足申请时所需要求，在进入沙盒后，还必须做出以下声明：本企业尚无牌照，本企业所提供的服务正在根据金融科技许可豁免进行测试，对接受服务的被许可方相关的一些常规保护不适用。在测试过程中，如果有些企业希望扩大测试范围，突破 100 人数限制，也可以申请来扩大范围。

（4）退出机制。测试类产品的试运行期为 12 个月。对一些特殊项目，允许有关企业申请延期，最长可延期 12 个月；接受测试的零售客户人数可扩展到 200 人。达到规定试运营期后，ASIC 根据测试结果决定产品是否正式投入。

4. 中国的实践探索

在吸取和借鉴英国、新加坡和澳大利亚的成功经验后，为了更好地促进金融科技行业发展，中国近几年也逐渐尝试并有序开展金融科技创新监管试点工作。2019 年 12 月，北京市率先启动金融科技创新监管试点，这是我国监管沙盒的实践，也是金融业迈向合规创新的重要一步。截至 2020 年 8 月末，我国已推出 60 个试点项目，既有商业银行、清算机构等持牌金融机构牵头申请，也有电信运营商、金融科技公司等科技企业直接申报。金融科技的多元融合特点在试点项目中被充分体现，不仅聚焦了人工智能、大数据、区块链、物联网、5G、卫星遥感等多项前沿技术，还涵盖了数字金融、普惠金融、供应链金融等多个场景。通过联合金融机构、科技企业等共同构造应用场景和测试技术，符合出箱标准后才能推向市场运用。

我国金融科技创新监管已初步形成了四大运行机制。一是安全管理机制，建立涵盖事前、事中、事后全周期的创新安全管理机制，筑牢金融科技创新风险“防火墙”；二是创新服务机制，这是此次试点的亮点之一，旨在为市场主体提供全方位、专业化的监管支撑；三是权益保护机制，在知情与自主选择权方面，综合运用公示、自声明、用户明示等方式，及时公开创新应用的真实情况，让社会公众可以更好地选择与自身需求相匹配的金融服务；四是信息披露机制，依托试点配套管理服务平台，将创新应用基本信息、功能服务、评估报告、风控机制等要素，以声明书、服务协议书为载体，通过公示、登记、自声明、用户明示等形式进行披露。

（二）大数据监管

基于大数据分析的监管科技（RegTech）解决方案是互联网金融监管关注的主要领域，各国金融监管当局高度重视监管科技在宏观经济金融管理中的运用。这里主要介绍三种基于大数据、云计算等科技手段在监管领域中的应用。

1. 金融市场法人识别码系统（LEI）的建设实践

（1）金融市场法人识别码系统（LEI）的建立。2008 年国际金融危机爆发以来，在大数据时代背景下，美国对大数据监管的技术路线与实践操作进行了大量的研究和探索，成立了金融稳定监管委员会以及金融研究办公室；金融研究办公室主要开展微观金融数据与相关信息的采集和分析，以协助金融稳定监督委员会全面加强宏观审慎金融监管。2010 年 7 月，美国通过的《多德–弗兰克法案》对美国的金融体系进行了大刀阔斧的改革。2010 年 11 月，金融研究办公室首次提出了建立“金融市场法人识别码”（Legal Entity Identifier，LEI）系统，为美国的金融市场建立了一个统一的、标准化的 LEI，提高金融市场的透明度。

（2）金融市场法人识别码系统（LEI）的设想。LEI 的具体设想为：美国金融当局通过构建 LEI 系统，为每一家参与金融交易的法人实体分配一个单独的数字化身份识别码，并制定一套标准化的数据报送准则。在美国境内参与金融交易的各方必须严格按照这一准则及时地向 LEI 系统提供并更新其信息。与此同时，LEI 系统面向全体交易方开放，即无论是金融监管部门还是各金融交易主体，均可随时以适当的方式进入该系统查询相关交易方的信息。

（3）全球金融市场 LEI 系统治理架构。2012 年 6 月，G20 金融稳定委员会发布了《一个全球性的金融市场法人实体识别码》的报告。金融稳定委员会建议采纳国际标准化组织于 2012 年 5 月 30 日发布的 ISO17442：2012 作为全球金融市场 LEI 系统的标准。尤为值得关注的是，金融稳定委员会为全球金融市场 LEI 系统设计了一个“联邦式”的三级治理架构（如图 12-1）。这一治理架构主要由监管监察委员会（Regulatory Oversight Committee，ROC）、中央执行体（Central Operating Unit，COU）以及由全球各国分别组建的本土运行体（Local Operating Unit，LOU）组成。

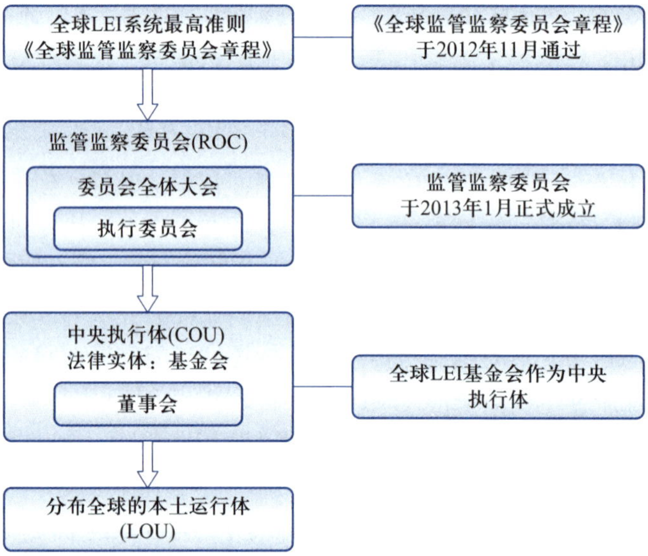

图 12-1　全球金融市场 LEI 系统的治理架构

资料来源：根据公开资料整理。

全球金融市场 LEI 系统具有全球化、一体化和公开化的特点。该系统作为一个真正意义上的全球金融信息收集和分享平台，涵盖了参与金融市场交易的全部法人实体，打破了银行、证券、基金以及保险等传统金融的各个子行业之间的界限，使得跨行业的风险管理在技术上变得可行。由于任何获得 LEI 编码的法人机构都可以获取其交易对手的相关信息，该系统具有显著的公开性和透明度。全球金融市场 LEI 系统的建设得到了主要发达经济体的支持。

根据 2012 年 11 月通过的《全球监管监察委员会章程》，监管监察委员会常设职能机构是由委员会全体大会遴选和任命的执行委员会。中央执行体是全球金融市场 LEI 系统的运行中枢，其主要职责是在该系统内实施全球统一的操作标准与规章制度，实现全体成员国数据资源的无缝连接与整合、汇集，并向全球用户提供高质量的信息与数据以及为本土运行体提供必要的支持与帮助。2014 年 6 月，全球 LEI 基金会（Global LEI Foundation）正式成立，开始履行中央执行体的职能。本土运行体则由各成员国分别组建，主要负责在所辖范围内向各金融法人实体提供系统服务，如接受和登记身份识别码申请，收集、验证和存储相关数据与信息，维护本土数据信息的安全以及开发本土语言服务系统等。

2. 可视化分析技术的开发与应用

（1）数据可视化分析过程。大数据分析的理论和方法研究可以从两个维度展开：一是从机器或计算机的角度出发，强调机器的计算能力和人工智能；二是从人的角度出发，强调人的分析主体和需求主体地位以及探讨基于人机交互的、符合人的认知规律的分析方法。后一维度的研究分支以可视化（visual analytics）为主要代表。借助可视化分析技术，研究者能够从类别庞杂、数量巨大的微观数据中以图片的直观形式迅速、有效地获得所需的信息，并通过互动界面对数据进行过滤、分割以及组合等操作，将这种信息转化为可应用的知识，从而更好地为政策制定提供参考。数据可视化分析的过程可看作一个由数据到知识再到数据的循环过程（如图 12–2）。

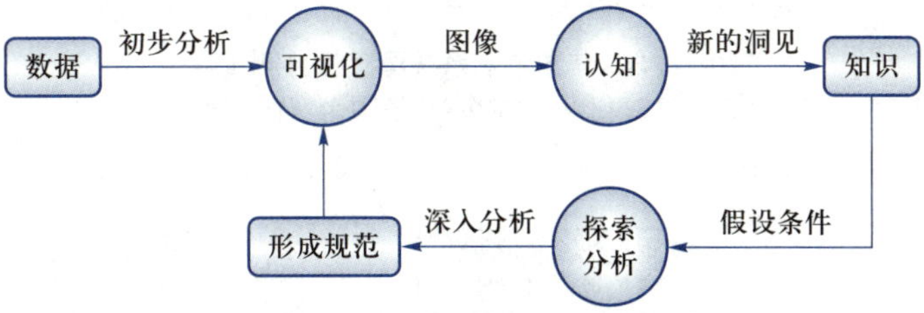

图 12–2 可视化分析的"数据—知识"循环

资料来源：根据公开资料整理。

（2）可视化分析在宏观审慎监管领域的应用。利用可视化分析技术能够将度量金融体系系统性风险不同维度的数据以图像的形式直观地展现出来，进而更加深刻地揭示系统性风险的严重程度以及影响系统性风险相关因素之间的内在联系，从而为金融监管当局实施宏观审慎监管提供决策参考。特别是当微观金融数据的数量十分巨大时，可视化分析技术相较传统统计分析方法的优势尤其明显。因此，可视化分析技术一直以来都是美国等主要发达国家金融监管当局分析宏观经济金融风险的工具之一。

例如，美国财政部金融研究办公室开发了以颜色深浅标识金融风险程度的金融系统稳定性监测工具（Financial System Vulnerabilities Monitor）（如图 12–3）。

3. 交易行为监控系统

近年来，随着互联网金融快速发展，移动支付在日常生活中随处可见，已经成为生活支付方式中不可或缺的部分。但是，在金融科技快速发展的同时，利用互联网洗钱等犯罪手段和新型诈骗手段也在不断滋生，金融机构和消费者将面临金融诈骗等高发的金融风险，传统的反诈骗手段已不再适用于新形势，所以，基于大数据和机器学习等技术手段的交易行为监控的升级就显得尤为重要。

市场行为监控系统覆盖交易前、交易中、交易后三个阶段，通过运用大数据、云计算等技术可以简化业务流程，降低业务成本（如图 12–4）。

（1）交易前：金融机构将法律条文和风险评估的工具纳入监测系统，之后采用大数据技术以及其他技术手段建立数据库。

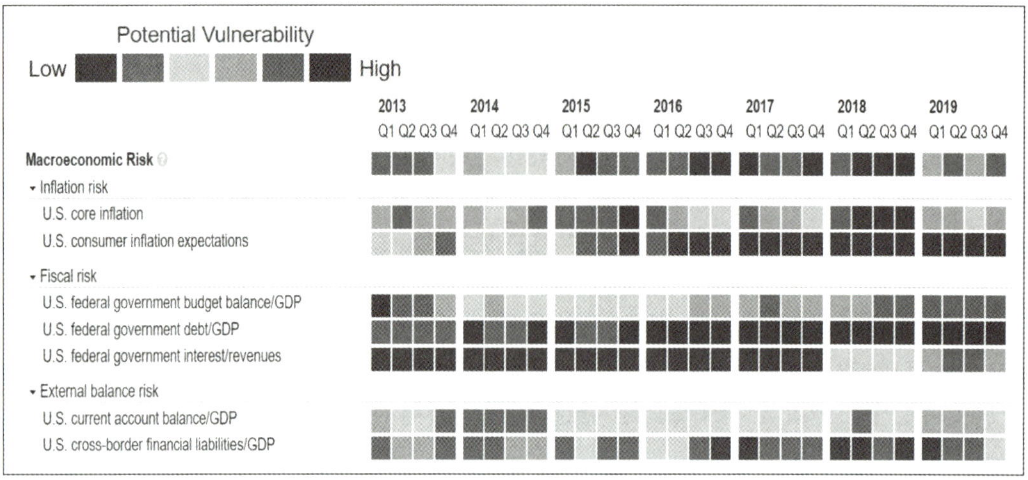

图 12-3　美国金融系统稳定性监测工具

资料来源：美国财政部金融研究办公室官方网站。

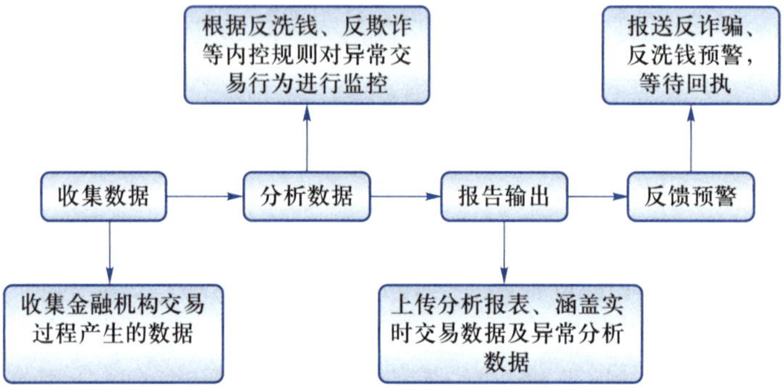

图 12-4　交易行为监控系统流程图

资料来源：根据公开资料整理。

（2）交易中：金融机构对交易数据进行挖掘、分析和处理，最终形成合规报告并上传到监测平台。与以往传统数据分析方法相比，运用大数据等科技方法能够简化数据处理过程，降低人力成本；此外，可以从中获得常规方法难以获得的数据，因此对于金融犯罪风险、客户行为风险进行的监测分析能够有效提高准确性和及时性。

（3）交易后：通过可视化技术对多维度数据进行处理，简明扼要地呈现出数据分析结果，改善了传统人机交互体验。同时，通过大数据的各种技术构建的新型监测系统可以实时传送风险监测分析报告，金融机构可以根据报告结果对后续的交易行为实施更加严谨的监管调整，避免诈骗行为的发生。

第三节 各国互联网金融监管实践

欧美等发达国家的金融体系较为完善，互联网金融发展的时间较长，这些国家积累的互联网金融监管经验可以为我国互联网金融的监管提供有益的借鉴。

一、各国互联网金融监管的实践

（一）第三方支付的监管

第三方支付最早源于美国，随后在欧洲、日本、澳大利亚、新加坡等国家和地区相继发展起来。各国因国情不同，监管方式和立法态度有较大差异。从国外经验看，各国对于互联网支付的监管措施主要集中在市场准入、客户资金监管、消费者权益保护和反洗钱等方面。

1. 市场准入

在第三方支付的市场准入方面，美国与欧盟都有成型的法律框架，相对而言，美国严格谨慎，欧盟包容宽松。美国实行“一州一证”，第三方支付机构若要扩大业务范围，必须另外取得当地州政府的许可证。在欧盟，互联网支付机构仅需要取得欧洲央行颁发的营业执照，便可以在欧盟成员国内展开业务。而新加坡则对本地的第三方支付机构选择“区别”对待。

（1）美国。美国的市场准入较为烦琐与严格，从联邦和州两个层面对互联网支付机构的市场准入分别进行规定。联邦层面，美国对市场准入的规定主要体现为《美国联邦法典》，一方面规定了货币服务商的登记注册义务，另一方面规定了货币服务商违反许可证制度应负的法律责任。在州层面，各州情况不同，实行“一州一证”。也就是说，美国的第三方支付机构若想将市场拓展到另一个州，需要额外取得那个州的许可证。各州在具体规定上也不一致，但获得普遍认可的是美国全国委员会发布的《统一货币服务法》中的几项制度：一是许可制度；二是资本要求；三是退出机制。

（2）欧洲。一方面，欧盟对于互联网支付机构的市场准入维持审慎监管的态度，即要求获得许可证才能从事第三方支付业务。另一方面，欧盟致力于建立单一的欧盟支付区，互联网支付机构取得欧洲央行颁发的营业执照，就可以在整个欧盟范围内不受障碍地开展业务。此外，为了鼓励市场创新，欧盟针对小型互联网支付机构采取了有条件的豁免制度。

（3）新加坡。新加坡对于互联网金融机构的市场准入实行“区别对待”。金融管理局（MAS）对被认定为 DPS（Designated Payment Systems，指定支付系统）的机构实施准入制，且 MAS 有权变更、暂停、废除准入制度；没有被指定为 DPS 的支付机构则无须通过 MAS 的授权准入，其市场准入的标准较低。此做法的监管依据是新加坡 2006 年颁布的《支付体系监督法》。

2. 客户资金监管

在客户资金监管上，无论是美国、欧盟还是新加坡、日本、澳大利亚等国，均呈现了一些共性，比如均采用账户分离制度，要求互联网支付机构为沉淀资金开设专门账户，将机构自有资金和客户资金分开管理等。

（1）美国。美国对客户资金的监管也是从联邦和州两个层面进行。在联邦层面，第三方支付机构被定义为货币服务机构而非银行，因而客户在第三方机构的资金只能视为企业负债而非存款，机构需为客户资金专门开设账户，所得利息用于购买存款延伸保险。在州层面，大部分州认为互联网支付机构应当受到《统一货币服务》的规范。此外，美国仍有极少数州将互联网支付机构滞留客户资金的业务视为非法从事银行业务，否认沉淀资金的合法性。

（2）欧盟。欧盟规范互联网支付的主要依据是2009/110/EC《电子货币指引》。该指引目前规定了电子货币机构持续性持有自有资金的最低要求，并且就消费者取回资金规定了电子货币机构赎回制度。

（3）新加坡。新加坡的资金监管借鉴了美国、欧盟的经验。首先，限制互联网支付机构对客户资金的投资范围，只能投资低风险和高流动性项目。其次，规定支付机构持续性持有自有资金的最低限额，并且需要定期向主管机关提交财务报告。最后，规定支付机构赎回其发行的电子货币的义务，即消费者有权取回自己的资金。

3. 消费者权益保护

美国与欧盟在消费者权益保护方面的法律法规较为成熟与完善，对相对弱势的消费者一方做了妥善保护，如表12-1所示。

表12-1 欧盟与美国的消费者权益保护

<table>
<tr><th>地区 / 国家</th><th>差错支付</th><th>信息披露</th><th>消费者隐私保护</th></tr>
<tr><td>美国</td><td>消费者最多承担50美元</td><td rowspan="2">有明确、详细的信息披露要求</td><td rowspan="2">严禁随意透露消费者隐私</td></tr>
<tr><td>欧盟</td><td>消费者最多承担150欧元</td></tr>
</table>

资料来源：根据公开资料整理。

美国对第三方支付差错情形的处理，分为绑定信用卡和绑定借记卡两种情形。信用卡适用《真实信贷法》及其解释规则Z条例，借记卡适用《电子资金转移法》及其解释规则E条例。此外美国相关法律条例均规定，从事第三方支付业务的货币服务机构对消费者负有信息披露的义务。

欧盟的主要法律依据是2007年颁布的《支付服务指令》，该指令将支付服务分为单一支付交易和框架合同，分别做出信息披露的具体要求，并且规定除用户存在重大恶意的情况，非授权交易造成的损失客户至多承担150欧元。而欧盟对互联网消费者隐私权益保护最主要的法律依据是1995年颁布的欧盟《个人数据保护指令》，规定各成员国可根据本国情形将该指令转化为本国立法。为适应新时期互联网金融发展的特征，欧盟于2012年11月提出了《一般数据保护条例》（简称GDPR），该条例于2018年正式生效，对欧盟《个人数据保护指令》形成实质性替代。

4. 反洗钱监管

美国与欧盟在反洗钱中均扮演着非常积极的角色。

（1）美国。美国针对互联网第三方支付出台的反洗钱立法文件，以1970年通过的《银行保密法》为基础，并通过相关法律对其进行修正和提升。例如，在“9.11”事件发生后，美国的《爱国者法案》加强了对跨境洗钱和金融领域恐怖活动的监管。

（2）欧盟。欧盟2005年通过的《反洗钱和反恐怖融资指令》是目前规范反洗钱工作的主要立法文件，该指令在用户甄别、内部监控等方面做出了详细的规定。

专栏12-1

美国的监管实践：PayPal

PayPal最初是1998年在美国加州成立的一家非银行第三方支付公司。目前，PayPal能够在全球100多个地区进行支付，只不过在有些地区被明确视为银行，而不是单纯的第三方支付公司。

在消费者保护方面，2006年美国28个州的检察官曾对PayPal发起诉讼，要求PayPal对消费者澄清：网络购物时，是否与信用卡消费一样受到《监管指令Z》的保护。PayPal不得不明确表示，因其不是信用卡机构，不会承诺与《监管指令Z》完全一致的条款，但会明示自身适用的消费者权利和纠纷解决机制的条款。但与此同时，PayPal明确承诺会完全遵守《监管指令E》的要求，特别是对未经授权交易损失，PayPal承诺客户最高只用承担50美元。

在消费者的隐私保护方面，虽然《格莱姆–里奇–比利法案》主要是针对金融机构的要求，但PayPal主动承诺遵守该法案的条款。

在存款保险方面，PayPal一直在主动征询美国联邦存款保险公司（FDIC）的看法，最终在2012年2月得到了FDIC的回复：PayPal受客户委托代理存入经FDIC认可的无息账户（FBO Account）中的资金，可以获得FDIC的存款保险；但是，PayPal本身不是银行，不能享受存款保险。因而，当PayPal倒闭时，滞留在其他环节中的资金并不享受存款保险。

在反洗钱方面，在PayPal发展之初，客户只需要提供一个电子邮件地址就可以成为其会员。但到了2003年，PayPal因在处理非法离岸赌博业务时，被控掩盖非法货币转移，触犯了《美国爱国者法》。此后，PayPal为满足反洗钱要求，管理变得更加严格。如在客户身份确认方面，除电子邮件外，还要求提供信用卡、贷记卡或银行账户的信息；在对可疑交易的处理方面，PayPal会对发现的可疑交易账户进行冻结，除非客户能够逐条说明资金的来龙去脉；信托机构不能持有PayPal账户等。此外，PayPal还明确提醒，不要与他人共享账户，不要代替他人转账，以免造成不必要的麻烦。

尽管上述规定给客户造成诸多不便，引起客户抱怨，但为了满足监管要求，PayPal不得不严格加以执行。

案例总结：PayPal 作为美国第一家非银第三方支付机构，必须遵守联邦的监管法令，同时，在拓展市场时要符合当地各个州的监管要求。在互联网金融监管方面，美国将第三方支付机构与互联网银行进行区分，分别出台了相应的监管法令。这一举措对于我国的互联网金融监管亦有可借鉴之处。互联网金融的种类繁多，各种金融产品层出不穷，将第三方支付与互联网银行区分开来，采用不同的力度进行监管，更为准确合理，有助于保持互联网的创新活力与保证金融系统稳定之间的和谐。

资料来源：paypal 官方网站。

（二）股权众筹的监管

基于技术优势，众筹模式在美国发展最为成熟。美国于 2012 年通过了《促进创业企业融资法案》（简称 JOBS 法案），JOBS 法案中的第三章又被称为众筹法，是美国股权众筹监管中具有里程碑意义的法律框架。JOBS 法案出台后，众筹在美国彻底摆脱了“非法集资”的阴影，股权众筹开始规范发展起来。对于股权众筹，美国实行“低门槛，强监管”的监管策略。

（1）豁免原则。JOBS 法案规定了小额众筹注册豁免制度，即 12 个月内集资不满 107 万美元、每个投资者的投资额不超过限定数目的股权众筹可以免予在美国证监会进行注册。

（2）监管灵活多样。众筹法允许美国证监会[①]（SEC）出台具体规则，增加更多的披露要求。众筹融资模式的信息披露需要坚持真实、客观的原则。在实际操作中，众筹法对信息披露的要求不是“一刀切”，而是根据发行规模要求相关企业对财务状况进行不同层次的披露。

（3）众筹平台监管力度强。众筹法执行强监管的政策框架，对众筹中介平台进行重点监管，以此保护投资者以及融资人的权益。美国 JOBS 法案中针对众筹平台的监管集中在五个重要方面：众筹平台的注册、众筹平台的信息披露、投资者教育、欺诈风险管控和中介机构规范。

（4）投资者适当性管理。美国在众筹投资者适当性和投资额度管理方面做了详尽的规定。比如，在筹资上限方面，规定筹资者每年通过网络平台不得募集超过 100 万美元的资金，以此限制投资者风险暴露的总头寸。

（三）其他互联网金融业务的监管

1. 美国

（1）互联网银行。美国将第三方支付机构仅仅视为货币服务商，与具有存款功能的互联网银行区分开来。对于互联网银行，美国拥有一套比较完善的监管体系。一是重视监管立法。监管部门制定了专门的监管规则，如《网络银行——监管手册》《网络信息安全稳健操作指南》《网络银行——安全与稳健审查程序》。二是重视准入监管。

① 美国证监会是众筹的监管部门。

政府要求新设立的互联网银行机构必须符合法律法规的安全评估报告，确保其具备相应的资格和风险应对能力。三是重视功能监管。政府监管部门依据现有法律对监管范围内的互联网银行业务进行监管，监管重点主要是业务风险的识别、评估和防范。

（2）互联网保险。美国监管当局对互联网保险同样实行联邦与州双重监管，采取了宽松而又审慎的监管策略。一方面，联邦保险监督官协会负责法规的制定与解释，各州保险监管局负责监管执行，陆续颁布了《电子保险监管条款》《互联网保险营销》等法律文件，强调网络交易的安全，维护网络平台的稳健经营以及客户的隐私和利益。另一方面，充分发挥行业自律的作用，由美国保险学会、保险市场标准协会等制定及执行行业规范。

（3）互联网货币基金。美国将 PayPal 货币市场基金纳入现有证券监管体系，主要由美国证券交易委员会（SEC）对其进行日常监管。监管的法律依据是相关的证券投资与交易法规，其中，2010 年出台的《多德弗兰克法案》起着重要作用。

（4）互联网消费金融。美国拥有全方位精准覆盖的征信体系，数据的收集以及整理都由专业化程度非常高的第三方公司完成，再按美国信用局协会制定的标准输入格式整理。统一的用户数据库大大促进了互联网消费金融的发展。

2. 欧洲

（1）互联网银行。欧洲中央银行（ECB）要求各成员国的监管机构对网络银行采取一致性监管原则，负责监管统一标准的实施，坚持适度审慎和保护消费者的原则，监管目标是提供一个清晰、透明的法律环境。同时，欧盟允许各成员国根据自己本国的情况制定互联网银行的发展规则，以防止出现监管漏洞。

（2）互联网保险。2014 年，欧盟各国普遍实施“欧盟保险偿付能力标准Ⅱ”，制定差异化偿付能力监管，对不同的保险机构划定风险等级，充分体现了监管的针对性与灵活性。此外，各国根据自己的情况，对互联网金融实行了不同程度的监管。例如，英国的互联网保险监管主要由两个部门负责，金融行为监管局（FCA）监管保险经纪，审慎监管局（PRA）监管保险公司。政府的间接干预与行业自律相结合，政府监管相对宽松，行业自律性极强。

二、互联网金融监管的国际比较

（一）分业监管和综合监管并存

按照监管机构的组织体系可以将金融监管体制简单地分为分业监管和综合监管体制。国际上，一般将互联网金融监管纳入现有监管框架，并沿用原有的监管体制，如英国采取综合监管，美国、法国等采取分业监管体制。分业监管和综合监管各有优劣势，这在互联网金融监管上也同样存在。综合监管有助于更好地监控跨行业的金融风险，避免监管真空、监管套利和多头监管带来的负面影响，同时有助于避免监管俘获，降低监管成本等；但是，也存在由于缺乏监管机构之间的制衡，导致过度监管（over-regulation）和“监管狂热”等缺点。

美国采用分业监管方式，将第三方支付纳入货币转移业务监管框架，主要由联邦存款保险公司（FDIC）实施监管；众筹融资则被纳入证券交易监管框架，由证券交易委员会（SEC）进行监管。2010年之后，依据《多德-弗兰克法案》设立的消费者金融保护局负责全面保护消费者合法权益。此外，在美国联邦和州双层监管体制下，由州政府设立的互联网金融机构还必须接受州相关监管部门的监管。

英国是典型的采用综合监管的国家。国际金融危机爆发后，英国对金融监管体制进行了全面改革，在央行之下新设金融政策委员会（FPC），并新设审慎监管局（PRA）和金融行为监管局（FCA）代替原来负责统一监管的机构——金融服务局（FSA）。目前，英国已将第三方支付、众筹等互联网金融机构及业务纳入金融行为监管局（FCA）的监管范畴。

（二）机构监管和功能监管统一

以设置监管机构和划分监管权限的依据为标准，金融监管模式可以大致分为机构监管和功能监管两种，功能监管的重点在于交易行为及过程，而不在于机构本身。两者各具优劣势：机构监管有助于对互联网金融企业进行审慎管理；功能监管有利于提高监管的针对性和专业性，有助于明确监管权责、防止监管真空。

针对众筹这类互联网金融业态，各国主要采用功能监管方式。例如，美国、意大利、西班牙、法国将互联网融资分为股权、借贷两种模式，分别由金融市场监管机构、银行监管机构实施监管。此外，法国还根据众筹平台是否从事支付业务功能来确定是否需要将负责监管支付行为的审慎局加入监管。以英美为例，美国认定股权众筹为证券行为，将其纳入证券监管框架，通过JOBS法案确定其合法性，并由SEC对其实施监管，重点监管信息披露和消费者保护等方面。英国的金融行为监管局（FCA）根据投资性众筹的功能特点，特别提出“不易变现证券”概念，将所有“非上市股票”和“非上市债券”纳入监管范围。

针对第三方支付，机构监管和功能监管方式都被采用。例如，美国将第三方支付机构界定为货币服务商，对其实施功能性监管，明确规定了货币服务商的各种行为，比如将自有资金与客户资金分别放置等。欧盟认定第三方支付机构有别于其他支付机构，具有金融商品属性，加大了货币控制难度，为了实现审慎监管目标，需更多地采用机构监管。欧盟要求第三方支付机构取得银行业执照或电子货币公司（ELMIs）执照，对其资本及流动性提出较高的要求，对沉淀资金建立了类似银行的准备金管理制度，并要求第三方支付机构建立审慎稳健的风控制度。

（三）行为监管和审慎监管协同

审慎监管和行为监管是金融监管的两大支柱。目前，行为监管和审慎监管在国外互联网金融监管实践中均有所体现，不过更加强调行为监管。

从审慎监管来看，其目标是通过引入监管限额管理等风险管理手段，规范互联网金融机构的风险承担行为，控制互联网金融的负外部性。如英国金融行为监管局出台的《关于网络众筹和通过其他方式发行不易变现证券的监管规则》提出了最低审慎资本要求，目的是避免平台借贷规模过度膨胀，保障平台正常运营和发展，并确保其倒闭时能够以自有资本吸收风险。

从行为监管来看，其包括对互联网金融基础设施、互联网金融机构以及相关参与者行为的监管，目的是使互联网金融交易更为安全、公平和有效。以股权众筹为例，美国证券交易委员会（SEC）对于众筹平台的行为做出了明确规定，要求众筹融资平台登记为经纪商或“集资门户”，禁止平台与发行人有利益关联，同时规定了单一企业融资限额和单一投资人投资限额，并要求平台进行必要的信息披露和风险揭示。

（四）外部监管和自律管理并重

金融监管从松到严可以分为市场自律、注册、监督、审慎监管四个层次，后三种属于外部监管（政府监管）。外部监管与行业自律是市场治理的两种制度安排，两者互为补充。

从外部监管来看，各国针对本国互联网金融发展的不同情况，采取了强度不等的外部监管措施。美国、英国等大多数国家采取轻监管方式，对互联网金融的硬性监管要求少，占用的监管资源也相对有限。以股权众筹为例，美国等国通过立法明确众筹股权融资适用较为宽松的证券发行监管要求，重点规范投资限额和信息披露制度，为市场预留了较大的空间。德国对众筹融资市场的监管依然较为严格。从行业自律来看，很多国家都在积极发展各类互联网金融的行业自律监管组织。

（五）主体监管和消费者权益保护并行

主体监管主要针对互联网金融企业，消费者权益保护主要针对互联网金融的消费者或投资者。国外一般将消费者权益保护作为互联网金融监管需要考虑的重要内容。

针对消费者权益保护，发达国家已建立起较为完备的体系，主要体现在以下几个方面：

（1）制定相关法律法规。例如，美国的《消费者信贷保护法》《多德–弗兰克华尔街改革与消费者保护法案》、英国的《消费者信贷法》、韩国的《消费者权益保护法》等都强调了保护互联网金融消费者的知情权、隐私权、自由选择权和公平交易权等，并且特别强调保护消费者的资金安全，对于未经授权的差错支付，消费者只承担有限的损失。

（2）提出信息披露要求。例如，众筹平台必须向投资人披露必要的项目信息，并向投资者警示投资风险，确保投资者理解并愿意承担相应的风险。如，美国 JOBS 法案要求众筹平台必须向投资人披露涉及该证券风险程度的信息。

（3）强调消费者教育。例如，英国要求众筹平台对投资者具有的知识和经验进行测试，以确保其对投资风险有足够的认识。美国 JOBS 法案要求众筹平台对投资人进行教育和风险提示。

（4）重视消费者隐私保护。发达国家的监管当局要求互联网金融企业揭示对消费者的隐私保护规则，并制定了违规时的惩罚性措施。

（5）畅通消费者维权渠道。美国在金融危机后新设立了消费者金融保护局（CFPB），专门负责包括消费者金融保护相关法律的制定、监督和执法，同时接受消费者投诉。此外，美国还建立了集体诉讼制度，使得大量小额请求也能通过司法程序得以实现。英国、澳大利亚等国专门成立了金融申诉专员服务公司，并建立了第三方争议解决机制。

第四节　中国互联网金融监管实践

互联网金融的发展对金融监管提出了新的挑战。总体上看，我国互联网金融监管起步较晚，监管的体系仍在不断完善之中，监管逐渐趋严。

一、中国互联网金融监管的历程

2007 年我国首家 P2P 网贷平台在上海成立，标志着互联网金融在中国的正式起步。2013 年 6 月，天弘基金与支付宝合作，推出首只互联网基金余额宝。互联网金融在我国金融领域的快速发展为中小微企业提供融资便利的同时，也导致操作风险、信用风险、法律风险的不断积聚和叠加。总体上来看，基于我国监管部门对互联网金融的发展态度，可以将我国互联网金融监管历程分为包容性监管、原则性监管、专项整治监管三个阶段。

（一）包容性监管阶段（2007—2013 年）

相比于发达国家，我国互联网金融起步明显较晚。因此，为了加快互联网金融的创新发展速度，监管部门将“金融包容”理念嵌入金融监管体系，在监管初期主要采取包容性的监管态度，以宽松的市场准入政策最为典型。具体表现为，监管部门对互联网金融市场设置了较低的门槛。我国传统的金融监管模式对金融业市场的准入门槛设置较高，但是对于互联网金融的发展却持包容态度。包容性监管模式对互联网金融业务几乎不设门槛，有些业务甚至只要求备案，无须注册，更不需要主管部门发放牌照。但是，初始阶段的较低门槛设置却为后续潜在金融风险的发生埋下隐患。

（二）原则性监管阶段（2013—2015 年）

在监管部门实行包容性监管政策的过程中，互联网金融在实现迅猛发展的同时，积累的信用风险、流动性风险和法律风险也在不断叠加。自 2013 年年底以来，互联网金融市场中的违约事件频发，给金融市场秩序和金融消费者利益带来了严重影响。自 2012 年起，监管部门开始研究和部署互联网金融的监管。2015 年 7 月，中国人民银行等十部门联合发布《关于促进互联网金融健康发展的指导意见》，确立了“依法监管、适度监管、分类监管、协同监管、创新监管”的互联网金融五大监管原则，构建了具有中国特色的互联网金融“原则性监管”模式。“原则性监管”指的是，通过金融的法律法规来约束互联网金融的行业行为和实践。原则性监管主要是为了保障金融消费者权益，在为金融消费者争取更大的利益的同时，有效促进互联网金融业务的发展。

（三）专项整治监管阶段（2016 年至今）

监管实践表明，原则性监管模式并没有真正地解决互联网金融市场乱象。2015 年以来，虚假借贷欺诈、大规模平台跑路等互联网金融风险频发，互联网金融市场乱象问题逐渐引起了监管层的高度重视。2016 年 4 月，国务院组织召开互联网金融整治会议，实施全国性的互联网金融专项整治行动。同年 10 月，国务院办公厅正式公布了《互联网金融风险专项整治工作实施方案》。2017 年间，大量金融监管政策性文件陆续出台并实施，在全国范围内掀起一场互联网金融领域的“整治风暴”，至此，中国互联网金融正式进入强监管下的“专项整治阶段”。在严格监管的高压下，专项监管整治模式有效运行，互联网金融行业总体风险水平呈现明显下降趋势。

2018 年，中国人民银行开始致力于建立适应互联网金融特点的监管制度体系，构建互联网金融监管长效机制。除了开展对网络借贷、互联网资产管理、虚拟货币交易等互联网金融风险的专项整治工作外，人民银行也强调各地要强化整治力度，积极推进互联网金融监管长效机制建设，发挥互联网技术在提高金融资源配置效率和金融服务普惠性等方面的积极作用。2019 年 8 月，国务院办公厅印发《关于促进平台经济规范健康发展的指导意见》，为保障市场主体公平参与互联网平台经济，提出制定并出台了网络交易监督管理有关规定。

2020 年 11 月，国家市场监督管理总局起草了《关于平台经济领域的反垄断指南（征求意见稿）》，目的是预防和制止互联网金融平台经济领域垄断行为，引导平台经济领域经营者依法合规经营。2020 年 12 月，中央政治局会议首次提出“强化反垄断和防止资本无序扩张”，并将该工作列为当年的重点工作任务之一。2021 年 10 月 18 日，中共中央政治局就推动我国数字经济健康发展进行第三十四次集体学习。中共中央总书记习近平强调，要规范数字经济发展，要完善数字经济治理体系，提高我国数字经济治理体系和治理能力现代化水平。

二、中国互联网金融监管的实践

我国的互联网金融主要有互联网支付、股权众筹、互联网基金以及网络小贷四个领域。其中，互联网支付发展与起步的时间较早。

（一）互联网支付

互联网支付是互联网金融的重要模式之一，是互联网金融运行的基础性技术设施，但也存在诸多风险，如信息技术风险、信用风险、流动性风险、操作风险等。在 2013 年以前，我国对于互联网金融的发展采取了较为包容的态度。2013 年以后，移动支付迅速发展，支付宝、微信、云闪付等移动平台迅速涌现，占据了大量的用户市场，互联网金融的种类与规模也迅速扩大，逐渐对传统金融行业造成冲击，监管态度才逐步从包容转为审慎，力度由松渐严。

2004 年《电子签名法》为互联网支付提供了早期的法律参考。2005 年中国人民银行发布《支付清算组织管理办法》和《电子支付指引（第一号）》，首次向市场表达了要将第三方支付纳入监管的意图。后者规定“客户办理电子支付业务应在银行开立银行结算账户”，对第三方支付机构带来了一定的限制。2010 年 6 月《非金融机构支付服务管理办法》出台，第三方支付平台开始有了较为明确的法律规范。2010 年 12 月，中国人民银行发布《非金融机构支付服务管理办法实施细则》，肯定了互联网支付等新兴模式的法律地位，明确规定支付机构不得挪用备付金，并且制定了更加具体明晰的规范。2013 年《支付机构客户备付金存管暂行办法》规定了备付金利息所有权。早期出台的第三方支付监管政策力度较轻，在一定程度上促进了互联网金融的飞速发展。

2013—2015 年，随着智能手机的普及以及互联网技术的发展，互联网金融用户数量激增，社会影响力也逐渐增大，各种互联网金融产品种类激增的同时也产生了一些不合规现象，引起监管部门重视，我国的第三方支付开始进入“原则性监管”阶段。2014 年 4 月，银监会和中国人民银行联合下发《关于加强商业银行与第三方支付机构合作业务管理的通知》，规定银行不得与安全保障能力弱的第三方机构合作，构筑一道防火墙，并对第三方支付机构的快捷支付等技术提出了更为严格的要求，促使第三方支付的运行更加规范。同年，中国人民银行出于安全考虑，暂停了利用条码（二维码）支付的行为，受到广泛关注。

2015 年之后，各个政策法规的监管方向与监管力度越发精细化与准确化，监管态度从限制第三方支付机构转为规范第三方支付平台的行为，加强对第三方支付平台的管理，集中整治不合规范的平台，同时对于正规的第三方支付平台给予充分肯定和支持，大大推动了第三方支付的规范发展。2015 年 12 月，中国人民银行印发《中国人民银行关于改进个人银行账户服务加强账户管理的通知》，对互联网支付进行了一场大变革。《通知》明确了银行账户实名制和账户分类管理制，确定了远程视频、网上银行、手机银行等设备渠道开户的合法性，大大推动了互联网银行和直销银行及其支付业务的发展。随后，中国人民银行又出台了《非银行支付机构网络支付业务管理办法》，明确了支付账户实名制和账户分类管理制，同时对风险管理、客户权益保护、法律责任划分做出了详细规定。

2016 年 8 月，支付清算协会下发了《条码支付业务规范》（征求意见稿），中国人民银行不再禁止条码（二维码）业务，这一政策在业务创新和风险防范之间做了较好的平衡。同月，中国人民银行发布《支付业务许可证》，公布有资质提供支付业务的非银行支付机构名单，这对于制定严格的准入监管非常必要。2016 年 10 月，国务院发布的《互联网金融风险专项整治工作实施方案》补充了对第三方支付的相关规定，首次明确了非银行支付机构备付金账户计付利息归人民银行或商业银行所有，同时禁止非银行支付机构对接多家银行系统。

2017 年 11 月，中国人民银行发布《关于进一步加强无证经营支付业务整治工作的通知》，针对无证支付机构进行集中整治，同时颁发了持证支付机构自查内容和无证机构的筛查重点以及认定标准说明。2017 年 12 月，中国人民银行发布《人民银行关于规范支付创新业务的通知》，对金融机构、银行业务、非银支付机构的业务创新、竞争秩序、收单管理等业务进行规范管理。2015—2017 年出台的监管法规数量繁多且在管理程度上更为精细。在肯定网上银行、手机银行等渠道开户合法性的同时，相应的监管法规很少再以“非金融支付机构”作为整体的管理对象，而是对于各种账户管理机制做出了明确的规定，并且集中整治无证支付机构，同时对持证机构的业务进行规范管理。总体而言，随着互联网支付的发展，我国的监管水平与精细化程度也在不断地提升。

针对近年来互联网支付的发展与出现的问题，2018 年，中国人民银行发布了《关于非银行支付机构开展大额交易报告工作有关要求的通知》。同年 10 月，中国人民银行、银保监会、证监会联合发布《互联网金融从业机构反洗钱和反恐怖融资管理办法（试行）》，监管形式与监管方向从机构监管转向行为监管。

综上所述，我国的互联网支付监管相较其他互联网金融业务的监管情况而言，相应的法律法规种类繁多，较为齐备，但是法律层级较低，多为各个部门的指导意见、试行办法等，缺乏一部权威的法律对于整个行业进行规范，形成多头监管的格局，导致在实际的执行过程中就很难避免执行标准不清的问题。纵观移动支付监管的发展历程，其随着第三方支付机构的发展，呈现出“包容性监管—原则性监管—专项整治”三个发展阶段。

（二）股权众筹融资

互联网股权众筹进入中国始于 2011 年。最初，对于互联网股权众筹，在法律层面上，国家并未制定相关法律、法规，大多援引《证券法》以及《公司法》中与之相关的内容。

2014 年 12 月，中国证券业协会发布的《私募股权众筹融资管理办法（试行）（征求意见稿）》（简称《管理办法》）是中国第一份关于股权众筹融资的法律法规。该办法规定股权众筹融资不得公开宣传，只能向平台实名注册用户发行产品，且累计投资者不得超过 200 人；同时，股权众筹融资平台不得兼营网络贷款业务。该文件是对于互联网融资众筹进行监管制度探索的一个良好开端，然而，该《管理办法》参照私募股权融资的监管思路，严格规定了互联网股权众筹的投资者准入门槛与人数限制，这一限制与互联网众筹的小额众筹、传播面广的特性不大相符。

鉴于上述文件的局限性，2015 年，监管部门连续发布了多份法律法规，调整了监管的力度与方向。2015 年下半年，监管部门连续出台了多部股权众筹方面的法律法规。7 月 18 日，中国人民银行等十部门发布《关于促进互联网金融健康发展的指导意见》，将股权众筹融资界定为“通过互联网形式进行公开小额股权融资的活动”，将私募股权众筹融资与股权众筹融资进行了区分，并且肯定了股权众筹融资在服务“双创”中的突出地位。7 月 29 日，证券业协会出台的《场外证券业务备案管理办法》又将“私募股权众筹”划入“场外证券业务”。8 月初，证券业协会发布的《关于对通过互联网开展股权融资活动的机构进行专项检查的通知》，对股权众筹融资进行了更加详细的界定。

随着互联网金融乱象频发，2016 年，对于互联网股权众筹的监管转为严控。2016 年 10 月，国务院办公厅印发《互联网金融风险专项整治工作实施方案》，再次要求股权众筹融资平台不得“自筹”，未经批准不得从事资产管理、债权或股权转让等业务，强调了第三方存管的必要性。随后，证监会等十五部门联合公布《股权众筹风险专项整治工作实施方案》，该方案对“股权众筹”的违法违规行为进行了更加详细的界定。2016 年 10 月，国家发改委发布了《互联网市场准入负面清单（第一批，试行版）》，列明了一批在我国境内互联网领域包括股权众筹涉及的禁止和限制投资经营的市场准入事项。

2020 年 3 月 1 日，经过四次审议修订的新《证券法》正式实施，立法者虽曾考虑将股权众筹纳入监管，可惜最终在立法中尚未实现。

总体而言，我国对于互联网众筹监管的态度趋向于严格。尽管多个部门曾经尝试建立较为精细的互联网众筹监管法规，但是随着网络小贷的发展与互联网金融风险事件频发，作为风险高发领域的股权众筹自然转为严格监控对象，以确保互联网金融领域不发生严重的风险事件。

（三）互联网基金销售

互联网基金销售在我国的起步比股权众筹更晚，2013 年才开始进入大众视野。作为基金销售的互联网化形式，互联网基金销售的规范可以参考传统基金的法律规范。除此之外，与互联网基金销售相关性较强的法律有 2013 年证监会出台的《证券投资基金销售机构通过第三方电子商务平台开展业务管理暂行规定》以及 2015 年出台的《货币市场基金监督管理办法》。

《证券投资基金销售机构通过第三方电子商务平台开展业务管理暂行规定》对基金销售机构在第三方商务平台销售基金产品进行了详细规定。如基金账户开户、宣传推介、基金申购赎回等服务不得由第三方电子商务网站代劳，第三方电子商务网站只能提供辅助性的服务，并且必须做好信息披露工作。

2015 年 12 月，证监会、中国人民银行联合出台了《货币市场基金监督管理办法》，调整了货币市场基金可投资的范围，对影子定价与摊余成本法计算的基金资产净值的偏离度进行明确规定，从而避免了基金管理人盲目追求收益而投资风险过大的项目，保障了投资者的资金安全。

但是，对于互联网基金最具有借鉴意义的法规仍旧是 2013 年证监会出台的《证券投资基金销售机构通过第三方电子商务平台开展业务管理暂行规定》。虽然互联网金融是基金的互联网形式，但是根据此规定，基金账户开立、申购赎回、基金的结算等工作必须由取得基金销售资格的基金销售公司完成。比如与百度合作的华夏基金，互联网平台只能利用自身巨大的流量优势为基金公司引流。因此，互联网平台的操作与传统的基金销售工作是有差异的，与原先有关基金监管的法律法规可能不大适配。

总体而言，互联网基金在我国起步晚、发展时间短，目前我国对于互联网基金的监管仍旧采取相对包容的态度，而后随着互联网基金的发展与暴露出风险及问题后再逐步调整监管的方向和力度。

专栏 12-2

天天基金 VS 百度——互联网基金承诺高收益是否违规？

基金销售时承诺高收益是否违规？答案是肯定的。《证券投资基金销售管理办法》中明确提出，禁止预测基金的证券投资业绩，违规承诺收益。

可是，对于同样承诺了基金高收益的两个平台——天天基金与百度，证监会的处理结果却截然不同。2014 年，天天基金收到了上海证监局的措施决定书，而百度进行互联网基金宣传时违规承诺高收益的行为却被证监会判定未涉及违规。这其中的监管逻辑为何？

在百度“百发”案例中，证监会认为，基金账户开立、申购赎回、基金交收清算等工作均由华夏基金完成，百度不曾参与基金真正的销售工作，仅仅利用自身的巨大流量为华夏基金实现引流，并未参与基金管理运作。同时，百度不属于取得基金销售资格的机构，不在证监会《证券投资基金管理办法》的监管对象之中。因而，百度虽然违规营销，但是却没有在明面上触犯现行法规，证监会鞭长莫及。

案例总结：从这个案例中，不难看出我国互联网金融监管主体多元、法律缺位、监管范围界定困难的特点。基金销售公司，即本案例背后的华夏基金，当然应接受证监会以及相应基金销售法律法规的约束，那么作为基金公司流量导入的互联网第三方平台，是否也应在证监会监管之列呢？如若答案是否定的，那么互联网销售平台应当纳入哪一方的监管范围之下？

资料来源：朱侃．论我国互联网平台基金销售创新与监管［J］．金融法苑，2015（02）：179−190.

（四）网络小贷

我国的网络借贷起步晚、发展快，是我国互联网金融监管中乱象最多的领域，引起了监管部门高度重视。同前面几类互联网金融产品走过的监管历程类似，网络小贷的监管经历了从松到严的过程，且随着新监管法规的发布，逐步确立起规范的监管框架，进入“专项整治”的分层监管阶段。

2017 年，对于网络小贷，中国人民银行发布《关于立即暂停批设网络小额贷款公司的通知》和《关于规范整顿“现金贷”业务的通知》，银监会下发《关于印发小额贷款公司网络小额贷款业务风险专项整治实施方案的通知》。针对校园贷，银监会、教育部、人力资源和社会保障部联合印发《关于进一步加强校园贷规范管理工作的通知》，要求现阶段网贷机构一律暂停开展在校大学生网贷业务，逐步消化存量业务。针对首次代币发行（ICO），中国人民银行等七部门发布《关于防范代币发行融资风险的公告》，叫停各类代币发行融资活动，要求已完成代币发行融资的组织和个人应当做出清退等安排。

2020 年 7 月，银保监会发布《商业银行互联网贷款管理暂行办法》。同年 11 月，银保监会联合中国人民银行起草《网络小额贷款业务管理暂行办法（征求意见稿）》，逐步确立了互联网小额贷款的监管框架。其中两项规定对于现行的互联网小额贷款机构影响最大。第一，小额贷款跨省业务将归银保监会直接审批。第二，在单笔联合贷款中，小额网贷公司的比例不能够低于 30%。

按照我国互联网金融监管经历的“包容性监管—原则性监管—专项整治”三个阶段，以上四个互联网金融领域的监管态度可以总结为表 12−2。

表 12-2 互联网金融监管路径总结

监管领域	包容性监管	严管性监管	专项整治
第三方支付	2013 年之前	2013—2015 年	2015 年至今
网络小贷	2017 年之前	2017—2020 年	2020 年至今
股权众筹	2011—2015 年	2016 年至今	—
互联网基金销售	2013 年至今	—	—

资料来源：根据公开资料整理。

三、中国互联网金融监管的建议

依照“依法监管、适度监管、分类监管、协同监管、创新监管”的原则，监管部门既要鼓励互联网金融创新，又要实现风险的有效防范。对于第三方支付与网络小贷，应当加强各个监管部门的协同合作，健全有层次、有针对性的监管体系。而对于互联网股权众筹，态度是否要由严转松，则应当在借鉴国外相应监管经验与我国互联网金融其他领域监管实践的同时综合考量。

（一）纳入分业监管框架，加强监管协同

在我国互联网金融飞速发展，监管主体多元的形势下，各部门的分工合作、监管协同显得尤为重要。

1. 对第三方支付的监管

我国在第三方支付领域的监管法规众多，相对而言较为完善。随着第三方支付的发展，对于第三方支付的监管也应适应新形势，主要应当注意以下两点：一是应当重点规范第三方支付机构客户备付金管理、第三方支付机构和其他金融机构的业务合作以及未来跨国互联网支付的监管问题。二是第三方支付机构出现了两极分化的态势，各支付机构规模不一，不可一概而论。规模大、技术和业务实力强的大型第三方机构要求拓展业务边界，为此可以探索根据业务规模和实力建立差异化的分级管理体系。随着支付宝等行业巨头的崛起以及基于第三方支付机构平台的创新性混业产品的出现，未来需要加强对系统性风险的防范。

2. 针对众筹融资的监管

目前我国对于众筹倾向采取“严监管”的态度，究其原因，这与互联网金融近几年来风险频发不无关系。长远来看，众筹融资有利于小微企业发展，对于众筹的监管，可以从以下两个方面借鉴国外经验。

一是借鉴法国经验，可以将众筹划分为股权众筹、产品众筹（回报众筹）和捐赠众筹等，将股权众筹纳入牌照管理，重点关注资金流向和安全。中国人民银行负责对众筹平台的支付服务、反洗钱进行监管。

二是针对股权众筹，可以借鉴美国 JOBS 法案的立法及监管经验，按照私募豁免和小额豁免的原则，简化股权融资的证券发行要求。基于我国国情，股权众筹还可以分为私募股权众筹和公募股权众筹。其中，私募众筹定位于非公开发行，人数控制在

200 人以内，有合格投资者要求；公募众筹定位于公开发行，可以突破 200 人的人数要求，但是对项目的融资额度和投资人的单笔投资额度有要求。对私募股权众筹和公募股权众筹的监管应有所区分，对于公募股权众筹的要求应当更高。

3. 加强互联网金融监管协调

目前，我国的互联网金融监管以“一行两会”为主，呈现出多头监管模式。加强各部门之间的协调，避免出现“监管真空”，对于互联网金融监管很有必要。具体可以从以下三个方面进行优化。

一是完善和细化已有的金融监管部际联席会议制度，充分发挥该项机制在互联网金融监管中的协同作用，推动各部门的协调合作，避免出现“监管真空”。

二是加强与工信部、公安部的监管协调，建立信息共享机制。鉴于互联网金融的跨界性与对数据的高要求，信息不全往往会造成监管的漏洞与困难。因此，需要加强与工信部、公安部的监管协调，建立信息共享机制，进一步完善互联网金融业务的网络内容服务商（ICP）许可和从事金融业务的备案体系。

三是加强与地方金融管理部门的监管协同。互联网金融业态种类繁多，覆盖区域广，同时电商网络小贷一般由地方金融办监管，因此还需要加强与相关部门的监管协同。

（二）注重行为监管，切实保护消费者权益

在我国互联网金融市场上，消费者往往属于弱势群体，出台相应的法律法规，保障消费者的正当权益，能够维护市场的公平合理，促进互联网金融健康发展。

1. 加强对互联网金融企业的行为监管

一是加强对互联网金融相关的资金托管、交易和清算系统的监管，确保互联网金融企业和客户资金有效隔离，保障客户资金不被挪用和盗取。

二是对于互联网金融的产品、销售及平台的业务规范及互联网金融产品的电子合同、规则及其变动情况，应明确在正式实施前向监管部门或行业自律组织备案备查。

三是加强对互联网金融企业侵犯消费者权益行为的监督处罚，如诱导交易、欺诈、贩卖客户信息等。

2. 建立强制性信息披露制度

从鼓励互联网金融发展的角度出发，建议建立更加完善的互联网金融信息披露框架，提高行业的透明性。主要应披露以下内容：

一是公司治理结构。包括公司的股东、实际控制人和管理层等信息，以及内部控制系统的建立和执行情况。

二是公司运行模式。包括公司的信用评级方法、客户资金的托管情况以及具体交易机制等信息。

三是风险控制体系。包括风控体系的构成，如风险准备金提取，内部的风险监测、预警和应对机制等。

四是定期的业务数据。包括交易规模、客户数、客户集中度、坏账率、准备金覆盖率等信息。

此外，信息披露的内容还应该包括必要的财务报告和信息安全、交易安全等方面的保护制度等。

3. 完善消费者投诉受理处置机制

消费者投诉受理处置机制是保障消费者权益的重要防线，对于互联网金融的稳健发展至关重要。应从以下三方面完善消费者投诉受理处置机制：

一是发挥互联网金融协会在消费者权益保护中的重要作用。探索在互联网金融行业协会建立民事替代性纠纷解决机制（ADR 机制），设立仲裁分支机构，切实维护金融消费者合法权益。

二是发挥“一行两会”金融消费者保护司局在保护互联网金融消费者过程中的重要作用。在当前分业监管的背景下，由各互联网金融业态的归口监管部门的消费者权益保护司局，负责各类消费者投诉的受理和处置。

三是在纠纷的最终解决层面，应当提高纠纷处置效率，优化诉讼程序，推进小额金融消费纠纷通过小额诉讼程序解决；或者借鉴美国经验，建立集体诉讼制度。

4. 加强投资者教育

投资者教育是金融发展的重要一环。监管机构要联合社会各方力量共同开展金融知识普及工作，评估各种金融消费者教育项目的有效性，构建金融消费者教育的长效机制。自律组织可以开展多种形式的消费者教育活动，亦可利用微信、微博等互联网社交平台的便捷性，建立公开统一的公共账号平台。金融机构要引导金融消费者更好地学习金融基本知识、知晓金融基本风险，增强其投资和借贷的能力及诚信意识。

（三）加强宏观审慎管理，防范系统性风险

互联网金融因其覆盖范围广、业务范围大、混业经营明显等特点，随着市场份额的增长，加强对其的监管对于防范系统性风险举足轻重。因此应将互联网金融纳入审慎管理框架，有效防范系统性风险。

1. 将互联网金融纳入宏观审慎管理框架

一要结合我国经济周期及互联网金融市场发展变化的趋势，科学设计监管标准并合理确定监管限额，防范顺周期性和共同的风险敞口带来的系统性风险。

二要针对互联网金融企业开展系统重要性评估，将用户范围广、业务规模大、跨界混业明显的互联网金融企业纳入系统重要性机构进行审慎管理。

2. 建立宏观审慎管理的数据基础

在我国分业监管的背景下，全范围的数据监测对于防范和化解系统性风险尤为重要。建议由中央银行建立包括互联网金融信息在内的统一的综合性金融业信息系统，通过将互联网金融的业务数据纳入信息系统，实现互联网金融信息数据公开化、透明化。同时，加强对互联网金融机构日常风险以及跨平台、跨市场风险的监测分析与预警，并强化对融资利率、资金流向的动态监测。

3. 强化宏观审慎管理措施

一是对具有系统重要性的互联网金融企业要分配更多、更专业的监管资源，扩大监管范围，对附属企业或分支机构进行并表监管。加强现场和非现场监管，加强与董事会和高级管理层的对话和审查等。

二是建立完善风险防火墙制度。对跨界混业的互联网金融企业，要明确其产权关系，限制母公司与其他实体经济企业的相互持股，并对高管的交叉任职进行审慎评估和监管。同时，对于母公司下的各金融行业的子公司，要从信息系统、人力资源管理等方面强化独立性。对整个金融控股公司与集团外单一交易对象的总交易金额进行控制，并规范各子公司间的相互投资，加强集团内部关联交易监管。

4. 加强宏观审慎管理和微观监管的协调

在监管过程中，应当坚持宏观审慎与微观监管协调，既要避免监管真空，有效防范系统性风险，又要防止监管过度，扼杀互联网企业的创新活力。

具体而言，一是明确中央银行在宏观审慎管理架构中的定位，加强金融监管机构的微观审慎监管和央行牵头的宏观审慎管理的协调配合。

二是加强监管部门之间的信息共享和监管协调配合，识别风险传染机制，追踪风险传染链，做好系统性风险的监测预警。

三是以打击互联网金融违法犯罪为契机，加强与司法部门、地方政府间的协调合作。守住不发生区域性、系统性金融风险的底线目标。

（四）建立自律管理体系，引导行业有序竞合

2015 年 7 月 18 日，中国互联网金融协会正式挂牌。今后，协会应当充分发挥行业协会的自律管理作用，推动形成统一的行业服务标准和规则，引导互联网金融企业有序竞合、规范发展。具体可从以下四方面开展工作。

1. 制定发布行业自律公约

制定发布《中国互联网金融行业自律公约》，建立自律登记制度，组织自律检查，发布行业自律规范，维护行业健康发展。强化互联网金融市场经营主体的守法、诚信、自律意识。树立互联网金融企业服务社会发展的正面形象，营造诚信规范发展的良好氛围。

2. 开展行业标准研究

在行业标准缺乏的背景下，组织自律管理会员单位开展互联网金融行业标准研究，在充分征求监管部门、行业会员单位及互联网金融业界人士意见的基础上，适时出台“互联网金融业务风险防范指引”“互联网金融行业信息披露指引”等。

3. 组织经验交流活动

组织互联网金融优秀企业、业内专家开展经验交流，集思广益，相互学习，促进合作，推进互联网金融商业模式的创新发展。

4. 加强投资者教育

加强互联网金融投资者金融知识普及和风险教育，提升全社会对互联网金融的认知度和风险防范意识。

本章小结

金融监管模式即金融监管组织结构或金融监管制度结构，包括机构监管与功能监管、分业监管与统一监管等模式。互联网金融监管主要是针对互联网金融涉及的法律风险、操作风险、传染风险、声誉风险、流动性风险、信用风险和市场风险等制订专

门的法律规则，以实现金融系统的稳定和保护消费者切实利益的一种管理活动。互联网金融监管主要有两大类领域，对互联网金融领域的监管和利用互联网等新技术对传统风险的监管。

我国互联网金融的监管经历了三个阶段：包容性监管阶段、原则性监管阶段、专项整治监管阶段。从全球范围来看，各国对互联网金融的监管模式主要有三类：以美国为代表的限制性监管、以中国为代表的被动型监管以及以英国和新加坡为代表的主动型监管。世界各国对互联网金融的监管呈现不同的特征：美国有完善的互联网金融监管框架、法律法规体系以及征信制度；英国互联网金融监管的目的明确，监管的内容更加符合互联网金融特征；新加坡互联网金融监管的主要特征是采用审慎的监管框架和积极披露风险信息。

中国的互联网金融监管整体呈现法律层级低、监管主体多元化、征信与信息安全管理落后等特征。我国对于第三方支付监管的法律法规更为全面，经历了“包容性监管—原则性监管—专项整治”三个阶段，网络小贷也从最初的“包容性监管—原则性监管”逐步形成了系统的监管体系框架，向“专项整治”阶段过渡，监管体系逐步完善化与精细化。股权众筹目前处于严管阶段，而互联网基金销售处于包容性监管阶段。

本章重要概念

金融监管　互联网金融监管　大数据监管　沙盒监管　可视化分析技术　包容性监管　原则性监管　监管科技　金融市场法人识别码　分业监管　统一监管　机构监管　功能监管　行为监管　审慎监管

即测即评

本章思考题

1. 互联网金融监管的主要内容有哪些？
2. 简述互联网金融监管的必要性。
3. 我国互联网金融监管的历史进程经历了哪几个阶段？
4. 从全球范围看，互联网金融监管的主要模式有哪些？
5. 美国、英国的互联网金融监管各呈现哪些特征？有什么差异？
6. 我国的第三方支付、互联网股权众筹、互联网基金销售以及网络小贷的监管程度为何存在差异？

第十三章 互联网金融的基础设施

本章导读

基础设施建设是互联网金融高效运行的根基。现有金融基础设施较难支撑金融科技创新发展，数字货币、移动支付、数字信贷等创新金融模式，迫切需要新型金融市场基础设施来支撑，推动金融业基础设施的数字化转型成为各国政策的关注重点①。从发展趋势来看，各国普遍关注数字技术、数据体系、算力、金融科技标准规范、数字资产交易系统、监管科技等金融基础设施。

互联网金融②的基础设施包括两个大部分：原有金融基础设施的数字化改造和新型金融基础设施。金融"新基建"是构筑金融业数字化转型的基础，是金融科技运用的基石，是金融机构推进数字化转型战略当中不可或缺的一项，也是金融监管层设施监管的重要支撑。从国家新型基础设施建设的视角，我们可以把互联网金融的基础设施分为信息基础设施、融合基础设施、创新基础设施。

本章学习目标

本章从金融基础设施的内涵与功能、互联网金融与信息基础设施、互联网金融与金融业规制和金融科技监管基础设施四个方面讲述互联网金融的基础设施建设，通过本章的学习，要求掌握金融基础设施和互联网金融基础设施的概念和功能，互联网金融信息基础设施和互联网金融规制的主要类别，数据基础

---

① 中国信息通信研究院．中国金融科技生态白皮书（2020 年），2020.

② 本教材将互联网金融看作是与金融科技等同的概念，除非特别说明，本教材对两个概念不做区别。2015 年 7 月，中国人民银行等十部门发布的《关于促进互联网金融健康发展的指导意见》，将互联网金融定义为，传统金融机构与互联网企业利用互联网技术和信息通信技术实现资金融通、支付、投资和信息中介服务的新型金融业务模式。中国人民银行印发的《金融科技（FinTech）发展规划（2019—2021 年）》中，采用金融稳定理事会（FSB）2016 年提出的金融科技概念，认为金融科技是技术驱动的金融创新，旨在运用现代科技成果改造或创新金融产品、经营模式、业务流程等，推动金融发展提质增效。

设施、基础征信系统和互联网金融法规，金融信息保护体系、金融消费者合法权益保护体系，金融科技创新监管工具；熟悉技术基础设施、计算能力基础设施和金融科技标准规范，了解支付清算系统、网络身份认证系统和数字资产交易系统。

第一节　金融基础设施的内涵与功能

金融基础设施在金融市场运行中居于枢纽地位，天然具有跨机构、跨行业、跨市场的特征，是金融市场稳健高效运行的基础性保障，是实施宏观审慎管理和强化风险防控的重要抓手。我国金融科技发展迅速，适应金融科技发展的基础设施、政策法规、标准体系等亟待健全，以满足金融科技发展需要。

一、金融基础设施的界定

金融市场基础设施（Financial Market Infrastructure，FMI）在很长时间被泛化为一般金融机构，没有明确的概念。2008 年金融危机爆发后，国际货币基金组织（IMF）、国际清算银行（BIS）和金融稳定理事会（FSB）共同发布了《系统重要性金融机构、市场和工具的评估指引》，确立了“系统重要性金融机构”（SIFIs），金融市场基础设施被明确作为子类之一。2012 年，国际清算银行和国际证监会组织颁布了《金融市场基础设施原则》（Principles of Financial Market Infrastructure，PFMI），金融市场基础设施的概念得以明确。

金融基础设施（FMI）有狭义和广义之分。国际清算银行（BIS）界定了狭义的金融基础设施：金融基础设施是一套构建于不同类型参与机构之间的多边系统，为参与者提供金融交易的集中清算、结算和登记，以提高效率并降低成本和风险[①]。

在广义上，金融法律环境、信用环境、金融监管制度等都是金融基础设施的组成部分。广义的金融基础设施指的是支持金融市场和金融中介有效运行的机构、制度、信息和技术，具体包括法律制度、会计与审计制度、信息披露机制、征信机制、支付与清算组织、监管机构等。从这个定义可以看到，通常意义上的金融基础设施有“硬件”和“软件”两个方面，前者是支付清算系统等为金融机构和市场运行提供服务的机构与设施，后者则是约束与支持金融运行的各种制度与规则。[②]

① 贺铁林．浅述金融基础设施持续稳健运行之道．金融电子化，2019（4）：65-66.

② 程炼．金融科技时代金融基础设施的发展与统筹监管．银行家，2019（12）：32-34.

根据《金融市场基础设施原则》，我国金融市场基础设施包括五大板块：支付系统（PS）、中央证券存管（CSD）与证券结算系统（SSS）、中央对手方（CCP）、交易报告库（TR）、其他金融市场基础设施；此外，证券、期货、黄金等交易场所、保险行业平台等也被纳入金融市场基础设施的范畴[①]。

经过多年建设，目前我国已形成功能比较齐全、整体运行稳健的金融基础设施体系，为货币、证券、基金、期货、外汇等金融市场的交易活动提供支持。

随着金融市场快速发展，特别是在当前金融业综合经营趋势明显、跨市场交易日益活跃、金融科技迅猛发展的新形势下，我国金融基础设施在安全与效率方面面临一定挑战，在法制建设、管理统筹、规划建设等方面还有待加强。例如，金融基础设施的准入与退出、日常运营、内部治理、风险管理、技术运维等方面尚缺乏统一的监管标准；部分地方交易场所和新兴科技企业（包括互联网平台）纷纷涉足类金融基础设施服务，存在一拥而上的现象；国际监管改革所要求的统一交易报告库尚未建立，未能实现对全市场数据信息的集中收集。[②]

二、金融科技的基础设施

数字金融是未来的金融形态。国际清算银行总结了印度数字金融基础设施的经验：印度的数字金融基础设施由模块化、开源架构和标准组成，涵盖身份、支付和数据共享三个方面，旨在支持公共和私营部门的创新者在监管框架内研发创新金融产品。印度政府将数字金融基础设施作为公共产品提供，通过开放基础设施的访问来鼓励科技创新，通过监管框架营造公平竞争环境，能够在个人同意的情况下实现数据共享框架为个人赋能。比如，印度创建了强大的应用程序“堆栈”，支持开放、自由和可竞争的数字金融市场，推动金融科技领域的私营部门创新，通过堆栈方法官方建立了一个具有互操作性的支付系统。[③]

数字技术在金融业加速应用，全面渗透至诸多金融细分领域，改造或创新金融产品、经营模式和业务流程，使得金融业务边界逐渐模糊，金融风险传导突破时空限制。在数字经济时代，为了提高金融服务实体经济水平、防控金融风险的能力，推动经济高质量发展，很有必要从理论上厘清对新型金融基础设施的认识。

基于金融科技和监管科技的发展，新型金融基础设施既是国家金融体系和新型基础设施的重要组成，也是现代金融体系和现代化经济体系的关键节点，为金融市场稳健高效运行和发挥资源配置作用提供基础性保障。在硬件设施和制度建设两个层面，新型金融基础设施包括“六要素”：信息基础设施、支付清算系统、会计基础设施、法律基础设施、基础征信系统和数据及治理体系（如图 13–1）。

---

① 焦瑾璞 . 金融市场基础设施建设及监管亟须加强 . 金融时报，2017–1–11（2）.

② 中国人民银行金融稳定分析小组 . 中国金融稳定报告 2020. 北京：中国金融出版社，2020：122–124.

③ 国际清算银行 . 数字金融基础设施：印度的经验 . 刘斌，译 . BIS Papers No.106，2019.

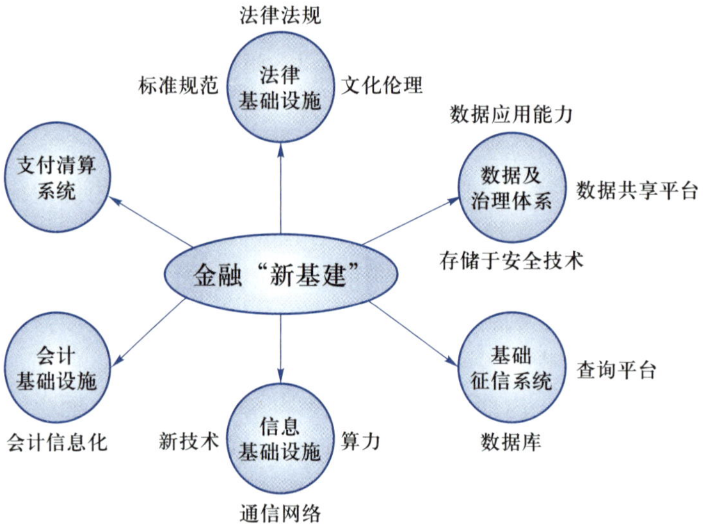

图 13-1　基于金融科技和监管科技发展的新型金融基础设施

金融基础设施不仅是金融运行的平台，也是金融创新与发展的基本环境。未来，金融基础设施可以在金融生态中工作，这个金融生态既包括商业银行、其他金融机构以及新兴数字钱包，也包括零售客户和企业客户。开发者通过开源社区，运用金融科技的开源技术、相关应用以及战略解决方案，能够消除跨多个金融合作伙伴的工作的复杂性，并允许所有类型的应用程序将金融科技服务嵌入其产品。

金融基础设施的类型和质量，在相当程度上决定了金融创新能否发生和金融结构长期演化的方向；在更长的时间尺度上，相互竞争的金融机构乃至金融体系将以此抢占制高点。所以，新型金融基础设施建设需要秉持开放的态度，吸收互联网企业、金融科技公司等多样化机构，让金融和技术企业共同建设金融基础设施；在金融基础设施的运营方面，要由具有公信力和公益性的机构来运营。

三、金融基础设施的功能

金融基础设施的功能，是指金融基础设施作为金融产品和服务的底层设施，将整个金融体系紧密联系起来支撑金融系统发挥正常功能，同时通过一整套规章制度保障金融市场高效、公平、安全运行，从而对经济和金融产生效应和作用。具体而言，金融基础设施是金融生态的核心，在金融市场组织、价格发现、资源配置、经济增长、金融稳定、政策传导、金融安全等方面发挥了重要作用①。

金融基础设施是金融市场的组织者。支付结算体系、交易平台、托管结算系统、交易报告库等金融市场基础设施，为金融市场的运行提供硬件设施和制度安排，将整个金融市场有效地组织起来，支撑金融体系正常发挥功能。

金融基础设施具有价格发现功能。交易平台也是重要的金融市场基础设施，通过

① 焦瑾璞，等. 中国金融基础设施功能与建设研究. 北京：社会科学文献出版社，2019：16-18，62-102.

集中各类市场参与者的报价信息，促成交易，发现价格，确保市场在资源配置中发挥决定性作用，提高资源配置效率，从而促进经济增长。

金融基础设施对金融稳定和安全有重要影响。在微观层面上，高质量的金融基础设施可以通过降低金融主体之间的信息不对称和遏制机会主义行为，从而提高金融资产的安全性，降低金融交易的违约率。在宏观层面上，良好的金融基础设施可以提高金融系统的抗冲击能力，防止金融危机的发生和传染。例如，安全可靠的支付系统能够大大降低金融交易中的信用、流动性和操作风险。

金融基础设施是金融宏观调控的重要平台，是货币政策和财政政策传导的重要媒介。货币政策的有效执行、国债发行和流转，需要依赖交易、清算、结算、托管四类重要的金融市场基础设施的功能。

金融基础设施的以上作用可以概括为三个层次的功能：服务功能、资源配置功能和风险管理功能。服务功能是金融基础设施的本源性功能，为金融资产的登记、清算、结算、交割，证券存管和交易信息记录等提供专业性的金融基础服务。金融基础设施提供和传递信息，为实体经济发展提供成本更低、效率更高和服务更便捷的金融产品和服务，发挥资源配置功能。金融基础设施不仅被动地为资金的聚集和分配提供途径，而且主动地对各类风险进行识别、预警、化解、处置和防范，承担稳定金融市场的重要责任，发挥风险管理功能。

总之，金融基础设施是整个金融生态的核心，支撑金融体系运行，形成经济价值外溢。金融新基建将从两个维度促进金融科技发展：一是通过信息基础设施、征信系统和数据及治理体系的建设，推动金融数字化转型，提升金融服务效率，提高风险控制能力；二是完善法律法规和标准规范等正式制度建设，统筹监管金融基础设施，为金融科技的新产品、新业态、新模式提供保障。

第二节　互联网金融与信息基础设施

信息基础设施，主要指由新一代信息网络技术应用演化生成的底层基础设施。金融科技信息基础设施分为四个层次：以人工智能、云计算、区块链等为代表的新技术基础设施；信息记录与收集、数据分析等数据基础设施；以数据中心、智能计算中心为代表的算力基础设施；账户体系和网络身份认证体系。

一、技术基础设施

新型基础设施是以新发展理念为引领，以技术创新为驱动，以信息网络为基础，面向高质量发展需要，提供数字转型、智能升级、融合创新等服务的基础设施体系。技术基础设施是金融科技基础设施的重要组成部分。

技术基础设施是金融科技的生命线。大数据、人工智能、区块链、物联网等数字技术，是金融机构数字化转型的底层技术。运用数字技术重构核心系统架构与底层系统，推动应用系统“上云”，提升核心系统对互联网业务场景的全时段支撑能力，建设智慧安全运营平台，是金融机构加强技术基础设施的重点。

专栏 13-1

中国工商银行依托前沿科技，打造银行新型基础设施

新一轮信息技术革命以及金融与科技的加速融合，给银行业的商业模式、服务模式和运营模式带来了颠覆性变革。银行业务架构的深刻变化，对支撑业务架构的 IT 架构和基础设施提出了多维度的要求。工商银行积极运用数字技术打造新型基础设施平台，为智能化、生态化的业务系统赋能，为新型银行服务赋能。

在云计算方面，工商银行积极开展云计算体系建设规划，建成了安全可靠、灵活高效的企业级金融云平台，实现从传统集中式 IT 架构到云计算架构的转型。依托云计算基础设施的强大支撑能力，进一步构建了 SaaS 金融生态，推出财资管理云、景区云、政务云、赛博云、商医云、人力云、金融监管服务云、金融风险云、理财托管服务云等产品，通过 G 端带动 B 端和 C 端客户拓展。

在大数据方面，工商银行完成了金融行业大数据技术平台转型，并且将实时数据分析延伸到业务交易过程中，拓展数据服务范围，打造了一个完整的分布式融合数据平台，助力全行数据服务和决策向智能时代跃进。形成了以可靠、高效、易扩展的大数据技术平台为基础，以丰富多样数据服务为输出能力的集技术、数据、服务于一体的大数据服务云生态，打造金融智能革新的新模式。

在人工智能方面，工商银行构建人工智能机器学习平台，集成机器学习、自然语言处理、图像识别、图计算以及 GPU 等技术，研发语义分析、图像识别等服务，分别推进在智能营销、风险防控、智能客服、智能投顾等领域的垂直应用，提升人工智能服务水平。人工智能机器学习平台已在智能投顾、智能客服、电子银行交易反欺诈、支付清算报文自动查询查复等千余个应用场景落地。在自然语言处理方面，对语义分析相关技术和产品进行了深入研究，应用于手机银行语音导航、转账要素识别等智能客服场景，以及运管查询查复场景，进一步提升了智能客服的服务水平，降低了运管人力资源成本；在计算机视觉方面，启动手写体识别研究及原型验证工作，将基于机器学习平台实现 OCR 识别等图像识别技术并进行服务化，为运管集中业务处理平台凭证文字识别等场景提供图像识别服务；在生物识别技术方面，积极开展指纹识别、人脸识别、声纹识别、虹膜识别、静脉识别、语音识别等生物识别技术以及生物识别技术在可穿戴设备中的应用和研究，实现人脸识别在智能终端自助开卡、柜面联网核查、个人手机银行额度调整等业务场景的应用；在机器人流程自动化方面，在同业中率先投产了企业级机器人流程自动化（RPA）平台并推广应用。

在区块链方面，工商银行区块链平台在同业中首家通过工信部区块链权威认证并完成网信办备案，成为行业领先的、金融级安全的企业级区块链技术平台。

此外，围绕6大领域80种场景创新应用，打造出了具有业界影响力的“工银区块链+”品牌，并在支持国密算法、多CA认证、处理性能、可扩展性等方面达到同业领先水平。利用区块链“多方共识、交易溯源、不可篡改”的特点，推动区块链技术在银银合作、银企合作、银政合作等领域的落地实施，构建合作共赢的区块链商业联盟，协助业务部门在客户营销、客户服务、风险管理、运营管理四个方向结合区块链技术进行业务创新，在市场竞争中抢占先机。

在物联网方面，通过加大流数据等数据交换和处理技术的应用，促进数据的流动共享。围绕提升银行风险管控能力、创新客户服务模式、实现科学智能管理等方面，持续开展了物联网技术在银行不同业务领域应用场景的研究，推动物联网技术在各业务领域落地应用。工商银行物联网平台已接入超过100万台设备，为业务运营、机房管理、融资抵质押品监控等领域的应用提供了海量物联数据支撑。

在5G应用创新方面，工商银行基于“金融+科技+生态”融合的整体思路，借助5G、物联网等前沿科技，构建“技术应用+服务功能+场景链接+生态融合”四位一体的智慧服务体系，为客户带来更加安全、便捷、智慧的金融服务体验。基于5G应用，打造新型智慧网点，建设新一代智慧银行旗舰店。

资料来源：刘方洲.新银行业态下的IT架构转型和基础设施建设.金融电子化，2020（7）：14–15.

二、数据基础设施

数据基础设施是传统IT基础设施的延伸，它以数据为中心，让数据存得下、流得动、用得好，使数据要素价值实现最大化。数据基础设施应该涵盖接入、存储、计算、管理和数据使能五个领域，通过汇聚各方数据，提供“采—存—算—管—用”全生命周期的支撑能力，构建全方位的数据安全体系，打造开放的数据生态环境，让数据存得了、流得动、用得好，将数据资源转变为数据资产①。

金融与数据有着天然的联系，从营销获客到用户画像，从业务流转到金融服务，金融业一切业务的开展都基于数据的流动。数据有效应用和价值实现的前提是，构建一个坚实的数据基础设施，必须从数据入手，实现对数据采集、存储、传输、展现、分析与优化全生命周期的管理，为千行百业的用户构建起“数据价值链”，释放数据价值，具体架构如图13–2所示。数据基础设施不仅仅是金融业务的基础技术支撑，也在逐渐升级为驱动金融业务创新和转型的平台和底座。

数据基础设施主要由基础设施层和数据管理层组成。其中，基础设施层包括存储、计算、网络等硬件设施；数据管理层由操作系统、数据库系统及大数据系统组成，构成支撑数据存储及数据全生命周期管理的软件设施。

① 中国信息通信研究院，华为技术有限公司.数据基础设施白皮书2019，2019.

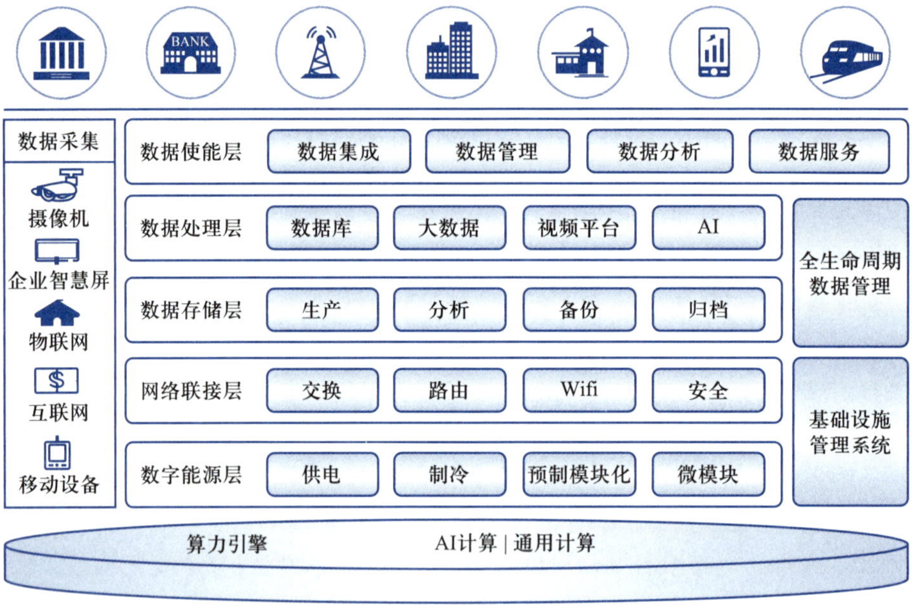

图 13-2　数据基础设施架构

资料来源：康晓宇：《数据基础设施支撑金融科技创新》，《中国金融》2020 年第 22 期。

数据分析方法主要采用大数据和人工智能（AI）技术。大数据是动态实时数据流，具有 5V 特点：volume（大量）、velocity（高速）、variety（多样）、value（低价值密度）、veracity（真实性）。人工智能（Artificial Intelligence，AI）是计算机科学、控制论、信息论、神经生理学、心理学、语言学等多种学科互相渗透而发展起来的一门综合性学科。人工智能领域的研究包括机器人、语言识别、图像识别、自然语言处理和专家系统等。

数据基础设施应具备融合、协同、智能、安全、开放 5 个特征，以帮助企业实现存储智能化、管理简单化和数据价值最大化。比如，在融合方面，需要在异构算例融合、存算融合、数据库存储融合、协议融合、格式融合五个层面进行，进而让数据流动起来，数据使能更加便捷。根据金融科技发展规划的部署，我国金融监管部门正在探索在切实保障个人隐私、商业秘密与敏感数据的前提下，强化金融与司法、社保、工商、税务、海关、电力、电信等行业的数据资源融合应用，加快推进服务系统互联互通，建立健全跨地区、跨部门、跨层级的数据融合应用机制，实现数据资源的有效整合与深度利用。

数据隐私保护是数据基础设施的重要内容。数据隐私保护，是指对企业的敏感数据进行保护的措施。具体方式主要包括：制定法律法规、研发技术方法、规范管理措施三个方面。2018 年 5 月，欧盟开始实施《一般数据保护条例》（GDPR）。自 2021 年 11 月 1 日起施行的《中华人民共和国个人信息保护法》，明确规定了不得过度收集个人信息、大数据杀熟，并对人脸信息等敏感个人信息的处理作出规制。在技术方面，隐私保护的研究领域主要关注基于数据失真的技术、基于数据加密的技术和基于限制发布的技术。在管理领域，各国都在制定一些强制管理措施保护隐私信息。

三、计算能力基础设施

计算能力，即算力，相当于生产率，是加工（处理）投入品（数据）的能力。提供算力是云计算的重要内容。美国国家标准与技术研究院（NIST）将云计算总结为“三类服务方式、四种部署方式和五个特点”：三类服务方式为 IaaS（基础设施即服务）、PaaS（平台即服务）和 SaaS（软件即服务）；四种部署方式为私有云、公有云、混合云和社区云；五个特点包括按需自助、网络访问、资源池、快速弹性配置、可计量服务。

我国金融监管部门正在统筹规划云计算在金融领域的应用，金融机构积极探索与互联网交易特征相适应、与金融信息安全要求相匹配的云计算解决方案，尝试搭建安全可控的金融行业云服务平台，构建集中式与分布式协调发展的信息基础设施架构。目前云计算技术与云体系深入到互联网金融领域，主要体现在金融云方面。云计算不仅重新定义了金融机构的技术部门，核心产品上云是大趋势，也能帮助业务单位进行数字化产品和服务的创新，将业务分类部署。

云计算推动传统的“计算机 + 软件”范式转向“云计算 + 数据”模式。云计算与大数据是密不可分的，云计算服务为大数据应用提供了成本低、灵活性强、性能好的海量存储和大规模计算环境，大数据则基于云计算平台才能实现数据流动、共享、开放，释放巨大潜力。源源不断的数据汇集到云计算服务平台，经过存储、处理、分析后，将增值后的数据提供给用户，实现特定的社会和经济价值。

算力需要物质的载体来实现，数据中心就是载体。数据中心是指按照统一标准建设，为集中存放的具备计算能力、存储能力、信息交互能力的 IT 应用系统提供稳定、可靠运行环境的场所。数据中心的概念不断外延，以前单指互联网数据中心（IDC），现在指以数据为基本管理对象，融合 IDC、云计算、人工智能等技术，集数据、算力、算法三大要素于一身的数据基础设施，提供数据存储、计算处理、数据应用等服务。为了促进金融科技发展，我国正在探索打通金融业数据融合应用通道，破除不同金融业态的数据壁垒，化解信息孤岛，制定数据融合应用标准规范，发挥金融大数据的集聚和增值作用，推动形成金融业数据融合应用新格局，助推全国一体化大数据中心体系建设。

智能计算中心，即智算中心，是基于最新人工智能理论，采用领先的人工智能计算架构，提供人工智能应用所需算力服务、数据服务和算法服务的公共算力新型基础设施，通过算力的生产、聚合、调度和释放，高效支撑数据开放共享、智能生态建设、产业创新聚集，推动数字经济、智能产业、智慧城市和智慧社会应用与生态健康发展[①]。与云数据中心和超算中心相比，智算中心是新型算力公共基础设施，更强调以智生智，通过构建领先的人工智能算力基础设施来承载 AI 技术创新，促进数据开放共享，加速智能生态建设，带动智能产业的聚合。

计算基础设施建设得到了国内产业界的积极响应。阿里云宣布建设面向未来的数

① 国家信息中心信息化和产业发展部，浪潮 . 智能计算中心规划建设指南，2020.

据中心，继续深化“飞天”操作系统，持续加大芯片、服务器、交换机、网络等领域的自研力度。百度全面发力“智能计算”，在数据中心、算力与芯片、云存储、边缘计算、网络设施等方面不断投入，借助在智能计算方面的先发优势，积极打造统一的算力新系统。腾讯云宣布布局计算基础设施，以数据中心网络互连（DC-I）、超级计算集群等为抓手，全面提升腾讯云的计算能力。华为持续聚焦国内技术短板，全面推进“鲲鹏＋升腾”基础芯片族的建设工作，积极打造集“CPU、NPU、GPU、存储控制、网络互连、智能管理”于一体的强大算力支持。

四、网络身份认证体系

2007 年 8 月 1 日起施行的《金融机构客户身份识别和客户身份资料及交易记录保存管理办法》规定，金融机构应当识别客户身份，了解实际控制客户的自然人和交易的实际受益人，核对客户的有效身份证件或者其他身份证明文件，登记客户身份基本信息，并留存有效身份证件或者其他身份证明文件的复印件或者影印件。该办法第十七条提出，金融机构利用电话、网络、自动柜员机以及其他方式为客户提供非柜台方式的服务时，应实行严格的身份认证措施，采取相应的技术保障手段，强化内部管理程序，识别客户身份。

目前，以非面对面方式进行身份识别的技术主要有人脸识别、声纹、指纹、虹膜等生物识别技术。比如，人脸识别技术通过算法，对人的五官位置、脸的形状及各个器官所组成的角度进行计算分析识别。人脸识别容易受光线、视频角度、化妆整容等因素影响，存在被伪造、被操控的风险。声纹、指纹、虹膜等生物识别技术存在缺乏生物识别信息技术标准，生物识别特征被盗用、伪造、冒用等风险。国外积极探索将金融科技应用到客户身份识别以改善客户体验，比如，2009 年 5 月美国提出构建“网络空间可信任的身份生态系统”战略。

在线交易中身份认证日益重要但同时也面临挑战，数字化客户身份识别如今已经成为金融行业里的一种“刚需”。银行、数字钱包服务提供商、金融科技公司一直在加大投资“了解你的客户”（KYC）客户身份识别基础设施。比如，全球 LEI 基金会（GLEIF）一方面与公私行业合作，加快 ISO 标准化速度，改变全球监管框架，开展数据映射，提高地区以及全球的效率和透明度；另一方面大力推动证书颁发机构（CA）将全球法人识别编码（LEI）包含到数字证书中，并通过与 CA 行业合作将嵌入过程标准化。GLEIF 此举为数字交换中的身份管理提供了支持，有助于提高效率，增进数字证书生态系统的信任，并有望通过数据融合，改进治理，提高透明度，显著改善业已失灵的 KYC 系统，增强交易信任。①

我国正在健全网络身份认证体系。构建适应互联网时代的移动终端可信环境，充分利用可信计算、安全多方计算、密码算法、生物识别等信息技术，建立健全兼顾安全与便捷的多元化身份认证体系，不断丰富金融交易验证手段，保障移动互联环境下

① 人民银行南京分行. 在线业务交易中信任的重要性, 2020-09-02.

的金融交易安全，提升金融服务的可得性、满意度与安全水平。综合运用数字签名技术、共识机制等手段，强化金融交易报文规范管理，保障金融交易过程的可追溯和不可抵赖，提升金融交易信息的真实性、保密性和完整性。积极探索新兴技术在优化金融交易可信环境方面的应用，稳妥推进分布式账本等技术验证试点和研发运用。

第三节　互联网金融与金融业规制

金融基础设施“软件”主要是指金融业规制，具体包括金融法规制度建设、会计标准、信用环境、反洗钱和金融消费权益保护等。下面介绍互联网金融基础设施的“软件”部分。

一、金融科技法律体系

金融科技法律体系是金融科技业态运行的制度保障，是由调整不同领域的金融科技关系的法律规范所组成的有机统一的整体，防范金融科技发展过程中的风险，包括金融科技的法律、法规、政策体系。我国专门的金融科技法律法规有以下几方面。

1. 纲领性文件

2015 年 7 月，中国人民银行等十部门颁发的《关于促进互联网金融健康发展的指导意见》指出，互联网金融是传统金融机构与互联网企业利用互联网技术和信息通信技术实现资金融通、支付、投资和信息中介服务的新型金融业务模式。《指导意见》按照“依法监管、适度监管、分类监管、协同监管、创新监管”的原则，确立了互联网支付、网络借贷、股权众筹融资、互联网基金销售、互联网保险、互联网信托和互联网消费金融等互联网金融主要业态的监管职责分工，落实了监管责任，明确了业务边界。

2019 年 8 月，中国人民银行印发的《金融科技（FinTech）发展规划（2019—2021 年）》指出，金融科技是技术驱动的金融创新，旨在运用现代科技成果改造或创新金融产品、经营模式、业务流程等，推动金融发展提质增效。《规划》提出，到 2021 年，建立健全我国金融科技发展的“四梁八柱”，进一步增强金融业科技应用能力，实现金融与科技深度融合、协调发展，明显增强人民群众对数字化、网络化、智能化金融产品和服务的满意度，推动我国金融科技发展居于国际领先水平，实现金融科技应用先进可控、金融服务能力稳步增强、金融风控水平明显提高、金融监管效能持续提升、金融科技支撑不断完善、金融科技产业繁荣发展。

2. 银行法规

法律：《中华人民共和国银行业监督管理法》《中华人民共和国商业银行法》。

其他规范性文件：《电子银行业务管理办法》《电子银行安全评估指引》《关于加强商业银行与第三方支付机构合作业务管理的通知》《中国人民银行关于加强银行卡收单业务外包管理的通知》《关于银行业金融机构远程开立人民币账户的指导意见（征求意

见稿）》《商业银行互联网贷款管理暂行办法》等。

2020年7月，银保监会发布实施《商业银行互联网贷款管理暂行办法》。《办法》将互联网贷款定义为“商业银行运用互联网和移动通信等信息通信技术，基于风险数据和风险模型进行交叉验证和风险管理，线上自动受理贷款申请及开展风险评估，并完成授信审批、合同签订、贷款支付、贷后管理等核心业务环节操作，为符合条件的借款人提供的用于消费、日常生产经营周转等的个人贷款和流动资金贷款。”《办法》共七章七十条，分别为总则、风险管理体系、风险数据和风险模型管理、信息科技风险管理、贷款合作管理、监督管理和附则。

3. 保险法规

法律：《中华人民共和国保险法》。

其他规范性文件：《互联网保险业务监管暂行办法》《关于规范人身保险公司经营互联网保险有关问题的通知（征求意见稿）》《互联网保险业务信息披露管理细则》《中国保险监督管理委员会关于提示互联网保险业务风险的公告》《中国保监会关于专业网络保险公司开业验收有关问题的通知》。

2020年12月，银保监会颁布修订后的《互联网保险业务监管办法》，自2021年2月1日起施行。《办法》明确了“互联网保险业务”的定义，即“保险机构依托互联网订立保险合同、提供保险服务的保险经营活动。”《办法》共五章八十三条，具体包括总则、基本业务规则、特别业务规则、监督管理和附则。

4. 第三方支付

法律：《中华人民共和国票据法》《中华人民共和国中国人民银行法》《中华人民共和国反洗钱法》《中华人民共和国商业银行法》。

其他规范性文件：《非金融机构支付服务管理办法》《非金融机构支付服务管理办法实施细则》《支付机构互联网支付业务管理办法》《非银行支付机构网络支付业务管理办法》《支付机构反洗钱和反恐怖融资管理办法》《支付机构跨境电子商务外汇支付业务试点指导意见》《电子支付指引（第一号）》《非金融机构支付服务业务系统检测认证管理规定》《支付结算办法》《中国人民银行关于手机支付业务发展的指导意见》《决定对从事支付清算业务的非金融机构进行登记的公告》《支付机构客户备付金存管办法》《银行卡业务管理办法》《银行卡收单业务管理办法》《支付机构预付卡业务管理办法》《关于进一步加强预付卡业务管理的通知》等。

5. 网络小额贷款

法律：《中华人民共和国民法典》《中华人民共和国合同法》《中华人民共和国担保法》。

其他规范性文件：《网络借贷信息中介机构业务活动管理暂行办法》《关于规范整顿“现金贷”业务的通知》《关于开展“现金贷”业务活动清理整顿工作的通知》《关于进一步加强校园贷规范管理工作的通知》《关于对“现金贷”业务进行规范整顿通知》《关于网络借贷信息中介机构转型为小额贷款公司试点的指导意见》《关于加强小额贷款公司监督管理的通知》等。

2020年11月，中国银保监会、中国人民银行颁布《网络小额贷款业务管理暂行办法（征求意见稿）》。征求意见稿明确网络小额贷款业务的定义，即：小额贷款公司利用大数据、云计算、移动互联网等技术手段，运用互联网平台积累的客户经营、网络消费、网络交易等内生数据信息以及通过合法渠道获取的其他数据信息，分析评定借款客户信用风险，确定贷款方式和额度，并在线上完成贷款申请、风险审核、贷款审批、贷款发放和贷款回收等流程的小额贷款业务。征求意见稿共七章四十三条，包括总则、业务准入、业务范围和基本规则、经营管理、监督管理、法律责任和附则。

6. 其他法律法规

法律：《中华人民共和国电子签名法》《电子认证服务管理办法》《非法金融机构和非法金融业务活动取缔办法》《网络交易管理办法》等。

在网络安全和信息安全方面的法律法规：2016 年 11 月 7 日，全国人大通过《中华人民共和国网络安全法》，自 2017 年 6 月 1 日起施行。2021 年 6 月 10 日，全国人大通过《中华人民共和国数据安全法》，自 2021 年 9 月 1 日起施行。2021 年 8 月 20 日，全国人大通过《中华人民共和国个人信息保护法》，自 2021 年 11 月 1 日起施行。在《个人信息保护法》中，“金融账户”被列为敏感个人信息。

2020 年 9 月，《中国人民银行金融消费者权益保护实施办法》发布，自 2020 年 11 月 1 日起施行。修订后的《办法》升格为部门规章，以中国人民银行令〔2020〕第 5 号形式发布实施。《办法》共七章六十八条，涵盖金融机构行为规范、消费者金融信息保护、金融消费争议解决、监督与管理机制等内容。根据《办法》，金融消费者是指购买、使用银行、支付机构提供的金融产品或者服务的自然人。银行开展业务管理，支付机构提供支付服务，适用《办法》规定。商业银行理财子公司、金融资产管理公司、信托公司、汽车金融公司、消费金融公司以及征信机构、个人本外币兑换特许业务经营机构参照适用本办法。

二、金融科技标准规范

金融业标准是金融行业需要共同遵守的统一规范和通用语言，是能对金融业务活动做出明确界定并作为衡量相关金融行为的参考系。比如，《巴塞尔协议Ⅲ》对资本质量的计算和对资本充足率的确定，以及上市公司信息披露的规定等[①]。

标准是金融科技发展的重要抓手，是加强金融科技治理的重要手段，国际社会大力推进国际金融数据标准化。2015 年，英国发布《开放银行标准框架》，规划了相关标准研制的路线图、时间表和治理体系。2019 年，美国众议院通过《金融科技保护法案 H.R.56-Financial Technology Protection Act》，要求所有新技术的开发应用都应基于全球通行的标准。2020 年，金融稳定理事会（FSB）全球法人识别编码体系监管委员会（ROC）修订章程，提出执行委员会的成员应来自强制使用唯一交易识别编码（UTI）、唯一产品识别编码（UPI）、关键数据要素（CDE）的国家，以确保相关编码治理决策

① 周小川 . 金融业标准制定与执行的若干问题 . 中国金融，2012（1）：9-14.

的相关性和有效性。[①]

我国金融科技标准体系逐步完善。我国金融标准供给由2015年以前的政府单一供给，转变为目前“政府+市场”双向供给。现行有效政府主导制定金融业国家标准、行业标准344项，市场主导制定金融团体标准47项、企业标准约4 200多项。金融科技相关领域基本做到了有标可依，70多项金融科技标准涉及云计算、区块链、人工智能、大数据等新技术应用，以及数据交换、安全风控、个人金融信息保护等各个方面，为金融科技检测、认证提供了依据，支撑了金融科技应用和包容审慎监管需要。我国专家正在积极牵头编制移动支付、区块链、绿色金融等多项国际标准，有关机构已经为欧洲、北美等多家国外厂商的安全芯片、安全单元在移动金融领域的应用，提供了检测认证服务。

我国推进金融科技标准化工作的典型做法主要可分为以下两个方面。在标准制定方面，积极提炼行业最佳实践，组织制定金融科技术语等基础性标准，研制大数据、物联网、机器学习、区块链等在金融业应用的技术与安全规范，不断完善金融科技标准体系。在标准实施方面，培育建设权威专业的国家金融科技安全评估机构，依托金融科技国推认证体系，健全检测认证采信机制，增强金融科技标准实施与转化。有关国家机关和机构进行的工作例举如下：

（1）国家市场监督管理总局和中国人民银行联合发布关于《金融科技产品认证目录（第一批）》及《金融科技产品认证规则》，以标准落地实施为手段，持续强化金融科技安全与质量管理，切实防范因技术产品质量缺陷引发的风险向金融领域传导，着力提升金融科技守正创新能力和综合治理水平。

（2）中国支付清算协会推出“金融科技产品认证管理平台”，为金融科技产品检测认证工作提供服务，规范检测认证流程，实现检测认证的过程可追溯、结果可核查。同时建立健全白名单、信息共享等机制，持续优化金融科技产品国推认证自律管理体系。为金融科技服务主体强化金融科技风险管理，防范因技术产品质量缺陷引发的风险提供平台支持。目前，金融科技产品认证安全评估白名单已有40条记录，涉及“辨识算法”“终端安全”“活体检测”等检测项目。

（3）中国互联网金融协会通过加强技术研究、成立标准研究院等方式，不断推动金融标准化服务发展。牵头制定云计算金融应用、信息披露等团体标准，发布2019年网上银行服务企业标准“领跑者”名单，成立区块链研究工作组，积极推进金融领域区块链应用系统通用评价规范、区块链跨链协议、区块链开源软件测评和区块链供应链金融应用规范等团体标准研制工作。

三、金融信息保护体系

消费者金融信息，是指银行、支付机构通过开展业务或者其他合法渠道处理的消

---

① 2020年12月29日，中国人民银行科技司杨富玉出席“金融科技背景下的金融标准化建设”闭门研讨会，发表“加强金融科技质量基础设施建设”的主旨演讲。后文关于金融科技标准的论述参见杨富玉．加强金融科技质量基础设施建设，2021-01-13。

费者信息，包括个人身份信息、财产信息、账户信息、信用信息、金融交易信息及其他与特定消费者购买、使用金融产品或者服务相关的信息。金融科技的金融信息保护体系，目的是建立金融信息安全风险防控长效机制，加强金融信息全生命周期安全防护，强化金融信息保护内部控制管理，防止金融信息泄露和滥用。

《中国人民银行金融消费者权益保护实施办法》专设一章，明确了消费者金融信息保护的相关规定。消费者金融信息的范围包括：①个人身份信息，包括个人姓名、性别、国籍、民族、身份证件种类号码及有效期限、职业、联系方式、婚姻状况、家庭状况、住所或工作单位地址及照片等；②财产信息，包括个人收入状况、拥有的不动产状况、拥有的车辆状况、纳税额、公积金缴存金额等；③账户信息，包括账号、账户开立时间、开户行、账户余额、账户交易情况等；④信用信息，包括信用卡还款情况、贷款偿还情况以及个人在经济活动中形成的，能够反映其信用状况的其他信息；⑤金融交易信息，包括银行业金融机构在支付结算、理财、保险箱等中间业务过程中获取、保存、留存的个人信息和客户在通过银行业金融机构与保险公司、证券公司、基金公司、期货公司等第三方机构发生业务关系时产生的个人信息等；⑥衍生信息，包括个人消费习惯、投资意愿等对原始信息进行处理、分析所形成的反映特定个人某些情况的信息；在与个人建立业务关系过程中获取、保存的其他个人信息。

保护消费者金融信息，必须合法处理消费者金融信息，包括消费者金融信息的收集、存储、使用、加工、传输、提供、公开等。比如，银行、支付机构处理消费者金融信息，应当遵循合法、正当、必要原则，经金融消费者或者其监护人明示同意，但是法律、行政法规另有规定的除外。银行、支付机构不得收集与业务无关的消费者金融信息，不得采取不正当方式收集消费者金融信息，不得变相强制收集消费者金融信息。银行、支付机构收集消费者金融信息用于营销、用户体验改进或者市场调查的，应当以适当方式供金融消费者自主选择是否同意；通过格式条款取得消费者金融信息收集、使用同意的，应当在格式条款中明确收集消费者金融信息的目的、方式、内容和使用范围，并在协议中以显著方式尽可能通俗易懂地向金融消费者提示该同意的可能后果。银行、支付机构应当按照法律法规的规定和双方约定的用途使用消费者金融信息，不得超出范围使用；应当对消费者金融信息严格保密，不得泄露或者非法向他人提供等。

加强消费者金融信息保护的典型做法有：①在收集环节，明确展示信息使用的目的、方式和范围，并获得金融信息主体的授权同意。②在传输环节，采用安全通信协议、关键数据加密等措施，加强传输过程的安全防护。③在存储环节，对关键字段进行散列存储或加密存储，严控存储设备和介质的访问权限。④在使用环节，严控信息使用范围，确保专事专用，保障中间节点不归集、不截留。⑤在销毁环节，采取技术手段确保删除的信息不可被检索和访问，销毁的信息不可恢复。

专栏 13-2

金融信息保护案例

案例 1：建设银行推广数字水印数据安全组件平台，通过对数据使用全过程进行安全管控，实现数据实名使用、按需最小授权、存储及传输加密、使用行为记录等安全要求；同时引入数字水印功能，应用于屏幕显示、文件拷贝、打印输出等各环节。建设银行已在大连市分行4 600台办公终端及业务终端部署该平台，实现敏感信息使用过程的记录、追踪及溯源，进一步提升金融信息安全保护能力。

案例2：非银行支付机构网络支付清算平台高度重视金融信息安全风险防控，制定企业级高标准安全规范，对于个人金融信息安全进行全生命周期管控。一是保障数据传输安全性，采用专网专线访问的网络隔离方案及白名单访问规则，丢弃不符合规范的报文，有效隔绝了公网访问带来的网络攻击、伪造交易等；二是确保交易过程中数据的完整性、保密性、不可抵赖性，通过数字签名、对称加密等密码技术，采取"一次一密"机制，有效确保交易过程安全；三是保证数据使用安全，制定数据最小访问权限管理方案，访问数据需要通过业务评审、技术评审和各级领导审核来进行数据访问授权，确保在保障业务平稳运行的同时保障数据的安全访问。

四、金融消费者合法权益保护体系

金融消费者是金融市场的重要参与者，也是金融业持续健康发展的推动者。金融消费者的合法权益包括八项：财产安全权、知情权、自主选择权、公平交易权、依法求偿权、受教育权、受尊重权、信息安全权等基本权利。

保护金融消费者合法权益的任务要点是，建立健全适应金融科技发展的消费者权益保护机制，督促指导金融机构切实履行金融消费者投诉处理主体责任，完善投诉处理程序，接受社会监督，切实保护金融消费者合法权益。

近年来，金融监管部门出台了多项法律法规措施，在金融机构产品设计和营销、提供服务、宣传教育等环节，建立重大突发事件协作机制、金融知识普及长效机制、金融消费纠纷多元化解决机制，完善监督管理机制，提升金融消费者权益保护水平，提高监管法规的层级和效力。《中国人民银行金融消费者权益保护实施办法》明确规定：金融机构不得利用技术手段、优势地位，强制或变相强制金融消费者接受金融产品或服务；不得通过附加限制性条件的方式要求消费者购买、使用协议中未作明确要求的产品或服务；不得明示或者暗示保本、无风险或者保收益等，对非保本投资型金融产品的未来效果、收益或者相关情况作出保证性承诺；对金融产品和服务进行信息披露时，应当使用有利于金融消费者接收、理解的方式。

保护金融消费者合法权益的典型做法主要有以下几点。①组织架构方面，建立金融消费者权益保护专职部门或者指定牵头部门，明确部门及人员职责。②管控机制方面，通过事前审查及时发现并更正金融科技产品和服务中可能损害金融消费者合法权益的问题；通过事中管控履行金融科技产品和服务营销宣传中需遵循的基本程序和标准，完善投诉处理流程；通过事后监督做好金融科技产品和服务的售后管理，及时调整存在问题或者隐患的金融产品和服务规则。③应急处置方面，完善金融科技产品突发事件应急处置机制，制定先行赔付、保险补偿等保护金融消费者合法权益的具体措施。④第三方解决渠道建设方面，中国人民银行分支机构设立投诉转办服务渠道。金融消费者可以通过银行、支付机构住所地、合同签订地或者经营行为发生地的中国人民银行分支机构投诉。通过电子商务、网络交易购买、使用金融产品或者服务的金融消费者，可以通过银行、支付机构住所地的中国人民银行分支机构进行投诉。

例如，微众银行联合官方仲裁机构基于区块链底层平台 FISCO BCOS 推出司法行业区块链应用“仲裁链”，实现了验、签、存、裁的电子证据闭环，仲裁链将实时保全的数据通过智能合约形成证据链，满足证据真实性、合法性、关联性的要求，实现证据及审判的标准化，有效提升了金融纠纷仲裁效率，保障金融消费者合法权益。

第四节　金融科技监管基础设施

2020 年 3 月，中国人民银行等六部门联合印发的《统筹监管金融基础设施工作方案》提出，中国金融基础设施统筹监管范围包括金融资产登记托管系统、清算结算系统（包括开展集中清算业务的中央对手方）、交易设施、交易报告库、重要支付系统、基础征信系统等六类设施及其运营机构。本书介绍金融科技的四类统筹监管金融基础设施。

一、支付清算系统

支付清算系统，又称支付系统，是一个国家或地区对伴随着经济活动而产生的交易者之间、金融机构之间的债权债务关系进行清偿的系统。支付清算基础设施是金融系统的“管道”，作为金融系统底层影响着资金如何融通，金融资源如何配置，金融风险如何转移及金融政策如何传导。

非银行支付机构网络支付清算平台（简称“网联”）是国家级金融基础设施，为支付机构提供统一、公共的资金清算服务。自 2018 年 6 月 30 日起，非银行支付机构受理的涉及银行账户的网络支付业务必须全部通过网联平台进行处理，此后第三方支付业务由直连模式迁移到网联清算平台处理。网联在支付机构与银行之间搭建了一个平台，所有的支付机构与网联直接相连，而银行与网联相连，有助于央行对客户交易进行监管。

网联平台全面采用分布式云计算架构，实现了“高性能、高可用、高扩展、高一致、高安全、高可控”的六高建设目标。网联平台的创新体现在以下几个方面：一是建成全球领先、多点多活部署的“三地六中心”技术架构，基于应用、数据库、网络、数据中心及城市的五层容灾体系，实现了城市级容灾能力以及机房故障 1 分钟内隔离能力；二是创新地提出“空间维度”和“时间维度”分布式理念，通过交易分布式处理和账户离散化配置，具备了超过 25 万笔 / 秒的交易峰值处理能力以及 2 万笔 / 秒的备付金出金峰值处理能力，通过小时级对账及单日多场清算设计，支撑每日十亿量级批量处理；三是基于应用、数据库动态扩缩容等架构特性，支持交易爆发式增长，自主研发的海量数据监控平台具备高并发场景下秒级故障发现能力。

2019 年成立的跨境银行间支付清算有限责任公司（简称跨境清算公司），负责人民币跨境支付系统（CIPS 系统）的开发运行维护，开展参与者服务、产品创新、标准建设和市场拓展等工作，为境内外金融机构和中国人民银行允许的其他机构提供人民币跨境支付清算服务、数据处理服务、信息技术服务和投资人委托的其他相关业务，以及经中国人民银行批准的其他业务和服务。跨境清算公司依托开放 API 和 SDK 等，实现了对 CIPS 标准的有效投递，与中小金融机构跨境业务、交易后结算业务等场景无缝衔接，为多种报文标准之间格式转换、全球法人识别编码（LEI）应用等实务需求提供工具支持，进一步提升标准服务能力。

网上支付跨行清算系统作为第二代支付系统的核心业务子系统，于 2010 年 8 月 30 日先期投产运行，并于 2011 年 1 月 24 日推广至全国，主要支持网上支付等新兴电子支付业务的跨行（同行）资金汇划处理。网上支付跨行清算系统采取实时传输及回应机制，可处理跨行支付、跨行账户信息查询以及在线签约等业务，客户通过商业银行的网上银行可以足不出户办理多项跨行业务。

中国人民银行清算总中心是为中央银行、商业银行和全社会提供支付清算及相关服务的全国性金融服务组织，担负中国人民银行支付清算系统建设、运行、维护和管理的职责。清算总中心负责建设、运行、维护、管理的支付清算系统包括：大额实时支付系统（HVPS）、小额批量支付系统（BEPS）、网上支付跨行清算系统（IBPS）、境内外币支付系统（CFXPS）。2019 年，清算总中心建成人民银行联网核查系统。2020 年，清算总中心进一步建成人民银行数据交换管理平台，助力各金融基础设施间、金融基础设施与相关金融机构间数据的高效共享。①

二、基础征信系统

信用是金融的核心，征信是促进守信、提高信用意识的手段和措施。征信是指为了满足从事信用活动的机构在信用交易中对信用信息的需要，专业化的征信机构依法采集、保存、整理和加工自然人、法人及其他组织的信用信息，并向在经济活动中有合法需求的信息使用者提供信用报告、信用评估、信用信息咨询等服务，帮助客户判断、控制信用风险，进行信用管理的活动。我国使用“征信”一词来概括对企业和个人的信用调查。征信体系是现代金融体系运行的基石。

征信服务是准公共服务，是重要的金融基础设施。近年来，我国征信和社会信用体系建设不断发展壮大，已经形成了初具规模的“政府 + 市场”双轮驱动模式。中国人民银行征信中心负责企业和个人征信系统（即金融信用信息基础数据库，又称企业和个人信用信息基础数据库）的建设、运行和维护，发挥了征信系统作为我国重要金融基础设施的作用。2020 年 1 月 19 日起，征信中心面向社会公众和金融机构提供二代格式信用报告查询服务。

---

① 贝劲松 . 金融基础设施数据融合应用实践 . 中国金融，2021（3）：54-55.

2018 年 3 月，中国互联网金融协会与芝麻信用、腾讯征信、前海征信、考拉征信、鹏元征信、中诚信征信、中智诚征信、华道征信八家市场机构共同发起组建我国第一家个人征信市场化机构——百行征信有限公司。百行征信主要专注于征信、信用评估、信用评级、数据库管理等业务，是一家从事个人征信、企业征信及相关产业链开发的信用信息产品与服务供应商，与国家金融信用信息基础数据库形成了错位发展。

三、数字资产交易系统

数字资产（digital assets）是指企业或个人拥有或控制的，以电子数据形式存在的，在日常活动中持有以备出售或处于生产过程中的非货币性资产。数字资产交易系统，是组织、协会或团体为数字资产买卖双方提供的相关市场或设施，是数字经济中优化数字资源配置效率的“系统重要性金融基础设施”（SIFMUs）。

2015 年，国务院颁发的《促进大数据发展行动纲要》明确提出，引导培育大数据交易市场，开展面向应用的数据交易市场试点，探索开展大数据衍生产品交易，鼓励产业链各环节市场主体进行数据交换和交易，促进数据资源流通，建立健全数据资源交易机制和定价机制，规范交易行为。2020 年 4 月，《中共中央国务院关于构建更加完善的要素市场化配置体制机制的意见》提出，加快培育数据要素市场，建立健全数据产权交易和行业自律机制。

在国家政策的积极推动、地方政府和产业界的带动下，各地积极探索大数据交易系统。目前，我国地方性的大数据交易所有贵阳大数据交易所、西咸新区沣西大数据产业发展平台、武汉东湖大数据交易中心、华东江苏大数据交易中心、哈尔滨数据交易中心、上海数据交易中心、华中大数据交易所、重庆大数据交易市场、浙江大数据交易中心等。

四、创新监管体系

2019 年，国际清算银行对金融科技提出三层监管框架：传统意义上的金融监管（核心目标是促进金融稳定和保护金融消费者）、竞争监管（特别针对大型科技公司的金融科技业务）和数据隐私监管。这三方面监管之间存在复杂的交错和协同关系，与金融科技有关的监管问题还包括监管沙盒和监管技术。

2020 年 10 月，中国人民银行金融科技委员会发布了《中国金融科技创新监管工具白皮书》，从监管框架、运行机制、实施规程、穿透式分析方法等方面，设计了多角度、全景式、专业化的 30 多项监管规则，建设了统一的管理服务平台，打造了符合我国国情且与国际接轨的创新监管工具。创新监管工具探索建立更具穿透性与专业性的创新监管框架，提升金融科技创新监管效能。

在创新服务机制方面，创新监管工具积极打造创新试错容错与辅导优化机制，强化产用对接、政企协同与供需撮合，为市场主体提供全方位、立体式、专业化的监管服务支撑，主要体现在四个方面：一是开展创新辅导。借鉴业务流程建模（BPM）、统一建模语言（UML）等分析工具，引入合作关系分析法（CRA）、数据流式分析法（DFA）、资金链式分析法（CCA），提升安全与普惠水平。二是构建创新试错容错空间。营造“允许出错、及时纠错、快速改错”的创新氛围，构建具有“容错”能力的测试空间。三是搭建政产用对接平台。创新监管工具充分发挥缩小版真实场景“一端连市场、一端连政府、一端连用户”优势，协同赋能金融科技创新发展。四是完善创新成果转化机制。通过标准化手段增强创新生命力，搭建展示平台提升创新影响力，强化政策扶持力度降低创新转化成本。

此外，创新监管工具还能加强监管科技应用，建立健全数字化监管规则库和风险监测分析模型，通过 API 等手段获取金融活动全环节风险信息和业务数据以便识别、防范和化解风险，引导金融机构积极配合实施穿透式监管，持续有效满足金融监管要求。典型做法是探索“一库、一谱、一平台”的创新监管模式：一是搭建监管规则库，从纸质、电子文档中抽取关键词，形成结构化监管规则，实现监管规则形式化处理。二是构建监管知识图谱，对库内规则进行分类、消歧和整合，并计算关联关系，实现监管规则数字化转译。三是建设数字监管平台，实现监管规则程序化服务。

目前，我国正在探索构建中国版监管沙盒，打造新型监管工具，引导持牌金融机构和科技公司守正创新、规范发展。监管沙盒是一个受监管的安全测试区，通过对必要的测试设立限制性条件和制定消费者权益保护措施，允许金融科技公司在真实的市场环境中，以真实的消费者为对象测试创新性金融产品、服务和商业模式，金融监管当局会对测试过程进行监控并对情况进行评估，以判定是否给予正式的监管授权，在沙盒之外予以推广。

此外，央行正在推动建设国家级金融科技认证中心、测评中心、发展中心以及风险监控中心等重要基础设施。

本章小结

本章讲述了金融基础设施的内涵与功能，金融科技的基础设施是广义的金融基础设施，既包括金融基础设施的数字化改造，还包括技术、数据、算力等新型基础设施。金融科技的基础设施可以分为三个层次。一是信息基础设施，主要包括数字技术基础设施、数据基础设施、算力基础设施、网络身份认证体系等。二是金融业规制基础设施，主要包括法律体系、标准规范、信息保护体系、金融消费者合法权益保护体系等。三是金融科技监管基础设施，主要包括支付清算系统、基础征信系统、数字资产交易系统、创新监管体系等。伴随着技术革命和金融科技发展，金融科技的基础设施的内涵和外延会不断拓展和丰富。

本章重要概念

金融基础设施　金融科技信息基础设施　技术基础设施　数据基础设施　智能计算中心　金融科技　法律体系　金融业标准　消费者金融信息　数字资产交易系统

即测即评

本章思考题

1. 简述金融基础设施和金融科技基础设施的概念和内涵。
2. 简述金融科技信息基础设施。
3. 简述商业银行如何搭建技术基础设施。
4. 简述如何健全网络身份认证体系。
5. 简述加强消费者金融信息保护的措施。
6. 简述保护金融消费者合法权益的做法。
7. 简述金融科技创新监管工具在创新服务机制方面的做法。

参考文献

［1］白钦先．比较银行学．郑州：河南人民出版社，1989.
［2］白钦先．百年金融的历史性变迁．国际金融研究，2003（2）：59-63.
［3］白钦先，谭庆华．论金融功能演进与金融发展．金融研究，2006（7）：41-52.
［4］中国互联网金融协会金融科技发展与研究专委会．全球视野下中国金融科技应用与发展．北京：中国金融出版社，2020.
［5］杜军，韩子惠，焦媛媛．互联网金融服务的盈利模式演化及实现路径研究：以京东供应链金融为例．管理评论，2019，31（8）：277-294.
［6］丁苗．财经门户网站发展趋势及信息构建现状研究．时代金融，2015，（12）：51-52.
［7］戴维·劳伦斯．消费金融真经：个人贷款业务全流程指南（原书第2版）．北京：机械工业出版社，2017.
［8］冯科，宋敏．互联网金融理论与实务．北京：清华大学出版社，2016.
［9］范一飞．中国法定数字货币的理论依据和架构选择．中国金融，2016（17）：10-12.
［10］黄达．金融学（精编版）．北京：中国人民大学出版社，2009.
［11］胡娟．第三方支付技术与监督．北京：北京邮电大学出版社，2016.
［12］何平平．消费金融和供应链金融．北京：清华大学出版社，2018.
［13］何平平，车云月．互联网金融．北京：清华大学出版社，2017.
［14］黄英君．中国互联网保险发展变迁与路径选择研究．西南金融，2017（3）：30-37.
［15］宫晓林．互联网金融模式及对传统银行业的影响．南方金融，2013（5）：86-88.
［16］柯新生，王晓佳．网络支付与结算．北京：电子工业出版社，2016.
［17］李博，董亮．互联网金融的模式与发展．中国金融，2013（10）：19-21.
［18］李东荣．中国互联网金融发展报告．北京：社会科学文献出版社，2016.
［19］李婧．我国第三方支付规范发展研究：基于互联网金融发展趋势．改革与战略，2017，33（7）：101-103，107.
［20］李建军，王德．搜寻成本网络效应与普惠金融的渠道价值：互联网借贷平台与商业银行的小微融资选择比较．国际金融研究，2015（12）：56-64.
［21］李建军，彭俞超．金融科技学．北京：高等教育出版社，2021.
［22］刘力臻．互联网金融：机理·特征·监管·趋势．当代经济研究，2014（12）：28-34，97.

[23] 刘士宁 . 供应链金融的发展现状与风险防范 . 中国物流与采购，2007（7）：68-69.
[24] 腊阳，山丘 . 互联网消费金融 . 北京：机械工业出版社，2020.
[25] 罗伯特，希勒 . 金融与好的社会 . 北京：中信出版社，2012.
[26] 陆强华，杨志宁 . 深度支付 . 北京：中国金融出版社，2018.
[27] 彭海昕 . 关于我国供应链上金融服务现状与问题的探讨 . 暨南大学，2007.
[28] 祁明，肖林 . 虚拟货币：运行机制、交易体系与治理策略 . 中国工业经济，2014（4）：110-122.
[29] 孙国茂 . 互联网金融：本质、现状与趋势 . 理论学刊，2015（3）：44-57.
[30] 史浩 . 互联网金融支付 . 北京：中国金融出版社，2016.
[31] 宋华 . 供应链金融 . 北京：中国人民大学出版社，2016.
[32] 宋华 . 互联网供应链金融 . 北京：中国人民大学出版社，2017.
[33] 宋华 . 智慧供应链金融 . 北京：中国人民大学出版社，2019.
[34] 奇斯蒂，范德林登，米莉，等 . InsurTech：保险科技权威指南 . 北京：中国人民大学出版社，2020.
[35] 王广谦 . 中央银行学 . 5 版 . 北京：高等教育出版社，2021.
[36] 王军 . 互联网金融对商业银行的影响及对策研究 . 首都经济贸易大学，2014.
[37] 魏鹏 . 中国互联网金融的风险与监管研究 . 金融论坛，2014，19（7）：3-9，16.
[38] 温信祥，张蓓 . 数字货币对货币政策的影响 . 中国金融，2016（17）：24-26.
[39] 肖本华 . 美国众筹融资模式的发展及其对我国的启示 . 南方金融，2013（1）：52-56.
[40] 谢平，邹传伟，刘海二 . 互联网金融监管的必要性与核心原则 . 国际金融研究，2014（8）：52-56.
[41] 谢平，邹传伟，刘海二 . 互联网金融手册 . 北京：中国人民大学出版社，2014.
[42] 谢平，邹传伟，刘海二 . 互联网金融的基础理论 . 金融研究，2015（8）：1-12.
[43] 谢瑶华，栾福茂 . 我国第三方支付的现状、风险及控制对策 . 财会月刊，2017（13）：41-45.
[44] 严佩 . 浅谈 Paypal 支付平台 . 时代金融，2016（35）：262，265.
[45] 岳品莹 . 中国门户金融网站洞察报告 . 互联网周刊，2014（16）：40-46.
[46] 姚前 . 法定数字货币的经济效应分析：理论与实证 . 国际金融研究，2019（1）16-27.
[47] 曾刚 . 积极关注互联网金融的特点及发展：基于货币金融理论视角 . 银行家，2012（11）：11-13.
[48] 张佳欣 . 互联网金融发展对传统银行业的影响研究 . 兰州大学，2015.
[49] 朱进元，刘勇，魏丽 . 保险科技 . 北京：中信出版社，2018.
[50] 张宁 . 精准定价：保险中的“大数定律”失效了吗？ . 新理财（政府理财），2019（Z1）：30-32.
[51] 许闲，康为 . 智能保顾：人工智能时代保险服务的创新与机遇 . 上海保险，2019

（2）：17-19.

［52］庄虔华．互联网证券生态圈的格局特征、个体定位及券商的主导作用．金融纵横，2017（2）：89-98.

［53］朱淑珍．金融风险管理．北京：北京大学出版社，2017.

［54］张晓朴．互联网金融监管的原则：探索新金融监管范式．金融监管研究，2014（2）：6-17.

［55］朱雨轩．互联网思维在银行业中的应用研究．中国市场，2016（21）：55-56.

［56］朱迎，刘海二，高见．互联网金融有助于实现农村金融普惠．新金融，2015（2）：60-63.

［57］赵占波．互联网保险．北京：首都经济贸易大学出版社，2017.